序　言

　　大學學科能力測驗自開辦至今，已經有十六年的歷史了。而在自然科方面，**試題特色簡單化，著重科學概念分析，單一概念多**，很少有複雜的計算題，大多數試題利用反射動作即可作答，故同學在準備時，應避免做冷僻艱澀或計算繁雜的問題。

　　在準備學科能力測驗自然科考試時，除了高一基礎物理、化學、地科、生物課本之外，**要多注意時事**，還有與**生活相關的科學常識及知識**。歷屆考題考過的觀念，再出現的機率頗高，故考前充份利用「歷屆大學學測自然科試題詳解」，仔細複習歷屆試題是必要的。

　　本書彙集歷屆學科能力測驗自然科試題(83～98年)，詳加解析，幫同學們從最基礎的觀念，還有思考邏輯過程、推演步驟，作清楚的介紹及歸納整理，引導同學建立完整的思考脈絡。讓用過本書的同學，朝向滿級分邁進。

　　本書對每一道考題的答案對錯均有交代，不避重就輕，讀者閱讀時一目了然。本書編校製作過程力求嚴謹完善，但疏漏之處恐所難免，誠盼各界先進不吝指正。

編者　謹識

目　錄

九十八年大學入學學科能力測驗試題
自然考科

第壹部分（佔 96 分）

一、單選題（佔 80 分）

說明：第 1 至 40 題為單選題，每題均計分。每題選出一個最適當的
　　　選項，標示在答案卡之「選擇題答案區」。每題答對得 2 分，
　　　答錯不倒扣。

1. 汽車後煞車燈的光源，若採用發光二極體（LED），則通電後亮
　 起的時間，會比採用燈絲的白熾車燈大約快 0.5 秒，故有助於後
　 車駕駛提前作出反應。假設後車以 50 km/h 的車速等速前進，則
　 在 0.5 秒的時間內，後車前行的距離大約為多少公尺？
　 (A) 3　　　　　　　　　　(B) 7
　 (C) 12　　　　　　　　　 (D) 25

2. 「可再生能」是指由各種可持續補充的自然資源（包括日光、
　 風、雨、潮汐、地熱等）中取得的能量，它大約佔了全球總耗
　 用能量的五分之一。下列與可再生能源有關的敘述，何者**錯誤**？
　 (A) 太陽輻射的能量是由其內部的核能轉換而來
　 (B) 可再生能源如：日光，具有不會提高 CO_2 排放量的優點
　 (C) 太陽能電池是一種直流電源，可將太陽光能直接轉換為
　　　 電能
　 (D) 潮汐所以能提供能量，完全源自地球對海水的重力作用，
　　　 與其他星球無關

3. 依據海森伯測不準原理，具有特定關係的兩個物理量，如位置與
動量、能量與時間，要同時知道它們的量值到任意的精確度，是
不可能的。下列與此原理有關的敘述，何者正確？

　(A) 採用國際單位制（SI）時，適用測不準原理的兩個物理量，
　　　其乘積都可用瓦特表示

　(B) 個別針對位置或動量的量值進行測量時，其精確度可以不受
　　　測不準原理的限制

　(C) 測不準原理所以成立，與實驗測量儀器的精確度不夠有關

　(D) 光子恆以光速前進，因此不適用測不準原理

<u>4-5題為題組</u>

　　一個裝有 3.0 公升水的電熱式保溫熱水瓶，當通電保溫時，可使
瓶內水溫一直保持為 98 °C。若拔掉電源，則如圖 1 所示，瓶內水溫
隨時間下降，在最初水溫為 98 °C 時，水溫以每分鐘約 0.32 °C 的速
率下降。

　　假設室內溫度固定不變，
而在不同溫度下，水的比熱固
定為 4.2×10^3 J /（kg · K），
試回答以下 4-5 題。

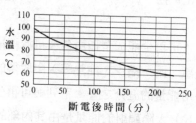

圖 1

4. 當水溫為 98 °C 時，拔掉電源，則在斷電後之最初 50 分鐘，瓶內
熱水損失的熱量約為多少焦耳？

　(A) 5.5×10^4 　　　(B) 1.6×10^5 　　　(C) 2.2×10^5

　(D) 2.9×10^5

5. 持續通電使水溫保持為 98°C 時，瓶內熱水每 50 分鐘所吸收的熱
量，約為多少焦耳？
   (A) 2.9×10^4 (B) 5.5×10^4 (C) 1.5×10^5
   (D) 2.0×10^5

6. 目前記憶體技術可達到的資料儲存密度最高為10^8 byte/cm²
   （ 1byte = 1 位元組= 8 位元 ），但奈米科技極可能突破此上限。
   例如圖 2 所示的設計，鑽石表面上
   的氫與氟原子，可分別代表 0 與 1
   位元，若奈米碳管探針頭的原子
   （如氮或硼），對氫與氟原子分別
   具有吸引與排斥作用力，則可據以
   區別 0 與 1 位元。下列與此奈米科
   技有關的敘述，何者正確？

   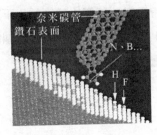
   圖 2

   (A) 氫原子的直徑大約為 10 奈米
   (B) 奈米碳管探針頭的原子直徑愈大愈有利於區別 0 與 1 位元
   (C) 此奈米科技預期可使資料儲存密度提高到目前最高密度的數
       萬倍以上
   (D) 位於表面上代表 0 與 1 位元的兩種原子，其直徑愈大愈有利
       於提高資料儲存密度

7. 國內一般都用三條電力輸送線供電給家庭用電戶，其中有一條是
   接地的中性線。下列有關此三條電力輸送線電壓的敘述，何者正
   確？
   (A) 中性線與其他任何一條輸電線間的電壓，有時為 +110 伏特，
       有時則為 -110 伏特
   (B) 中性線的電壓永遠低於其他兩條輸電線的電壓
   (C) 此三條輸電線相對於地球的電壓都是 110 伏特
   (D) 其中任何兩條輸電線之間的電壓都是 110 伏特

8-9題為題組

　　富蘭克林為研究雷電現象，設計了如圖 3 所示的裝置。他將避雷針線路與接地線分開，並在分開處裝上帽形的金屬鐘 A 與 B，兩鐘之間另以絲線懸吊一個金屬小球 C，A 鐘下方另以導線連接兩個很輕的金屬小球，形成驗電器 D。當避雷針上空附近的雲不帶電時，三個小球均靜止下垂。依據以上所述，並假設驗電器周圍的空氣不導電，試回答 8-9 題。

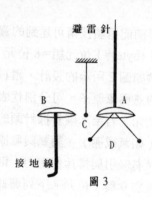

圖 3

8. 當低空帶電的雲接近避雷針頂端時，下列有關小球 C 的敘述，何者正確？

    (A) 小球會保持靜止下垂，不會擺動

    (B) 小球會在 A 與 B 間擺動，來回撞擊 A 與 B

    (C) 小球會先擺向 A，撞到 A 後被 A 吸住，不再分離

    (D) 小球會先擺向 B，撞到 B 後被 B 吸住，不再分離

9. 驗電器 D 的兩個小球原本靜止下垂，互相接觸。當避雷針因為帶有負電的雲接近，而出現尖端放電時，下列有關驗電器上兩個小球的敘述，何者正確？

    (A) 兩個小球會帶負電而分離，並保持張開，不相接觸

    (B) 兩個小球會帶正電而分離，並保持張開，不相接觸

    (C) 兩個小球會帶負電而分離，在張開後會再次下垂，並互相接觸

    (D) 兩個小球會帶正電而分離，在張開後會再次下垂，並互相接觸

10. 現代生活中常用到一些電氣用品與裝置，它們在沒有直接與電源
　　連接下，可利用電磁感應產生的電流，發揮功能。下列有關電磁
　　感應的敘述，何者正確？
　　(A) 電磁感應現象是丹麥科學家厄司特最先發現的
　　(B) 發電機可以利用電磁感應原理將力學能轉換為電能
　　(C) 電氣用品中引起電磁感應的電源電路，使用的是穩定的直流電
　　(D) 輸送電力用的變壓器利用電磁感應原理，可以提高電壓，
　　　　但不能降低電壓

11-12題為題組

　　科學家依據岩石生成方式的不同，把岩石分類成火成岩、沈積岩
與變質岩三大類。圖4為一些常見的岩石，試依據圖4回答11-12題。

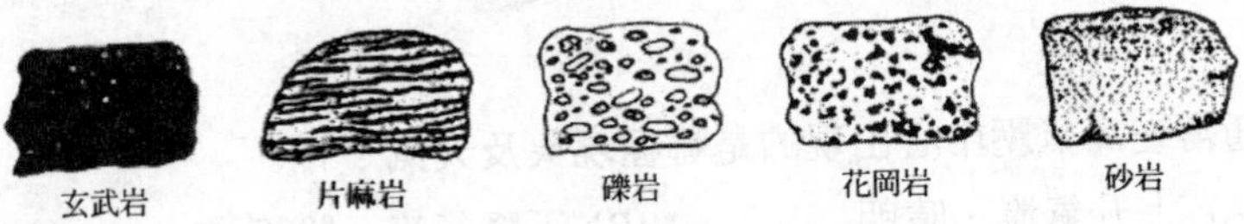

　玄武岩　　　片麻岩　　　礫岩　　　花岡岩　　　砂岩

圖4

11. 變質岩中所含的礦物，因曾受到較大壓力或溫度的影響，故有些
　　常呈一定的排列方向，圖4中哪個岩石最可能為變質岩？
　　(A) 玄武岩　　(B) 片麻岩　　(C) 礫岩　　(D) 花岡岩　　(E) 砂岩

12. 下列選項所列有關圖4中五種岩石所屬岩石類別的數目，何者
　　正確？

選　項	(A)	(B)	(C)	(D)	(E)	(F)	(G)
火成岩	0	1	1	2	2	3	3
沈積岩	2	1	2	1	2	1	2
變質岩	3	3	2	2	1	1	0

13. 在海邊建造一個與海岸線垂直的防波堤，當地的海水波浪前進方向如圖 5 中粗箭頭所示，經過一段很長時間後，若僅考慮波浪對海岸線的影響，防波堤兩側沙灘的侵蝕或堆積之變遷情形最可能爲下列何者？

圖 5

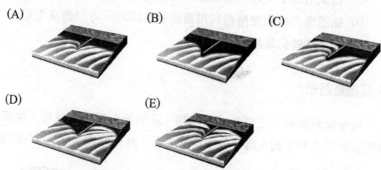

(A)　　　　　(B)　　　　　(C)

(D)　　　　　(E)

14. 通常在高氣壓中心出現的是哪種現象及天氣？
    (A) 上升氣流、晴朗　　　　(B) 下降氣流、陰雨
    (C) 上升氣流、陰雨　　　　(D) 下降氣流、晴朗

15. 在台灣 12 月的某一天，艷陽高照，建華騎機車去某單位，在上午 10 點左右抵達，預計下午 2 點離開。機車停車場如圖 6 所示，有遮棚，棚高約 2 公尺，甲、乙、丙、丁爲四個空的停車格。爲了避免這一段時間陽光照射，使機車太熱，他應該選擇哪一個停車格最適當？
    (A) 甲
    (B) 乙
    (C) 丙
    (D) 丁

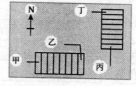

圖 6

16. 對生命來說，宇宙中的環境大都很嚴苛，許多行星表面的溫度過
　　高或太低，都不利於生命的發展；而且太空中佈滿了對生命有害
　　的高能輻射粒子、X 光、紫外線、伽瑪射線……。地球則擁有適
　　合生命發展的環境。在下列選項中，何者能將高能輻射粒子束縛
　　在地球大氣層外，保護地球上的生命？
　　(A) 磁場　　　　　(B) 增溫層　　　　　(C) 臭氧層
　　(D) 平流層　　　　(E) 對流層

17-18題為題組

　　2009 年是 921 集集大地震屆滿十
週年，該次地震伴隨出現逆斷層，發
生原因為菲律賓海板塊與歐亞板塊相
互擠壓造成。此次斷層發生在地表的
錯動或變形在台灣中部如圖 7 中黑色
實線所示。依據以上敘述與圖 7，回
答 17-18 題。

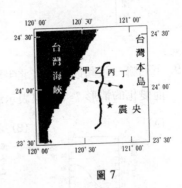

圖 7

17. 根據圖 7，下列與甲、乙、丙、丁四地所處板塊的相關敘述，何
　　者正確？
　　(A) 甲、乙、丙、丁四地都位在歐亞板塊
　　(B) 甲、乙、丙、丁四地都位在菲律賓海板塊
　　(C) 甲、乙兩地位在歐亞板塊，丙、丁兩地位在菲律賓海板塊
　　(D) 甲、乙兩地位在菲律賓海板塊，丙、丁兩地位在歐亞板塊

18. 下列哪一個圖（未按比例繪製），最能代表**甲地到丁**地間，斷層面的深度示意圖？

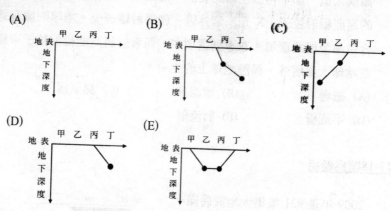

19. 下列哪一張圖最能代表北半球海水表面溫度與**鹽度**隨著緯度改變而變化的情形？（虛線表示溫度，實線表示**鹽度**）

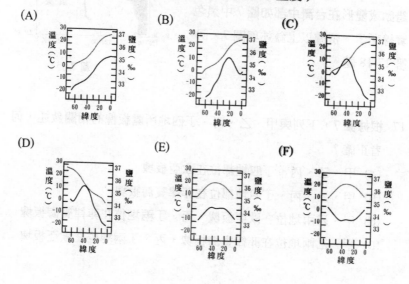

20. 一團空氣從甲處上昇，越過一座山峰（乙處），再下降至丙處。
　　若這團空氣與周圍環境之間沒有熱量交換，則下列哪一圖最能代
　　表這團空氣由甲處至丙處的溫度變化？

(A)　　　　　　　　　　(B)　　　　　　　　　　(C)

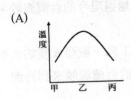　　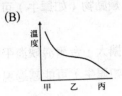　　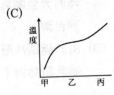

(D)　　　　　　　　　　(E)

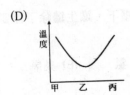　　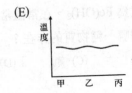

21. 地球大氣的垂直溫度結構如圖 8 所示。增溫層的溫度所以會隨高
　　度而增加，其原因最可能為下列何者？

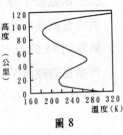

圖 8

(A) 增溫層最接近太空

(B) 增溫層受到太陽風的影響

(C) 增溫層接受來自太陽與地表的輻射

(D) 增溫層吸收太陽輻射中的紫外線、X 光

(E) 增溫層的空氣密度稀薄，空氣分子間
　　隔很大

22. 在過去數萬年中，地球曾經處於冰河期，全球的海陸分布與現在
　　不同。下列有關台灣海峽與歐亞大陸沿岸在冰河期間的敘述，何
　　者正確？

(A) 由於全球大都覆蓋在冰河下，台灣海峽海平面上升，台灣沿
　　海地區的珊瑚生長帶升高

(B) 由於極區冰層擴大，台灣海峽海平面上升，台灣沿海地區的珊瑚生長帶升高

(C) 由於全球大都覆蓋在冰河下，台灣海峽海平面下降，歐亞大陸的大型哺乳類動物（如犀牛）可能越過現今的台灣海峽來到台灣

(D) 由於極區冰層擴大，台灣海峽海平面下降，歐亞大陸的大型哺乳類動物（如犀牛）可能越過現今的台灣海峽來到台灣

23. 已知鐵鏽的化學式為 $Fe(OH)_2$。在常溫常壓下，鐵生鏽除了需要氧，還必須有下列哪一種物質的存在？

(A) 水　　　(B) 鹽　　　(C) 氮　　　(D) 氯　　　(E) 臭氧

24. 食品中的蛋白質含量，可由測定其氮元素的含量來間接推算。台灣在 97 年 9 月間發生的「毒奶」風波，係不肖廠商在奶粉中添加三聚氰胺（分子式 $C_3H_6N_6$、分子量 126 g/mol），以造成蛋白質含量較高的假象所導致。假設正常奶粉中的蛋白質，其平均含氮量約 16.6%，則三聚氰胺的含氮量約為正常奶粉中蛋白質平均含氮量的幾倍？

(A) 2　　　(B) 3　　　(C) 4　　　(D) 5　　　(E) 6

25. 某氮氧化合物的一分子中含有 38 個電子。試問該氮氧化合物是下列的哪一選項？

(A) NO　　　　　(B) NO_3　　　　　(C) N_2O

(D) N_2O_3　　　　(E) N_2O_5

26. 某河川遭受有機物污染嚴重，發生臭味，後來在污水處理系統完成後，嚴格執行污水排放制度，並向河水輸送某種氣體，使水質

得到顯著的改善（包括有利於恢復自然生態）。試問輸入河川的
是何種氣體？

(A) 二氧化碳 　　　(B) 一氧化碳 　　　(C) 氯氣

(D) 氧氣 　　　　　(E) 氫氣

27-28題為題組

　　有一食品的營養標示如下表。表中的---表示未列於表中的其他
成分。

每一份量 30 公克					
熱量	蛋白質	---	碳水化合物	鐵	鈣
129 大卡	6.8 公克	---	18.1 公克	1.1 克	40 毫克

　　試根據表中的資料，回答 27-28 題。

27. 已知表中所列的蛋白質與碳水化合物所產生的熱量合計小於 129
　　大卡。試問下列何者是其他主要產生熱量的成分？

(A) 鐵 　　　　　　(B) 鈉 　　　　　　(C) 鈣

(D) 脂質 　　　　　(E) 維生素 C

28. 若以甲－戊代表下列物質：

（甲）碳 　　（乙）水 　　（丙）澱粉 　　（丁）蔗糖 　　（戊）葡萄糖

則下列哪一選項包含了上述物質中所有屬於碳水化合物的物質？

(A) 甲乙 　　　　　(B) 丙丁 　　　　　(C) 丁戊

(D) 甲丙戊 　　　　(E) 丙丁戊

29. 下列哪些氣體分別與空氣混合（室溫，體積比 1：1），在密閉的容器內點燃時，有可能發生爆炸？

　（甲）甲烷　　　　　（乙）氫氣　　　　　（丙）一氧化碳

　（丁）二氧化碳　　　（戊）二氧化氮

　(A) 甲乙丁　(B) 乙丙戊　(C) 丙丁戊　(D) 甲乙丙　(E) 甲乙戊

30. 每人每天平均約需消耗 540 公升的氧氣以維持其生存與活動之所需，而若欲於多天提供一個人淋浴所需的熱水，則天然氣的供氣速率約需達每分鐘 30 公升。當供應的天然氣為純甲烷，且能完全燃燒而消耗了 540 公升的氧氣（每人一天生存與活動所需的氧）時，約可維持一個人多少分鐘的淋浴時間？

　(A) 4.5　　　(B) 9　　　(C) 18　　　(D) 36　　　(E) 72

31. 已知蔗糖的分子量為 342 g/mol，而其水溶液的發酵可用下列反應式表示：

$$C_{12}H_{22}O_{11} + H_2O \rightarrow 4C_2H_5OH + 4CO_2$$

今取蔗糖 3.42 克，溶於水後，加酵母使其發酵。假設只考慮蔗糖變為酒精的發酵，且蔗糖的發酵只完成 50%，則在此發酵過程中，所產生的二氧化碳總共有幾毫升（在標準狀態）？

　(A) 112　　　(B) 224　　　(C) 336　　　(D) 448　　　(E) 896

32. 有一具複式光學顯微鏡配置有 10 倍目鏡及 4、16、40、100 倍的物鏡，若以 4 倍物鏡來觀察物體，則下列敘述，何者正確？

　(A) 與使用其他物鏡相比，對焦完成後，物鏡與載玻片之間的距離最短

　(B) 與使用其他物鏡相比，能觀察到的視野範圍最小

　(C) 光源相同時，與使用其他物鏡相比，視野最亮

　(D) 可用來觀察病毒

33. 根據右表資料，下列有關細胞構造的敘述，哪一項**錯誤**？

(A) 「甲、丙」是由雙層膜所包圍的構造

(B) 「乙、丁」是真核與原核細胞均含有的構造

(C) 「己、辛」是存於動物細胞，但不存於植物細胞的構造

(D) 「戊、庚」是存於植物細胞，但不存於動物細胞的構造

甲	細胞核
乙	原生質膜
丙	粒線體
丁	核糖體
戊	葉綠體
己	內質網
庚	細胞壁
辛	中心粒

34. 下列有關人類免疫缺失症病毒（HIV）的敘述，何者**錯誤**？

(A) 構造簡單，僅具有內部的核酸與外部的外膜

(B) 遺傳分子由 RNA 組成

(C) 可以在人類細胞中繁殖

(D) 出芽離開細胞時，殼外有脂雙層的膜

35. 圖 9 為某細胞正在進行細胞分裂的示意圖。
圖中形態相似但顏色深淺不同的染色體互為同源染色體。

根據圖 9 資料，下列有關圖中細胞的敘述，何者正確？

圖 9

(A) 正在進行有絲分裂

(B) 正在進行減數分裂

(C) 有可能為大腸桿菌的細胞

(D) 分裂後的子細胞，其細胞核中將含有 2 條 DNA

36-37題為題組

　　某海邊的潮間帶有一些窪地，由於退潮時海水仍會積留在窪地中，因而形成所謂的潮間池。潮間池中最強勢的掠食者為一種海星，其主要獵物為某種貽貝，而該貽貝則是靠捕食潮間池中的無脊椎動物和藻類為生。有一位生態學家在上述的潮間池中進行實驗，他將部分潮間池的海星全部移除，其他潮間池的海星則保留作為對照組，然後進行連續十年的調查，並記錄潮間池內物種數的變化，結果如圖10。

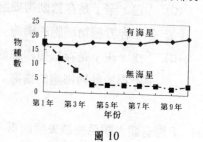

圖 10

試根據上述資料回答 36-37 題。

36. 根據上文及圖 10 資料，請選出最合理的推論。

　(A) 在對照組的潮間池中，物種數每年快速增加

　(B) 在實驗組的潮間池中，物種數每年持續減少

　(C) 在對照組的潮間池中，最強勢的掠食者為貽貝

　(D) 在實驗組的潮間池中，仍有掠食者存在

37. 根據上述的實驗結果，下列推論何者正確？

　(A) 在自然情況下，一生態系的組成物種數會逐年減少

　(B) 增加生態系中的生產者種類，並不會改變同一生態系的消費者種類

　(C) 移除生態系中的主要掠食者，可能使該生態系的組成物種數顯著減少

　(D) 若受到相同外在因素的持續干擾，生態系內的組成物種數將無法維持穩定

38. 台灣水韭是稀有水生蕨類植物。下列有關台灣水韭的敘述，何者正確？
    (A) 會開韭菜花
    (B) 不具輸送水分及養分的維管束
    (C) 具有根、莖和葉等器官
    (D) 主要以種子來繁衍後代

39. 下列與生態系消長（演替）相關的敘述，何者正確？
    (A) 顛峰群集比消長過程中的過渡群集有更高的生物多樣性
    (B) 初級消長與次級消長從起始到顛峰群集所需的時間和變化過程都相同
    (C) 森林生態系是所有生態系消長的最終階段
    (D) 先驅物種都是個體較矮小的植物

40. 依據下表中第一、第二兩種生態系的物種所佔百分比的調查資料，下列敘述何者正確？

生態系	物種甲	物種乙	物種丙	物種丁
第一	85%	10%	3%	2%
第二	27%	26%	24%	23%

    (A) 第一生態系的物種數較多
    (B) 第二生態系的物種數較多
    (C) 第一生態系較容易維持平衡
    (D) 第二生態系較容易維持平衡

二、多選題（佔 16 分）

說明：第 41 至 48 題為多選題，每題均計分。每題的選項各自獨立，
其中至少有一個選項是正確的，選出正確選項標示在答案卡之
「選擇題答案區」。每題皆不倒扣，選項全部答對得 2 分，只
錯一個選項可得 1 分，錯兩個或兩個以上選項不給分。

41. 下表是一些天體的基本資料。選出此表中表面溫度最高與最低的
天體。（應選二項）

	(A)	(B)	(C)	(D)	(E)
星名	天蝎α	獵戶β	太陽	海王星	火星
視星等	1.09	0.12	-26	約8	-2～2
顏色	紅	藍	黃	藍	紅

42. 代號為 X、Y、Z 的三種化合物，在某條件下均能分解，各產生
兩種產物，而其中有一物質是相同的，如式中的 W，反應式如
下（反應條件未註明）：

$$X \rightarrow W + P$$
$$Y \rightarrow W + Q$$
$$Z \rightarrow W + R$$

已知：(1) P 為一種鹽，其水溶液與 $AgNO_{3(aq)}$ 反應，產生白色
沉澱。

(2) Q 為只由一種元素構成的可燃氣體。

(3) 元素 R 在常溫常壓為液體，能從 $AgNO_{3(aq)}$ 中，置換
出 $Ag_{(s)}$。

試依據上列反應式，推論下列哪些敘述正確？（應選二項）

(A) P 是 $AgCl_{(s)}$ 　　(B) Q 是 $Q_{2(g)}$ 　　(C) R 是 $Hg_{(l)}$

(D) Y 是 $H_2O_{(l)}$ 　　(E) Z 是 $KBr_{(s)}$

43-44題為題組

　　圖 11 為電解 0.5M 碘化鉀水溶液的簡易示意圖。

　　電解槽的中間用濾紙隔開，分成 X 與
Y 兩部分，而 Z 為直流電源。電解一段時
間後，抽出 X 與 Y 的溶液各 1 毫升，分
別放入試管後加 1 毫升的環己烷，塞緊試
管並振盪溶液後，靜置試管，則見 Y 試管
內的環己烷產生顏色變化。試依據上面的
敘述回答 43-44 題。

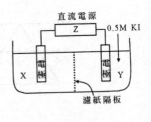

圖 11

43. 試問置於 Y 中的電極是什麼極？（應選二項）

　　(A) 正極　　　(B) 負極　　　(C) 陽極　　　(D) 陰極

44. 下列有關電解 0.5M 碘化鉀水溶液實驗的敘述，何者正確？（應
　　選二項）

　　(A) 在電解過程中，X 溶液的電極會冒出氣泡

　　(B) 在電解的過程中，Y 溶液的 pH 值逐漸下降

　　(C) 取 X 溶液 1 毫升後，加入澱粉液，則見溶液變色

　　(D) 電解後取出濾紙隔板並攪拌使溶液混合均勻，結果溶液呈
　　　　鹼性

45. 一質點沿 x 軸做週期性的運動，其位置坐標 x 對時間 t 的關係
　　如圖 12 所示。下列有關此質點運動的敘述，何者正確？
　　（應選二項）

　　(A) 質點在任一週期的平均速度均為零

　　(B) 外力對質點所作之功大於零

(C) 當 $|x| < 2m$ 時質點以等速率運動

(D) 質點沿 x 軸做等速度運動

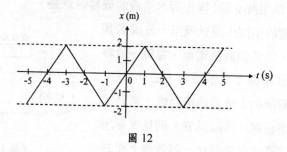

圖 12

46-47題為題組

圖 13 為國家經濟發展時期
與其人口數變遷的統計圖。
試根據此圖回答下列 46-47 題。

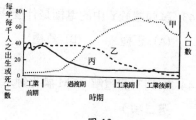

圖 13

46. 圖中各曲線所代表的意義，
　下列哪些合理？（應選二項）

(A) 甲＝出生率；乙＝死亡率

(B) 乙＝出生率；丙＝死亡率

(C) 甲＝人口數變化；乙＝死亡率

(D) 甲＝人口數變化；乙＝出生率

(E) 乙＝出生率；丙＝人口數變化

47. 承上題，下列與此統計圖相關的敘述，哪些正確？（應選三項）

(A) 過渡期時，人口數快速成長

(B) 過渡期時，死亡率高於出生率

(C) 工業前期時的人口數，高於工業期

(D) 工業後期時的出生率與死亡率，均低於工業前期

(E) 工業期時，出生率下降，但人口數仍然持續增加

48. 「生物多樣性」包括有「遺傳多樣性」、「物種多樣性」和「生態系多樣性」三個層次，下列與生物多樣性相關的描述及其層次之配對，哪幾項正確？（應選三項）

選項	生物多樣性相關的描述	層次
(A)	樹林中有猴子；珊瑚礁區有熱帶魚	遺傳多樣性
(B)	紐約市的居民有白人、黑人和黃種人	物種多樣性
(C)	校園中有會開黃花的蟛蜞菊，和會開紅花的玫瑰	生態系多樣性
(D)	班上同學中，有人是單眼皮，有人是雙眼皮	遺傳多樣性
(E)	紅樹林地區有海茄苳、水筆仔、彈塗魚和招潮蟹	物種多樣性
(F)	台灣島內除了有高山之外，也有丘陵、平原、湖泊和溪流等	生態系多樣性

第貳部分（佔 32 分）

說明：第 49 至 68 題，共 20 題，均為單選題，每題 2 分。答錯不倒扣。此部分得分超過 32 分以上，以滿分 32 分計。

請閱讀下列短文後，回答第 49-52 題

　　電影「海角七號」的背景故事，以情書描述六十多年前日本人撤離台灣，一名日本籍老師搭船離開台灣，與他在台灣的戀人分離的感人故事。情書中提到了如下的一些自然界現象：

　　「一九四五年十二月二十五日。友子，太陽已經完全沒入了海面，我真的已經完全看不見台灣島了，你還站在那裡等我嗎？……第三天，該怎麼克制自己不去想你，多希望這時有暴風……十二月的海總是帶著憤怒……傍晚，已經進入了日本海……記得你才是中學一年級小女生時，就膽敢以天狗食月的農村傳說，來挑戰我月食的天文理論嗎？……遇見了要往台灣避冬的烏魚群……友子，我已經平安著陸，七天的航行，我終於踩上我戰後殘破的土地……祝你一生永遠幸福！」。

試根據本文敘述，回答 49-52 題。

49. 天文理論中，月食發生的主要原因為何？

(A) 太陽的影子把月球遮住了

(B) 地球的影子把月球遮住了

(C) 月球的影子把太陽遮住了

(D) 月球的影子把地球遮住了

(E) 月球被雲遮住了

50. 進入日本海後，如果男主角在船上看著夕陽時，在台灣墾丁的女主角也在海邊觀賞夕陽。當男主角看到太陽下緣剛好碰觸海平面，這時女主角看到的太陽高度為何？

(A) 整個太陽還在海平面之上

(B) 與男主角看到的高度相同

(C) 太陽大約 1/3 沒入海平面

(D) 太陽大約一半沒入海平面

(E) 太陽已經完全沒入海平面

51. 信中所提的烏魚在每年冬至前後約一個月，會自中國大陸沿海成群洄游至台灣西海岸產卵，帶給漁民一筆可觀的經濟收入，民間因而俗稱為「烏金」。試問烏魚和下列哪一種生物的親緣關係較為接近？

(A) 白鰻　　(B) 海豚　　(C) 鯨魚　　(D) 烏賊

52. 此一由台灣出發到日本的航程，跨越的經度與緯度大約分別為15°與 10°。已知地球赤道的周長約 4 萬公里，則此船的速度在由南往北的分量，平均約為多少公里 / 時？

(A) 7　　　(B) 21　　　(C) 42　　　(D) 70

請閱讀下列短文後，回答第 53-55 題

　　波由波速較慢的介質，入射到波速較快的介質中時，一般都會因折射而偏向，使得折射角大於入射角；當入射角超過一臨界角時，甚至會產生「全反射」，使光線全部反射回到波速較慢的介質中。就光波而言，波速愈快的介質，其折射率愈小。

　　能使波沿著特定通道傳遞的裝置稱為「波導」，例如光纖。光纖常為細長圓柱體，其各層介質的折射率 $n(r)$ 隨著離中心軸的距離 r 變大而遞減，如圖 14 右圖所示，故外層介質的折射率 n_2 大於空氣折射率 n_0，但小於柱芯折射率 $n(r)$。光線由光纖左端進入後，由於連續的折射，會如圖 15 所示在光纖中心軸附近沿著來回彎曲的路線，向右前進。

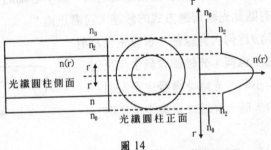

圖 14

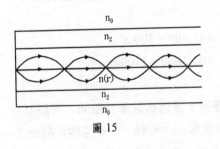

圖 15

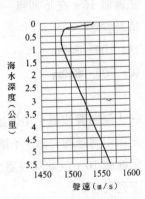

圖 16

在海中，聲速會隨海水深度而變，因此聲音在特定的海水深度範圍內，可藉由折射而不停的改變方向，沿著水平方向前進（類似圖15中的光線沿著光纖中心軸來回彎曲，迂迴前進），形成波導，使海中的聲音可以傳得很遠，此波導稱為「深海聲波道」。

在空氣中，聲速只與空氣溫度有關，但在海水中，聲速主要由溫度與壓力決定，溫度愈高或壓力愈大，聲速就愈快。在深度超過1km的深海區，海水溫度幾乎不隨深度而變，故聲速只與壓力有關。圖16為海中聲速與深度的關係圖。

53. 如圖17所示的長直光纖，柱芯為玻璃，外層以折射率較玻璃為低的介質包覆。若光線自光纖左端進入，與中心軸的夾角為 θ，則下列有關此光線傳遞方式的敘述，何者正確？

   (A) 不論 θ 為何，光線都不會發生全反射

   (B) 不論 θ 為何，光線都會發生全反射

   (C) θ 夠小時，光線才會發生全反射

   (D) θ 夠大時，光線才會發生全反射

圖17

54. 依據圖16，在下列哪一個海水深度範圍，其聲速隨深度變深而下降最快？

   (A) 100～200m   (B) 400～500m

   (C) 700～800m   (D) 1000～1100m

55. 在「深海聲波道」中傳遞的聲波，會因折射產生偏向，而類似在光纖中傳遞的光線，不斷折回波導的中心軸，不會遠離此軸而去。依據圖16，就此深海聲波道而言，此中心軸在海下的深度，約為下列何者？

   (A) 10m   (B) 100m   (C) 400m   (D) 700m

56. 神舟七號太空船的太空人在準備出艙進行太空漫步時，意外發現
　　艙門很難打開，有人臆測這可能與光壓有關。已知光子的動量 p、
　　能量 E 與光速 c 的關係為 $E = pc$，假設艙門的面積為 $1.0m^2$，每
　　平方公尺的艙門上每秒入射的光子能量為 1.5kJ，則艙門因反射
　　光子而承受的力，最大約為多少牛頓？
　　(A) 0.5×10^{-5}　　(B) 1.0×10^{-5}　　(C) 0.5×10^{-2}　　(D) 1.0×10^{-2}

<u>請閱讀下列短文後，回答第 57-61 題</u>

　　太陽光入射地球後，被大氣層與地表吸收的能量，平均大約為
235 W/m² （如圖 18）。若大氣不吸收太陽與地表發出的輻射，則地
表溫度只能維持在 -18℃ 左右；但因地表發出的長波輻射，大部分會

被大氣中的水氣、CO_2、甲烷與其他一
些氣體所吸收，因而產生溫室效應，使
地表溫度可保持在適合生物生存的 15°C
左右。大氣中由於人類活動所帶來的
CO_2 濃度增加，會增強地球的溫室效
應，且可能助長全球愈趨暖化的現象。

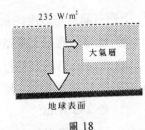

圖 18

　　科學家最近開始進行一項實驗，試著增加海水中的鐵質，看看能
否藉此將大氣中的 CO_2 濃度減少，以減緩全球暖化的速率。由於鐵
質可以幫助植物性浮游生物的生長，而地球上又有近乎一半的光合作
用是由植物性浮游生物所進行的，因此依據理論推測，若在海洋中施
以大量鐵肥，使植物性浮游生物大量繁殖與進行光合作用，便可將大
氣中的 CO_2 封存一些在海底，最後將有助於減緩全球暖化的速率。
值得注意的是，上述理論必須在植物性浮游生物死後便沈入海底的前
提下才會成立，唯有如此才能一勞永逸的將 CO_2 從大氣中移除，否

則一旦這些植物性浮游生物被動物性浮游生物所食，而動物性浮游生物又被大型海洋動物吃掉，這些被移除的 CO_2 還是會藉由呼吸作用返回地球大氣中，如此一來，海中鐵質的增加並不會減少大氣中 CO_2 的濃度。

進行這項實驗的科學家，便是在鐵質增加後的海域中（近南極的海域），長期追蹤植物性浮游生物，以及其他海中生物的繁殖情況，試圖找出答案。然而也有一些生態學家提出如下的警告：即使這項實驗證明在海中施以鐵肥可以減低大氣中的 CO_2 濃度，但干擾或破壞海洋中的食物鏈，也可能對海洋生態造成急遽且負面的影響。上述這些在科學上的爭論，都需要更多的科學研究，才能進行較深入的探討與瞭解。

試根據本文敘述，回答 57-61 題等有關 CO_2 與溫室效應的問題。

57. 下列有關溫室效應的敘述，何者正確？
   (A) 溫室效應是工業革命以後才有的產物
   (B) 地球以外的其他行星都沒有溫室效應
   (C) 由於溫室效應，地表所吸收來自太陽與大氣的輻射能量必大於 235 W/m^2
   (D) 地表溫度保持在 15 $^\circ$C 時，由地球輻射進入太空的能量必須遠小於 235 W/m^2

58. 若全球暖化現象持續發生，則下列對台灣地區生物影響的推測，哪一項較合理？
   (A) 「五月雪」的油桐樹延後開花
   (B) 對高溫敏感的鹿角珊瑚益發繁盛
   (C) 紫斑蝶由北往南越冬遷徙的時間延後
   (D) 喜好冷水域之櫻花鉤吻鮭的數量增加
   (E) 高海拔地區的楚南氏山椒魚往低海拔地區遷移

59. 近年來，大氣中 CO_2 的濃度上升已成爲全球性的問題，因而興起節能減碳運動，國內的環保團體也宣導「中秋節不烤肉」。假若超市賣的烤肉用木炭，其含碳量爲 90%，則一包 10 公斤的木炭完全燃燒後，會產生幾公斤的 CO_2？

(A) 44　　(B) 33　　(C) 22　　(D) 11　　(E) 5.5

60. 若「在海中施以大量鐵肥可減少大氣中 CO_2 濃度」的理論是正確的，則下列有關施以大量鐵肥後，植物性浮游生物行光合作用和大氣中 CO_2 濃度選項的配對，何者正確？

選項	(A)	(B)	(C)	(D)
光合作用	增加	增加	減少	減少
大氣中CO_2濃度	增加	減少	增加	減少

61. 下列哪一種證據的出現，可能會**不利於**「在海中施以大量鐵肥可減少大氣中的 CO_2 濃度」的理論？

(A) 植物性浮游生物死後便沈入海底

(B) 只有極少部分的植物性浮游生物會被動物性浮游生物所食

(C) 植物性浮游生物的光合作用是影響 CO_2 是否能封存在海底的唯一因子

(D) 絕大部分的植物性浮游生物被動物性浮游生物所食，而動物性浮游生物又被大型海洋動物吃掉

62. 下列三個反應式中的 X 與 Y 分別爲兩個金屬元素的代號，但 Cl 爲氯的元素符號。

$$X + YCl_2 \rightarrow XCl_2 + Y \qquad Cl_2 + 2XCl_2 \rightarrow 2XCl_3$$

$$Y + 2XCl_3 \rightarrow YCl_2 + 2XCl_2$$

已知三個反應均能向右進行，試依據以上三個反應式，推測下列
物質中哪一個是最強的氧化劑？

(A) XCl_3　　　(B) XCl_2　　　(C) Cl_2　　　(D) Y　　　(E) YCl_2

63. 圖 19 之甲、乙二條曲線是以鹼性水溶液，分別滴定二個酸性水
　　溶液的 pH 值變化圖，而丙、丁二條曲線則是以酸性水溶液分別
　　滴定二個鹼性水溶液。試問上述哪些酸鹼滴定反應，適合以酚酞
　　作為指示劑？

(A) 甲乙丙丁

(B) 乙丙丁

(C) 甲乙丁

(D) 甲丙丁

(E) 甲乙丙

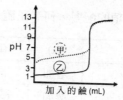
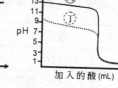

圖 19

64. 殘存於砂土、磚瓦等建材的微量鈾等元素，於衰變後會釋放出一
　　種污染氣體。此氣體的量雖甚少，但會出現於不通風的室內空氣
　　中，且其穩定之同位素亦具放射性。它也是僅次於吸菸而導致肺
　　癌的第二大元兇。試問此污染氣體，為下列哪一種惰性氣體（鈍
　　氣、稀有氣體）？

(A) 氦　　　(B) 氖　　　(C) 氬　　　(D) 氡　　　(E) 氪

65. 下表所列為五種可溶性鹽在 30℃ 的溶解度（g/100g H_2O）：

鹽	NaCl	$NaHCO_3$	Na_2CO_3	$(NH_4)_2CO_3$	NH_4Cl
溶解度	36.5	12.1	30.0	27.0	41.1

若在 30℃ 的飽和食鹽水中通入氨氣至飽和後，再通入二氧化碳就會有晶體析出。試參考表中的數據，推測析出的晶體是下列的哪一種？

(A) NaCl　　　　　(B) NaHCO$_3$　　　　(C) Na$_2$CO$_3$

(D) (NH$_4$)$_2$CO$_3$　　　(E) NH$_4$Cl

請閱讀下列短文後，回答第 66-68 題

　　植物通常是透過葉片上的氣孔進行蒸散作用，散失根部吸收的大部分水分。蒸散作用有降溫的效應，可以減少葉片受陽光照射的過熱傷害。科學家在進行氣孔開閉機制的研究時，發現某種植物在不同溫度下，可藉由調節鉀離子進出保衛細胞的速率來影響氣孔的開閉情形。在 13°C - 20°C 的範圍內，鉀離子經由鉀離子通道進入及離開保衛細胞的進(K_{in}^+)出(K_{out}^+)速率都會隨溫度的升高而增大。但在 20°C - 28°C 時，K_{in}^+ 雖然隨著溫度的升高繼續增大，但是 K_{out}^+ 卻會隨著溫度的升高而降低，導致保衛細胞的膨壓增加而使氣孔打開。這種在不同溫度時，鉀離子進出保衛細胞速率變化的差異，有利於該種植物在較高溫時能進行更高速率的蒸散作用。

　　根據上述資料，回答 66-68 題。

66. 如果要給上述文章一個標題，下列何者最合適？

(A) 熱帶植物的蒸散作用

(B) 植物根部調節溫度的機制

(C) 溫度對植物蒸散作用的影響

(D) 植物蒸散作用對氣溫的影響

(E) 植物蒸散作用對氣孔開閉的影響

67. 下列與本文相關的敘述，何者正確？

    (A) 這種植物保衛細胞的膨壓，在 15°C 時比在 25°C 時為高

    (B) 鉀離子進出保衛細胞的速率差異，會影響植物氣孔的開閉

    (C) 植物進行蒸散作用時，葉溫增加的速率會高於氣溫增加的速率

    (D) 這種植物氣孔打開的比率，在 20°C-28°C 時比在 13°C-20°C 時為低

68. 本文所述，鉀離子進出細胞的傳導速率隨溫度的變化，如以圖形表示，下列何者最合適（實線表示 K_{in}^+；虛線表示 K_{out}^+）？

    (A)   (B)

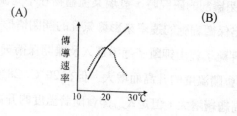

    (C)   (D)

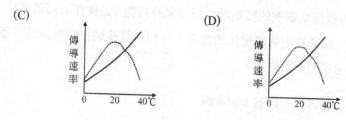

98年度學科能力測驗自然科試題詳解

第壹部分

一、單選題

1. **B**

    【解析】　車以$50(km/h)$等速前進$0.5(s)$

    $$v = 50(km/h) = \frac{50000}{3600} = \frac{125}{9}(m/s)$$

    $$\Delta x = v \cdot \Delta t = \frac{125}{9} \times 0.5 \cong 7(m)$$

2. **D**

    【解析】　海洋潮汐是由其他星體對地球上海水的引力造成的流動現象

3. **B**

    【解析】　(A) 測不準原理：$\Delta x \cdot \Delta p \geq \dfrac{\hbar}{2}$。

    乘積單位為角動量的單位：$kg - m^2 / s$

    (B) 測不準原理$\Delta x \cdot \Delta p \geq \dfrac{\hbar}{2}$，意味著位置 x 與動量 p 不能同時地精準測量（例如：量測位置的誤差 Δx 甚小時，則動量的誤差 Δp 會很大），但個別地量測時則可只精準量測其中一量

    (C) 測不準原理的成立是波粒二象性導致的直接結果，與儀器的本身的精確度無關

    (D) 測不準原理對光子仍成立

4-5 題為題組

4. **B**

　　【解析】 若不考慮熱水瓶的放熱，損失的熱量大小為

$$Q = m \cdot s \cdot \Delta T = 3000 \times 1 \times (98 - 85) = 1.638 \times 10^5 (J)$$

5. **D**

　　【解析】 水溫 $98\,^\circ C$ 時以每分下降 $0.32\,^\circ C$ 速率放熱相當每分放出

$$m \cdot s \cdot \Delta T = 3000 \times 1 \times 0.32 (cal) = 960 (cal)$$

　　　　　故若要維持 $98\,^\circ C$ 須每分供給 $960(cal)$ 於熱水

　　　　　（假設電能全部用於加熱）

　　　　　則每 50 分須供電能

$$960(cal/\min) \times 50(\min) = 48000(cal) = 201600(J)$$

6. **C**

　　【解析】 (A) 氫原子半徑 0.53Å，直徑 1Å＝ 0.1(nm)

　　　　　(B) 愈小愈利辨別 H、F 原子

　　　　　(C) 目前最高密度為 $10^8 (byte/cm^2) = 10^8 \times 8(bit/cm^2)$

　　　　　　　預計達到密度 $1(bit/\text{Å}^2) = (10^{-8})^{-2} (bit/cm^2)$

　　　　　　　故為 $\dfrac{(10^{-8})^{-2}}{8 \times 10^8} = 1.25 \times 10^7 = 1250$ 萬倍

　　　　　(D) 欲提高密度，原子半徑愈小愈好

7. **A**

　　【解析】 中性線接地相當於電位為 0，其他兩線相對於中性線電

　　　　　位在 $\pm 110(V)$ 間交互振盪

8-9題為題組

8. **B**

　【解析】　A、B分別受雲感應後恰互為異性電，C若被其中之一
　　　　　吸引後因接觸而帶電，而後C會被接觸者排斥（因與
　　　　　被接觸者帶同性電）亦被未接觸者吸引（因與未接觸
　　　　　者帶異性電），故 選(B)

9. **A**

　【解析】　尖端放電時，電子由雲層傳至D，故使D帶負電後兩
　　　　　小球互斥而分離

10. **B**

　【解析】　(A) 法拉第對電磁感應有甚大的貢獻；厄司特發現電
　　　　　　　流磁效應

　　　　　(C) 交流電

　　　　　(D) $\dfrac{V_1}{V_2} = \dfrac{N_1}{N_2}$ ，可利用改變副線圈端匝數而增加或降

　　　　　　　低電壓

11-12題為題組

11. **B**

　【解析】　由於受過高溫高壓而產生變質的岩石，會有礦物水平
　　　　　排列的特徵。
　　　　　沉積岩經過壓力產生片麻岩（記憶題）

12. **E**

【解析】 花崗岩與玄武岩爲火成炎

砂岩與礫岩爲沉積岩

片麻岩爲變質岩

13. **C**

14. **D**

【解析】 高氣壓代表空氣密度較大

因此產生下沉氣流，並且空氣下沉時體積縮小，溫度增

加，相對溼度變小，較爲乾燥，出現較好的天氣情況

15. **D**

16. **A**

【解析】 高能輻射粒子通常帶電，因此進入地球磁場範圍時，受

磁力偏轉而改變其行進方向，不易直接進入大氣層內

17-18 題爲題組

17. **A**

【解析】 兩板塊的交界爲花東縱谷，花東縱谷位於圖 7 的右側，

因此甲、乙、丙、丁皆位於歐亞板塊

18. **B**

【解析】 以台灣附近的板塊分布可知，在東西方向交界面上爲

歐亞大陸隱沒至菲律賓海板塊下方。故深度由西向東

越來越深

19. **B**

【解析】 海水鹽度最高的緯度約爲 20 度左右

20. **D**

【解析】 空氣團上升，體積膨脹、溫度下降。反之，空氣團下沉，體積縮小、溫度上升

21. **D**

【解析】 此處所指的溫度，是分子之間的動能。而非實際溫度。因此空氣氛子稀薄導致動能提升的速度較快

22. **D**

【解析】 赤道附近不會結冰

23. **A**

【解析】 鐵生鏽反應式：$Fe + \dfrac{1}{2}O_2 + H_2O \rightarrow Fe(OH)_2$

24. **C**

【解析】 $C_3H_6N_6$ 含氮量：$\dfrac{\text{氮重}}{\text{總分子量}}$

$$C\% = \dfrac{14 \times 6}{126} \times 100\% = 66.67\%$$

$$\dfrac{66.67\%}{16.6\%} \cong 4.02 \Rightarrow \text{三聚氰胺含氮量爲一般奶粉四倍}$$

25. **D**

　【解析】N：7個 e^-；O：8個 e^-

　　　(A) NO $\Rightarrow 7 \times 1 + 8 \times 1 = 15$ 個 e^-

　　　(B) NO$_3$ $\Rightarrow 7 \times 1 + 8 \times 3 = 31$ 個 e^-

　　　(C) N$_2$O $\Rightarrow 7 \times 2 + 8 \times 1 = 22$ 個 e^-

　　　(D) N$_2$O$_3$ $\Rightarrow 7 \times 2 + 8 \times 3 = 38$ 個 e^-

　　　(E) N$_2$O$_5$ $\Rightarrow 7 \times 2 + 8 \times 5 = 54$ 個 e^-

　　　$\Rightarrow$ 則該氮氧分子為 N$_2$O$_3$

26. **D**

　【解析】通入 O_2 促有機污染物氧化成 CO_2、H_2O 等對環境較無
　　　　污染之物質

27-28 題為題組

27. **D**

　【解析】僅醣類、脂質、蛋白質會產生熱量，故 (A)(B)(C)(E)
　　　　不選

28. **E**

　【解析】碳水化合物通式：$Cm(H_2O)n$

　　　　丙：澱粉：為葡萄糖的聚合物

　　　　丁：蔗糖：$C_{12}H_{22}O_{11} = C_{12}(H_2O)_{11}$

　　　　戊：葡萄糖：$C_6H_{12}O_6 = C_6(H_2O)_6$

29. **D**

　【解析】點燃可能爆炸表示仍可被燃燒（氧化），故 $(J)CO_2$ 不
　　　　可能；則因 CO 為易燃性氣體，故可能會爆炸

30. **B**

【解析】甲烷燃燒：$CH_4 + 2O_2 \rightarrow CO_2 + 2H_2O$，

故完全燃燒時 $n_{CH_4} : n_{O_2} = 1 : 2$

又 P、T 固定：$\underline{PV = nRT} \Rightarrow V \propto n$，

則 $V_{CH_4} : V_{O_2} = n_{CH_4} : n_{O_2} = 1 : 2$

故當消耗 540 升 O_2 可燃燒 CH_4 270 升

$\Rightarrow 270 = 30 \times t$，$t = 9 \ (min)$

31. **D**

【解析】$C_{12}H_{22}O_{11} + H_2O \rightarrow 4C_2H_5OH + 4CO_2$

$3.42(g) \Rightarrow n_{蔗糖} = \dfrac{1}{100}(mol)$

∴共生成 CO_2 $\dfrac{4}{100} \times \dfrac{1}{2} = \dfrac{1}{50}(mol)$（∵完成 50%）

$\Rightarrow V_{CO_2} = \dfrac{1}{50} \times 22.4 \times 1000 = 448(mL)$

32. **C**

【解析】(A) 物鏡倍率越小鏡頭越短，故與標本距離越長

(B) 倍率越小，視野範圍越大

(D) 病毒需以電子顯微鏡才能觀察

33. **C**

【解析】內質網存在於動、植物細胞中

34. **A**

　　【解析】 病毒皆由蛋白質外殼與核酸中心組成，而 HIV 病毒在
　　　　　　 外殼外尚有一層外套膜組成

35. **A**

　　【解析】 此圖爲有絲分裂後期，故選 (A)
　　　　　　 (C) 此圖具有紡錘絲，故可能爲原核細胞
　　　　　　 (D) 此圖有 8 條染色體，故分裂後每個子細胞具有 4 條
　　　　　　　　　染色體（4 條 DNA）

36-37 題爲題組

36. **D**

　　【解析】 (A) 由圖中知，對照組（有海星）之物種數並無每年
　　　　　　　　　快速增加現象
　　　　　　 (B) 實驗組（無海星）之物種，在前三年有減少現象，
　　　　　　　　　但過第四年後物種數就穩定下來
　　　　　　 (C) 文中只提出海星爲最強勢掠食者，並無提到貽貝

37. **C**

　　【解析】 (A) 自然情況（對照組）之物種數並無逐年減少現象
　　　　　　 (B) 消費者以生產者爲食物來源，故生產者種類增加，
　　　　　　　　　消費者必會影響

38. **C**

　　【解析】 僅開花植物會開花；
　　　　　　 (B) 蕨類爲維管束植物；
　　　　　　 (D) 僅種子植物才可以種子繁殖

39. **A**

【解析】　(A) 初級消長所需時間較長

　　　　　(C) 環境決定顛峰群集種類

40. **D**

【解析】　此二生態系之物種豐富度相等，但第二生態系之物種
均勻度較大，故物種歧異度較大，較易維持穩定

二、多選題

41. **BD**

【解析】　恆星的溫度可以由顏色來判斷，但行星不能。
海王星距離太陽遙遠，平均溫度只有零下 100 多度
恆星中藍色光芒的溫度最高

42. **CD**

【解析】　(1) P 會與 Ag^+ 產生白色沉澱

$\Rightarrow$ 可能為 Cl^-、CO_3^{2-}、SO_3^{2-}、PO_4^{3-} 之鹽類

但 $AgCl$ 無法經由物質分解得到

(2) Q 為單一元素構成，且具可燃性 $\Rightarrow H_2$

(3) R 可置換出 Ag 表示 R 金屬活性比 Ag 大，且常溫
常壓下為液態 $\Rightarrow Hg$

43. **AC**

【解析】　因 Y 試管變色 $\Rightarrow I_2$ 溶於環己烷中

$\therefore$ 陽：$I^- \to \dfrac{1}{2} I_2 + e^-$

則在電解反應中：正極＝陽極，負極＝陰極

44. **AD**

【解析】$X：H_2O + e^- \rightarrow \dfrac{1}{2}H_2 + OH^-$ （$\because K^+ \not\rightarrow X$）

$Y：I^- \rightarrow \dfrac{1}{2}I_2 + e^-$

(A) X 槽產生 H_2

(D) 因 X 槽產生 OH^-，所以混合後呈鹼性

45. **AC**

【解析】(A) $\Delta x = 0$，$\bar{v} = \dfrac{\Delta x}{\Delta t} = 0$

(B) 外力作功轉爲動能變化，速率不變，故動能不變，外力作功爲零

(C) x-t 圖斜率表示速度，圖中斜率大小不變，故等速率

(D) 速度方向改變，故不等速率

46-47 題爲題組

46. **BD**

【解析】工業革命與醫藥進步，會使死亡率下降，人口數增加，之後會帶動出生率變低

47. **ADE**

【解析】過渡期時，出生率＞死亡率；

(C) 由圖中甲曲線看出工業前期人口數低於工業期

48. **DEF**

【解析】(A) 物種多樣性；(B) 遺傳多樣性；(C) 物種多樣性

第貳部分

49. **B**

【解析】 月食是地球影子遮住月球；日蝕則是月球本體擋住太陽

50. **A**

【解析】 太陽的位置取決於經度，由於地球由北往南看為逆時針旋轉，故台灣日落的時間會較日本來的晚

51. **A**

【解析】 烏金為魚類，故與 (A) 血緣最近；(B) (C) 哺乳類；
(D) 軟體動物

52. **A**

【解析】 以地球為正球估計，南北 10° 間距 Δx 約 $40000(km) \times \dfrac{10^\circ}{360^\circ}$

由文中可知航行時間 Δt 為 7 天

故南北方向平均速率為 $\dfrac{\Delta x}{\Delta t} = \dfrac{40000 \times \dfrac{1}{36}}{7 \times 24} = 6.6(km/hr)$

53. **C**

【解析】 入射角 i 大於臨界角可發生全反射。由幾何可知 $\theta + i = 90^\circ$，故 θ 要夠小，i 才夠大至可發生全反射

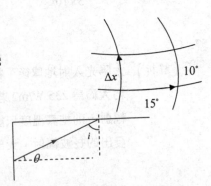

54. **A**

【解析】 由圖 16 可知：在 100～200(m)（縱軸），聲速（橫軸）下降最多

55. **D**

【解析】 由文中第一段末可得知：波速愈快，折射率愈小。
光纖以折射率大的介質為柱芯（中心軸）部分，即波速小的介質為中心軸；並在兩側夾以波速大的介質。此波速分佈相當圖 16 中深度約 0.75 km 處（其波速最小）

56. **B**

【解析】 門受力 $F = \dfrac{\Delta p}{\Delta t} = \dfrac{2p \times N}{\Delta t}$（在 Δt 內有 N 個動量為 p 的光子入射）

又 $p = \dfrac{E}{c}$，故 $F = \dfrac{2E \times N}{c \Delta t} = \dfrac{2}{c}\left(\dfrac{NE}{\Delta t}\right)$

$\left(\dfrac{NE}{\Delta t}\right)$ 即每秒入射的能量，

故 $F = \dfrac{2}{3 \times 10^8} \times 1.5 \times 10^3 = 1.0 \times 10^{-5}(N)$

57. **C**

【解析】 太陽光入射地球後，被大氣層與地表吸收的能量，平均大約為 235 W/m2 若大氣不吸收太陽與地表發出的輻射，則地表溫度只能維持在 -18 °C 左右；但因地表發出的長波輻射，大部分會被大氣中的水氣、2CO、

甲烷與其他一些氣體所吸收，因而產生溫室效應，使地表溫度可保持在適合生物生存的 $15°C$ 左右。大氣中由於人類活動所帶來的 CO_2 濃度增加，會增強地球的溫室效應，且可能助長全球愈趨暖化的現象。

58. C

　　【解析】　(A) 油桐樹會因暖化而提前開花

　　　　　　(B) 高溫會影響鹿角珊瑚繁殖

　　　　　　(D) 櫻花鉤吻鮭會因高溫而不適應環境，導致數量減少

　　　　　　(E) 山椒魚會因暖化，往更高海拔（低溫環境）遷移

59. B

　　【解析】　$C + O_2 \rightarrow CO_2$

　　　　　　10 公斤木炭中含碳 (C) $10 \times 0.9 = 9$ 公斤

　　　　　　故產生 $CO_2 = \dfrac{9 \times 1000}{12} = 750(mol)$

　　　　　　$\Rightarrow W_{CO_2} = 750 \times 44 = 33000(g) = 33(kg)$

60. B

　　【解析】　由文章知，鐵肥會促使海中浮游生物大量繁殖，故光合作用效率增強，使大氣中二氧化碳濃度下降

61. D

　　【解析】　由文章第二段可知

62. **C**

【解析】 $X + \underline{YCl_2} \rightarrow \underline{XCl_2} + Y$ 氧化劑強弱：$YCl_2 > XCl_2$

$Cl_2 + 2XCl_2 \rightarrow 2XCl_3$ 氧化劑強弱：$Cl_2 > XCl_3$

$Y + 2\underline{XCl_3} \rightarrow \underline{YCl_2} + 2XCl_2$ 氧化劑強弱：$XCl_3 > YCl_2$

⇨ 氧化劑強弱：$Cl_2 > XCl_3 > YCl_2 > XCl_2$

63. **E**

【解析】 酚酞指示劑變色範圍：$pH = 8.2 \sim 10.0$

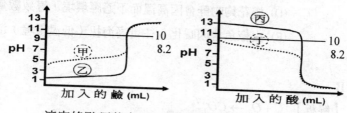

滴定終點須落在指示劑變色區間⇨（丁）不適用

64. **E**

【解析】 原子序 > 82 的元素具放射性

	He	Ne	Ar	Kr	Xe	Rn
原子序	2	10	18	36	54	86

⇨ Rn 具有放射性

65. **B**

【解析】 通入 $NH_{3(g)} \rightarrow NH_4^+{}_{(aq)}$

通入 $CO2_{(g)} \rightarrow HCO_3^-{}_{(aq)} \rightarrow CO_3^{2-}{}_{(aq)}$

故可形成 $NaHCO_3$、Na_2CO_3、$(NH_4)_2CO_3$、NH_4Cl 等鹽

但 $NaHCO_3$ 溶解度最小，最先析出

66. **C**

【解析】　由文中看出，此文最主要在討論溫度影響保衛細胞內鉀
離子濃度，進而影響氣孔開閉，故選 (C)

67. **B**

【解析】　(A) 由文章知，溫度 25 度時，鉀離子會隨溫度升高較
不易離開細胞，故膨壓變大

(C) 植物進行蒸散作用會降低葉溫

(D) 20℃ - 28℃時比在 13℃ - 20℃時，氣孔打開比例
較高

68. **A**

【解析】　由文章知，溫度越高，K^+ *in* 速率越快，但溫度低時，
K^+ *out* 速率隨溫度升高而加快，但溫度高於 20 度時
反而會隨溫度增加而下降，故選 (A)

九十八年度學科能力測驗 (自然考科)

大考中心公佈答案

題號	答案	題號	答案	題號	答案	題號	答案
1	B	21	D	41	BD	61	D
2	D	22	D	42	CD	62	C
3	B	23	A	43	AC	63	E
4	B	24	C	44	AD	64	E
5	D	25	D	45	AC	65	B
6	C	26	D	46	BD	66	C
7	A	27	D	47	ADE	67	B
8	B	28	E	48	DEF	68	A
9	A	29	D	49	B		
10	B	30	B	50	A		
11	B	31		51	A		
12	E	32	C	52	A		
13	C	33	C	53	C		
14	D	34	A	54	A		
15	D	35	A	55	D		
16	A	36	D	56	B		
17	A	37	C	57	C		
18	A	38	C	58	C		
19	B	39	A	59	B		
20	D	40	D	60	B		

九十八學年度學科能力測驗總級分與各科成績標準一覽表

考　科	頂標	前標	均標	後標	底標
國　文	14	13	11	10	8
英　文	13	11	8	5	4
數　學	11	9	6	4	3
社　會	14	13	11	9	8
自　然	12	11	9	7	6
總級分	60	55	46	37	29

※ 五項標準之計算，均不含缺考生（總級分之計算不含五科都缺考的考生）
　之成績，計算方式如下：

　　頂標：成績位於第 88 百分位數之考生成績
　　前標：成績位於第 75 百分位數之考生成績
　　均標：成績位於第 50 百分位數之考生成績
　　後標：成績位於第 25 百分位數之考生成績
　　底標：成績位於第 12 百分位數之考生成績

九十八學年度學科能力測驗自然科各級分人數累計表

	級分	人　數	百分比 (%)	累計人數	累計百分比 (%)
自	15	2,888	2.07	139,441	100.00
	14	5,177	3.71	136,553	97.93
	13	8,390	6.02	131,376	94.22
	12	10,549	7.57	122,986	88.20
	11	14,976	10.74	112,437	80.63
	10	19,196	13.77	97,461	69.89
	9	20,871	14.97	78,265	56.13
	8	18,726	13.43	57,394	41.16
	7	14,844	10.65	38,668	27.73
然	6	11,344	8.14	23,824	17.09
	5	7,824	5.61	12,480	8.95
	4	3,873	2.78	4,656	3.34
	3	726	0.52	783	0.56
	2	47	0.03	57	0.04
	1	7	0.01	10	0.01
	0	3	0.00	3	0.00

九十八學年度學科能力測驗
總級分人數百分比累計表（違規處理前）

總級分	人數	百分比	累計人數	累計百分比
75	109	0.08	140,007	100.00
74	226	0.16	139,898	99.92
73	297	0.21	139,672	99.76
72	437	0.31	139,375	99.55
71	551	0.39	138,938	99.24
70	700	0.50	138,387	98.84
69	815	0.58	137,687	98.34
68	961	0.69	136,872	97.76
67	1,144	0.82	135,911	97.07
66	1,361	0.97	134,767	96.26
65	1,574	1.12	133,406	95.29
64	1,744	1.25	131,832	94.16
63	1,967	1.40	130,088	92.92
62	2,246	1.60	128,121	91.51
61	2,351	1.68	125,875	89.91
60	2,619	1.87	123,524	88.23
59	2,764	1.97	120,905	86.36
58	3,052	2.18	118,141	84.38
57	3,240	2.31	115,089	82.20
56	3,343	2.39	111,849	79.89
55	3,539	2.53	108,506	77.50
54	3,600	2.57	104,967	74.97
53	3,946	2.82	101,367	72.40
52	4,066	2.90	97,421	69.58
51	4,080	2.91	93,355	66.68
50	4,186	2.99	89,275	63.76
49	4,224	3.02	85,089	60.77
48	4,460	3.19	80,865	57.76
47	4,364	3.12	76,405	54.57
46	4,358	3.11	72,041	51.46
45	4,284	3.06	67,683	48.34
44	4,163	2.97	63,399	45.28
43	4,102	2.93	59,236	42.31
42	3,970	2.84	55,134	39.38
41	3,855	2.75	51,164	36.54
40	3,650	2.61	47,309	33.79

總級分	人數	百分比	累計人數	累計百分比
39	3,338	2.38	43,659	31.18
38	3,063	2.19	40,321	28.80
37	2,922	2.09	37,258	26.61
36	2,802	2.00	34,336	24.52
35	2,499	1.78	31,534	22.52
34	2,339	1.67	29,035	20.74
33	2,256	1.61	26,696	19.07
32	2,153	1.54	24,440	17.46
31	2,088	1.49	22,287	15.92
30	2,063	1.47	20,199	14.43
29	1,990	1.42	18,136	12.95
28	1,936	1.38	16,146	11.53
27	1,930	1.38	14,210	10.15
26	1,857	1.33	12,280	8.77
25	1,740	1.24	10,423	7.44
24	1,679	1.20	8,683	6.20
23	1,472	1.05	7,004	5.00
22	1,296	0.93	5,532	3.95
21	1,073	0.77	4,236	3.03
20	854	0.61	3,163	2.26
19	681	0.49	2,309	1.65
18	487	0.35	1,628	1.16
17	362	0.26	1,141	0.81
16	228	0.16	779	0.56
15	129	0.09	551	0.39
14	74	0.05	422	0.30
13	45	0.03	348	0.25
12	45	0.03	303	0.22
11	37	0.03	258	0.18
10	30	0.02	221	0.16
9	25	0.02	191	0.14
8	25	0.02	166	0.12
7	37	0.03	141	0.10
6	19	0.01	104	0.07
5	22	0.02	85	0.06
4	27	0.02	63	0.04
3	17	0.01	36	0.03
2	14	0.01	19	0.01
1	3	0.00	5	0.00
0	2	0.00	2	0.00

註：累計百分比＝從 0 到該級分的累計人數／（報名人數 - 五科均缺考人數）

九十八學年度學科能力測驗
原始分數與級分對照表

科目	國文	英文	數學	社會	自然
級距	5.94	6.25	5.97	8.56	7.91
級分	分　數　區　間				
15	83.17 - 108.00	87.51 - 100.00	83.59 - 100.00	119.85 - 144.00	110.75 - 128.00
14	77.23 - 83.16	81.26 - 87.50	77.62 - 83.58	111.29 - 119.84	102.84 - 110.74
13	71.29 - 77.22	75.01 - 81.25	71.65 - 77.61	102.73 - 111.28	94.93 - 102.83
12	65.35 - 71.28	68.76 - 75.00	65.68 - 71.64	94.17 - 102.72	87.02 - 94.92
11	59.41 - 65.34	62.51 - 68.75	59.71 - 65.67	85.61 - 94.16	79.11 - 87.01
10	53.47 - 59.40	56.26 - 62.50	53.74 - 59.70	77.05 - 85.60	71.20 - 79.10
9	47.53 - 53.46	50.01 - 56.25	47.77 - 53.73	68.49 - 77.04	63.29 - 71.19
8	41.59 - 47.52	43.76 - 50.00	41.80 - 47.76	59.93 - 68.48	55.38 - 63.28
7	35.65 - 41.58	37.51 - 43.75	35.83 - 41.79	51.37 - 59.92	47.47 - 55.37
6	29.71 - 35.64	31.26 - 37.50	29.86 - 35.82	42.81 - 51.36	39.56 - 47.46
5	23.77 - 29.70	25.01 - 31.25	23.89 - 29.85	34.25 - 42.80	31.65 - 39.55
4	17.83 - 23.76	18.76 - 25.00	17.92 - 23.88	25.69 - 34.24	23.74 - 31.64
3	11.89 - 17.82	12.51 - 18.75	11.95 - 17.91	17.13 - 25.68	15.83 - 23.73
2	5.95 - 11.88	6.26 - 12.50	5.98 - 11.94	8.57 - 17.12	7.92 - 15.82
1	0.01 - 5.94	0.01 - 6.25	0.01 - 5.97	0.01 - 8.56	0.01 - 7.91
0	0.00 - 0.00	0.00 - 0.00	0.00 - 0.00	0.00 - 0.00	0.00 - 0.00

級分計算方式如下：

1. 級距：以各科到考考生，計算其原始得分前百分之一考生（取整數，小數無條件進位）的平均原始得分，再除以15，並取至小數第二位，第三位四捨五入。

2. 本測驗之成績採級分制，原始得分0分為0級分，最高為15級分，缺考以0級分計。各級分與原始得分、級距之計算方式詳見簡章第10頁。

九十七年大學入學學科能力測驗試題
自然考科

第壹部分（佔 96 分）

一、單選題（佔 72 分）

說明：第 1 至 36 題為單選題，每題均計分。每題選出一個最適當的選項，標示在答案卡之「選擇題答案區」。每題答對得 2 分，答錯不倒扣。

1. 甲的質量為 50 公斤，乙的質量為 25 公斤，兩人在溜冰場的水平冰面上，開始時都是靜止的。兩人互推後，甲、乙反向直線運動，甲的速率為 0.1 公尺／秒，乙的速率為 0.2 公尺／秒。假設互推的時間為 0.01 秒，忽略摩擦力及空氣阻力，則下列敘述哪一項正確？
   (A) 甲、乙所受的平均推力均為 500 牛頓，方向相反
   (B) 甲、乙所受的平均推力均為 250 牛頓，方向相反
   (C) 甲受的平均推力 500 牛頓，乙受的平均推力 250 牛頓，方向相反
   (D) 甲受的平均推力 250 牛頓，乙受的平均推力 500 牛頓，方向相反

2. 甲、乙、丙三個絕熱容器都盛有 100 立方公分 100 ℃的開水。將質量都為 10 公克，溫度都為室溫的碳、銅、鉛分別放入甲、乙、丙三個容器中。已知碳、銅、鉛的比熱大小順序為碳＞銅＞鉛。若在達熱平衡的過程中，散失的熱量可忽略，則在熱平衡時，比較甲、乙、丙三個容器內的水溫，下列哪一項正確？
   (A) 甲＞乙＞丙　　　(B) 甲＜乙＜丙　　　(C) 甲＝乙＝丙
   (D) 甲＜乙＝丙　　　(E) 甲＝乙＜丙

3-4為題組

　　曉明利用電壓為 42 伏特的電源，串接了 20 歐姆的電阻。將電阻與 180 公克的固態待測物質放在絕熱容器中加熱，待測物的溫度隨時間變化如圖 1 所示。設加熱過程中系統均處於熱平衡狀態，且電阻變化極小可以忽略。依據上文，回答 3-4 題。

3. 加熱時的電流為幾安培？
    (A) 2.1
    (B) 4.2
    (C) 20
    (D) 42
    (E) 840

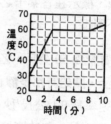

圖 1

4. 待測物質的熔化熱為多少卡/公克？
    (A) 840　　　　(B) 35　　　　(C) 20
    (D) 10　　　　(E) 4.2

5. 在 20℃時，海水的密度為 1.0025 公克/立方公分，潛水員在海深 10 公尺處所受到的總壓力，約為下列哪一項？
    (A) 1.0 大氣壓力　　　　　　(B) 2.0 大氣壓力
    (C) 3.0 大氣壓力　　　　　　(D) 4.0 大氣壓力
    (E) 5.0 大氣壓力

6. 一般家用平面鏡是由一定厚度的透明玻璃片，在其中一面鍍上不透光金屬膜製成。小明注意到若用鉛筆尖直接抵住鏡面時，鉛筆

尖的像與筆尖有一小段距離，估計該小段距離是鏡面玻璃片厚度的兩倍。依據上述，家用平面鏡使物體成像的主因，是下列敘述的哪一項？

(A) 由光在透明玻璃片表面反射造成

(B) 由光在透明玻璃片表面折射造成

(C) 由光進入且透過透明玻璃片，再被另一面的玻璃面反射造成

(D) 由光進入且透過透明玻璃片，再被塗在另一玻璃面上的不透光金屬膜反射造成

7. 我們眼睛的視網膜中有三種色錐細胞，其感光範圍的中心波長分別約為 600 奈米(紅光)、550 奈米(綠光)、450 奈米(藍光)。色盲就是色錐細胞因先天或後天異常。下列哪一種色錐細胞異常的人，紅、橙、黃、綠看起來只是程度不同的綠？

(A) 600 奈米

(B) 550 奈米

(C) 500 奈米

(D) 450 奈米

8. 假設電子繞著原子核作圓周運動，如圖 2 所示。則下列有關此原子模型的敘述哪一項正確？

(A) 圖中電子運動產生的電流為順時針方向

(B) 原子核與電子帶同性電荷，提供電子運動所需之力

(C) 圖中電子運動產生磁場的N極方向為射出紙面

(D) 原子核與電子之間的作用力，類似於彈簧，相距愈遠，作用力愈強

圖 2

9. 高處工地不慎掉落物件，施工人員以擴音器大聲通知下方人員閃躲。若不考慮空氣阻力，則下列敘述哪一項正確？

(A) 音調愈高，聲音傳播速率愈大

(B) 音量愈大，聲音傳播速率愈大

(C) 聲音傳播速率與音調及音量均無關

(D) 物體自 100 層 (每層高 3.3 公尺) 樓處，由靜止自由落下，到達地面時的速率，已快過聲速

10. 下列哪一物質**既非導體亦非電解質**？

(A) 食鹽　　　　(B) 黃銅　　　(C) 酒精

(D) 醋酸鉀　　　(E) 石墨

11. 下列哪一組元素符號依序為 [硼、鈦、鉻、砷、氪]？

(A) [Ba、Ti、Ca、Ar、Cr]　　　(B) [Be、Ni、Cs、Sn、Cr]

(C) [Br、Li、Cf、Am、K]　　　(D) [B、Ti、Cr、As、Kr]

(E) [B、Ni、Cr、As、K]

12. 在 1996 年，工業國家開始全面禁用含氟氯碳化合物冷媒，主要是為了保護大氣層中哪一種氣體？

(A) 氧　　　　　(B) 氮　　　　(C) 臭氧

(D) 二氧化碳　　(E) 水蒸氣

13-14為題組

　　表 1 是硝酸銀、硝酸鎂、硝酸鋇、硝酸鎳四種溶液與氫氧化鈉、氯化鈉、硫酸鈉、硫化鈉等四種溶液作用的結果，表中的 "—" 表示沒有沉澱。以上所有水溶液的濃度都是 0.01 M。

根據表 1，回答13-14 題。

表 1

	AgNO$_3$	Mg(NO$_3$)$_2$	Ba(NO$_3$)$_2$	Ni(NO$_3$)$_2$
NaOH	棕色沉澱	白色沉澱	—	綠色沉澱
NaCl	白色沉澱	—	—	—
Na$_2$SO$_4$	—	—	白色沉澱	—
Na$_2$S	黑色沉澱	—	—	黑色沉澱

13. 硝酸鎳溶液與硫化鈉溶液混合時會產生黑色的沉澱，試問該沉澱
    的化學式為下列哪一項？
    (A) NiS　　　　　(B) Ni$_2$S　　　　　(C) NiS$_2$
    (D) Ag$_2$S　　　　(E) MgS$_2$

14. 有一水溶液含 Ag$^+$、Mg^{2+}、Ba^{2+} 及 Ni^{2+} 四種陽離子各 0.01M。若
    以 NaOH、NaCl、Na$_2$SO$_4$ 及 Na$_2$S 溶液作為試劑使之分離，則下
    列滴加四種試劑的先後順序中，哪一項可達到分離的目的？
    (A) NaOH；NaCl；Na$_2$SO$_4$；Na$_2$S
    (B) Na$_2$S；NaOH；NaCl；Na$_2$SO$_4$
    (C) Na$_2$SO$_4$；Na$_2$S；NaOH；NaCl
    (D) NaCl；Na$_2$SO$_4$；NaOH；Na$_2$S
    (E) NaCl；Na$_2$SO$_4$；Na$_2$S；NaOH

15. 下列哪一選項混合物，在常溫、常壓共存時，不易引起化學反應？
    (A) AgNO$_{3(aq)}$、KNO$_{3(aq)}$、K$_2$CrO$_{4(aq)}$
    (B) NO$_{(g)}$、N$_{2(g)}$、O$_{2(g)}$　　　　(C) H$_{2(g)}$、O$_{2(g)}$、N$_{2(g)}$
    (D) CO$_{(g)}$、CO$_{2(g)}$、Ca(OH)$_{2(aq)}$
    (E) H$_2$O$_{(l)}$、Na$_{(s)}$、C$_2$H$_5$OH$_{(l)}$

16-17為題組

　　某元素有兩種同位素。一種為 $^{10}_{5}X$，質量為 10.0129 amu，佔 19.91%；另一種為 $^{11}_{5}X$，質量為11.0093 amu，佔 80.09 %。根據以上資料，回答 16-17 題。

16. 元素 X 的原子量是下列哪一個？(取到二位小數)

　　(A) 5.00　　　　　　　(B) 10.01　　　　　　(C) 10.50

　　(D) 10.81　　　　　　 (E) 11.01

17. X 原子最外層有幾個電子？

　　(A) 1　　　(B) 2　　　(C) 3　　　(D) 4　　　(E) 5

18. 某先進自來水廠提供 2ppm (百萬分濃度)臭氧 (O_3) 殺菌的飲用水，若以純水將其稀釋至原有體積之二倍，換算成體積莫耳濃度約為多少 M ？

　　(A) 1×10^{-4}　　　　(B) 2×10^{-4}　　　　(C) 5×10^{-5}

　　(D) 2×10^{-5}　　　　(E) 1×10^{-5}

19. 台灣某一湖泊生態系的食物鏈為藻類→蝦→小魚→大魚，此食物鏈中的四類生物不按順序以甲、乙、丙與丁代號建立其能量塔如圖 3。

　　今有 10 隻人工飼養的鱷魚逃逸棲居該湖泊，則該生態系的能量塔中，哪一階層的生物最先會受到影響？

　　(A) 甲

　　(B) 乙

　　(C) 丙

　　(D) 丁

能量塔：

圖3

20. 根據某科學家的研究，下列各物種(甲、乙、丙…亥)的演化關係
    如圖 4。

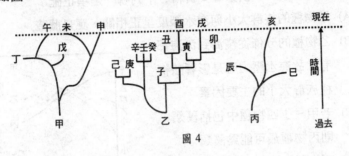

圖 4

依照圖 4 的資料，下列敘述哪一項正確？

(A) 現存的生物都是從相同的祖先演化而來的

(B) 現存的生物都是從不同的祖先演化而來的

(C) 生物乙到生物戌的演化過程中，有的物種仍然存活，有的物
     種則已滅絕

(D) 生物未與生物午的 DNA 序列相似度，會比生物未與生物申
     的 DNA 序列相似度為高

21. 植物的光合作用通常會因受到光照而被活化。今有一存於葉綠體
    內部的光合酵素 F，其活性會受到 pH 值及鎂離子濃度的影響如
    圖 5。根據圖 5 資料，試推測相較於在夜晚期間，葉綠體內部的
    pH 值及鎂離子濃度在白天期間最可能會發生下列哪一種變化？

    (A) pH 值不變，鎂離子濃度不變

    (B) pH 值下降，鎂離子濃度下降

    (C) pH 值下降，鎂離子濃度上升

    (D) pH 值上升，鎂離子濃度下降

    (E) pH 值上升，鎂離子濃度上升

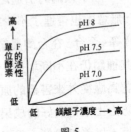

圖 5

22. 某海洋生態系中的甲、乙、丙和丁四物種，其族群大小與海水深度的關係如圖6。根據圖6資料，下列哪一選項正確？

(A) 甲物種的族群大小與海水深度呈正相關，應是藤壺

(B) 乙物種的分佈從淺海到深海都有，故海水壓力應是影響該物種族群大小的主要因素

(C) 若甲～丁四物種中包括藻類，則丙物種最可能為藻類

(D) 丁物種的族群最小，且主要分佈在深海區，應是一種會行自營生活的魚類

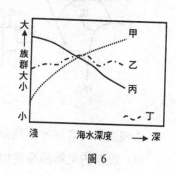

圖6

23-24為題組

　　台灣的重要作物如稻子和甘蔗等，是先民從海峽對岸隨移民引進的；而像玉米（番麥）、甘藷（番薯）、豌豆（荷蘭豆）等植物及黃牛、鴿子、番鴨等動物，則是在荷蘭人統治台灣時代引進的。然而，人為的引進外來種生物到台灣，常也有後來造成大災難的例子，像非洲大蝸牛於1933年自新加坡引進，起初以該蝸牛具食用與藥用價值而廣為推廣，但隨著生產過盛，許多蝸牛逃出養殖場而成了多種蔬菜的有害動物。除了人為的引進之外，隨船舶、飛機、貨物等，甚至附在人體上，無意中也帶進了不少有害的生物，例如像溝鼠、美國蟑螂、床蝨（臭蟲）等。至今，在台灣農業上之有害動物被確認為外來種者已近60種，且其種類仍在不斷增加中。針對外來種農業害蟲的防治，目前部分專家認為應從外來害蟲的原產地引進天敵，這種方法的確在吹棉介殼蟲的防治上取得良好的成果。但天敵的引進也並非是對付入侵害蟲的萬靈丹，以美國為例：為了防治入侵的舞蛾，從1906年起陸續引進近

50 種天敵，不但成效不彰，其中一種自舞蛾原產地歐洲所引進的鋸針蠅，反而成為美國 200 多種昆蟲的天敵，嚴重影響該地的昆蟲相。由此可知，天敵的引進不可不慎。

根據上文，回答23-24 題。

23. 下列選項中，哪一項最適合做為上述短文的標題？
    (A) 臺灣水稻的故事
    (B) 非洲大蝸牛的故事
    (C) 歐洲舞蛾對美國昆蟲相之影響
    (D) 外來種生物對臺灣農業的利與弊
    (E) 臺灣外來種生物的由來與防治注意事項

24. 根據上述短文，下列哪一選項正確？
    (A) 外來種生物都是人為引進的
    (B) 引進外來種生物，對台灣農業有利有弊
    (C) 引進天敵是對付入侵外來種生物的萬靈丹
    (D) 為防治吹棉介殼蟲，台灣最好引進歐洲的鋸針蠅
    (E) 臺灣的外來種生物已近60種，且仍在不斷增加當中

25. 環境荷爾蒙又稱為內分泌干擾物質，是指環境中的某些化學物質，會擾亂動物的內分泌系統，引發基因突變及與生殖有關的異常反應。圖 7 為某區域中不同物種的食性關係及體內環境荷爾蒙的濃度分布情形。下列是相關的敘述。
甲、這些物種呈現食物網的關係
乙、環境荷爾蒙具有生物放大效應
丙、若將此圖轉為能量塔應有四個營養階層
丁、除了此食物網外，人類可能有其他管道攝入環境荷爾蒙

根據圖中資料，下列選項中，何者內容正確？

(A) 甲、乙、丙

(B) 甲、乙、丁

(C) 甲、丙、丁

(D) 乙、丙、丁

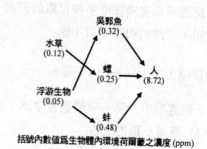

括號內數值為生物體內環境荷爾蒙之濃度 (ppm)

圖 7

26. 長期以來人們只注重稻米培育種的產量及品質，卻忽略野生種之保存。近有學者之實驗結果發現，受到某些細菌感染之野生品種水稻有 40% 之存活率，而人工育種之水稻遭受感染後則全數死亡，下列是相關的敘述。

甲、人工育種的水稻品種缺乏遺傳變異

乙、野生品種的水稻有較高的物種歧異度

丙、野生品種的水稻對病毒具較強之適應力

丁、由此可知野生種滅絕後會使稻米的遺傳歧異度降低

根據本段資料，下列選項中，何者內容正確？

(A) 甲、乙   (B) 甲、丙   (C) 甲、丁

(D) 乙、丙   (E) 乙、丁   (F) 丙、丁

27. 溫室效應與下列哪一選項最相關？

(A) CO_2，宇宙射線   (B) CO_2，紅外線

(C) CO_2，紫外線   (D) NO_2，紅外線

(E) NO_2，紫外線   (F) NO_2，無線電波

28. 某生至野外進行地質調查，他於某處朝正北方見到如圖 8 的地層
　　垂直剖面，下列哪一選項為該地質構造名稱及最可能的形成機制？
　　（圖中地層 1 年代最老，地層 3 年代最新。）

(A) 向斜構造，受到東西向應力的擠壓

(B) 向斜構造，受到南北向應力的擠壓

(C) 背斜構造，受到東西向應力的擠壓

(D) 背斜構造，受到南北向應力的擠壓

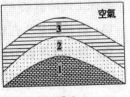

圖 8

29. 某生用地質鐵鎚於野外敲擊一岩體，撿取敲下之石塊標本，製成
　　薄片在顯微鏡下觀察及測量，並判斷其為砂岩，則該生觀察到的
　　岩石薄片最接近下列哪一個圖形？（圖下方之水平線段為各圖之
　　比例尺）

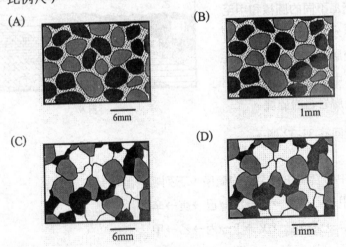

(A)　　　　　　　　　　　　(B)

6mm　　　　　　　　　　　1mm

(C)　　　　　　　　　　　　(D)

6mm　　　　　　　　　　　1mm

30. 在 2004 年 12 月發生的印尼蘇門答臘大地震，從而導致的南亞巨
　　大海嘯，引發了世界各國有關專家的關注與研究。經過調查後發

現，靠近震源附近的異他海溝，其海底凹陷地區，出現了綿延 45 公里的斷層，斷層落差達 10 公尺，巨大的能量將海浪推高因此產生巨大海嘯。

根據上面的敘述，下列哪一選項是正確的？

(A) 海嘯都發生在海溝處

(B) 陸地產生斷層就會造成海嘯

(C) 只要發生大地震就會發生海嘯

(D) 海底地震導致海底地形產生大落差是造成此次海嘯的主因

31-32為題組

　　圖 9 為某地未倒轉岩層的垂直剖面圖，地表在甲地層之上界，圖上不同的圖樣和甲至辛的標示分別代表不同的岩層。丁層與庚層各為一火成岩侵入岩層，其中丁岩層還包裹著一些來自丙層岩石的碎塊。

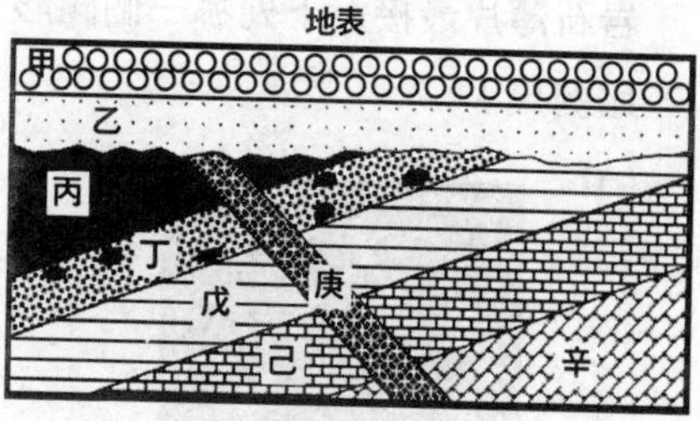

依據此圖回答 31-32 題。

圖 9

31. 圖 9 中的岩層由老至新的順序，下列哪一選項是正確的？

(A) 甲→乙→丙→丁→戊→己→庚→辛

(B) 辛→庚→己→戊→丁→丙→乙→甲

(C) 辛→庚→己→戊→丙→丁→乙→甲

(D) 辛→己→戊→丙→丁→庚→乙→甲

(E) 辛→己→戊→丁→丙→庚→乙→甲

32. 圖 9 的岩層垂直剖面圖中，**沒顯示**哪一種地質事件或作用？

(A) 沈積作用　　　　　　　(B) 侵蝕作用

(C) 正斷層　　　　　　　　(D) 地層傾斜

(E) 火成岩侵入

33. 一空氣團在沿著山坡上升過程中，其溫度與體積可能改變。假設
此空氣團在上升過程中，空氣團與周圍空氣間的熱交換很弱，可
以忽略。則下列哪一項敘述最可能發生？

(A) 體積縮小，溫度上升　　(B) 體積膨脹，溫度上升

(C) 體積縮小，溫度下降　　(D) 體積膨脹，溫度下降

(E) 體積不變，溫度不變

圖 10

34-35為題組

　　圖 10 為一颱風侵襲台灣前的衛星
雲圖，甲、乙、丙三處的連線大約與
緯度線平行，其中乙處為颱風眼。依
據此圖回答 34-35 題。

34. 在甲處、乙處、丙處的風向分別為何？

	甲　處	乙　處	丙　處
(A)	大致為東風	大致為西風	大致為西風
(B)	大致為北風	大致無風	大致為南風
(C)	大致為西風	大致無風	大致為東風
(D)	大致為北風	大致為南風	大致為南風
(E)	大致為南風	大致無風	大致為北風

35. 下列哪一選項最符合「圖 10 中通過甲、乙、丙三處連線的氣壓變化」示意圖？

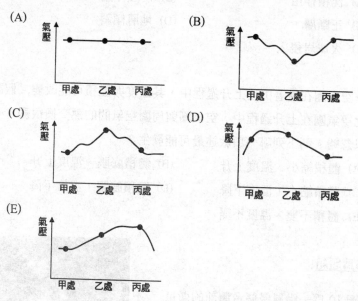

(A) 氣壓 — 甲處 乙處 丙處

(B) 氣壓 — 甲處 乙處 丙處

(C) 氣壓 — 甲處 乙處 丙處

(D) 氣壓 — 甲處 乙處 丙處

(E) 氣壓 — 甲處 乙處 丙處

36. 在美國登月計畫中，阿波羅太空船上的太空人有許多機會從月球看地球，並且拍下畫面。圖 11 即為美國登月太空船中的太空人，在月球上空往地球方向所拍攝的影像，其前景（圖右下角部分）即為月球表面。在拍攝此圖的同一時刻，我們在地球上看月亮，看到的是哪一種月相？

圖 11

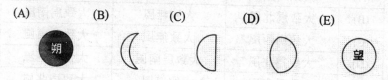

(A) 朔　(B)　(C)　(D)　(E) 望

二、多選題（佔 24 分）

說明：第 37 至 48 題爲多選題，每題均計分。每題的選項各自獨立，
　　　其中至少有一個選項是正確的，選出正確選項標示在答案卡之
　　　「選擇題答案區」。每題皆不倒扣，選項全部答對得 2 分，只
　　　錯一個選項可得 1 分，錯兩個或兩個以上選項不給分。

37. 具有相同體積且質料均勻的實心鐵球與鋁球，從離地面等高處由
　　靜止自由落下，重力加速度的量值爲 g。在落下的時間均爲 t 時
　　（尚未到達地面），忽略空氣阻力及風速的影響，下列哪幾項敘
　　述正確？（應選三項）
　　(A) 兩球所受的重力相同　　　(B) 兩球下落的距離相同
　　(C) 兩球有相同的速度　　　　(D) 兩球有相同的加速度
　　(E) 兩球有相同的質量

38. 在水平地面上有一球落地反彈又落地，週而復始。前後兩次反彈
　　又落地的過程之最大高度比爲 $1:0.64$。假設空氣阻力可以忽略，
　　則下列有關前後兩次反彈又落地過程的敘述，哪幾項正確？（應
　　選二項）
　　(A) 最大動能的比例爲 $1:0.64$
　　(B) 「最大位能－最小位能」的比例爲 $1:0.64$
　　(C) 最大力學能的比例爲 $1:0.8$
　　(D) 最大速度量值的比例爲 $1:0.64$

39. 如圖 12 所示，台灣的家用電源，一
　　般都由紅、黑、白三條電線引入，再
　　經由無熔絲開關接到電器插座上，其
　　中紅線及黑線爲火線，白線爲接地線。
　　若要從配電箱拉出電線，連至二孔插

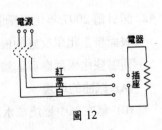

圖 12

座，供電給一規格為 110V、1200W 的電器，則下列哪些選項的
接線方式，對電器**有傷害或有危險**？(應選三項)

(A) 一接紅線，另一接黑線

(B) 一接紅線，另一接白線

(C) 一接白線，另一接黑線

(D) 一接紅線，另一接黑、白兩線的絞合線

(E) 一接黑線，另一接紅、白兩線的絞合線

40. 今有甲、乙、丙、丁、戊五支 10 毫升之試管，分別依序加入 1 毫
升的汽油、甲苯、丙酮、酒精、食醋後，各再加入 1 毫升的蒸餾
水。試問充分攪拌後，下列哪些試管內的溶液是均勻混合？(應
選三項)

(A) 甲　　　(B) 乙　　　(C) 丙　　　(D) 丁　　　(E) 戊

41. 下列的反應中，哪幾項是氧化還原反應？(應選二項)

(A) $CaO_{(s)} + H_2O_{(l)} \rightarrow Ca(OH)_{2(s)}$

(B) $2PbS_{(s)} + O_{2(g)} \rightarrow 2PbO_{(s)} + 2S_{(s)}$

(C) $CaCO3_{(s)} + 2HCl_{(aq)} \rightarrow CaCl_{2(aq)} + H_2O_{(l)} + CO_{2(g)}$

(D) $Cl_{2(g)} + H_2O_{(l)} \rightarrow HOCl_{(aq)} + HCl_{(aq)}$

(E) $SiO_{2(s)} + 4HF_{(aq)} \rightarrow SiF_{4(g)} + 2H_2O_{(l)}$

(F) $KCl_{(aq)} + AgNO_{3(aq)} \rightarrow AgCl_{(s)} + KNO_{3(aq)}$

42. 諾貝爾 2007 年化學獎頒給德國化學家俄托，俄托成功描述物質
表面發生化學反應的催化過程，奠定現代表面化學的基礎，下
列哪些化學反應與固體物質表面催化有關？(應選二項)

(A) 汽油的燃燒

(B) 氫在氧中燃燒成水蒸氣

(C) 過氧化氫在黑色二氧化錳中分解出氧氣

(D) 銅幣在硝酸汞溶液中變銀色的硬幣

(E) 汽車觸媒轉化器中一氧化碳變成二氧化碳

(F) 硝酸鋇溶液和硫酸溶液作用產生硫酸鋇沉澱

43. 圖 13 為甲、乙和丙三種生物的生存曲線圖，圖中橫軸為年齡百
分比，該種生物之最大年齡設為 100%。根據圖 13，下列哪些
敘述正確？(應選三項)

(A) 乙生物在各年齡死亡機率差異不大

(B) 丙生物在成年期之同種競爭對手最少

(C) 一年生草本植物之生存曲
線與甲曲線最為類似

(D) 此種生存曲線圖可作為資
源管理及物種保育之參考

(E) 丙生物中當年齡百分比為
75% 時，整體仍有約一半
以上之個體存活

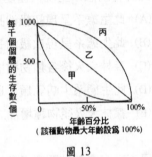

圖 13

44-45為題組

　　表 2 為某森林於大火前後，森林中哺乳類、鳥類及爬蟲類物種數
目的統計結果。試根據表 2 的資料，回答 44-45 題。

表 2

森林狀態	哺乳類物種數目	鳥類物種數目	爬蟲類物種數目
森林大火前	70	120	150
森林大火後 2 年	35	60	50
森林大火後 4 年	48	72	75
森林大火後 8 年	62	88	100

44. 根據表 2 的資料，下列哪些敘述正確？(應選二項)

   (A) 此森林之優勢種為爬蟲類

   (B) 森林大火後此森林生態系之物種歧異度下降

   (C) 此森林遭逢火災後僅需 8 年即可恢復為顛峰群落

   (D) 此森林爬蟲類之數量，在遭逢火災 8 年後，已回復至火災前
   數量之 2/3

   (E) 與哺乳類及鳥類相比較，爬蟲類之物種歧異度，無論是在森
   林大火前或大火 4 年後都是最高

45. 此森林生態系呈現何種變化？(應選二項)

   (A) 此生態系呈現初級消長現象

   (B) 此生態系呈現次級消長現象

   (C) 森林大火後各類物種增加的主要原因均為外來物種移入

   (D) 此生態系中哺乳類、鳥類及爬蟲類皆呈現年變動現象

   (E) 森林大火後物種增加之原因，主要為高溫誘發基因突變所造成

46. 柯南固定在某地觀察日落景象，每一次他都用相機多次曝光後，
   再將多幅影像疊加起來，形成一幅日落重複曝光圖。依上述拍攝
   手法，他在某天拍攝日落景象 (左側)，經過一段時間後在原地
   又拍攝一次，將兩次的日落景象重疊如圖 14 所示，如果日落的
   軌跡僅向右方移動到照片所示
   的位置 (右側)。依據此圖，
   判斷拍攝的地點與日期為何？
   (應選二項，(A)、(B)、(C) 中
   選一項，(D)、(E)、(F)、(G)
   中選一項。)

圖 14

地　點	日　　期
(A) 北半球	(D) 夏至之後、秋分之前
(B) 南半球	(E) 冬至之後、夏至之前
(C) 赤道	(F) 秋分之後、冬至之前
	(G) 夏至之後、冬至之前

47. 海水的溫度、鹽度和密度是海洋的重要特性。下列有關海水溫度、鹽度和密度的敘述，哪些選項正確？（應選二項）

(A) 海水中所含的鹽類僅有氯化鈉

(B) 海水表面溫度與密度均大於深層水之溫度與密度

(C) 海水溫度與鹽度的差異分布為形成密度流的主要原因

(D) 一般而言海水表面的溫度隨著緯度的不同和季節的改變而有變化

(E) 海水表面鹽度與蒸發量和降水量有關，所以赤道地區的平均鹽度最高

48. 依據大氣平均垂直結構，在對流層中，溫度隨高度上升而降低，每公里約降 6.5℃。但是在對流層頂的溫度，並不再降低，大致維持一定的溫度。最上層的大氣溫度則隨高度增加而增加。形成這種結構的主要原因為何？（應選二項）

(A) 因為太陽輻射中的無線電波加熱了最上層的大氣

(B) 因為太陽輻射中的紫外線、X射線加熱了最上層的大氣

(C) 因為臭氧吸收太陽輻射中的紫外線，增加了溫度，使對流層頂的溫度大致維持一定

(D) 因為人類的活動使二氧化碳增加，造成溫室效應，使最上層的大氣溫度增加

(E) 因為大氣的對流活動，將地面附近的能量帶至對流層頂，使對流層頂的溫度大致維持一定

第貳部分（佔 32 分）

說明：第 49 至 68 題，共 20 題，其中單選題 16 題，多選題 4 題，每題 2 分。答錯不倒扣。多選題只錯一個選項可獲 1 分，錯兩個或兩個以上不給分。此部分得分超過 32 分以上，以滿分 32 分計。

49. 依照氣體動力論，在絕對溫度為 T 時，理想氣體分子的平均移動動能為 $\frac{3}{2}kT$，k 為波茲曼常數。設絕對溫度為 T 時，在裝有活塞的密閉氣室內，有 N 個某種單原子的理想氣體分子，加熱使氣溫增加 ΔT，而維持氣室內氣壓不變，則下列敘述哪一項正確？

(A) 所加的熱能大於 $\frac{3}{2}kN\Delta T$

(B) 所加的熱能等於 $\frac{3}{2}kN\Delta T$

(C) 所加的熱能小於 $\frac{3}{2}kN\Delta T$

(D) 所加的熱能等於 $\frac{3}{2}kNT$

50-52為題組

生物覓食的方式，除了依賴我們熟悉的視覺、嗅覺、觸覺、聽覺之外，有些動物還利用電覺。

圖 15 中甲至己六個實驗表示科學家實驗觀察海水中鯊魚對海床上下食物反應的幾種情況。圖中灰色區為砂質海床，實驗乙與丙之中，食物藏在海草織成的透水盒內，圖中粗白線箭號代表海水被導管引入與流出透水盒之流向；鯊魚前方黑色實線箭號代表鯊魚覓食的反應。

本實驗用的活比目魚具有生物電，而實驗中魚肉塊的血腥味皆會隨水流漂散。

　　參閱上述資料與圖 15，回答 50-52 題。

50. 此實驗已經將下列哪一項感
　　覺**排除**，**不在**考慮之內？

　　(A) 電覺

　　(B) 視覺

　　(C) 嗅覺

　　(D) 聽覺

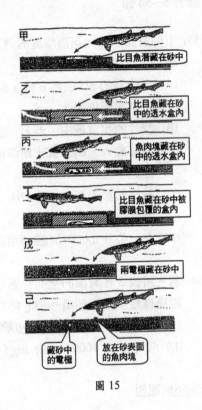

圖 15

51. 就實驗己的觀察結果而言，
　　下列有關鯊魚近身覓食時，
　　對食物感覺強弱的關係哪
　　一項正確？

　　(A) 視覺＞電覺

　　(B) 嗅覺＞視覺

　　(C) 電覺＞嗅覺

　　(D) 視覺＞嗅覺

52. 下列哪一項實驗中隔絕了食物與鯊魚之間的電傳導？

　　(A) 甲　　　　　　　　　(B) 乙

　　(C) 丙　　　　　　　　　(D) 丁

53-54為題組

　　氫氧化鋁在不同 pH 值水溶液中的溶解度列於表 3。根據表 3 資料，回答 53-54 題。

表 3

pH	溶解度 (mol/L)
4.0	2.0×10^{-2}
5.0	2.0×10^{-5}
6.0	4.2×10^{-7}
7.0	4.0×10^{-6}
8.0	4.0×10^{-5}
9.0	4.0×10^{-4}
10.0	4.0×10^{-3}
11.0	4.0×10^{-2}
12.0	4.0×10^{-1}

53. 下列有關氫氧化鋁溶解度的敘述，哪一項正確？

　(A) 水溶液的 pH 值為 6 時，氫氧化鋁溶解度最大

　(B) 酸性的水溶液中，若 H^+ 離子濃度愈大，則氫氧化鋁溶解度愈小

　(C) 鹼性的水溶液中，若 OH^- 離子濃度愈大，則氫氧化鋁溶解度愈小

　(D) 在一公升 0.0001M 鹽酸溶液比在一公升純水中溶解度大

54. 若要將表 3 在有限的空間作圖以便看出溶解度隨 pH 的變化，則縱座標應使用下列哪一項 (最方便)？

　(A) 溶解度 × 1000　　(B) 溶解度 ÷ 1000　　(C) 溶解度 + 1000

　(D) 溶解度 － 1000　　(E) log (溶解度)

55-56為題組

　　圖 16 顯示四氯化碳 (CCl_4) 及水的密度隨溫度變化的情形。在 25℃ 將等體積的四氯化碳和水倒入一試管，則見試管內液體分成兩層。再將它逐漸冷卻至 -25℃，在冷卻過程中，試管內的物質狀態隨溫度而改變。

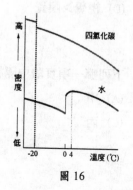

圖 16

根據以上資料，回答 55-56 題。

55. 在 0℃ 時試管內分成三層，由上而下順序正確的是哪一項？

(A) $H_2O_{(s)}$、$H_2O_{(l)}$、$CCl_{4(l)}$　　(B) $CCl_{4(l)}$、$H_2O_{(s)}$、$H_2O_{(l)}$

(C) $H_2O_{(s)}$、$CCl_{4(l)}$、$H_2O_{(l)}$　　(D) $CCl_{4(s)}$、$H_2O_{(l)}$、$H_2O_{(s)}$

(E) $H_2O_{(l)}$、$CCl_{4(l)}$、$CCl_{4(s)}$

56. 在 -20℃ 時試管內分成三層，由上而下的正確順序為下列哪一項？

(A) $H_2O_{(s)}$、$H_2O_{(l)}$、$CCl_{4(l)}$　　(B) $H_2O_{(s)}$、$CCl_{4(l)}$、$H_2O_{(l)}$

(C) $CCl_{4(l)}$、$H_2O_{(s)}$、$CCl_{4(s)}$　　(D) $H_2O_{(s)}$、$CCl_{4(l)}$、$CCl_{4(s)}$

(E) $H_2O_{(s)}$、$CCl_{4(s)}$、$CCl_{4(l)}$

57-58為題組

　　我國行政院開發基金最近投資國內某生技公司，以取得美國藥廠「Genentech」抗愛滋藥物「TNX-355」的專利授權。資料顯示，「TNX-355」是一種具有治療愛滋病潛力的單株抗體藥物，目前在美國已快要完成第二期臨床人體試驗。過去的抗愛滋藥物，其作用主要是直接抑制愛滋病毒複製或增生所需的酵素，然而長期使用的患者常會出現抗藥性的問題；「TNX-355」注射進人體後可與 T 細胞表面的 CD4 受體結合，阻斷病毒與細胞的結合，進而確保人類免疫系統運作正常。

　　根據上文，回答 57-58 題。

57. 「TNX-355」主要是下列哪一類分子？

(A) 核酸　　　(B) 脂質　　　(C) 醣類

(D) 維生素　　(E) 蛋白質

58. 下列哪一項是「TNX-355」被用以治療愛滋病的主要作用機制？
    (A) 與 B 細胞表面結合　　(B) 與 T 細胞表面結合
    (C) 與愛滋病毒結合　　　 (D) 抑制愛滋病毒複製
    (E) 直接殺死愛滋病毒

59. 序列為 5'—AGTC—3' 的 DNA 片段在進行轉錄作用時，會生成下列哪一種 RNA 片段？
    (A) 5'—TCAG—3'　　　 (B) 5'—UCAG—3'
    (C) 5'—GACU—3'　　　 (D) 5'—GACT—3'
    (E) 5'—AGTC—3'

60. 下列是關於細胞構造及功能的敘述。
    甲、溶體源自高基氏體，可分解老舊胞器
    乙、核糖體不具膜之構造，是合成蛋白質的場所
    丙、葉綠體為單層膜狀胞器，由單層囊狀膜和基質組成
    丁、粒線體為含膜胞器，是細胞行無氧呼吸以製造 ATP 之場所
    下列選項中，哪一選項是正確的？
    (A) 甲、乙　　　　　　　 (B) 甲、丙
    (C) 甲、丁　　　　　　　 (D) 乙、丙
    (E) 乙、丁　　　　　　　 (F) 丙、丁

61-62為題組

　　假設有一顆與太陽類似的恆星，其中有三顆固態行星在一共同軌道上繞著它運轉，如圖 17 所示。這三顆行星的質量與大小都與地球差不多，

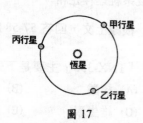

圖 17

其他基本資料與軌道參數如表 4 所示。為了方便對照，地球的資料附在表 4 中的最後一列作為參考。依據圖 17 與表 4，回答 61-62 題。

表 4

	自轉週期	軌道傾角	大氣壓力（atm）
甲行星	42 小時	24 度	0.001
乙行星	20 小時	12 度	0.8
丙行星	12 小時	65 度	1.2
地　　球	24 小時	23.5 度	1.0

61. 丙行星之極區的緯度範圍為何？

(A) 23.5 度至 90 度　　　　(B) 25 度至 90 度

(C) 65 度至 90 度　　　　　(D) 67.5 度至 90 度

(E) 該行星沒有極區

62. 甲、乙、丙三行星中，晝夜溫度差別最大與最小的分別是哪一顆行星？

(A) 最大的是甲行星，最小的是乙行星

(B) 最大的是甲行星，最小的是丙行星

(C) 最大的是乙行星，最小的是甲行星

(D) 最大的是乙行星，最小的是丙行星

(E) 最大的是丙行星，最小的是甲行星

(F) 最大的是丙行星，最小的是乙行星

63-64為題組

　　近年來，全球變暖的問題日益引起人們的關注，雖然南極和北極在地理上離我們很遙遠，但是極地變化與我們的生存環境息息相關。

例如，因為南、北極終年低溫，故由南極和北極向低緯度移動的氣團或洋流溫度均較低緯度地區低，而現今因全球暖化所導致南、北極冰層體積縮小，會使得全球海平面上升。南北極的降雪因終年低溫而不融化，故原先地上的雪受到後來積雪壓力而凍結成冰時，可以將當時的空氣包裹在冰層之中，形成氣泡。科學家從鑽探極地冰層取得的冰芯中，可以獲得當時大氣中 CO_2、CH_4 等氣體資料，顯示古氣候的變化。研究結果顯示，自工業革命以來，全球大氣中的溫室氣體含量持續在增加之中。南極冰芯中保存著約 65 萬年前以來的氣候環境變化記錄，而北極格陵蘭冰蓋中則保存著過去約 25 萬年的氣候環境變化記錄。因此，極地氣候研究有助於科學界了解地球氣候的變化史，評估氣候變暖對全球的影響。

依據上文回答 63-64 題。

63. 南極和北極的環境變化與地球氣候息息相關的原因為何？
   (A) 極地地區是全球氣候的冷源
   (B) 極地地區是全球表面洋流的發源地
   (C) 極地地區降下的雪均會於夏季時融化
   (D) 北極極地地區冰川體積減小不會導致全球海平面上升

64. 假若上文中所取得之南極和北極格陵蘭冰蓋的冰芯氣泡都已經達到各自冰層厚度的極限，則下列有關極地冰層中氣泡的相關敘述，哪一選項正確？
   (A) 南極冰層比北極格陵蘭冰層早形成
   (B) 冰層中的氣泡成分主要為二氧化碳和甲烷氣體
   (C) 目前冰層中的氣泡最老僅可用來研究自 25 萬年前以來的大氣成分
   (D) 自工業革命以來至今，冰層中氣泡的甲烷氣體含量逐漸降低

65. 如圖 18，小明在 O 點使質量爲 m 的
物體，以速率 $2\sqrt{gR}$ 沿 OP 方向前
進，g 爲重力加速度，則物體可沿
著 OPQM 的光滑軌道恰好到達 M
點；OP 是水平直線軌道，PQM 是

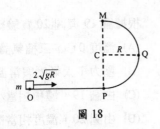

圖 18

半徑爲 R 的鉛直半圓形軌道。物體在鉛直半圓形軌道運動時，
若某點的速率爲 v，則物體一定受到量值爲 $\dfrac{mv^2}{R}$ 的向心力(指向
圓心 C 的力)。試問下列敘述哪些正確？(應選二項)
(A) 物體在 P、Q、M 各點的速率都相等
(B) 物體在 P、Q、M 各點的速率漸增
(C) 物體在 P、Q、M 各點的速率漸減
(D) 若 CQ 平行於 OP，則物體在 Q 點的向心力的量值爲 $4\,mg$
(E) 若 CQ 平行於 OP，則物體在 Q 點的向心力的量值爲 $2\,mg$

66. 在溫度 0℃，分別測量 1.0mol 氫、甲烷、二氧化碳三種氣體的體
積 (V) 和壓力 (P)，將其結果作成 PV/nRT 與壓力 (大氣壓) 的
關係圖，如圖 19，其中 T 爲溫度；另在壓力 1 大氣壓，分別測
量 1.0mol 氫、氮、二氧化碳三種氣體的體積和溫度，將其結果
作成 PV/nRT 與溫度 (K) 的關係圖，如圖 20。圖 19 與圖 20 中
的虛線爲理想氣體。

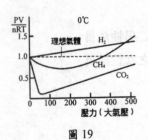

圖 19

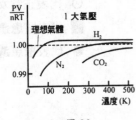

圖 20

根據圖19與圖20實驗結果，下列哪些敘述是正確？(應選三項)

(A) 溫度0℃，三種氣體中，甲烷最接近理想氣體

(B) 壓力1大氣壓與常溫時，三種氣體中，氮氣最接近理想氣體

(C) 由圖19，體積相當小時，三種氣體都相當接近理想氣體

(D) 由圖20，溫度相當高時，三種氣體都相當接近理想氣體

(E) 由圖19與圖20，可以獲得結論：壓力趨近於0大氣壓，且溫度甚大於500K，四種氣體都相當接近理想氣體

(F) 由圖19與圖20，可以獲得結論：壓力趨近於500大氣壓，且溫度趨近於0K，四種氣體都相當接近理想氣體

67. 圖21為某家族的族譜系圖，部分家族成員罹患一種「因單一基因異常」而引發之遺傳疾病。按照族譜系圖所呈現的資料，下列有關此種遺傳疾病之敘述，哪些選項正確？(應選二項)

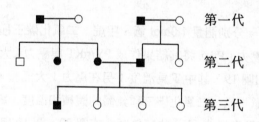

□ 代表正常男性成員

○ 代表正常女性成員

■ 代表罹患遺傳疾病之男性成員

● 代表罹患遺傳疾病之女性成員

圖21

(A) 為一種隱性遺傳疾病

(B) 為一種顯性遺傳疾病

(C) 該基因位於X染色體上

(D) 該基因位於Y染色體上

(E) 該基因位於體染色體上

68. 圖 22-24 分別是昴宿星團、仙女座大星系 M31、天琴星座的影像。
　　下列選項何者正確？(應選二項)

  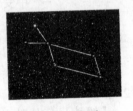

圖 22 昴宿星團　　　圖 23 仙女座大星系M31　　　圖 24 天琴星座

(A) 仙女座大星系 M31 屬於銀河系，是三者中最大的系統

(B) 仙女座大星系 M31 不屬於銀河系，是三者中最大的系統

(C) 昴宿星團屬於銀河系，是三者中最大的系統

(D) 昴宿星團不屬於銀河系，是三者中最大的系統

(E) 天琴星座中，肉眼可見的恆星都屬於銀河系

(F) 天琴星座中，肉眼可見的恆星有些不屬於銀河系

97年度學科能力測驗自然科試題詳解

第壹部分

一、單選題

1. A

【解析】作用力＝反作用力⇒兩者平均力大小相等，方向相反

$$\Rightarrow \text{甲受作用力} \ F_{甲} = m_{甲} \frac{\Delta \bar{V}_{甲}}{\Delta t} = 50 \times \frac{0.1}{0.01} = 500N$$

$$\text{乙受作用力} \ F_Z = m_Z \frac{\Delta \bar{V}_Z}{\Delta t} = 25 \times \frac{0.2}{0.01} = 500N$$

2. B

【解析】因比熱小者易改變溫度⇒水放熱＝物體吸熱，設末溫 T

$$M_{水} \times 1 \times (100 - T) = m \times s \times (T - 30) \Rightarrow s \propto \frac{100 - T}{T - 30}$$

⇒ 可知 s 越大，T 越小

⇒ $T_C < T_{Cu} < T_{Pb}$⇒甲＜乙＜丙

<u>3-4 為題組</u>

3. A

【解析】由歐姆定律 $V = IR \Rightarrow 42 = I \times 20$ ，$I = 2.1A$

4. B

【解析】功率 $P = \dfrac{V^2}{R}$ 在 3～8 分熔化 ⇒ 設熔化熱 x

$$\Rightarrow 180 \times x = \frac{5 \times 60 \times P}{4.2} = \frac{300 \times 42^2}{4.2 \times 20} = 6300 \Rightarrow x = 35cal / g$$

5. **B**

【解析】 10公尺處水的壓力

$= \rho g h = 1002.5 \times 10 \times 10 \cong 1 \times 10^5 N/m^2 \cong 1atm$

$\Rightarrow$ 總壓力 P = 大氣壓 + 水壓 = $2atm$

6. **D**

7. **A**

8. **C**

【解析】 (A) 電子運動為順時鐘 $\Rightarrow$ 形成一順時鐘之電子流 $\Rightarrow$
電流為逆時針

(B) 原子核帶正電，電子帶負電

(C) 由右手定則，電流逆時針，姆指出紙面 $\Rightarrow$ 產生一
出紙面磁場 $\Rightarrow$ N 極方向出紙面

(D) 為庫倫作用力 $F \propto \dfrac{1}{r^2}$，愈遠愈小

9. **C**

【解析】 聲速僅跟溫度有關

(D) 由 $V = \sqrt{2gh} = \sqrt{2 \times 10 \times 3.3 \times 100} \cong 81m/s \le$ 聲速

10. **C**

【解析】 (A) 食鹽：$NaCl$ 為電解質

(B) 黃銅：$Cu+Zn$ 為導體

(D) 醋酸鉀：CH_3COOK 為電解質

(E) 石墨：C 為導體

11. **D**

　　【解析】　依元素週期表可知：$[\,B \cdot Ti \cdot Cr \cdot As \cdot Kr\,]$

12. **C**

　　【解析】　因氟氯碳化物會分解臭氧（O_3），所以禁用氟氯碳化物
　　　　　　　即是為了保護臭氧層

13-14 為題組

13. **A**

　　【解析】　$Ni(NO_3)_2 + Na_2S \rightarrow NiS_{(s)} \downarrow + 2Na^+ + 2NO_3^-$

14. **E**

　　【解析】

$$Ag^+ \atop Mg^{2+} \atop Ba^{2+} \atop Ni^{2+}} \xrightarrow{Cl^-} \boxed{AgCl\downarrow} \atop Mg^{2+} \atop Ba^{2+} \atop Ni^{2+}} \xrightarrow{SO_4^{2-}} Mg^{2+} \atop \boxed{BaSO_4\downarrow} \atop Ni^{2+} \xrightarrow{S^{2-}} Mg^{2+} \atop \boxed{NiS\downarrow} \xrightarrow{OH^-} \boxed{Mg(OH_2)\downarrow}$$

15. **C**

　　【解析】　(A) $2Ag^+ + CrO_4^{2-} \rightarrow Ag_2CrO_4 \downarrow$

　　　　　　　(B) $NO + \dfrac{1}{2}O_2 \rightarrow NO_2$

　　　　　　　(D) $CO_2 + Ca(OH)_2 \rightarrow CaCO_3 + H_2O$

　　　　　　　(E) $Na + H_2O \rightarrow NaOH + \dfrac{1}{2}H_2$

　　　　　　　　　$Na + C_2H_5OH \rightarrow C_2H_5ONa + \dfrac{1}{2}H_2$

16-17 為題組

16. **D**

【解析】 $\overline{M} = M_1 X_1 + M_2 X_2 + \cdots$

$$\overline{M} = 10.0129 \times \frac{19.91}{19.91 + 80.09} + 11.0093 \times \frac{80.09}{19.91 + 80.09}$$

$$= 10.8098 = 10.81$$

17. **C**

【解析】 $_5X$ 有 5 個電子，其電子組態：$1s^2 2s^2 2p^1$

∴最外層電子有 3 個

18. **D**

【解析】 $2ppm = 2 \times 10^{-4}\%$　　　$2 \times 10^{-4}\% \times \dfrac{1}{2} = 10^{-4}\%$

$$\therefore C_M = \frac{\dfrac{10^{-4}}{100}}{\dfrac{48}{1000}} = 2 \times 10^{-5} M$$

19. **A**

【解析】 本題重點在於食物鏈關係，因為鱷魚吃大型魚類，故
甲階層先受影響（甲 — 大型魚類，乙 — 小魚，
丙 — 蝦，丁 — 藻類）

20. **C**

【解析】 本題完全是判圖題。

(A) (B) 由圖中無法判之

(C) 由圖中得可看出酉、戊現今還存在，但其餘消失

(D) 未與申的親緣關係較近，故 DNA 序列應較相似

21. **E**

　【解析】　本題由圖中就可判得答案！白天光合作用速率較高，
　　　　　　則酵素活性較強，故由圖中得知，酵素活性越高，
　　　　　　其 pH 上升，且鎂離子濃度越大

22. **C**

　【解析】　(A) 藤壺攝食浮游藻類，故藤壺和藻類族群大小與海水
　　　　　　　　深度呈負相關
　　　　　　(B) 由圖知，海水壓力與乙物種族群大小沒有關係
　　　　　　(C) 因藻類需光，故與海水深度呈負相關
　　　　　　(D) 丁物種分佈在深海，光度低，爲自營生物的機率小

<u>23-24 爲題組</u>

23. **E**

24. **B**

　【解析】　(A) 外來種生物雖多爲人爲引進，但也可能藉自然活動
　　　　　　　　引入
　　　　　　(C) 由文中得知
　　　　　　(D) 鋸針蠅已成爲美國 200 多種昆蟲的天敵，嚴重影響
　　　　　　　　該地的昆蟲相；若將鋸針蠅引進臺灣，亦可能嚴重
　　　　　　　　影響臺灣的昆蟲相
　　　　　　(E) 臺灣的外來種生物遠超過 60 種；只是在臺灣農業
　　　　　　　　上之有害動物被確認爲外來種者已近 60 種

25. **B**

【解析】 將此圖轉為能量塔應有三個營養階層

26. **C**

【解析】 乙：本題應討論基因歧異度

丙：本題討論細菌與水稻關係，而未討論病毒

27. **B**

【解析】 溫室效應的最主要氣體為水氣及二氧化碳，主要吸收波段為地面反射之紅外線

28. **C**

【解析】 此依沉積為背斜構造，面向正北方看，圖中構造為東西走向

29. **B**

【解析】 礫岩的直徑大於 2mm，沉積岩經過沉積作用時會出現壓密，導致岩石之間的縫隙被填滿（膠結），故選 (B)

30. **D**

【解析】 海嘯的成因有三，地震，火山爆發及殞石掉落。由題意可知，海底地震產產生大幅度的岩層位移世此次地震地主因

31-32 為題組

31. **D**

【解析】 疊置定律：未受翻轉的地層中，由上至下年齡越老
截切定律：先發生的會被後發生的切開

32. **C**

【解析】 庚為火成岩入侵，因此此題中僅有正斷層未出現

33. **D**

【解析】 絕熱過程下，空氣往上升會因壓力降低，體積膨脹，
溫度下降

34-35 為題組

34. **B**

【解析】 地轉風的環境下，風向大致水平等壓線。颱風的等壓
線大致為圓形，因此甲處吹北風，乙為颱風眼無風，
丙處吹南風

35. **B**

【解析】 颱風正中心氣壓最低，越往外氣壓越高

36. **D**

【解析】 此時見到的景象為，日地月呈現的夾角約 135 度左右，
大約為農曆的 11、12 日左右，檸檬月相

二、多選題

37. BCD

【解析】(D) 重力加速度 g 相同

(E) 兩者體積相同，因不同材料 $\Rightarrow$ 密度不同

　　　$\Rightarrow$ 由 $M = \bar{V}D$ $\Rightarrow$ 質量不同

(A) 重力 $W = mg$ 　∵m 不同 　∴W 不同

(C) 由 $v = v_0 + at$ 　∵g、t 同 $\Rightarrow v$ 同

(B) 位移 $S = \dfrac{1}{2}gt^2 \Rightarrow$ ∵g、t 同 $\Rightarrow S$ 同

38. AB

【解析】(A) 由 $v^2 = 2gh \propto h$

動能 $E_k = \dfrac{1}{2}mv^2 \propto v^2 \propto h \Rightarrow 1 : 0.64$

(D) $\Rightarrow V \propto \sqrt{h} \Rightarrow 1 : \sqrt{0.64} = 1 : 0.8$

(B) 最大位能 = 最大動能，最小位能 = 0

　　$\Rightarrow$ 最大位能 － 最小位能 = 最大位能

　　　　　　　　　　　　　= 最大動能 $\Rightarrow 1 : 0.64$

(C) 最大力學能 = 最大動能 $\Rightarrow 1 : 0.64$

39. ADE

【解析】(A) 一端接紅線，一端接黑線 $\Rightarrow$ 此為 $220V$ 會損害機器

(D) (E) 紅白絞合或黑白絞合會形成短路 $\Rightarrow$ 有失火危險

40. **CDE**

　　【解析】丙酮：丙、酒精：丁、食醋（乙酸）：戊，皆可與水互溶

41. **BD**

　　【解析】氧化還原反應 ⇒ 氧化數有變化

$$(B)\ 2Pb\underline{S}_{(s)}+O_{2(g)}\rightarrow 2PbO_{(s)}+2S_{(s)}$$

$$(D)\ Cl_{2(g)}+H_2O_{(l)}\rightarrow HOCl_{(aq)}+HCl_{(aq)}$$

42. **CE**

　　【解析】MnO_2 和觸媒轉化器皆為固體催化

43. **ADE**

　　【解析】(B) 甲生物在成年期之同種競爭對手最少

　　　　　　(C) 一年生草本植物之生存曲線與丙曲線最為類似

<u>44-45 為題組</u>

44. **BE**

　　【解析】(A) 從表中只能確定爬蟲類生物種類很多，但無法確定
　　　　　　　　 其為優勢種

　　　　　　(C) 從表中只看出此群集在恢復，但並無法確定其已恢
　　　　　　　　 復為顛峰群集

　　　　　　(D) 從表中只看出爬蟲類物種恢復 2/3，但數量無法得知

45. **BC**

　　【解析】 (A) (D) 森林大火後，此生態系呈現次級消長現象

　　　　　　(E) 森林大火後物種增加之原因，主要為外來種移入或

　　　　　　　　原生種遷回

46. **AE**

　　【解析】 日落的軌道面與地球自轉軸成 90 度夾角，故可知此張

　　　　　　照片大約為北緯 25 度左右位置拍攝。隔一段時間之後

　　　　　　再拍攝，太陽往北邊移動，故應是由冷轉熱的季節。

　　　　　　故選 (A) (E)

47. **CD**

　　【解析】 (A) 海水中的鹽類不僅有氯化鈉

　　　　　　(B) 海水底層的密度較大

　　　　　　(E) 赤道地區的蒸發量大但降雨量也大，故鹽度並不是

　　　　　　　　最高的位置

48. **BC**

　　【解析】 大氣層中增溫層的溫度之所以上升是因為陽光中最高

　　　　　　能量的射線直接加熱，對流層頂的溫度開始回升是因

　　　　　　為臭氧吸收此外線導致

第貳部分

49. **A**

　　【解析】 所加熱能部分使氣體升溫，此部份有 $\frac{3}{2}Nk\Delta T$；另有部

　　　　　　分使氣體對外作功，故所加熱能大於 $\frac{3}{2}Nk\Delta T$

50-52 為題組

50. **D**

【解析】 由圖中知，此魚有電覺（戊圖）、嗅覺（乙丙丁圖）、
視覺（甲圖），但無聽覺

51. **C**

【解析】 鯊魚對於放在砂表面的肉塊未發生反應，但對於藏在
砂中的電極發生反應，故鯊魚的電覺＞嗅覺

52. **D**

【解析】 由實驗丁看出，比目魚在砂中被膠膜包覆的盒內，生
物電被膠膜隔絕，鯊魚無法利用電覺偵測到比目魚，
鯊魚無反應

53-54 為題組

53. **D**

【解析】 (A) $pH = 6$ 時 $Al(OH)_3$ 之溶解度最小

(B) $[H^+]$ 愈大 $\Rightarrow pH$ 愈小，則溶解度愈大

(C) $[OH^-]$ 愈大 $\Rightarrow pH$ 愈大，則溶解度愈大

54. **E**

<u>55-56 為題組</u>

55. **A**

　　【解析】 密度愈大者，愈下層 $\Rightarrow$ 密度：$CCl_{4(l)} > H_2O_{(l)} > H_2O_{(s)}$

　　　　　　$\therefore$ 由上至下 $\Rightarrow H_2O_{(s)} \cdot H_2O_{(l)} \cdot CCl_4$

56. **D**

　　【解析】 密度：$CCl_{4(s)} > CCl_{4(l)} > H_2O_{(s)}$

　　　　　　$\therefore$ 由上至下

　　　　　　$\Rightarrow H_2O_{(s)} \cdot CCl_{4(l)} \cdot CCl_{4(s)}$

<u>57-58 為題組</u>

57. **E**

　　【解析】 由文章得知，TNX-355 是一種具有治療愛滋病潛力的
　　　　　　單株抗體，故為蛋白質組成

58. **B**

59. **C**

　　【解析】 本題為基本觀念題

60. **A**

　　【解析】 丙：葉綠體為雙層膜狀胞器

　　　　　　丁：粒線體是細胞行有氧呼吸之場所；而無氧呼吸在
　　　　　　　　細胞質中進行

61-62 為題組

61. **B**

【解析】極區定義為出現永晝永夜的區域，丙行星的自轉軸傾斜 65 度，極區的範圍從 90 度至 25 度之間

62. **B**

【解析】行星的日夜溫差，取決於大氣層的厚度多寡。大氣層越厚則日夜溫差越小，大氣越薄則日夜溫差越大

63-64 為題組

63. **A**

64. **A**

65. **CE**

【解析】(A) (B) (C) 力學能守恆，故愈高，位能愈大，動能愈小，速率愈小

(D) (E) 0 → Q 力學能守恆：

$$\frac{1}{2}m(2\sqrt{gR})^2 = mgR + \frac{1}{2}mV_Q^2 \to V_Q = \sqrt{2gR}$$

在 Q 點向心力量值 $= m\frac{V_Q^2}{R} = 2mg$

66. **BDE**

【解析】 (A) 0℃時，H_2 最接近理想氣體

(B) $1atm$，常溫：$300K$，可由圖 20 知 N_2 最接近理想

氣體

(C) 畫一鉛直線 $\Rightarrow$ 定 P　$\therefore$ 縱軸即為 V

$\therefore$ 非所有氣體，接近理想氣體

(D) 由圖知

(E) (F) 由圖 19 及圖 20 可知，高溫低壓時氣體較接近理

想氣體

67. **BE**

【解析】 由圖中可看出，此應為顯性遺傳疾病，且位於體染色

體上

68. **BE**

九十七年度學科能力測驗（自然考科）

大考中心公佈答案

題號	答案	題號	答案	題號	答案	題號	答案
1	A	21	E	41	BD	61	B
2	B	22	C	42	CE	62	B
3	A	23	E	43	ADE	63	A
4	B	24	B	44	BE	64	A
5	B	25	B	45	BC	65	CE
6	D	26	C	46	AE	66	BDE
7	A	27	B	47	CD	67	BE
8	C	28	C	48	BC	68	BE
9	C	29	B	49	A		
10	C	30	D	50	D		
11	D	31	D	51	C		
12	C	32	C	52	D		
13	A	33	D	53	D		
14	E	34	B	54	E		
15	C	35	B	55	A		
16	D	36	D	56	D		
17	C	37	BCD	57	E		
18	D	38	AB	58	B		
19	A	39	ADE	59	C		
20	C	40	CDE	60	A		

九十六年大學入學學科能力測驗試題
自然考科

第壹部分（佔96分）

一、單選題（佔72分）

說明：第1至36題為單選題，每題均計分。每題選出一個最適當的選項，標示在答案卡之「選擇題答案區」。每題答對得2分，答錯不倒扣。

1. 若某生態系長時間維持在草原的型態，則下列敘述何者**錯誤**？
   (A) 草原為此生態系之顛峰群落型態
   (B) 強勁的風可能是此生態系長時間維持在草原型態的主因
   (C) 豐富的雨水可能是此生態系長時間維持在草原型態的主因
   (D) 週期性的野火可能是此生態系長時間維持在草原型態的主因

<u>請閱讀下列短文後，回答第2題</u>

　　全世界目前已知的蜘蛛共有3萬6千種，雖然其中一半以上不會結網，但所有的蜘蛛都會吐絲，以調節其棲息環境的溫度、濕度，或把所產的卵包起來。蜘蛛大多分布在熱帶地區，台灣也擁有豐富的蜘蛛生態，但目前只有4百種蜘蛛的紀錄，學者估計至少還有一半以上的蜘蛛尚未被發現。

　　生態學家對台灣的高山蜘蛛進行生物多樣性調查，結果發現地面游走的蜘蛛是合歡山（海拔高達三千公尺以上）分布最廣者，且其中八成屬於不結網的「狼蜘科」。海拔越高，能適應環境的蜘蛛越少，且只有少數的優勢種能在這種環境中生存。環境險惡或逆境會使結網更加困難，在合歡山上，由於箭竹草原容易結霜或結冰，加上強風吹拂蜘蛛根本無法結網。

2. 下列有關本文敘述所做的推論，何者最合理？

(A) 在三千公尺以上合歡山的優勢種生物為狼蜘科的蜘蛛

(B) 台灣目前記錄到的四百多種蜘蛛全都會吐絲

(C) 台灣三千公尺以上的高山上，蜘蛛因結霜及強風而不會結網

(D) 隨著蜘蛛生長所在地高度的增加，蜘蛛種類也成等比例減少

(E) 狼蜘科的動物有六隻腳，屬於節肢動物門，呼吸方式與魚類不同

3. 報載七星山夢幻湖因為水文狀況改變，導致陸生植被侵入，使原生活在湖中的台灣水韭數量越來越少。下列哪一種現象與前述現象最相近？

(A) 溪頭森林遊樂區中，松材線蟲對柳杉林的危害

(B) 演化的過程中，魚類先演化出兩生類再演化出爬蟲類

(C) 某地先有地衣，一段時間後長出地錢，最後形成草原

(D) 在同一生態系中，DDT 的濃度在較高級的消費者身上較高

4. 在甲、乙、丙三個島上，小地雀與中地雀鳥喙大小的分布情形如圖1，則下列推論，何者正確？

(A) 丙島上每一隻中地雀的鳥喙都大於小地雀的鳥喙

(B) 由甲、丙兩島各任取一隻小地雀，甲島的鳥喙都大於丙島的鳥喙

(C) 由乙、丙兩島各任取一隻中地雀，丙島的鳥喙都大於乙島的鳥喙

(D) 丙島的食物資源較甲、乙兩島豐富，所以演化出中地雀與小地雀

(E) 乙島的食物資源較豐富，所以乙島上中地雀的鳥喙平均大於甲島小地雀的鳥喙

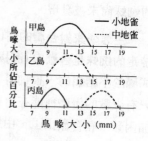

圖 1

5. 多年前一種生長快速的藤本植物自日本引進美國，植株一天可蔓延 30 公分，而且無論在河邊、樹上、電線桿、房屋或山丘都可以生長，人們想使用殺草劑來防治，但又考慮到污染水源的問題。近年來，有人由這種植物萃取澱粉，以應用在飲料、糖果、或草藥的製造，目前其產量還供不應求。此外，它還可用來造紙，具有相當的經濟價值。這種藤本植物在美國的情況，與下列哪一種生物在台灣的情況最相近？

(A) 台東蘇鐵

(B) 黑面琵鷺

(C) 非洲大蝸牛

(D) 台灣鯛 (吳郭魚)

6. 下列有關演化機制的敘述，何者錯誤？

(A) 天擇可以決定生物演化的方向

(B) 生物體若無變異，演化就不會產生

(C) 為了適應環境，生物體會調整變異的方向

(D) 能適應環境的個體才可以生存下來，這就是天擇

7. 在溫帶地區許多湖泊的湖面結冰時，水底生物仍能在水底安然渡過多天，下列原因何者最合理？

(A) 生物體本身具有調節溫度的功能

(B) 湖面結冰，底層的水仍可以維持 10 °C 以上

(C) 4 °C 時，水的密度最大，使湖底的水不致於結冰

(D) 4 °C 時，水的密度最大，有利於湖水的對流，使湖面與湖底的溫度一致

8. X、Y兩種微藻分別在錐形瓶中培
養時 (如圖2甲)，其數量隨時間
之變化如圖2乙，而當混和在同
一個錐形瓶中培養時 (如圖2丙)，
其數量隨時間之變化如圖2丁。
則在混和培養時，兩者之關係如
何？若 X 生物非微藻而為一種草
履蟲，則在混和培養時，兩者之
關係又如何？

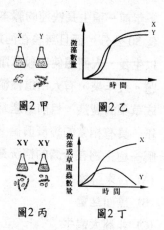

圖2甲　　　圖2乙

圖2丙　　　圖2丁

選項	X、Y皆為微藻時	X為草履蟲、Y為微藻時
(A)	競　爭	掠　食
(B)	掠　食	寄　生
(C)	互利共生	競　爭
(D)	互利共生	片利共生

9. 構成生物體體內的主要物質有水、醣類、蛋白質、脂質和核酸，
還有少量的維生素及無機鹽類。這些物質與生物體的新陳代謝、
生長、生殖、適應等生命現象有關。
下列有關上述物質的敘述，何者**錯誤**？
(A) 核酸是與遺傳有關的重要物質
(B) 生物體內的醣類、脂質、蛋白質、核酸等為含碳的有機物質
(C) 維生素是綠色植物維持生命所必要的物質，須由自然界吸收
(D) 細胞膜主要由蛋白質及脂質所組成，可控制細胞內外物質的
　　進出

10. 由重量百分比 90% 的金與 10% 的銀打造而成的皇冠，重量為 500 公克。將它全部浸入水中時，可排開水的體積為多少立方公分？

(A) 17.6　　　　(B) 22.6　　　　(C) 28.1　　　　(D) 30.0

11. 一個浮在水面上的浮體，其受力的情形如圖 3 所示，F_B 為浮力，W 為重力，S_1 及 S_2 為水對浮體的兩側壓力，P_1 為大氣壓力，P_2 為大氣壓力引起對浮體的上壓力；浮體對地的吸引力為 F_A（圖 3 中未標示），則下列哪一對力是作用力與反作用力？

圖3

(A) F_A 與 F_B　　　(B) S_1 與 S_2　　　(C) P_1 與 P_2

(D) F_A 與 W　　　(E) F_B 與 W

12. 某聲波在空氣中傳播時的頻率為 f_1，波長為 λ_1，當折射進入水中傳播時的頻率為 f_2，波長為 λ_2，則下列的關係，何者正確？

(A) $f_1 = f_2$　　　(B) $\lambda_1 = \lambda_2$　　　(C) $f_2 > f_1$　　　(D) $\lambda_2 < \lambda_1$

13. 發電廠輸出電時，通常利用超高壓變電所將電壓升高（如升至 34.5萬伏特）後，將電輸送至遠方，在此傳輸過程中，其目的為何？

(A) 增加輸電線的電阻
(B) 增加傳輸的速率
(C) 減小輸電線上的電流
(D) 減小傳輸的電功率

14. 秀玉有近視眼，經醫生檢查後她需配戴 500 度的近視眼鏡。此眼鏡之鏡片應為下列何種透鏡？

(A) 焦距為 20 公分的凹透鏡
(B) 焦距為 20 公分的凸透鏡
(C) 焦距為 5 公分的凹透鏡
(D) 焦距為 5 公分的凸透鏡

15. 將足球用力向斜上方踢，球向空中飛出，若不考慮空氣阻力，則下列哪一圖可以代表球的動能 E_k 與落地前飛行時間 t 的關係？

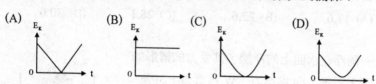

16-17為題組

　　質量 100 公克的某固態金屬以功率為 200 瓦特的熱源加熱，測得金屬溫度 T 隨時間 t 變化的曲線如圖4 所示。根據上文及圖4，回答 16-17 題。

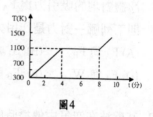

圖4

16. 在4分＜t＜8分間該金屬的物態為下列何者？

(A) 液態　　　　　　　　　　(B) 氣態

(C) 固態與液態共存　　　　　(D) 液態與氣態共存

17. 假設熱源供給的熱完全被金屬吸收，且無其他熱的散失，則該固態金屬的比熱為多少 J/kg-K？

(A) 10　　　　(B) 600　　　　(C) 1000　　　　(D) 4800

18. 一微波爐標示為 110V-900W，如要為此微波爐接一附有保險裝置的單獨插座，應選購電流值為若干安培的保險裝置，在使用此微波爐時較為安全？

(A) 1　　　　(B) 5　　　　(C) 10　　　　(D) 50

19. 下列哪一物質加熱時會固化，且燃燒時會產生具有臭味的含氮化合物？

(A) 澱粉　　　　(B) 牛脂　　　　(C) 蛋白質　　　　(D) 乳糖

20. 關於熱塑性塑膠的敘述，下列哪一項**錯誤**？

(A) 製造原料主要為石油化學產品

(B) 加熱時軟化，冷卻時固化，具可塑性

(C) 成分分子是以離子鍵結合

(D) 通常不傳電、亦不易傳熱

21. 表1 為生活中常見的三種不同狀態的純物質，甲烷、蒸餾水、與氯化鈉(食鹽)。表中數據係以絕對溫標K為單位的熔點。試問哪一組的熔點合理？

表1

選項	甲烷	蒸餾水	氯化鈉
(A)	1074	273	91
(B)	91	273	1074
(C)	273	91	1074
(D)	1074	91	273
(E)	91	1074	273

22. 已知亞佛加厥數為 6.02×10^{23}。下列哪一項所含氫的原子數最多？

(A) 3.01×10^{23} 氫分子的氫原子

(B) 5.02×10^{23} 個氫原子

(C) 8.5 克氨 (NH_3) 所含的氫原子

(D) 8 克甲烷 (CH_4) 所含的氫原子

23. 教學上有時會用電子點式來表示原子結構。下列選項中的阿拉伯數字代表質子數、「＋」代表原子核所帶的正電荷、「●」代表核外電子，則哪一項代表離子？

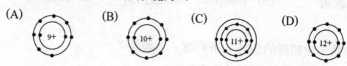

(A) 9+ 　(B) 10+ 　(C) 11+ 　(D) 12+

24. 三支試管分別裝有稀鹽酸、氫氧化鈉溶液及氯化鈉水溶液，已知各溶液的濃度均為 0.1M，但標籤已脫落無法辨認。今將三支試管分別標示為甲、乙、丙後，從事實驗以找出各試管是何種溶液。實驗結果如下：

(1) 各以紅色石蕊試紙檢驗時只有甲試管變藍色。

(2) 加入藍色溴瑞香草酚藍 (BTB) 於丙試管時，變黃色。

(3) 試管甲與試管丙的水溶液等量混和後，上述兩種指示劑都不變色，加熱蒸發水份後得白色晶體。

試問甲試管、乙試管、丙試管所含的物質依序為下列哪一項？

(A) 鹽酸、氯化鈉、氫氧化鈉　(B) 氫氧化鈉、氯化鈉、鹽酸
(C) 氯化鈉、鹽酸、氫氧化鈉　(D) 鹽酸、氫氧化鈉、氯化鈉

25-26為題組

　　甲、乙、丙、丁四種氣體(氧、氫、二氧化碳、氨)的一些性質列如表2，回答 25-26 題。

表2

氣體	水中溶解度	水溶液性質	氣味	在標準狀況 (STP) 時與空氣密度的比值
甲	溶解一些	酸性	無	1.53
乙	微溶		無	1.11
丙	易溶	鹼性	有	0.60
丁	不易溶		無	0.07

25. 收集氣體丙時，應使用下列哪一方法最恰當？

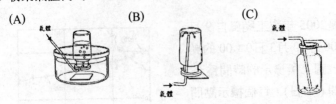

   (A)   (B)   (C)

26. 甲、乙、丙、丁是什麼氣體？

   (A) 甲爲氧、乙爲氫、丙爲二氧化碳、丁爲氨

   (B) 甲爲氨、乙爲氫、丙爲二氧化碳、丁爲氧

   (C) 甲爲二氧化碳、乙爲氧、丙爲氨、丁爲氫

   (D) 甲爲氧、乙爲二氧化碳、丙爲氨、丁爲氫

27. 有五種化合物，其溶解度 (每 100 克水中，所含溶質的克數) 和溫度的關係如圖5，試問哪一化合物溶解的過程爲放熱反應？

   (A) $NaNO_3$ (B) $CaCl_2$ (C) KCl

   (D) $Na_2SO_4 \cdot 10H_2O$ (E) Na_2SO_4

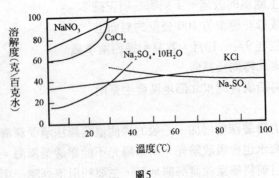

圖5

28-29為題組

　　圖6是2005年龍王颱風自9月30日12：00到10月3日0：00的颱風路徑圖，圖上所標示的時間為台灣地區時間(月/日)，每個標示點間隔為6小時。根據圖6的資料，回答28-29題。

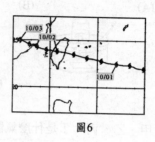

圖6

28. 下列哪一圖最能代表颱風中心氣壓自10月1日到10月3日的變化？

(A)
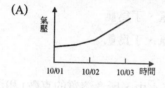

(B)
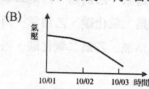

(C)
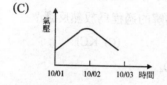

(D)
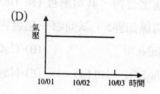

29. 有關龍王颱風的敘述，下列哪一項正確？
    (A) 生成於花蓮東方100公里的海面上
    (B) 發生在9月、10月，容易引進西南季風
    (C) 朝東北轉向後減弱
    (D) 容易造成台灣東北部地區發生豪雨

30. 海水壓力隨著深度增加，一般的探測儀器無法承受深海的壓力。此外，海水也會吸收陽光，所以陽光不能穿透至深海。基於以上敘述，目前科學家探測海底地形，主要利用下列哪一項儀器？
    (A) 數位攝影機　　　　　　　(B) 回音探測系統(聲納)
    (C) 都卜勒雷達　　　　　　　(D) 全球定位系統(GPS)

31. 2006 年 12 月 26 日晚上，不到 30 分鐘之內，恆春地震站西南方
    22.8 公里的海域，發生數次地震，其資料如下：

	發生時間	震央位置	地震深度	芮氏地震規模
地震1	晚上8點26分	北緯21.89度、東經120.56度	21.9公里	6.7
地震2	晚上8點34分	北緯22.40度、東經120.51度	21.3公里	6.4
地震3	晚上8點40分	北緯22.40度、東經120.51度	21.3公里	5.2

這些地震發生後，各縣市遭遇最大震度，分別如下：

縣市	屏東恆春	台東大武	花蓮市	台中市	台北市	宜蘭市	新竹竹北
最大震度	5級	4級	3級	3級	2級	2級	1級

關於此晚之地震，釋放總能量與搖晃程度的等級各為何？
(A) 總能量最大為 6.7，各地搖晃程度最大為 5
(B) 總能量最大為 6.7，各地搖晃程度最大為 1
(C) 總能量最大為 5.2，各地搖晃程度最大為 5
(D) 總能量最大為 5.2，各地搖晃程度最大為 1
(E) 總能量最大為 1，各地搖晃程度最大為 6.7
(F) 總能量最大為 1，各地搖晃程度最大為 5.2

32. 圖 7 為台灣中部某地區的東西向地質剖面示意圖，圖中顯示部分
    地層受到褶皺與斷層的影響。其中標示為「甲」且緊鄰雙冬的斷
    層，屬於下列哪一類斷層？

圖7

(A) 正斷層
(B) 逆斷層
(C) 平移斷層
(D) 轉形斷層

33. 若粗實線表示台灣島東北側之板塊交界，在此位置附近震源深度的分布最可能爲下列何者？（·表淺源 •表中源 ●表深源）

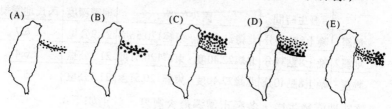

34. 星等是天文學描述天體亮度的單位，依據星等與亮度的定義，1 星的亮度是 6 星等的 100 倍；也就是說，亮度每差約 2.512 倍，星等則差 1 星等。目前已知滿月約爲 −12 星等，太陽約爲 −26 星等，則太陽的亮度大約是滿月的幾倍？
(A) 超過 4 百萬倍
(B) 1 百萬倍
(C) 40 萬倍
(D) 25 萬倍
(E) 14 萬倍

35. 太陽是一顆穩定的恆星，能源主要來自氫融合反應，這類恆星屬於主序星。而另有一類體積約爲太陽百萬倍以上的恆星，稱爲超巨星。織女星的亮度爲 0.01 星等，太陽的亮度爲 −26 星等，參宿四的平均亮度約爲 0.8 星等 (變星，星等變化範圍爲 0.4-1.3)。其中織女星是藍色主序星，太陽是黃色主序星，參宿四是紅色超巨星。天文學家將天體置於 32.6 光年處所看到的亮度，稱爲「絕對星等」。依據以上資料，判斷下列哪一選項的敘述是正確的？
(A) 織女星的表面溫度最高，太陽的絕對星等數值最小
(B) 太陽的表面溫度最高，織女星的絕對星等數值最小
(C) 參宿四的表面溫度最高，太陽的絕對星等數值最小
(D) 織女星的表面溫度最高，參宿四的絕對星等數值最小
(E) 參宿四的表面溫度最高，織女星的絕對星等數值最小

36. 天文學家使用各種波段的望遠鏡進行天文觀測，例如：可見光望遠鏡、無線電波望遠鏡、紅外線望遠鏡……等。有些望遠鏡安置在環繞地球的軌道中，有些望遠鏡則安置在地面上。下列哪一選項中的望遠鏡，一定要安置在太空中運作？

　　(A) 可見光望遠鏡、紅外線望遠鏡

　　(B) 無線電波望遠鏡、X光望遠鏡

　　(C) 紅外線望遠鏡、γ射線望遠鏡

　　(D) X光望遠鏡、γ射線望遠鏡

　　(E) 無線電波望遠鏡、紫外線望遠鏡

二、多選題（佔24分）

說明：第 37 至 48 題為多選題，每題均計分。每題的選項各自獨立，其中至少有一個選項是正確的，選出正確選項標示在答案卡之「選擇題答案區」。每題皆不倒扣，選項全部答對得 2 分，只錯一個選項可得 1 分，錯兩個或兩個以上選項不給分。

37. 金屬原子的離子化傾向較大者較易成離子。下列與離子化傾向較大的金屬原子相關的敘述，哪些正確？(應選二項)

　　(A) 較易被還原　　　　　　(B) 較易被氧化

　　(C) 較易失去電子　　　　　(D) 較易獲得電子

38. 鉛蓄電池是以鉛為負極、二氧化鉛為正極，而兩種電極均浸於稀硫酸溶液所構成的一種電池。可用比重計測定溶液的比重，來決定是否需要充電。鉛蓄電池在放電時，下列相關的敘述，哪些正確？(應選三項)

　　(A) 稀硫酸的濃度增大

　　(B) 稀硫酸的濃度減小

　　(C) 溶液的密度增大

(D) 溶液的密度減小

(E) 正極、負極的重量都增加

(F) 正極重量減少，負極重量增加

39. 甲、乙、丙、丁爲原子或離子，其所含的質子、中子與電子的數目如表3。試單就表3的數據，判斷下列相關的敘述，哪些正確？
(應選三項)

(A) 甲、乙爲同位素

(B) 乙、丙爲同位素

(C) 甲、乙、丙爲同位素

(D) 乙、丁爲離子

(E) 丙、丁爲同位素

(F) 丙爲離子

表3

	甲	乙	丙	丁
質子數	2	2	3	3
中子數	1	2	3	4
電子數	2	2	2	3

40. 甲地大氣溫度隨高度的垂直變化如圖8，圖中高度 0 公里爲海平面。有關甲地大氣溫度垂直結構的敘述，下列哪幾項正確？
(應選二項)

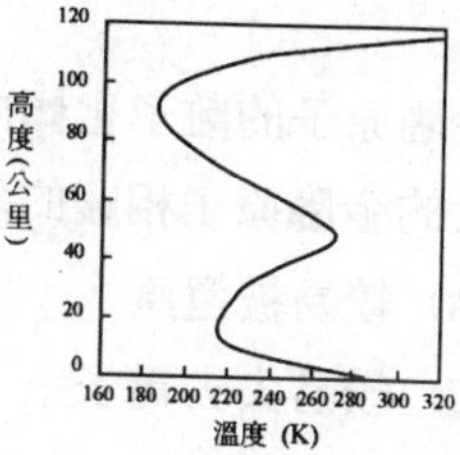

(A) 在平流層中，大氣溫度隨高度遞減

(B) 地表的大氣溫度最高

(C) 在熱氣層 (增溫層) 中，大氣溫度隨高度遞減

(D) 中氣層頂大約在 90 公里

(E) 在對流層中，大氣溫度隨高度的變化大約爲 −6.5 / ℃ 公里

圖8

41. 圖9為一幅對北方星空的長時間曝光影像。下列有關此圖的解說，哪三項正確？【必須分別在 (A)(B) 中選一項，(C)(D) 中選一項，與(E)(F)中選一項。】

選項	周日運動方向
(A)	逆時針旋轉
(B)	順時針旋轉

選項	曝光時間
(C)	約兩小時多
(D)	約四小時多

選項	圓弧的中心
(E)	北極星
(F)	天（球）北極

圖 9

42. 圖10 為某處地質剖面，其中數字 0～9 表示地層編號，甲、乙表示地質事件編號。依據此圖回答下列各三項地質事件由先至後的發生順序為何？(應選二項)

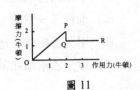

圖 10

(A) 地層 6 的沉積、地層 0～8 的褶皺、侵蝕面乙
(B) 岩脈、斷層甲、地層 6 的沉積
(C) 侵蝕面乙、地層 6 的沉積、地層 0～8 的褶皺
(D) 地層 6 的沉積、斷層甲、岩脈
(E) 地層 6 的沉積、岩脈、斷層甲

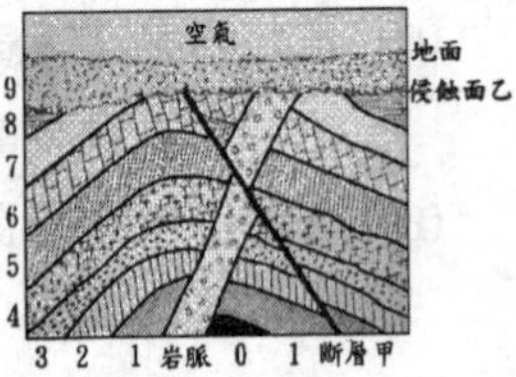

43. 一物體在某水平面上開始時為靜止，後來物體受一由小而大的作用力作用，其所受摩擦力與作用力的關係如圖 11 所

圖 11

示。依據圖 11，下列有關摩擦力的敘述何者正確？(應選三項)

(A) 物體受力作用後立即開始運動

(B) 作用力如圖從 O 到 P 點時，物體維持靜止

(C) 作用力如圖 P 點時，物體所受摩擦力最大

(D) 作用力如圖 P 點時，物體的加速度最大

(E) 作用力如圖從 Q 到 R 點時，物體運動的加速度越來越大

44. 科學博覽會實驗者站在塑膠凳子上，以手指接觸高達上萬伏特高電壓的金屬球，但見他頭髮直豎，人卻安然無恙。下列的物理解釋何者正確？(應選二項)

(A) 手指接觸高電壓金屬球後，頭髮帶同性電荷，所以頭髮直豎

(B) 手指接觸高電壓金屬球後，頭髮與高電壓相斥，所以頭髮直豎

(C) 手指接觸高電壓金屬球後，塑膠凳將身體電荷導入地面，故不被電擊

(D) 身體雖與高電壓金屬球等電位，但因塑膠凳將身體與地面隔絕，故不會被電擊

(E) 人體為電的不良導體，故不會被電擊

45. 將質量為 $m_甲$ 與 $m_乙$ ($m_甲 > m_乙$)的甲、乙兩個小球，在離水平地面同一高度，分別以 $V_甲$ 與 $V_乙$ ($V_甲 > V_乙$)的水平速度平拋出去，若不計空氣阻力，則下列的敘述哪些是正確的？(應選二項)

(A) 甲球與乙球同時落地

(B) 甲球的落地地點比乙球的遠

(C) 飛行了一秒時，甲球比乙球離地面的高度來得低

(D) 甲、乙兩球在落地前的速率均不變

(E) 甲、乙兩球在落地前的動能相同

46. 生物間的互動關係有掠食、寄生、共生、競爭等。下列選項中，
    哪些敘述是**錯誤**或**較不符合**生態平衡、自然保育、永續環境及人
    類生存之利益？(應選二項)
    (A) 農業上可利用病蟲害的天敵來進行生物防治
    (B) 應該禁止任何外來種生物(含生物防治的生物)的引進
    (C) 一起生活的生物間常會競爭生存空間、食物、水及陽光
    (D) 掠食、寄生、競爭等將造成生態系中能量流轉的不平衡
    (E) 根瘤菌與豆科植物行互利共生，在植物根部進行固氮作用

47. 生態學家調查甲、乙兩種生物在地
    球上的分布情形，其研究成果如圖
    12，如果以此圖的結果進行推論，
    則下列哪些**不適宜**？(應選三項)
    (A) 乙生物的南北分布範圍顯然較
        甲生物廣
    (B) 在南北極都不可能有甲、乙生物的分布
    (C) 北半球靠近赤道附近，甲生物的單位面
        積個體數高於乙生物的個體數
    (D) 緯度與台灣相近的生態環境，比較其單
        位面積個體數，乙生物高於甲生物
    (E) 甲生物的分布，在雨量多、陽光強，且
        生長季較長的環境中單位面積個體數較多

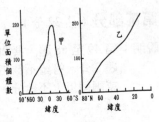

圖 12

48. 《詩經‧小雅》：「螟蛉有子，蜾蠃負之，教誨爾子，式穀似之。」
    文中，敘述古人觀察到「狩獵蜂把螟蛾幼蟲帶回巢中，一段時間
    後，巢中竟然飛出新長成的狩獵蜂而非螟蛾」這種生態現象，以
    為狩獵蜂善於教養子女，可以把螟蛾幼蟲調教成狩獵蜂的成蟲，
    於是告誡人們要以「善道」教養子女，也因此，「螟蛉子」被做

爲養子的代名詞。以現今科學的角度仔細檢視這個現象，發現原來是狩獵蜂把螟蛾幼蟲帶回巢中後，會在螟蛾幼蟲體內產卵。

依據上文，下列敘述哪些正確？(應選二項)

(A) 新長成的蜂發育所需的能量，主要來自於螟蛾幼蟲

(B) 「螟蛉子」作爲養子的代名詞不符眞實的生態現象

(C) 狩獵蜂有獨特的教養能力，能將螟蛾幼蟲教養成狩獵蜂

(D) 狩獵蜂照顧螟蛾幼蟲，螟蛾提供狩獵蜂養分，兩者互利共生

(E) 狩獵蜂成體以螟蛾爲主要的食物來源，所以它們是掠食的關係

第貳部分 (佔 32 分)

說明：第 49 至 68 題，共 20 題，其中單選題 16 題，多選題 4 題，每題 2 分。答錯不倒扣。多選題只錯一個選項可獲 1 分，錯兩個或兩個以上不給分。此部分得分超過 32 分以上，以滿分 32 分計。

49. 今有二種不同元素 X 及 Y，化合爲兩個含此二種元素的化合物。第一個化合物是由 9.34 克的 X 和 2.00 克的 Y 化合而成；而第二個化合物是由 4.67 克的 X 和 3.00 克的 Y 化合而成。如果第一個化合物的分子式是 XY，那麼第二個化合物的分子式爲下列何者？

(A) X_2Y (B) XY_2 (C) X_3Y (D) XY_3 (E) X_2Y_2

50. 有甲、乙、丙三瓶不同的液體，要知道各瓶中的液體爲何種藥劑，而從事下列實驗：

(1) 各取一部份液體，分別倒入試管然後加等量的水稀釋，並各滴加氯化鋇溶液時，只有甲液的試管生成白色沈澱。

(2) 將硝酸銀溶液加入乙及丙的試管，結果兩支試管都產生沈澱，但再加入過量的氨水時，只有丙試管的白色沈澱會溶解。

試問甲、乙、丙的液體分別是什麼藥劑？

(A) 甲為 H_2SO_4、乙為 HI、丙為 HCl

(B) 甲為 HI、乙為 H_2SO_4、丙為 HCl

(C) 甲為 H_2SO_4、乙為 HCl、丙為 HI

(D) 甲為 HCl、乙為 H_2SO_4、丙為 CH_3COOH

51-52為題組

　　將 5M 鹽酸 50.0mL 倒入圖13甲的側管圓底燒瓶，並滴入 1~2 滴廣用酸鹼指示劑。另外將足量的 $NaHCO_3$ 粉末放入未吹氣的氣球內，然後套住瓶口，組裝成不漏氣的氣體發生裝置如圖13甲。在燒瓶的側管接一橡皮管並裝有橡皮夾，可連氣體實驗裝置，如圖13乙與圖13丙。圖13乙為燒杯內放置三隻高度不同直立燃燒的蠟燭，並且在杯口連接通氣的導管。圖13丙在洗瓶內滴有 1~2 滴酚酞的 1M 氫氧化鈉溶液200.0mL。製備氣體實驗時，將圖13甲氣球內的粉末舉起，使其滑入燒瓶溶液中，約 30 秒後，氣球充氣而直立硬挺，而圓瓶內的溶液由紅色變成黃色。根據上文回答 51-52 題。

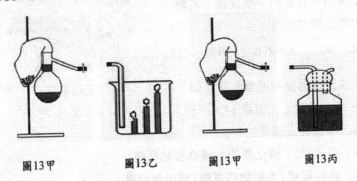

圖13甲　　　　　　圖13乙　　　　　　圖13甲　　　　　　圖13丙

51. 連接圖13甲與圖13乙的氣體實驗裝置，慢慢打開圖13甲連接橡皮夾。試問下列有關實驗結果的敘述，哪一項正確？

　　(A) 在圖13甲，所產生的氣體是一氧化碳

　　(B) 在圖13甲，所產生的氣體是氧氣

(C) 圖13乙中，蠟燭的火燄由低的往高的漸漸旺盛

(D) 圖13乙中，蠟燭的火燄由低的往高的漸漸熄滅

(E) 圖13乙中，蠟燭的火燄完全不受侵入氣體的影響

52. 連接圖13甲與圖13丙的氣體實驗裝置，當慢慢打開連接橡皮夾，若由 $NaHCO_3$ 粉末所產生的氣體，能完全被在圖13丙內的 1M 氫氧化鈉溶液 200.0mL 所吸收中和產生碳酸氫根離子 (HCO_3^-) 而呈無色。試問至少需要多少克的 $NaHCO_3$ 粉末？

(A) 21.0   (B) 16.8   (C) 8.4   (D) 4.2   (E) 2.1

53. 已知碘化氫在25℃，1 atm的熱化學反應式如下：

$$\frac{1}{2}H_{2(g)} + \frac{1}{2}I_{2(s)} + 25.9kJ/mol \rightarrow HI_{(g)} \qquad (1)$$

式 (1) 中25.9 kJ/mol 為 $HI_{(g)}$ 的莫耳生成熱。碘化氫的生成及分解反應為一可逆的平衡反應，其熱化學反應式如下：

$$H_{2(g)} + I_{2(g)} \rightleftharpoons 2HI_{(g)} + 9kJ \qquad (2)$$

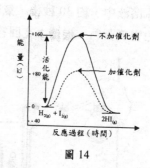

圖 14

而其反應過程和能量的關係如圖 14。根據上文與圖 14，下列哪三項敘述正確？

(A) 在式 (2)，碘化氫的生成為放熱反應

(B) 碘的昇華 (固相變為氣相) 為吸熱反應

(C) 加入催化劑時，只增加碘化氫的生成速率

(D) 若式 (2) 正反應的活化能為 169kJ 時，逆反應的活化能則為 178kJ

(E) 在達到化學反應平衡狀態時，正反應與逆反應的速率都是 0

54-59題為題組，分為三部分作答

(地球大氣中的二氧化碳與能源問題)

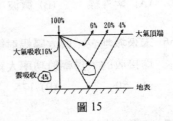
圖 15

　　地球上的能源大多源自太陽。太陽所發出的能量以輻射的方式傳至地球，陽光通過地球大氣層時，一部分的能量被吸收，一部分的能量被反射或散射回太空，剩下部分穿透大氣到達地表。圖 15 是太陽輻射進入地球大氣層時，被吸收、反射或散射等過程的示意圖，圖中數字是全球年平均，以百分比例表示。太陽的紫外線大部分被臭氧和氧吸收，而太陽輻射最強的可見光卻很少被吸收，大部分穿透大氣到達地表。太陽的近紅外線輻射，則主要被水氣和二氧化碳吸收。

　　地球大氣的成分中，二氧化碳雖然不多，卻相當程度影響了大氣的溫度。許多科學家認為，目前全球暖化的主因，是人類活動提高了大氣中的二氧化碳濃度所致。科學家提出「替代能源」與「降低人為的二氧化碳排放」兩種對策，希望減緩或解決全球暖化效應。

　　太陽能是科學家目前積極發展的替代性能源之一。太陽能發電裝置吸收太陽能後，將太陽能轉換成電能，其效能與接收到太陽能多寡有關。假設有一未來城，設置了一座太陽能發電廠。未來城大氣頂端，單位截面積(與太陽輻射線成直角方向)上，全年平均接收的太陽輻射功率大約是 350 瓦特/公尺^2。太陽輻射進入未來城上方大氣層後，被吸收、反射或散射等的情形與全球年平均相同。

依據上述圖文，回答 54-57 題。

54. 大氣中有些氣體會吸收太陽輻射，有些氣體會反射太陽輻射。關於太陽近紅外線輻射的敘述，下列哪一項正確？

(A) 主要被臭氧和二氧化碳吸收　　(B) 大部分穿透大氣到達地表

(C) 主要被水氣和二氧化碳吸收　　(D) 主要被臭氧和氧反射

(E) 主要被二氧化碳和甲烷吸收

55. 未來城地表接收到的太陽總能量中,主要接收到下列哪一種波段?

(A) 紫外線　　　(B) 微波　　　(C) 可見光　　　(D) 紅外線

56. 未來城地表,與太陽輻射線成直角方向的單位截面積上,全年平均接收的太陽輻射功率大約是多少瓦特/公尺²?

(A) 50　　　　(B) 175　　　(C) 1380　　　(D) 350

57. 如果未來城在地表所設置的太陽能發電廠,利用面積為 2000 平方公尺的太陽能收集板來發電。假設其發電效率為 20%,則平均一個月 (30天) 可以發多少度的電?

(A) 2.10×10^3 度　　　　　　　(B) 4.20×10^3 度

(C) 5.04×10^4 度　　　　　　　(D) 1.01×10^5 度

　　科學家積極開發可以永續經營的生物能源,作為替代能源的方案之一。生物能源有沼氣、生物製氫、生物柴油和燃料乙醇等,其中燃料乙醇是目前世界上生產規模最大者。生質燃料的生產以微生物及綠色植物為主,其生產需考慮材料的培養與製備、燃料的生產、分離與儲存、製備成本與效應等因素,技術層次需注意能源的加入與釋放量,方能為功。例如為了供應汽車燃料所需,有些國家配合其國情積極開發合適的生質燃料,其中以巴西開發酒精做為汽車燃料最成功。根據上文回答 58 題。

58. 下列所敘述的特性,哪些是作為生物能源材料所應具備的條件?

(甲) 能源零消耗　　　(乙) 能永續經營　　　(丙) 整體的能源成本低

(丁) 零污染　　　　　(戊) 利用基因改造生物

(A)乙丙　　(B) 甲丁　　(C) 乙丙戊　　(D) 甲乙丁　　(E) 甲丁戊

　　有些科學家提出「碳封存」的辦法,來減少二氧化碳的排放。如果可以將發電廠及工廠所產生的二氧化碳,加以收集、儲存,應該有助於全球暖化效應的減緩,而這方面的各項技術發展也已經逐漸成熟

(例如二氧化碳的收集、管路架設以將二氧化碳氣體注入地質結構中等技術)。採用地質儲存二氧化碳的技術是可行的，石化工業也已經有相當多的經驗。而將收集到的二氧化碳注入海洋的科技，也有相當的潛力，但目前還在研究階段，科學家擔心這種處理方式可能對海洋生態造成傷害。另外，科學家也在研究將二氧化碳轉換成碳酸鹽礦的技術，這種方式可以永久性的儲存二氧化碳，目前只有小規模的應用。這項科技要實際可行，其能源需求仍需再降低。利用化學製程處理二氧化碳，技術上可行，但卻須消耗太多能源，因此不切實際，尚待改進。根據上文及已習知的知識回答 59 題。

59. 下列與二氧化碳相關的敘述，哪些正確？(應選三項)
　　(A) 二氧化碳分子與溫室效應無關
　　(B) 二氧化碳的增加，是導致水域優養化的主要因素
　　(C) 二氧化碳注入海洋，可能造成海洋生態的不平衡
　　(D) 將二氧化碳轉換成無機碳酸鹽礦儲存，也是「碳封存」的技術之一
　　(E) 以目前的技術而言，利用化學製程來減少二氧化碳排放量，尚不符經濟效益

60-61為題組

　　國際知名的馬戲團來台公演，節目精彩絕倫，尤其是騎士騎機車高速繞透明圓球的一項表演，更令觀眾緊張得喘不過氣來。一半徑為 R 的空心透明大圓球被固定在水平地面上，騎士以高速 v 在大圓球內繞不同圓周行駛，騎士連同機車的質量為 M，重力加速度 g。假設圓球半徑 R 遠大於機車及騎士身高，騎士連同機車在大圓球內運動時可視為一質點。質量 M 的物體以速率 v 作半徑為 R 的圓周運動時，需有一指向圓心的向心力 $F=Mv^2/R$，當 v 越大，由於物體與圓球貼得越緊，圓球對物體的反作用力 N 也就越大，所以由 N 所提供的向心力 F 也

就越大。騎士騎機車高速繞透明圓球作圓周運動時,騎士與機車受有重力 Mg、圓球對機車的反作用力 N 及與運動方向相反的摩擦力。根據上文回答 60-61 題。

60. 當騎士以高速率 v 繞半徑為 R 的水平面圓周行駛時,下列何種力維持機車不滑下?
    (A) 動摩擦力　　　　　　　(B) 靜摩擦力
    (C) 重力的反作用力　　　　(D) 騎士的向上提升力

61. 當騎士以高速率 v 繞半徑為 R 的鉛直面圓周行駛時,在圓周頂點處 v 的量值最小為若干,機車才不會墜落?
    (A) Mg / R　　(B) 2MgR　　(C) $\sqrt{2Rg}$　　(D) $\sqrt{Rg}$

62. 圖 16甲及圖 16乙是 t = 0 時的兩個行進波,其振幅 A、波長 λ、以及週期 T (波行進一個波長所需時間) 相同但行進方向相反,它們各點的振幅相加而成一駐波,如圖 16丙;在 t = T/2 時,駐波的波形將變成下列何種波形?

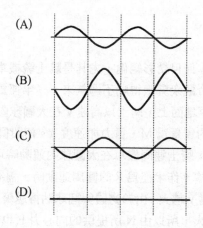

(A)
(B)
(C)
(D)

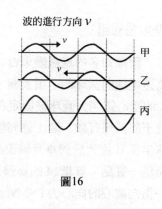

波的進行方向 v

甲
乙
丙

圖16

63. 密閉容器內的氣體溫度升高而體積不變時,下列的敘述哪些是正
確的?(應選三項)

(A) 氣體壓力增大

(B) 氣體分子的方均根速率增大

(C) 氣體分子的平均動能增大

(D) 氣體分子的分子數增多

(E) 氣體分子的質量增多

64. 在台北縣野柳、台東縣小野柳
……的海邊,可以看見外觀類
似豆腐方塊狀的岩石,一般稱
爲「豆腐岩」(如圖17),這些
把一整塊岩石「分割」成爲豆
腐岩的界面稱爲「X」。下列
有關「X」敘述之選項,哪二
項正確? 必須分別在 (A) (B) 中選一項,(C) (D)中選一項。

圖 17

	「X」的名稱		形成原因
(A)	層理	(C)	岩層受到侵蝕產生的裂痕
(B)	節理	(D)	岩層受力產生的破裂面

65. 芮氏地震規模 6.5 以上的淺源海底地震發生時,可能會引起劇烈
的波浪。當波浪抵達海岸時,由於海水深度變淺,波速改變,使
得波浪突然增高。如果此一波浪高達十多公尺以上,形成海嘯。
2004 年 12 月26日,印尼外海發生了規模 8.0 以上的大地震,引
發南亞海嘯,造成巨大傷亡。下列關於地震與海嘯的推論,何者
最合理?

(A) 地震規模 6.5 以上的地震,都會引起海嘯

(B) 大地震容易造成黑潮流速改變,引起海嘯

(C) 地震規模愈大，震波的波速愈快，愈容易引起海嘯

(D) 大地震引起的波浪，抵達海岸時，波速變慢，容易引起海嘯

(E) 印尼外海大地震，震源可能在 300 公里海面下，容易引起海嘯

66. 世界衛生組織在 1980 年 5 月 8 日正式宣佈「地球上的人類已經可以完全免於天花的威脅」，這可以歸功於牛痘疫苗的使用。人體接種牛痘疫苗後再接觸天花病毒，其體內抗體的變化如圖 18，則下列敘述何者正確？

(A) 牛痘病毒是可以使牛隻罹患天花的病毒，不會感染人類

(B) 沒有接種牛痘疫苗的人，在感染天花病毒後因無法產生抗體而得病死亡

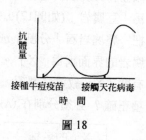

圖 18

(C) 接種牛痘疫苗後，體內會形成記憶性細胞，有利於一旦接觸天花病毒抗原時快速產生大量抗體

(D) 接種牛痘疫苗後再接觸天花病毒時，體內大量增加的抗體主要由T細胞產生

(E) 未接種牛痘疫苗的人在第一次接觸天花病毒後所產生的抗體量，與圖 18 所示者在接觸天花病毒後所產生的抗體量相似

67-68為題組

　　某高中自然科學社甲、乙、丙、丁四位同學，在學期末完成了「光強度與二氧化碳濃度對於植物光合作用速率的影響」實驗。他們的實驗進行的方法是：選用兩批相同的蕃茄幼苗，分別在A、B兩個植物生長箱中培養，A 生長箱內的二氧化碳濃度維持在 0.40%；B 生長箱內

的二氧化碳濃度維持在 0.03%，
再分別用不同的光強度照射並比
較其光合作用之速率。他們的實
驗結果如圖 19。

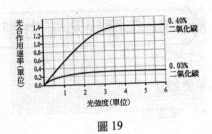

圖 19

根據上文及圖 19，回答 67-68 題。

67. 下列是他們四人對此結果所做的討論：

甲生說：「光的強度愈強，蕃茄幼苗行光合作用的速率愈高。」

乙生說：「生長箱中二氧化碳濃度愈高，蕃茄幼苗行光合作用
　　　　　的速率愈高。」

丙生說：「在 0.03% 二氧化碳濃度及小於 4 的光強度單位下，
　　　　　光愈強，蕃茄幼苗行光合作用的速率愈高。」

丁生說：「在相同的光照強度下，生長箱中的二氧化碳濃度由
　　　　　0.03% 提高到 0.40% 可以有效增加蕃茄幼苗的光合作
　　　　　用速率。」

你認為哪一位同學的推論最恰當？

(A) 甲生　　　(B) 乙生　　　(C) 丙生　　　(D) 丁生

68. 氣體 X 會影響蕃茄幼苗的光合作用速率。根據圖 19 的結果，甲生
等要設計實驗來測知氣體 X 對蕃茄幼苗光合作用的影響是促進或
抑制時，他們除了要在生長箱中置入不同濃度的氣體 X 外，還需
選用下列哪一組光強度及二氧化碳濃度來進行實驗最適當？

(A) 3 個光強度單位、0.03% 二氧化碳濃度

(B) 3 個光強度單位、0.40% 二氧化碳濃度

(C) 1.5 個光強度單位、0.40% 二氧化碳濃度

(D) 1 個光強度單位、0.03% 二氧化碳濃度

96年度學科能力測驗自然科試題詳解

第壹部分

一、單選題

1. **C**

   【解析】 本題重點在於「草原」生態的特色,故本題 (C) 豐富的雨水與草原生態(雨量少)的特色違背,故本題選 (C)。

2. **B**

   【解析】 本題完全依文章做判斷,而文章提到「所有蜘蛛都會吐絲」,故本題選 (B)。而其他選項錯誤如下:

   (A) 合歡山上有許多生物,不是只有蜘蛛而已,而且蜘蛛為肉食性動物,生物量也不大,沒有達到「優勢種」的條件。

   (C) 文章提到「合歡山上八成屬於不結網的狼蜘科」,故大部分蜘蛛不結網是遺傳,非環境改變而來。

   (D) 本文只有提到海拔越高,蜘蛛種類減少,但並沒有提出會隨「等比例減少」。

   (E) 蜘蛛為節肢動物的蛛形綱,故為四對步足。

3. **C**

   【解析】 由本題內文可看出這是一個「消長」的現象,而 (A) 為寄生,(B) 為演化,(C) 為消長,(D) 為生物累積;故本題選 (C)。

4. **A**

　【解析】　本題完全是圖形判斷，故 (A) 選項的敘述與圖形完全符
　　　　　合，故本題選 (A)。

　　　　　(B) 甲島的小地雀鳥喙大小為 9～15 mm，而丙島小地
　　　　　　　雀為 7.5～11.2 mm，故此兩島的鳥喙大小的範圍有
　　　　　　　交集，與題意不合。

　　　　　(C) 乙島中地雀鳥喙約為 9～15 mm，而丙島約 13～
　　　　　　　19 mm，故此兩島的鳥喙大小的範圍有交集，與題
　　　　　　　意不合。

　　　　　(D) (E) 由文章只能看出丙島適合此二種地雀生活，但
　　　　　　　無法看出是否資源豐富，故無法選擇。

5. **D**

　【解析】　本題解題重點在於「可以利用的外來種」，而 (A) (B) 為
　　　　　本土種，(C) (D) 生活為外來種，但是台灣鯛可食，且皮
　　　　　下膠質可做為膠原蛋白，故 (D) 比 (C) 適合題意。

6. **C**

　【解析】　本題完全按照「演化六大定義」出題，而 (C) 為用進廢
　　　　　退的結果，非演化機制。

7. **C**

　【解析】　∵4°C 的水密度最大沈於
　　　　　湖底，密度大的流體在密
　　　　　度小的流體下方，流體穩
　　　　　定故不發生對流。
　　　　　∴湖底的水不結冰。

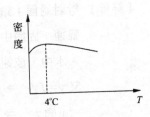

8. **A**

【解析】 本文圖 2 乙為分開培養，而圖 2 丁為共同培養的族群變化圖，由此二圖形可知 X、Y 為競爭關係；而草履蟲攝食微藻，故本題選 (A)。

9. **C**

【解析】 生命世界中，只有細菌和綠色植物會製造維生素，故 (C) 中提出植物吸收維生素是錯誤的。

10. **C**

【解析】 $500g \rightarrow$
$$\begin{cases} 金：450g & \therefore V_金 = \dfrac{450}{19.3} = 23.3(cm^3) \\ 銀：50g & \therefore V_銀 = \dfrac{50}{10.5} = 4.8(cm^3) \end{cases}$$

$V_金 + V_銀 = 28.1\ (cm^3)$

11. **D**

【解析】 等大反向，施力體受力體交換
$\therefore F_A$ 與 W 才是作用與反作用力。

12. **A**

【解析】 折射過程：頻率 f 不變

聲速：固體中＞液體中＞空氣中。故聲波由空氣中傳入水中，波速 v 變大

又 $v = f\nu$ $\Rightarrow f$ 不變，

v 變大 $\Rightarrow \lambda$ 變大 $\Rightarrow \lambda_2 > \lambda_1$

13. **C**

   【解析】 $P = IV$　　∵$V \uparrow$，$I \downarrow$，可使電線上電阻減少耗能，即

   $P = I^2 R$ 減少。

14. **A**

   【解析】 近視度數 $= \dfrac{100}{f(m)} \Rightarrow \dfrac{100}{f(m)} = 500$ 度

   ∴$f = 0.2\ m = 20\ cm$（凹）。

15. **D**

   【解析】 $E_k = \dfrac{1}{2}mv_x^2 + \dfrac{1}{2}m(v_y - gt)^2 \Rightarrow E_k(t)$ 與 t 是 2 次曲線

   但在最高點還有水平速度，選 (D)。

16-17 為題組

16. **C**

   【解析】 由圖可知。

17. **B**

   【解析】 $200 \times 60 \times 4\text{(J)} = 0.1 \times S \times 800 \Rightarrow S = 600\ (J/kg \cdot K)$

18. **C**

   【解析】 $P = IV$　　∴$900 = I \cdot 100 \Rightarrow I = 8.1(A)$

   ∴選 (C)，$10(A)$

19. **C**

   【解析】 蛋白質含氮，燃燒有味且加熱會固化（煎蛋）。

20. **C**

【解析】 熱塑性塑膠分子以共價鍵結合。

21. **B**

【解析】 常溫下 NaCℓ 爲固體，H_2O 爲液體，CH_4 爲氣體，故
NaCℓ＞H_2O＞CH_4。

22. **D**

【解析】 原子數最多 ∝ 莫耳數

$$n=\frac{W}{M}=\frac{V}{V}=\frac{分}{N}=\frac{原}{N\cdot X}\quad X：分子中原子之個數$$

(A) $n=\dfrac{3.01\times10^{23}}{6.02\times10^{23}}=\dfrac{1}{2}$　　原＝$\dfrac{1}{2}\times2\times N=1\,N$

(B) $n=\dfrac{5.01\times10^{23}}{6.02\times10^{23}}＜1\,N$

(C) $n=\dfrac{W}{M}=\dfrac{8.5}{17}=\dfrac{1}{2}$　但 X＝3　原＝$\dfrac{1}{2}\times3\times N=1.5\,N$

(D) $n=\dfrac{W}{M}=\dfrac{8}{16}=\dfrac{1}{2}$　但 X＝4　原＝$\dfrac{1}{2}\times4\times N=2\,N$

∴ $2\,N＞1.5\,N＞1\,N＞(＞1\,N)$

23. **D**

【解析】 離子：電量不爲零，即帶正電或帶負電

(A) ＋9＋(－9)＝0

(B) ＋10＋(－10)＝0

(C) ＋11＋(－11)＝0

(D) ＋12＋(－10)＝＋2≠0

24. **B**

【解析】

作 ＼ 液	HCℓ	NaOH	NaCℓ
pH	酸性	鹼性	中性
動作1	紅	藍	不變
動作2	黃	藍	不變

∴甲：NaOH，丙：HCℓ

動作3：NaOH＋HCℓ → NaCℓ＋H$_2$O，故乙爲 NaCℓ

25-26 爲題組

25. **B**

【解析】最理想的方法是排水集氣法。但若氣體易溶於水，則不可用排水法。此時若氣體比空氣重，則用向上排(空)氣法；若氣體比空氣輕，則用向下排(空)氣法。

26. **C**

【解析】$D=\dfrac{M}{V}$，$M=DV$，$M \propto D$

$$\dfrac{D_{氣體}}{D_{空氣}}=比值=\dfrac{M_{氣體}}{M_{空氣}}$$

$M_{氣體}=M_{空氣}×比值$

甲：1.53×28.8＝44 (CO_2)

乙：1.11×28.8＝32 (O_2)

丙：0.6×28.8＝17 (NH_3)

丁：0.07×28.8＝2 (H_2)

27. **E**

【解析】放熱反應：反應物 $\rightleftharpoons$ 生成物＋△Q

溫度上升相當於供給熱，利於反應向左，故溫度上升，溶解度下降。故選溫度上升時，溶解度下降者。

(B)選項有問題，未能從圖表上判別。

28-29 為題組

28. **A**

   【解析】 颱風靠近陸地的時候，因為陸地摩擦力過大導致颱風威力下降，中心氣壓值上升。

29. **D**

   【解析】 (A) 生成的位置距離不足。

   (B) 容易引進西南氣流，不是西南季風。

   (C) 此颱風並未向東北方轉向。

   (D) 颱風從東部登陸，造成東北部發生豪大雨。

30. **B**

   【解析】 一般探測海底深度，用的是回音探測系統(聲納)。

31. **A**

   【解析】 由上表得知，最大地震規模為 6.7；再由下表得知，最大震度為 5 級，故選 (A)。

32. **B**

   【解析】 斷層面上盤相對往上位移，此為逆斷層(台灣地區多為逆斷層)。

33. **C**

   【解析】 菲律賓海板塊隱沒至歐亞大陸板塊之下，造成一連串由淺而深的地震，此為班尼奧夫帶

34. **C**

   【解析】 滿月與太陽星等差為十四等，故 $(2.512)^{14} \fallingdotseq 400000$。

35. **D**

　　【解析】　恆星的表面溫度取決於顏色，藍色恆星之溫度為最高；
　　　　　　紅色超巨星表面積大，所放出的總光度也相對為大，故
　　　　　　絕對星等數值較小。

36. **D**

　　【解析】　地球大氣會隔絕 γ 射線與 X 光的進入，故此兩種波段
　　　　　　之望遠鏡無法置於地面觀測。

二、多選題

37. **BC**

　　【解析】　(B) 離子化傾向大（金屬）。
　　　　　　(C) 較易失 e^- ⇒ 氧化數上升，故本身被氧化，還原別人。

38. **BDE**

　　【解析】　放電時，〔H_2SO_4〕下降，
　　　　　　兩極均變為 $PbSO_4$ 均較原
　　　　　　電極之質量大。

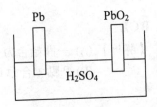

39. **AEF**

　　【解析】　同位素：質子數相同，中子數不同之原子。
　　　　　　離子：質子數(正電)和電子數(負電)不同之原子。

40. **DE**

　　【解析】　(A) 平流層之大氣溫度隨高度遞增（因為臭氧層）。
　　　　　　(B) 由圖可知，地表並非最高溫度。

> (C) 在熱氣層之大氣溫度隨高度而遞增。
>
> (D) 溫度曲線出現轉折點，為分層高度之位置，故可知
>   中氣層頂約出現在 90 公里高。
>
> (E) 在對流層中，每上升 1 公里溫度下降 6.5°C。

41. **ACF**

【解析】(A) 面向北方星空觀測，周日運動為逆時針旋轉。

(C) 地球自轉一小時約轉 15°角，故天空中恆星運行一
小時為 15°，由圖中可知，恆星角度運行約為 30 多
度，故選 (C)。

(F) 此圖的圓心點為北極星。

42. **AE**

【解析】判斷此圖的原則有兩個：

(1) 由上而下地層年齡越來越大(疊置定律)。

(2) 先發生的會被後發生的切開(截切定律)。

43. **BCE**

【解析】(A) 一開始合力 0　∴物體不動。

(D) P 點，合力 0，物體不動。

44. **AD**

【解析】人體與電球等電位，但沒形成迴路　∴並不導電。

45. **AB**

【解析】(A) 同時落地。

(B) ∵ $V_甲 > V_乙$　∴ $R_甲 > R_乙$。

(C) 同高。　　　　　　　(D) 均持續增加。

(E) 不同。

46. **BD**

【解析】 本題算是在考「生態學中基本觀念」的題目，而其中

(B) 重點在於「保育」的觀念，也就是「不是完全禁止使用，而是合理的利用」

(D) 掠食、寄生可以維持族群在生態系中的平衡，故本選項錯誤。

47. **ABC**

【解析】 本題完全由圖形判斷答案，所以只要按照圖形給的提示，即可選出適合的選項。而

(A) 由圖形看甲生物分佈在北緯 60 度～南緯 60 度，而乙生物分佈在北緯 80 度～赤道附近，故「甲生物在南北分佈範圍較乙生物廣」，與本選項錯誤。

(B) 按整題題目觀察，出題老師重點在於「乙生物部分分佈在北極圈」，故基本上本選項有點小瑕疵，但還是可以勉強解題。

(C) 由圖形可知在靠近赤道附近，乙生物單位面積個體數比甲生物略多，故本選項錯誤。

48. **AB**

【解析】 本題乍看之下非常複雜，但是仔細閱讀本文後，發現本題只是在考「生物互動關係(寄生)的基本觀念」！老師解析如下：

① 由文章知，狩獵蜂卵寄生在螟蛾幼蟲，故其能量來源來自螟蛾幼蟲，故 (A) 正確。

② 由文章知，螟蛾幼蟲只是被利用，狩獵蜂並沒有養育它，故螟蛾幼蟲不能算是狩獵蜂的養子，故 (B) 正確，而 (C) 錯誤。

③ 此二者應為「寄生」關係，故 (D)(E) 錯誤。

第貳部分

49. D

【解析】固定一元素比另一元素，將 X 之質量除成相同，則 Y 之質量比即為 Y 之個數比。

$$
\begin{array}{cc}
X & Y \\
(9.34) & (2) \\
X_m & Y_m \\
(4.67) & (3)
\end{array}
\qquad
\frac{2}{9.37} : \frac{3}{4.67} = 1 : \frac{n}{m} \Rightarrow \frac{n}{m} = \frac{3}{1}
$$

50. A

【解析】(1) $BaC\ell_2 \Rightarrow BaSO_4$ 白色沉澱。

(2) Ag＋鹵素 $\Rightarrow$ 鹵化銀沉澱，但 $AgC\ell$ 溶於氨水，AgI 不溶於氨水。

51-52 為題組

51. D

【解析】$NaHCO_3 + HC\ell \rightarrow NaC\ell + H_2O + CO_2$

其中 $CO_2(44)$ 為比空氣重之氣體，會沉在空氣下方使下方蠟燭熄滅。

52. B

【解析】由上述之 $NaHCO_3$ 之莫耳數和 CO_2 之莫耳數相等，

且 $CO_2 + H_2O \rightarrow H_2CO_3 \rightarrow HCO_3^- + H^+$ 為弱酸，

$\pi = 1$，酸鹼中和當量數相等，$\dfrac{W}{M} \times \pi = C_M \times V \times \pi$，

$\dfrac{W}{84} \times 1 = 1 \times 0.2 \times 1$，$W = 16.8$ 克

53. **ABD**

【解析】(A) 反應物→生成物＋△Q 爲放熱反應

(B) 碘$_{(s)}$→碘$_{(g)}$ 爲吸熱反應

(D) 反應熱＝正活化能－逆活化能

$-9=169－逆活化能$

逆活化能$=169－(－9)=178$

＊加催化劑，正逆反應速率皆上升

＊動能平衡，$r_{正}=r_{逆}\neq 0$

54-59 爲題組

54. **C**

【解析】由題意可知，紅外線波段大部分被水氣及二氧化碳吸收。

55. **C**

【解析】除可見光不被吸收外，其於均被吸收。

【另解】可見光波段可直接穿透地球大氣，故爲主要能量來源。

56. **B**

【解析】$(100－16－4－6－20－4)\%=50\%$

$\therefore$地表 $350×50\%=175\,(W/m^2)$

57. **C**

【解析】$\dfrac{20\%×175×2000×30×24×3600}{3600×1000}=5.04×10^4\,(KWh)$

58. **A**

　　【解析】(甲)　目前只有燃料電池可將能量100%轉移而不消耗。

　　　　　　(乙)　就算不能永續經營，至少也要能維持100年以上，否則各種引擎需一直改造，不符成本。

　　　　　　(丙)　能源取得成本低的會被優先開發。

　　　　　　(丁)　不論是沼氣(CH_4)、柴油還是乙醇(C_2H_5OH)，只要含有碳(C)，燃燒後就一定會產生CO_2，有二氧化碳就一定會造成汙染(溫室效應)。

　　　　　　(戊)　利用基因，改造生物藉以製造氫氣(H_2)是可以使用的方案，但目前還無法進入量產。

59. **CDE**

　　【解析】(A)　二氧化碳是溫室效應的主要氣體。

　　　　　　(B)　優養化主要發生原因為磷跟氮等物質排放過量，與二氧化碳無關。

　　　　　　(C)(D)(E)　由題意可知，此選項正確。

60-61為題組

60. **B**

　　【解析】車胎與路面無相對滑動，故為靜摩擦。

61. **D**

　　【解析】

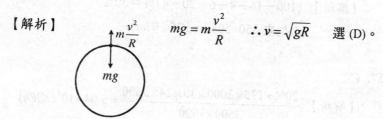

$$mg = m\frac{v^2}{R} \qquad \therefore v = \sqrt{gR} \qquad 選(D)。$$

62. **B**

【解析】

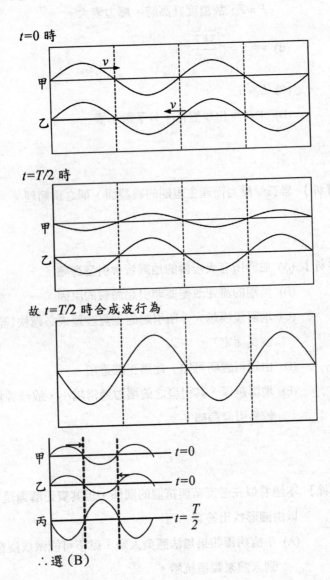

$t=0$ 時

甲

乙

$t=T/2$ 時

甲

乙

故 $t=T/2$ 時合成波行為

甲　　　　$t=0$

乙　　　　$t=0$

丙　　　　$t=\dfrac{T}{2}$

∴ 選（B）

63. **ABC**

【解析】(A) 依理想氣體方程式 $PV = nRT$，當 n、V 一定，$P \propto T$，故溫度升高時，壓力變大。

(B) $v = v = \sqrt{\dfrac{3KT}{m}}$

(C) $E_k \propto T$

(D) 未發生化學變化，分子數不變。

64. **BD**

【解析】岩石受壓力而產生規則的破裂面，稱之為節理。

65. **D**

【解析】(A) 並非所有大規模的地震皆會引發海嘯。

(B) 黑潮的流速改變並非引起海嘯的原因。

(C) 地震規模越大，所引起的地震波速未必越快（需視波長而定）。

(D) 由題目說明可知，此為正確選項。

(E) 地震越深，其引發之破壞力通常越小，故淺源地震較易引發海嘯。

66. **C**

【解析】本題看似在考疫苗與抗體的關係，但其實正解還是可以由圖形找出答案。而

(A) 牛痘病毒如果無法感染人類，就不可能做成疫苗打到人體來製造抗體。

(B) 人體就算沒有打疫苗，病原體進入人體一樣可以製造抗體。

(C) 由文章圖形可以看出，故本選項正確。

(D) 抗體應由 B 細胞產生，與 T 細胞無關。

(E) 未接種牛痘疫苗的人在第一次接觸天花病毒後所產生的抗體量，應與第一次接種牛痘疫苗時所產生的抗體量相似。

67-68 為題組

67. **D**

【解析】本選項完全由圖形看出，0.04% CO_2 濃度的光合速率在任何光強度下都比 0.03% CO_2 濃度下的光合速率高，故本題選 (D)。

68. **C**

【解析】由圖形中，在 1.5 個光強度單位、0.40% 二氧化碳濃度下剛好是一個轉折點，在此時促進或抑制的速率變化較大，故選此條件作實驗較容易看出實驗變化情形。

┌─【劉毅老師的話】─────────────┐

　　考前如果想以最有效率的方式求進步，就要多做歷屆考題。從錯誤中學習，愈不熟練的部分，就是重點所在。

└─────────────────────────┘

九十六年度學科能力測驗（自然考科）
大考中心公佈答案

題號	答案	題號	答案	題號	答案	題號	答案
1	C	21	B	41	ACF	61	D
2	B	22	D	42	AE	62	B
3	C	23	D	43	BCE	63	ABC
4	A	24	B	44	AD	64	BD
5	D	25	B	45	AB	65	D
6	C	26	C	46	BD	66	C
7	C	27	E/B	47	ABC	67	D
8	A	28	A	48	AB	68	C
9	C	29	D	49	D		
10	C	30	B	50	A		
11	D	31	A	51	D		
12	A	32	B	52	B		
13	C	33	C	53	ABD		
14	A	34	C	54	C		
15	D	35	D	55	C		
16	C	36	D	56	B		
17	B	37	BC	57	C		
18	C	38	BDE	58	A		
19	C	39	AEF	59	CDE		
20	C	40	DE	60	B		

註：第 27 題，大考中心本來公佈的答案為 E，後來又更正為 B/E 皆可，
但化學名師周偉勤老師認為 B 選項無法從圖中判定。

九十五年大學入學學科能力測驗試題
自然考科

第壹部分（佔96分）

一、單選題（佔72分）

說明：第 1 至 36 題爲單選題，每題均計分。每題選出一個最適當的選項，標示在答案卡之「選擇題答案區」。每題答對得 2 分，答錯不倒扣。

1. 一般的胃痛大都與胃酸過多有關。在 NaOH、KOH、Ca(OH)₂、Mg(OH)₂ 四種物質中，只有一種物質不會傷害口腔、食道，因而適合用於胃藥。關於這一種物質的性質描述，下列哪一項正確？
   (A) 是兩性物質，可以當作鹼或酸
   (B) 在水中的溶解度是四種物質中最小
   (C) 爲共價化合物
   (D) 1 莫耳物質可中和 1 莫耳鹽酸
   (E) 可作氧化劑

2. 聚合物是由很多小分子經化學反應後連結而成的巨大分子，具有很高的分子量，是我們生活中經常使用或接觸的物質。下列哪一種物質不是聚合物？
   (A) 澱粉　　　(B) 肥皂　　　(C) 塑膠　　　(D) 纖維素
   (E) 蛋白質

3. 酸雨的危害包括腐蝕大理石的建築物及雕像，也會酸化河水、湖泊，影響水中的生態。位於下列哪一種地質環境的湖泊，其湖水的 pH 值受酸雨的影響最小？
   (A) 花崗岩　　　(B) 安山岩　　　(C) 石灰岩　　　(D) 玄武岩

4. 圖 1 是碳鋅乾電池的剖面圖。當這種乾電池放電時，下列哪一種物質獲得電子？

(A) 鋅

(B) 碳棒

(C) 氯化銨

(D) 氯化鋅

(E) 二氧化錳

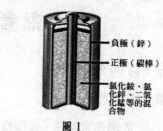

負極（鋅）
正極（碳棒）
氯化銨、氯化鋅、二氧化錳等的混合物

圖 1

5. 硬水中含有鈣、鎂等金屬離子，因為生活上或工業上的需要，有時必須先將硬水利用不同的方法處理。若將 1 公升的硬水分成四等份，分別用下列的方法處理：(甲) 陽離子交換法，將水中的陽離子交換鈉離子 (乙) 蒸餾法 (丙) 陰陽離子交換法，將水中的陽離子交換氫離子，陰離子交換氫氧根離子 (丁) 逆滲透法。經處理後的水，其導電度大幅下降的有哪幾種？

(A) 甲乙　　　　(B) 甲丙　　　　(C) 甲乙丙

(D) 甲丙丁　　　(E) 乙丙丁

<u>6-7為題組</u>

表 1 是硝酸銀、硝酸鉛、硝酸鋇、硝酸鎳等四種溶液分別與氯化鈉、硫酸鈉、硫化鈉等三種溶液作用的結果（所有溶液的濃度都是 0.01 M）。試根據上文，回答 6-7 題。

表1

	$AgNO_3$	$Pb(NO_3)_2$	$Ba(NO_3)_2$	$Ni(NO_3)_2$
NaCl	白色沉澱	白色沉澱	---	---
Na_2SO_4	---	白色沉澱	白色沉澱	---
Na_2S	黑色沉澱	黑色沉澱	---	黑色沉澱

--- 表示無沉澱發生

6. 硝酸鉛與氯化鈉作用產生的白色沉澱，其正確的化學式為下列哪一項？

    (A) $NaNO_3$　　(B) Na_2NO_3　　(C) $PbCl$　　(D) $PbCl_2$　　(E) $Pb(OH)_2$

7. 有一溶液含 Ag^+、Pb^{2+}、Ni^{2+} 三種離子各 0.01M，若使用均為 0.01M 的 $NaCl$、Na_2SO_4、Na_2S 溶液作為試劑，使Ag^+、Pb^{2+}、Ni^{2+} 分離，則滴加試劑的順序應為下列哪一項？

    (A) $NaCl$、Na_2SO_4、Na_2S　　(B) Na_2SO_4、$NaCl$、Na_2S

    (C) $NaCl$、Na_2S、$NaSO_4$　　(D) Na_2SO_4、Na_2S、$NaCl$

    (E) Na_2S、$NaCl$、Na_2SO_4

8-9為題組

    甲、乙、丙、丁、戊五種不同化合物的沸點及其 1.0 M 水溶液的導電電流數據如表 2。測量導電電流的實驗裝置如圖 2 所示，實驗時取用的化合物水溶液均為 1.0 M 及 100 毫升，分別置於燒杯中，然後記錄安培計的導電電流讀數。試根據上文，回答 8-9 題。

表2

化合物	沸點（°C）	1.0M水溶液的導電電流（安培）
甲	400（分解）※	1.10×10^{-1}
乙	140	9.93×10^{-4}
丙	64.8	1.07×10^{-4}
丁	56.5	4.95×10^{-3}
戊	-84.8	2.59×10^{-1}

※ 分解表示該化合物到 400°C 時，就分解了，因此沒有所謂的沸點。

8. 由表 2 的數據推測,最可能為離子化合物的是下列哪一種物質?

(A) 甲   (B) 乙   (C) 丙

(D) 丁   (E) 戊

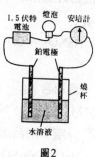

圖2

9. 由表 2 的數據推測,最可能為分子化合物又是強電解質的是下列哪一種物質?

(A) 甲   (B) 乙   (C) 丙

(D) 丁   (E) 戊

10. 從適應和演化的角度來看,養雞場平時不宜在雞隻飼料中添加抗生素的最主要原因為下列哪一項?

(A) 會增加雞隻飼養的成本

(B) 會加速雞隻對抗生素產生抗藥性

(C) 會加速有抗藥性病原體的發生

(D) 會讓病原體滅絕,減少地球的生物多樣性

(E) 避免讓人吃到抗生素,因有些人會對抗生素過敏

11-12為題組

亞硝酸和氨等成分對魚具有毒性,若要維持水族箱裡魚兒悠遊的景致,水族箱內必須維持良好的氮循環機制。試根據圖 3 和表 3 的資料,回答 11-12 題。

圖3

表3

甲	魚的排洩物和飼料殘渣,被氨化細菌作用產生氨
乙	硝酸菌進行作用,<u>產生硝酸根離子</u>
丙	魚吃水草及水棲小生物
丁	亞硝酸菌進行作用,產生亞硝酸根離子
戊	水草吸收水中的含氮養分

11. 圖 3 為已建立氮循環系統的水族箱內，其氮循環過程的簡單示意圖。表 3 則為該氮循環中，各階段過程的內容說明。若要將圖 3 的過程與表 3 的內容說明加以配對，則下列哪一選項正確？

	1→2→3→4→5
(A)	甲→乙→丙→丁→戊
(B)	甲→丁→乙→戊→丙
(C)	甲→乙→丁→戊→丙
(D)	甲→戊→乙→丁→丙
(E)	甲→戊→丁→乙→丙

12. 在圖 3 的水族箱內，硝酸菌和亞硝酸菌兩者之間的生態關係為下列哪一項？

    (A) 競爭　　　　　(B) 掠食　　　　　(C) 寄生
    (D) 片利共生　　　(E) 互利共生

13. 去年夏天，林同學在某地區進行野兔的族群調查研究，結果發現該族群中的野兔毛色不一如圖 4。試問造成該族群的野兔毛色不同之最主要原因為下列哪一項？

圖4

    (A) 變異　　　　　(B) 競爭　　　　　(C) 適應
    (D) 消長　　　　　(E) 天擇

<u>14-15為題組</u>

　　一生態系中包含有不同營養階層的生物。它們彼此間的關係常可用能量、個體數或生物量等參數來作圖表示。這種關係圖在多數情況下呈一塔狀結構，因此被稱為生態塔。常見的生態塔呈金字塔形；然而在海洋中，藻類和以它們為食的魚類所形成的生態塔，卻可能呈現如圖 5 的倒金字塔形。試根據上文，回答 14-15 題。

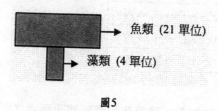

魚類 (21 單位)

藻類 (4 單位)

圖5

14. 試問，圖 5 的倒金字塔形生態塔，最可能是利用下列哪一項參數（單位）作圖出來的？

　(A) 能量 (卡/平方公尺‧年)

　(B) 能量 (千卡/平方公尺‧年)

　(C) 能量 (焦耳/平方公尺‧年)

　(D) 生物量 (克/平方公尺)

　(E) 個體數 (個體/100平方公尺)

15. 圖 5 的生態塔，會呈倒金字塔形的最可能原因，為下列哪一項？

　(A) 魚類因海洋污染，而突變增多

　(B) 魚類的食量大，使藻類所剩無幾

　(C) 海洋生態系中有許多種魚能直接固定光能

　(D) 在海洋生態系中，魚類因生物放大效應而變多

　(E) 藻類的光合作用效率極高且繁殖快速，所以可以支持重量遠大於自身的魚類

16-17為題組

　　眾所周知，昆蟲的繁殖能力驚人，而估算一種昆蟲的繁殖潛能應該以族群作為基準。以某種蝴蝶為例，其族群中個體增加量 (Nb) 可用下列公式表示：

$$Nb = E \times f/(m + f)$$

　　E：一隻雌蝶的平均產卵量；m：雄蝶個體數；f：雌蝶個體數

試根據以上資料，回答 16-17 題。

16. 假若這種蝴蝶的不同世代不會重疊，雌雄的比例為 1：1，一生只交配一次，每隻雌蝶一生的平均產卵數為 100，則這種蝴蝶的下一個世代族群數量，在子代沒有任何損失的情形下，可增加為原來的幾倍？

　　(A) 1　　　(B) 2　　　(C) 50　　　(D) 100　　　(E) 200

17. 承上題，如果 Rb 表示這種蝴蝶經過若干 (n) 世代後，其族群數量增加的理論值，並可用下列公式估算：

$$Rb = [E \times f/(m + f)]^n$$

根據這項公式，如果有一對這種蝴蝶，其交配後產生的子代不會有任何折損，則經過至少多少世代之後，其子代數量會超過一百萬隻(不含親代)？

　　(A) 1　　　(B) 2　　　(C) 3　　　(D) 4　　　(E) 5

18. 圖 6 為某科生物，在世界不同區域及不同緯度條件下，其種數的
分布情形。根據圖中的資料，下列哪一項敘述正確？

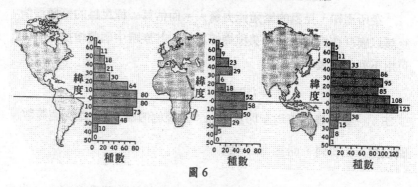

圖 6

(A) 在赤道地區，該科生物的種數較少
(B) 該科生物的分布北限，位於北緯 60 度
(C) 南緯 50 度以南，仍然有該科生物的存在
(D) 三個大區域之中，美洲有最多該科生物的種數
(E) 該科生物在北緯 23 度地區的種數，不一定都會多於在北緯
35度地區的種數

19-22為題組

　　地球的形貌持續在改變當中，圖 7 是夏威夷群島主島 (編號 1 號)
與其 3 個鏈狀火山島嶼 (編號 2，3，4 號) 的分布示意圖 (未按比例
繪製)。許多的科學家相信，
夏威夷群島主島和這些鏈狀
火山島嶼，應該是因為太平
洋板塊在一個可視為固定不
動且噴發岩漿的「熱點」上
移動(箭頭指向代表板塊移動
方向)造成的。噴出岩漿凝固
逐一形成這些火山島嶼，試
依據圖 7 回答 19-22 題。

圖7

19. 火山島嶼 1 至 4 主要由下列何種岩石組成？

    (A) 火成岩　　　　　(B) 沈積岩　　　　　(C) 變質岩

    (D) 資料不足，無法判斷

20. 下列何者在真實地球的實際體積最大？

    (A) 夏威夷群島　　　(B) 鏈狀火山島嶼　　(C) 地殼

    (D) 太平洋板塊　　　(E) 地函

21. 此處應位於地球的哪一個位置？

    (A) 位於張裂性板塊交界處

    (B) 位於聚合性板塊交界處

    (C) 位於錯動性板塊交界處

    (D) 不位於板塊交界處

22. 下列哪一圖最能代表從鏈狀火山島嶼（4，3，2）到夏威夷群島主島 (1) 的年齡分布情形？

    (A)　　　　　　　　　　(B)　　　　　　　　　　(C)

  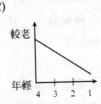

    (D)　　　　　　　　　　(E)

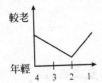 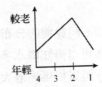

23-24為題組

　　圖 8 為以太陽作光源，地球和月球在一個月中相對位置關係的示意圖 (未按比例繪製)，地球和月球上的白色區域代表受光面，黑色區域代表背光面。甲、乙、丙、丁四點分別代表在一個月中月球與地球相對的四個位置。試依據圖 8 回答 23-24 題。

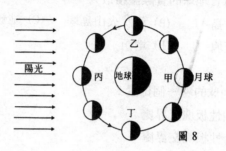

圖 8

23. 根據歷史記載，唐朝人為中秋節的月亮取了個名字叫做「端正月」。試問端正月那一天，月球應該在圖 8 中的哪一個位置上？
　　(A) 甲　　　　　(B) 乙　　　　　　(C) 丙　　　　　　(D) 丁

24. 台灣地區的人在 2005 年 10 月 17 日晚間，可看到難得一見的「月偏食」，當天月球應該在圖 8 中的哪一個位置上？
　　(A) 甲　　　　　(B) 乙　　　　　　(C) 丙　　　　　　(D) 丁

25. 『福爾摩沙衛星三號』預計於2006年3月發射，其為一氣象觀測衛星，觀測範圍涵蓋全球大氣層及電離層。試問除了利用氣象衛星進行大氣觀測外，下列哪一項也是收集高空氣象資料的正確方式？
　　(A) 藉由光譜儀可得知不同雲種的分布
　　(B) 由溫鹽深儀 (CTD) 可以得知降水多寡
　　(C) 雷文送 (亦稱雷送) 可以提供高層大氣的氣象資料
　　(D) 可由百葉箱觀測到高空的風向、風速、氣壓、溫度等

26. 圖 9 為 1971 至 2000 年間台
北測站的月平均降雨量圖，
由圖 9 可以看出，台北測站
逐月的降雨變化出現兩個高
峰值，試問造成此兩降水高
峰的主要天氣現象為何？

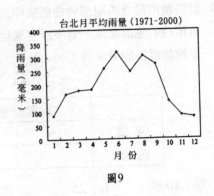

圖9

(A) 梅雨、冷鋒

(B) 梅雨、颱風

(C) 春雨、梅雨

(D) 颱風、冷鋒

27. 下列有關『臭氧』的敘述，何者正確？

(A) 臭氧濃度在地面最高

(B) 臭氧可以吸收紫外線

(C) 臭氧屬於大氣中的固定成分

(D) 近年來，臭氧層的臭氧濃度因人類的活動而日漸增大

28. 圖 10 中，甲與乙兩物體在等臂天平兩端，天平保持平衡靜止，
其中 W$_甲$ 與 W$_z$ 分別代表甲與乙所受的重力，N$_甲$ 與 N$_z$ 分別為天
平對甲與乙的向上拉力，若 G$_甲$ 與 G$_z$ 分別代表甲與乙對地球的
萬有引力，則下列選項中哪一對力互為作用力與反作用力？

(A) W$_甲$ 與 W$_z$

(B) N$_甲$ 與 W$_甲$

(C) N$_甲$ 與 N$_z$

(D) G$_甲$ 與 W$_甲$

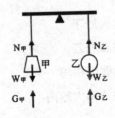

圖10

29. 動物跳躍時會將腿部彎曲然後伸直加速跳起。表 4 是袋鼠與跳蚤跳躍時的垂直高度。若不計空氣阻力，則袋鼠躍起離地的瞬時速率約是跳蚤的多少倍？

表4

	跳躍的垂直高度 (公尺)
袋　鼠	2.5
跳　蚤	0.1

(A) 1000　　　(B) 25　　　(C) 5　　　(D) 1

30. 玩具飛機懸吊在一細繩下端，繞水平圓形軌道等速率飛行，如圖 11 所示。下列有關此玩具飛機運動的敘述哪一項正確？

(A) 飛機的速度保持不變

(B) 重力做功提供飛機的動能

(C) 飛機的加速度指向前進方向

(D) 飛機所受合力指向軌道圓心

圖11

31. 圖 12 中，甲、乙、丙、丁為空氣中四種聲波的波形，下列敘述哪一項正確？

(A) 丙的響度大於丁

(B) 甲的音調高於乙

(C) 丁的音色與甲相同

(D) 丁的傳播速率大於丙

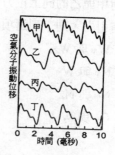

圖12

32. 人們常用分貝來描述聲音，下列有關分貝的敘述哪一項正確？
    (A) 分貝是音調的單位
    (B) 零分貝時，空氣分子的振動振幅不為零
    (C) 演唱會聲音超過 100 多分貝對身心毫無傷害
    (D) 40 分貝聲波所傳播的能量恰是 20 分貝聲波的 2 倍

33. 以相同強度的紅、綠、藍三原色的光，同時投射在白色光屏上時，
    所顯現的顏色標示如圖 13。一般室內燈光所見為綠色的地毯，在
    下列哪一種色光照射下最可能呈現黑色？
    (A) 白
    (B) 黃
    (C) 青
    (D) 洋紅

    圖 13

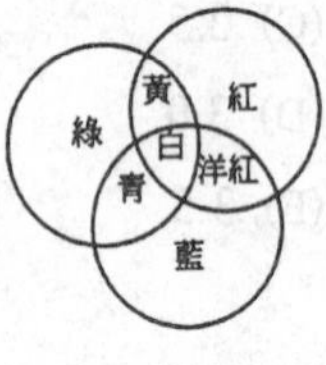

34. 游泳時戴上泳鏡，在水中可看清景物；若不戴泳鏡，即使是視力
    正常的人在水中，所看到的景物也模糊不清。不戴泳鏡時，無法
    看清水中景物的主要原因為下列哪一項？
    (A) 在水中瞳孔會縮小，使進入眼睛的光線不足
    (B) 在水中時，不戴泳鏡會比較緊張，無法集中精神
    (C) 水分子會碰撞射向眼睛的光，使進入眼睛的光線不足
    (D) 與光在空氣中傳播的情形相比，光在水中的傳播速率更接近
        光在眼睛內的傳播速率

35. 如圖 14 所示，在一直線上有兩個點電荷。電量為 $+4Q$ 的點電荷
    固定於 $x = 5a$，電量為 $-Q$ 的
    點電荷固定於 $x = 9a$。將一點
    電荷 $+Q$ 置於直線上何處時，
    此 $+Q$ 電荷所受的靜電力為零？

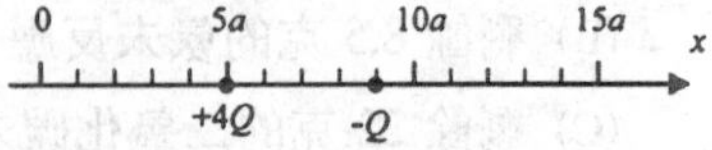

    圖14

    (A) $3a$　　(B) $7a$　　(C) $11a$　　(D) $13a$　　(E) $15a$

36. 甲生走路時每單位時間所消耗的能量，與行進速率的關係如圖
    15。假設甲生每天都沿著相同的路徑自學校走回家，則甲生以
    2.0 公尺/秒等速率走回家所消
    耗的總能量，約為以 1.0 公
    尺/秒等速率走回家的多少倍？
    (A) 1.5
    (B) 2.0
    (C) 2.5
    (D) 3.0
    (E) 3.5

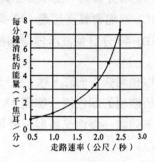

圖15

二、多選題（佔 24 分）

說明：第 37 至 48 題為多選題，每題均計分。每題的選項各自獨立，
　　　其中至少有一個選項是正確的，選出正確選項標示在答案卡之
　　　「選擇題答案區」。每題皆不倒扣，選項全部答對得 2 分，只
　　　錯一個選項可得 1 分，錯兩個或兩個以上選項不給分。

37. 尿素 $(NH_2)_2CO$ (分子量 = 60) 是工業上重要的化學原料，也可作
    為農作物的肥料成份。由氨與二氧化碳反應可得尿素和水，若在
    壓反應容器內加入 34 克氨 (分子量 = 17) 與 66 克二氧化碳 (分子
    量 = 44)，假設氨與二氧化碳完全反應後，則下列有關此反應化
    學計量的敘述，哪幾項是正確的？（應選三項）
    (A) 平衡的化學反應式是 $NH_{3(g)} + CO_{2(g)} \rightarrow (NH_2)_2CO_{(aq)} + H_2O_{(l)}$
    (B) 剩餘 8.5 克的氨未反應
    (C) 剩餘 22 克的二氧化碳未反應
    (D) 生成 60 克的尿素
    (E) 生成 18 克的水

38. 加油站販售的無鉛汽油都標示著汽油的辛烷值，下列有關辛烷值的敘述，哪幾項是正確的？（應選二項）

(A) 市售九五無鉛汽油含 95% 正辛烷

(B) 市售九八無鉛汽油含 98% 異辛烷

(C) 市售九二無鉛汽油含 8% 正庚烷

(D) 配製辛烷值超過 100 的汽油是可能的

(E) 辛烷值愈高的汽油抗震爆能力愈好

39. 下列市售電池中，<u>不使用</u>鹼性氫氧化物為電解液的有哪幾種？（應選二項）

(A) 乾電池　　(B) 鹼性電池　　(C) 水銀電池

(D) 鎳鎘電池　　(E) 鉛蓄電池

40. 表 5 為六種陸地的生物相，圖 16 則為這六種陸地生物相與「溫度」和「降雨量」的關係圖。根據表 5 和圖 16 的資料，下列哪幾項敘述最為恰當？（應選三項）

(A) 「甲」為沙漠　　　　(B) 「乙」為闊葉林

(C) 「丙」為草原　　　　(D) 「丁」為熱帶雨林

(E) 「戊」為寒原　　　　(F) 「己」為針葉林

表5

| 草原 |
| 寒原 |
| 沙漠 |
| 闊葉林 |
| 針葉林 |
| 熱帶雨林 |

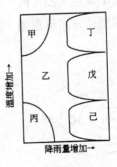

圖16

41. 某同學在上生態課時舉手發問：「很多農作物的野生種，只是野外的雜草罷了，爲什麼值得我們保存它們呢？」。從自然保育的觀點，下列哪幾項理由較爲適切？（應選三項）

(A) 保存這些雜草，可減少地球的溫室效應

(B) 保存這些雜草，可強化當地生態系的穩定性

(C) 保存這些雜草，可增加澱粉的生成量，供人類社會使用

(D) 這些雜草的保存，或可提供有用基因，供農作物的育種使用

(E) 這些雜草的保存，或可提供特定的藥用成分，供人類社會使用

42. 以下哪幾項作爲，可避免過度利用自然資源？（應選二項）

(A) 將垃圾分類回收利用

(B) 廣闢山坡地爲茶園，以增加農產收成

(C) 於河川中，普設攔砂壩，以避免砂土流失

(D) 於春季設定日光節約時間，將時鐘撥快1小時

(E) 進行漁塭養殖時，儘量使用地下水，以避免水資源的無謂流失浪費

43-44爲題組

表6是北半球甲、乙、丙、丁四個觀測站記錄到的氣壓值，圖17爲該區域的等壓線分布示意圖。試依圖17和表6的資料，回答43-44題。

表6

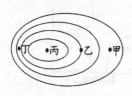

圖17

測站	氣壓值（百帕）
甲	1022
乙	1028
丙	1035
丁	1026

43. 此四觀測站當地的天氣型態，可能是下列哪幾項？（應選二項）
    (A) 颱風侵襲　　(B) 熱低壓滯留　　(C) 梅雨鋒面滯留
    (D) 極地大陸氣團籠罩　　　　　　　(E) 太平洋高壓籠罩

44. 關於各地的天氣預報內容，下列哪幾項正確？（應選二項）
    (A) 丙地為下降氣流
    (B) 丁地的風速比甲地大
    (C) 乙地居民可感受到南風
    (D) 甲地居民可感受到南風
    (E) 甲地天氣晴朗乾燥，而丙地需嚴防豪雨

45. 圖 18 為太平洋某地海水溫度與
    深度的關係圖。若依海水溫度
    的垂直變化特徵，將海水分為
    甲、乙、丙三層，則下列哪幾
    項敘述正確？（應選二項）

    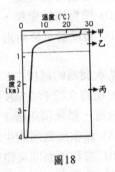
    圖18

    (A) 海水溫度最低處出現在丙層
    (B) 乙層海水溫度的垂直變化最大，
        稱為混合層
    (C) 丙層海水溫度的垂直變化最大，稱為斜溫層
    (D) 甲層為混合層，海水溫度的垂直變化不大
    (E) 乙層海水溫度隨深度遞減率大約為 $1\,^{\circ}C\,/km$

46. 一警車接獲搶案通報之後，以最高車速 40公尺/秒 (144公里/時)，
    沿直線道路向東趕往搶案現場。當警車距離搶匪 250 公尺時，搶
    匪開始駕車從靜止以 4公尺/秒^2 的加速度，沿同一道路向東逃逸。
    警車保持其最高車速，繼續追逐匪車。若匪車最高車速也是 40 公
    尺/秒，則下列敘述哪幾項正確？（應選三項）

(A) 搶匪駕車 10 秒後被警車追上

(B) 兩車相距最近距離為 50 公尺

(C) 搶匪駕車從靜止經過 10 秒,前進了 200 公尺

(D) 搶匪駕車從靜止經過 10 秒,車速為 40 公尺/秒

(E) 追逐過程警車引擎持續運轉,警車的動能持續增加

47. 人們利用變壓器將電壓升高或降低,變壓器的應用使得發電廠不須設在住家附近。下列有關變壓器的敘述,哪幾項正確?(應選三項)

(A) 變壓器的環形鐵心是永久磁鐵

(B) 變壓器能變壓,與電流的磁效應有關

(C) 變壓器能變壓,與電流的熱效應有關

(D) 變壓器能變壓,與磁場改變時會產生感應電動勢有關

(E) 變壓器可使兩電力系統不須直接連結,就可以作電能的轉移

48. 某次閃電的過程中,雲的底部和地面之間,電壓高達 1 千萬伏特,並在約 0.02 秒內輸送 20 庫倫的電量至地面。下列與閃電有關的敘述,哪幾項正確?(應選二項)

(A) 該次閃電所產生的電功率約為 10^7 瓦特

(B) 雲和地面間高電壓的產生與摩擦起電有關

(C) 飛機在空中飛行時不可能遭雷擊,因此不須裝置避雷針

(D) 閃電時的大電流,使空氣產生高熱而快速膨脹,故常伴隨有雷聲

(E) 當閃電擊中住家電路的屋外電線時,屋內電視若未拔掉插頭,則可能會受損

第貳部分 (佔 32 分)

說明:第 49 至 68 題,共 20 題,其中單選題 16 題,多選題 4 題,每 2 分。答錯不倒扣。多選題只錯一個選項可獲 1 分,錯兩個或兩個以上不給分。此部分得分超過 32 分以上,以滿分 32 分計。

49-50為題組

在固定體積的密閉容器內，置入 X 和 Y 兩種氣體反應物後，會生成一種Z氣體產物，圖 19 表示反應物和產物的濃度隨反應時間的變化關係。試根據上文，回答 49-50 題。

49. 下列哪一項可表示 X 和 Y 的化學反應式？

(A) $X + Y \rightarrow Z$

(B) $X + 2Y \rightarrow Z$

(C) $2X + Y \rightarrow Z$

(D) $X + Y \rightarrow 2Z$

(E) $X + 2Y \rightarrow 2Z$

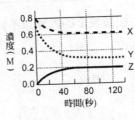

圖19

50. 若於相同的反應條件下，但在 X 和 Y 反應開始時加入催化劑，下列哪一圖最可表示反應物和產物的濃度隨反應時間的變化？

(A)

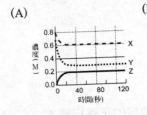

(B)

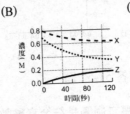

(C)

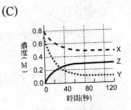

(D)

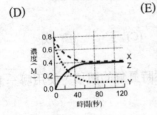

(E)

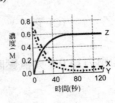

<u>51-52為題組</u>

在 25°C、1 大氣壓下，取 0.5 公升氫氣，在溫度不變的情況下，測得該氫氣的壓力 (P) 與體積 (V) 的變化如表 7。

表7

P (大氣壓)	1.00	1.11	1.25	1.43	1.67	1.99	2.50	5.00
V (升)	0.50	0.45	0.40	0.35	0.30	0.25	0.20	0.10

有五學生根據表 7 的數據以不同方式作圖，分別得甲、乙、丙、丁、戊圖。

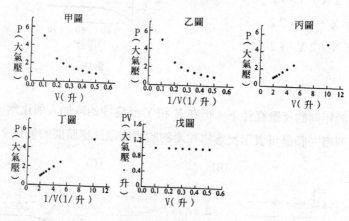

試根據上述資料，回答 51-52 題。

51. 甲圖至戊圖中，哪二個圖是符合實驗數據的正確作圖？
（應選二項）

(A) 甲　　　(B) 乙　　　(C) 丙　　　(C) 丁　　　(E) 戊

52. 承上題，若要預測壓力為 0.5 大氣壓時氫氣的體積，使用哪一個圖較佳？

(A) 甲　　　(B) 乙　　　(C) 丙　　　(D) 丁　　　(E) 戊

53. 如圖 20，我們的腳拇指和第二腳趾的長短差別，其實是由一對等
位 (對偶) 基因所控制的性狀。其中腳拇指比第二腳趾短的特徵，
是由顯性基因 (T) 控制，而腳拇指比第二腳趾長的特徵，則是由
隱性基因 (t) 控制。某對夫婦每次只生一個小孩，共生了 11 個小
孩，其中 10 個小孩的腳拇指比第二腳趾短，1 個小孩的腳拇指比
第二腳趾長，試問該對夫婦的基因型最可能為下列哪一項？

(A) TT、TT

(B) TT、Tt

(C) Tt、Tt

(D) Tt、tt

(E) tt、tt

顯性性狀 　隱性性狀

圖20

54-56為題組

流行性感冒病毒 (流感病毒) 的構造很簡單，是一個由「基質蛋
白」形成的球狀殼，內部有 7-8 條分別由「遺傳物質」與「核蛋白」
纏繞形成的螺旋構造，其外部則包覆著脂質的「膜套」，膜套上鑲嵌
有「血凝素 (H)」和「神經氨酸酶 (N)」兩種表面蛋白。依照核蛋白
及基質蛋白的抗原性差異，流感病毒可區分為 A、B 和 C 三個型別。
A 型流感病毒的宿主範圍廣泛，除了人、豬、馬等哺乳動物之外，亦
能感染多種禽鳥的細胞。B 型和 C 型流感病毒則以感染人類為主。

流感病毒的傳染能力，主要與病毒表面蛋白的作用有關：血凝素
使病毒能吸附並感染宿主細胞，神經氨酸酶則可溶解宿主細胞，讓增
殖後的病毒從宿主細胞中釋出。依其表面蛋白的抗原性差別，A 型流
感病毒可進一步區分成多種亞型，目前已知血凝素有 15 種亞型 (H1～
H15)，而神經氨酸酶則有 9 種亞型 (N1～N9)。會造成人類流行性感
冒疾病 (人流感) 的病毒株，主要具有 H1、H2、H3 三種之一的血凝
素亞型，與 N1、N2 二種之一的神經氨酸酶亞型。

　　人類對流感病毒的防疫能力，與體內能否及時產生可辨識病毒表面蛋白的抗體有密切關係。由於流感病毒的遺傳物質為單股 RNA，複製時的突變率高，易導致所生成的血凝素與神經氨酸酶發生抗原特性的改變，這也是為何流感病毒的疫苗需要每年重新接種的主要原因。若人流感病毒的突變，僅造成病毒表面蛋白少數幾個胺基酸發生改變，則先前注射的流感疫苗還有可能因交叉免疫而有局部的防疫效果；最令人擔心的是，原先不會感染人類的流感病毒 (如高病源性的 H5N1 亞型禽流感病毒)，在某種情況下進入人體細胞，並與人流感病毒的遺傳物質發生重組交換，新產生的病毒株不但擁有人體免疫系統從未接觸過的表面蛋白，並且具有從人群中傳染開來的能力，如此將對全人類的健康造成嚴重的威脅。目前全世界的衛生單位都正密切關注著禽流感疫情的發展。

根據上文，回答 54-56 題。

54. 圖 21 為流感病毒的剖面構造示意圖，試問圖中標示「甲」的部位，是由下列哪幾種成份組成的？(應選二項)

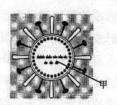

圖21

　(A) 血凝素　　　　(B) 核蛋白
　(C) 核糖核酸　　　(D) 基質蛋白
　(E) 神經氨酸酶　　(F) 去氧核糖核酸

55. 流感疫苗需要每年重新接種的原因，與下列哪幾項敘述有關？(應選二項)

　(A) 人體的免疫系統每年會更新一次
　(B) 流感病毒的遺傳物質為單股DNA
　(C) 流感病毒的遺傳物質容易發生突變
　(D) 流感病毒感染宿主後，會有一年的潛伏期
　(E) 流感病毒表面蛋白的抗原特性容易發生改變

56. 有關 H5N1 亞型禽流感病毒的敘述，下列哪幾項正確？
（應選二項）
(A) 宿主細胞向來都是以人類細胞為主
(B) 其核蛋白的抗原特性與 A 型流感病毒的最相似
(C) 會造成人的流感疾病，但不會造成雞的流感疾病
(D) 其血凝素亞型與人流感常見病毒株的血凝素亞型完全不同
(E) 其神經氨酸酶亞型與人流感常見病毒株的神經氨酸酶亞型完全不同

57-60為題組

科學家們發現在現今的氣候狀況下，海溫高於 26°C 是颱風形成的必要條件之一。基本上，海面的水汽蒸發量與海溫相關，而飽和水汽壓也和溫度相關，圖 22 粗黑曲線顯示飽和水汽壓和溫度之間的關係。海溫上升，颱風頻率會不會增加？颱風強度會不會增強？這些議題仍在熱烈爭辯中。試依資料回答 57-60 題。

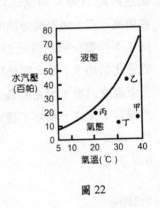

圖 22

57. 試問在海溫由 25°C 上升至 30°C 的狀況下，飽和水汽壓會如何變化？
(A) 減少約 5 百帕
(B) 增加約 5 百帕
(C) 增加約 10 百帕
(D) 不變

58. 一般而言，強烈颱風伴隨劇烈的風雨，試問圖 22 中的甲、乙、丙、丁四點，何者最能代表颱風雲雨區，近地面大氣的氣溫和飽和水汽壓狀況？
(A) 甲
(B) 乙
(C) 丙
(D) 丁

59. 表 8 中哪些現象或人類的活動可能會造成全球海溫的增加？

表8

I	沙塵暴造成大氣中的懸浮微粒增加
II	人類大量使用煤、石油等化石燃料
III	火山噴發，大量火山灰進入大氣
IV	人類為取得更多可使用的土地，大量砍伐雨林

(A) I   (B) I、III   (C) II、IV   (D) I、II、III、IV

60. 如果西元 2100 年時全球熱帶海溫較現在增高 2°C，地表大氣溫度亦增高 2°C，而對流層頂的溫度及高度均不變。相較於現在的狀況，下列哪一項為西元 2100 年，熱帶地區之對流層大氣穩定度的變化情形？（穩定度是指一上升氣塊，若其氣溫較同高度周圍大氣溫度為冷，因密度較大，上升運動會受到抑制，此種情形稱為穩定；反之，稱為不穩定）

(A) 增高   (B) 不變

(C) 下降   (D) 資料不足，無法判斷

61-68為題組

在正常體溫之下，如果腦部的血流停止，則腦細胞會在幾分鐘之內缺氧而死。若是將體溫降低約 20°C，腦細胞的耗氧量也隨之降低，如此可容許血流暫停時間延長，以利腦部手術進行。準備手術之前，病患的心肺功能開始由心肺機取代，示意如圖 23。心肺機包含三大部分：「氧合器」作為人工肺，對血液供氧；「抽送幫浦」代表心臟，推動血液循環；「熱交換器」則提供熱量交換，經由血液循環調節體溫。體重約 60 公斤重的病患，其體溫監測紀錄如圖 24 所示。試根據上文，回答 61-68 題。

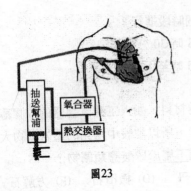

圖23

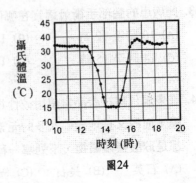

圖24

61. 流經腦部的血液中，除了含氧之外，還可能含有表9中的幾種成分？

表9

澱粉	抗體	尿素	肝醣	激素
維生素	胺基酸	葡萄糖	礦物質	二氧化碳

(A) 6種　　　(B) 7種　　　(C) 8種　　　(D) 9種　　　(E) 10種

62. 如圖25所示，工程師考慮將線圈纏繞在活塞下端，利用與固定磁鐵之間的相對運動，帶動「抽送幫浦」中的活塞，抽送血液。圖中左活門只能向外自由開啟，反向則封閉管路；右活門只能向內自由開啟，反向則封閉管路。下列有關此設計構想的敘述哪一項正確？

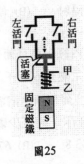

圖25

(A) 血液由左活門吸入，右活門推出
(B) 當甲電極為正，乙電極為負時，活塞向上運動
(C) 當甲電極為正，乙電極為負時，幫浦將血液吸入
(D) 當甲電極為負，乙電極為正時，幫浦內壓力降低

63. 此病患的腦部手術最適宜在哪個時段進行？

    (A) 10 時至 12 時　　　　(B) 13 時 30 分至 14 時

    (C) 14 時至 15 時　　　　(D) 15 時至 16 時

64. 許多現代科技產品常使用矽作為材料，如人工肺氧合器的矽膠薄膜，而矽又是地殼中次多的元素，所以地殼中常見的造岩礦物大都是矽酸鹽類礦物，下列哪一種<u>不屬於</u>矽酸鹽類礦物？

    (A) 石英　　　(B) 長石　　　(C) 雲母　　　(D) 橄欖石　　　(E) 方解石

65. 人類大動脈的截面積約是 $5.0×10^{-4}$ 平方公尺。若心臟推送血液的平均壓力約 12000 帕，平均流速約 0.20 公尺/秒，則心臟推動血液流動的平均功率約是多少瓦特？

    (A) 0.20　　　(B) 1.2　　　(C) 6.0　　　(D) 2400

66. 調節病患體溫的過程中，熱量在血液循環系統之內傳播，主要是利用下列哪一種方式？

    (A) 輻射　　　(B) 傳導　　　(C) 對流　　　(D) 散射

67. 人體內每一莫耳葡萄糖（ $C_6H_{12}O_6$ ；分子量 = 180）經代謝後，可以產生熱量 670 千卡。某人手術後僅能依靠注射 5%（重量百分濃度）葡萄糖水溶液補充能量。假使維持身體的能量每小時是 100 千卡，則至少需要每小時注射葡萄糖水溶液多少公克？

    (A) 33.8　　　(B) 67.5　　　(C) 135　　　(D) 270　　　(E) 540

68. 人體組織的比熱約與水相當。圖 24 之中 15 時至 16 時升溫階段，假設所需熱量完全由心肺機的熱交換器所提供，則熱交換器於該時段約耗電多少度？

    (A) 1400　　　(B) 70　　　(C) 1.4　　　(D) 0.33　　　(E) 0.07

95年度學科能力測驗自然科試題詳解

第壹部分

一、單選題

1. B

【解析】 制酸劑 ⇨ 必爲弱鹼

依溶解度 ┌ 速效型 (易溶)：常用 $NaHCO_3$
分爲　　└ 持續型 (難溶)：常用 $Mg(OH)_2$ 或 $Al(OH)_3$

(A) 兩性物質包括 Cr、Zn、Sn、Al、Ga、Pb、Be 之元素、氧化物、氫氧化物。

(B) 見沉澱規則。

(C) $Mg(OH)_2$ 爲離子化合物。

(D) 1 莫耳 $Mg(OH)_2$ 可中和 2 莫耳 HCl。

(A) Mg^{2+} 無法再被氧化，也不易被還原，一般如欲 $Mg^{2+}+2e^-→Mg$ 均採用電解法使其還原。

2. B

【解析】 (A) 由 α——葡萄糖聚合而成。

(B) 肥皂爲脂肪酸之鈉鹽，$(C_{17}H_{35}COO^-Na^+)$ 爲離子化合物，並非聚合物。

(C) 塑膠爲由各種有機小分子（通常爲烯類及其衍生物）進行加成聚合而成。

(D) 由 β——葡萄糖聚合而成。

(E) 由 α——胺基酸進行縮合聚合而成。

3. **C**

【解析】石灰岩的主要成分為碳酸鈣 $(CaCO_3)$ 能與酸雨中的 H^+ 產生化學反應，使酸雨中的 H^+ 不至於溶於湖水中，使其 pH 受到太大的影響，其反應如下：

$$CaCO_3 + 2H^+ \rightarrow Ca^{2+} + H_2O + CO_2\uparrow$$

4. **E 或 C**

【解析】乾電池之詳細機轉如下：

$$Zn \rightarrow Zn^{2+} + 2e^-$$
$$2NH_4Cl + 2e^- \rightarrow 2NH_3 + H_2 + 2Cl^-$$
$$Zn^{2+} + 2NH_3 + 2Cl^- \rightarrow Zn(NH_3)_2Cl_2$$
$$+)\ 2MnO_2 + H_2 \rightarrow Mn_2O_3 + H_2O$$

$$Zn + 2NH_4Cl + MnO_2 \rightarrow Zn(NH_3)_2Cl_2 + Mn_2O_3 + H_2O$$

綜觀整個過程，是 NH_4Cl 先得到 Zn 放出之電子，生成 H_2

然後 H_2 再將電子轉給 MnO_2，使其變成 Mn_2O_3，故答案選 (C) NH_4Cl 或 (E) MnO_2 皆可。

5. **E**

【解析】(甲) 僅將硬水中的 Ca^{2+} 或 Mg^{2+} 換成 Na^+，交換後仍為電解質水溶液。

(乙)、(丙)、(丁) 處理過後分別得到去離子水或純水。

6-7 為題組

6. **D**

【解析】 $Pb(NO_3)_2 + 2NaCl \rightarrow PbCl_{2(s)}\downarrow + 2NaNO_3$

7. **B**

【解析】 $\left.\begin{array}{l}Ag^+、Pb^{2+}\\Ni^{2+}\end{array}\right\}\xrightarrow{SO_4^{2-}}\left[\begin{array}{l}PbSO_4\downarrow\\Ag^+、Ni^{2+}\end{array}\right.\xrightarrow{Cl^-}\left[\begin{array}{l}AgCl\downarrow\\Ni^{2+}\xrightarrow{S^{2-}}NiS\downarrow\end{array}\right.$

8-9 為題組

8. **A**

【解析】 離子化合物之熔點較高，且水溶液導電度佳 ⇨ 選 (甲)。

9. **E**

【解析】 分子化合物之熔、沸點較低（因僅須克服分子間作用力）而其酸、鹼之分子化合物水溶液可導電 ⇨ 選戊。

10. **C**

【解析】 因若平時在飼料添加抗生素，會篩選出具抗藥性基因的病原體。

11-12 為題組

11. **B**

【解析】 本題完全考氮循環的過程，其解答如下：
氨化細菌分解有機物產生氨→氨溶於水形成銨根離子→亞硝酸菌產生亞硝酸根離子→硝酸菌產生硝酸根離子→水草（生產者）吸收 NH_4^+ 和 NO_3^-→魚（消費者）吃水草及水棲小生物。

12. **E**

13. **A**

【解析】同一物種不同個體，表現出不同的性狀→變異。

14-15 為題組

14. **D**

【解析】能量塔必遵守 10％定律，且必為正金字塔型，故 (A)(B)
(C) 不選。而藻類因個體小，故個體數理論上要多於魚
類才能足夠魚類利用，故 (E) 不選。故本題選 (D)。

15. **E**

【解析】(A) 海洋污染會使魚類數量減少。

(B) 藻類繁殖快速，可供應魚類所需。

(C) 魚類為消費者，不能直接固定光能。

(D) 污染物的生物放大效應會使魚類數量減少。

16-17 為題組

16. **C**

【解析】每隻雌蝶的平均產卵量 $E＝100$，

且定雄蝶個體數 $m＝X$，則雌蝶個體數 $f＝X$

故族群中個體增加量

$Nb＝E×f/(m＋f)＝100×X/(X＋X)＝50$

17. **D**

【解析】本題設定 $Rb＞1000000$

故 $1000000＜[400×1/(1＋1)]^n$ ∴ $n＞5$

18. **E**

【解析】 (A) 在赤道地區，該科生物的種數較多。

(B) 北緯 60～70 度之間，仍有該科生物分佈。

(C) 南緯 50 度以南，已無該科生物分佈。

(D) 該科生物在美洲有 439 種，在歐洲和非洲有 284 種，在亞洲有 546 種，在澳洲有 62 種，因此在亞洲有最多該科生物的種數。

19-22 為題組

19. **A**

【解析】 岩漿冷卻凝固形成的岩石為火成岩。

20. **E**

【解析】 題中的鏈狀火山島嶼及夏威夷群島均屬於太平洋板塊，而後者又為地殼中海洋地殼的一部分，地殼的厚度約為 5km～60km，遠比地函的厚度（將近 2900km）小許多，故此處地函的實際體積最大。

21. **D**

【解析】 夏威夷為太平洋中洋脊的所在，兩側分別為太平洋板塊的洋底盆地及大陸邊緣，故不在板塊交界處。

22. **C**

【解析】 以主島 (1) 為中心，愈向兩側的岩石年齡愈老，故 (4) 最老，(3) 次之，(2) 再次之。

<u>23-24 為題組</u>

23. **A**

【解析】 中秋節為農曆 8 月 15 日，為滿月，整個月亮的向光面
對著地球，故應在甲位置上。

24. **A**

【解析】 月偏食為部分月亮進入地球的本影部分，故此時日—
地—月必在同一直線上，因此，月球必在甲處。

25. **C**

【解析】 (A) 空氣中的水蒸氣在高空凝結即為雲，它會吸收地
面的長波輻射，也會反射太陽光，故地面上無法
由光譜儀分析出雲種的分布。

(B) 溫鹽深儀是偵測海洋中不同深度的地方，海水的
溫度、鹽度等性質的變化，與降水的多寡無關。

(C) 將各種氣象觀測儀吊掛在探空氣球下方，測得各
種不同高度的氣象資料後，用無線電發報機傳送
至地面稱為雷文送，故它可提供高層的大氣資料。

(D) 百葉箱中的氣象觀測儀，觀測的是地面的氣象
資料。

26. **B**

【解析】 由圖 9 可知降雨量的高峰期分別在 6 月及 8 月，此兩
個月分，其中 6 月為梅雨期，8 月為颱風雨期。

27. **B**

【解析】 (A) 臭氧的濃度在距地面 20～25km 處最高。

(B) 爲大氣成分中，唯一能吸收紫外線的物質。

(C) 其含量隨季節、緯度、高度而有變化，爲變動成分。

(D) 人類使用的氟氯碳化物會造成臭氧的破壞，使臭氧層變得較稀薄，甚至形成破洞。

28. **D**

【解析】 若 A、B 兩物間彼此有作用力，則 A 對 B 的力與 B 對 A 的力互爲作用力與反作用力。

互爲反作用力的兩力，爲施力者與受力者互換的兩力。

$G_甲$爲甲對地球的萬有引力，$W_甲$爲地球對甲的萬有引力，故 $G_甲$ 與 $W_甲$ 互爲反作用力

29. **C**

【解析】 跳躍如同鉛直上拋，初速 v_0 與上升高度 H

由運動學可知：$0^2 = v_0^2 - 2gH \Rightarrow v_0 = \sqrt{2gH} \propto \sqrt{H}$

$$\Rightarrow \frac{v_袋鼠}{v_跳蚤} = \frac{\sqrt{2.5}}{\sqrt{0.1}} = 5$$

30. **D**

【解析】 (A) 飛機作等速率圓周運動，速度大小不變，但速度方向隨時改變。

(B) 重力與各瞬時位移均垂直，故重力不作功。

(C) 飛機的加速度爲向心加速度，指向圓心。

(D) 合力指向圓心作爲向心力而作圓周。

31. **B**

【解析】 (A) 響度指聲音的強度，波的振幅愈大響度愈大。丙
的振幅小於丁的振幅，故丙的響度小於丁的響度。

(B) 音調指聲音的頻率，頻率＝1/週期；甲的週期比乙
的週期小，故甲的頻率高於乙的頻率。

(C) 音色指聲音的波形，甲、丁的波形不同，音色亦
不同。

(D) 波速與介質有關，在同一空氣中傳遞，故傳播速
率相同。

32. **B**

【解析】 聲音強度(分貝)＝$10 \cdot \log\left(\dfrac{I}{I_0}\right)$

$I_0 = 10^{-12}(w/m^2)$ 為僅可聽聞的聲強

(A) 分貝為聲強的單位。

(B) 0(db)時，$I = I_0$，仍有聲強，空氣分子仍有振幅。

(C) 有傷害。

(D) $\left.\begin{array}{l} 40 = 10 \cdot \log\left(\dfrac{I_{40}}{I_0}\right) \\[2mm] 20 = 10 \cdot \log\left(\dfrac{I_{20}}{I_0}\right) \end{array}\right\} \Rightarrow \dfrac{I_{40}}{I_{20}} = \dfrac{10^4}{10^2} = 100(倍)$

33. **D**

【解析】 綠色地毯會吸收綠光以外波長的光，僅反射綠光。
黃、青、白均有綠光的成份，可見地毯為綠色。
洋紅的成份均被地毯吸收，故為黑色。

34. **D**

【解析】 (A) 光線不足，人的瞳孔會放大以適應環境。

(B) (C) 此為勉強解釋。

(D) 光在水中的傳播速率接近在眼睛中的傳播速率，故水與眼睛的折射率接近。光在進入眼睛，若眼睛在空氣中，光經折射恰可會聚在視網膜而看清物體。若眼睛在水中，光折射後會聚慢（會聚在視網膜後方），故看不清物體。

35. **D**

【解析】 庫侖定律：$F = \dfrac{kq_1q_2}{r^2}$（同性電相斥，異性電相吸）

由力的方向及大小可知，

$+Q$ 不會平衡在 I、II 區

$+Q$ 的平衡於 III 區：

$$\dfrac{k \cdot 4Q \cdot Q}{(4a+x)^2} = \dfrac{k \cdot Q \cdot Q}{x^2} \Rightarrow \dfrac{4}{1} = \left(\dfrac{4a+x}{x}\right)^2 \Rightarrow x = 4a$$

故 $+Q$ 在 $9a + x = 13a$

36. **A**

【解析】 每分鐘消耗的能量 P

消耗的能量 $E = P \cdot \Delta t = P \cdot \dfrac{L}{v}$

（L 為回家的距離，v 為回家的速率）

$v = 2$，$P(2) \doteqdot 3.5(KJ/min)$；$v = 1$，$P(1) \doteqdot 1.25(KJ/min)$

$\therefore \dfrac{E(2)}{E(1)} = \dfrac{P(2)/2}{P(1)/1} = \dfrac{3.5}{1.25 \times 2} = \dfrac{7}{5} = 1.4$

二、多選題

37. CDE

【解析】

$$2NH_3 + CO_2 \rightarrow (NH_2)_2CO + H_2O \quad \Rightarrow (A)$$

初	2	1.5			
反	−2	−1	+1	+1	
末	0	0.5 mol	1 mol	1 mol	
	⇩	=22 克	=60 克	=18 克	⇨ (E)
	(B)	⇩	⇩		
		(C)	(D)		

38. DE

【解析】(A)(B)(C) 92、95、98 僅代表此油品之辛烷值(O.N.值)，
並無法得知其成分為何。

(D)(E) 辛烷值是定 "異辛烷" 為 100，"正庚烷" 為 0，
其值可高於 100，亦可低於 0，且值愈高表抗爆震
情形愈好。

39. AE

【解析】(A) 使用 NH_4Cl，$ZnCl_2$ 為電解液

(B) KOH 等強鹼水溶液　(C) KOH、NaOH

(D) KOH　　　　　　(E) 使用稀 H_2SO_4 為電解液

40. ADF

【解析】甲－高溫少雨，故為沙漠

乙－雨量適宜，應為草原

丙－低溫少雨，故為寒原

丁－高溫多雨，故為熱帶雨林

戊－溫度適宜，雨量多，故為闊葉林

己－低溫，雨量多，應為針葉林

41. **BDE**

【解析】 保存野生種雜草，就是在保護雜草的遺傳歧異度，而保護遺傳歧異度，可以增加生物歧異度，增加生態系的穩定外，也可以保護人類未來可利用的基因，故本題選 (B)(D)(E)。

42. **AD**

【解析】 (B) 廣闊山坡地為茶園，將破壞自然植被，使生物資源減少。

(C) 河川中的攔砂壩會威脅魚類的洄游與生存，使生物資源減少。

(E) 漁塭養殖大量使用地下水，使水資源減少。

43-44 為題組

43. **DE**

【解析】 丙處氣壓最高，故此觀測站均為高壓籠罩（丙處為高壓中心），而 (A)(B)(C) 均為低壓中心，故選 (D)(E)。

44. **AB**

【解析】 (A) 高壓中心為下降氣流。

(B) 丁處等壓線較甲處密集，氣壓梯度力較大，風速較甲處強。

(C) (D) 北半球背風而立時，右手為高壓，甲、乙二地均吹北風。

(E) 高壓中心天氣晴朗乾燥。

45. AD

【解析】甲為混合層，海水溫度的垂直變化不大，故 (D) 正確。
乙為斜溫層，海水溫度的垂直變化最大，其遞減率隨緯度與季節而有明顯的變化，故 (B)(E) 錯誤。
丙為深層海水，水溫隨深度逐漸緩慢降至 2°C 左右，也是海水溫度最低的地方，故 (A) 正確，(C) 錯誤。

46. BCD

【解析】警車與匪車起初相距 250(m)，$v-t$ 如右：

$$t_0 = \frac{40-0}{4} = 10(s)$$

斜線部分 $d=$ 警車與匪車接近的距離

(A) 警車 $40 \times 10 = 400(m)$，匪車 $\frac{40 \times 20}{2} + 250 = 450(m)$

故警車追不上匪車

(B) $450 - 400 = 50(m)$

(C) $\frac{1}{2} \times 10 \times 40 = 200(m)$

(D) $0 + 4 \times 10 = 40(m/s)$

(E) 速度為定值，動能不變

47. BDE

【解析】(A) 環形鐵心為軟鐵心。

(B) 變壓器為電磁感應的應用。

(C) 變壓器能變壓的原因，與電流熱效應無關。

(D) 磁通量變化 $\frac{\Delta\phi}{\Delta t}$，假設線圈數 N，$v = N \cdot \frac{\Delta\phi}{\Delta t}$

48. **DE**

【解析】 (A) $P = IV = \dfrac{Q}{t}V = \dfrac{20}{0.02} \times 10^7 = 10^{10}(W)$

(B) 雲底部與地面間之高電壓來自靜電感應，不是摩擦起電。

(C) 有可能遭電擊，故須裝置避雷針來放電。

(D) 溫度升高，氣柱爆發性膨脹，所以產生聲波。

(E) 閃電電流經屋外電線流經屋內，會損壞屋內電器。

第貳部分

49-50 為題組

49. **B**

【解析】 由圖可知：X、Y、Z 之反應量約為

0.2：0.4：0.2＝1：2：1，

故選 (B) X＋2Y→Z

50. **A**

【解析】 催化劑僅為改變達平衡之時間，並無法改變產率或平衡之位置，故選 (A)。

51-52 為題組

51. **AD**

【解析】 由 $PV = nRT$ 公式可知，P 和 V 成反比，P 和 $\dfrac{1}{V}$ 成正比。

52. **D**

【解析】 丁圖爲線性圖形，較好預測。

53. **C**

【解析】 該對夫婦的子女中有顯性及隱性，故可推測此對夫婦的基因型組合應爲 Tt × Tt。

54-56 爲題組

54. **BC**

【解析】 根據本文所述，「流感病毒內部有 7～8 條分別由<u>遺傳物質</u>與<u>核蛋白</u>纏繞形成的螺旋構造」，故本題應選 (B) (C)。

55. **CE**

【解析】 根據本文所述，「流感病毒的遺傳物質爲單股 RNA，複製時的突變率高，易導致所生成的血凝素與神經氨酸酶發生抗原特性的改變，這也是爲何流感病毒的疫苗需要每年重新接種的主要原因。」故本題選 (C)(E)。

56. **BD**

【解析】 (A)(C) H5N1 亞型禽流感病毒原先是不會感染人類的流感病毒，主要是造成雞的流感疾病。

(E) 會造成人類流行性感冒 (人流感) 的病毒株，主要具有 H1、H2、H3 三種之一的血凝素亞型，與 N1、N2 二種之一的神經氨酸酶亞型。

57-60 為題組

57. **C**

【解析】 由圖 22 可知，氣溫 25°C 時的飽和水汽壓約為 30 百帕，30°C 時則約為 40 百帕，故此時飽和水汽壓增加約 10 百帕。

58. **B 或 C**

【解析】 乙、丙的水氣壓均甚接近飽和水汽壓，表示其相對溫度甚大，在高空，當溫度下降時，空氣中的水汽極易凝結形成雲雨。

59. **C**

【解析】 大氣中懸浮微粒的增加，會反射太陽輻射至地球的能量，會使得氣溫及海溫的降低，故 I、II 錯誤；而人類使用煤、石油等化石燃料，此外雨林面積大量的減少，均會使大氣中二氧化碳的含量增加，而 CO_2 為溫室效應氣體，能吸收地表的長波輻射，使氣溫及海溫升高。

60. **C**

【解析】 海溫及氣溫較現在增高 2°C，但對流層頂的溫度及高度均不變，表示氣溫遞減率會較今日為高，氣塊上升時其氣溫較易比同高度周圍大氣溫度高（因周圍大氣溫度降低較快），故穩定度會下降。

<u>61-68 為題組</u>

61. **C**

【解析】 ① 動物體內不具有澱粉。

② 動物體內的肝糖主要儲存於肝臟和肌肉中,血液中沒有。

故由①②可知,血液中含有:抗體、尿素、激素、維生素、胺基酸、葡萄糖、礦物質、二氧化碳等共 8 種物質。

62. **C**

【解析】 (A) 當活塞往下,右活門可打開吸入血液,左活門將關閉。反之,當活塞往上,右活門將關閉,左活門可打開壓出血液。

(B) 由安培右手定則可知,電磁鐵下端為 S 極,會被固定磁鐵向下吸,活塞向下運動。

(C) 承 (B),活塞向下可能將血液吸入。

(D) 由安培右手定則可知,電磁鐵下端為 N 極,會被固定磁鐵向上斥,活塞向上運動,幫浦內壓力增加。

63. **C**

【解析】 根據本文所述,「將體溫降低 20℃,腦細胞的耗氧量也隨之降低,如此可容許血流暫停時間延長,以利腦部手術進行。」故由圖中所知 14~15 時,體溫僅有 15℃,可進行腦部手術。

64. **E**

65. **B**

【解析】 平均功率 $= F \cdot V = P \cdot A \cdot V = 1200 \times (5 \times 10^{-4}) \times 0.2$
$$= 1.2(W)$$

66. **C**

【解析】 對流相對其他傳播方式為重要。

67. **E**

【解析】 設每小時須注射 x 克

$$\Rightarrow \frac{x \cdot \dfrac{5}{100}}{180} \times 670 = 100$$

$$\therefore x = 537$$

68. **C**

【解析】 由圖可知 15 時～16 時溫度上升 20

交換的熱 $Q = ms\Delta T = 60000 \times 1 \times 20(cal)$
$$= 60000 \times 1 \times 20 \times 4.2(J)$$

1 度電相當能量 $= 1000 \times 3600 = 3.6 \times 10^{6}(J)$

$$\therefore Q = \frac{60000 \times 1 \times 20 \times 4.2}{3.6 \times 10^{5}} = 1.4 \ (度)$$

九十五年度學科能力測驗（自然考科）
大考中心公佈答案

題號	答案	題號	答案	題號	答案	題號	答案
1	B	21	D	41	BDE	61	C
2	B	22	C	42	AD	62	C
3	C	23	A	43	DE	63	C
4	E 或 C	24	A	44	AB	64	E
5	E	25	C	45	AD	65	B
6	D	26	B	46	BCD	66	C
7	B	27	B	47	BDE	67	E
8	A	28	D	48	DE	68	C
9	E	29	C	49	B		
10	C	30	D	50	A		
11	B	31	B	51	AD		
12	E	32	B	52	D		
13	A	33	D	53	C		
14	D	34	D	54	BC		
15	E	35	D	55	CE		
16	C	36	A	56	BD		
17	D	37	CDE	57	C		
18	E	38	DE	58	B 或 C		
19	A	39	AE	59	C		
20	E	40	ADF	60	C		

九十四年大學入學學科能力測驗試題
自然考科

第壹部分

一、單選題

說明：第 1 至 39 題為單選題，每題均計分。每題選出最適當的選項，標示在答案卡上。每題答對得 2 分，答錯不倒扣。

<u>1-3 為題組</u>

　　圖 1 為某處地層未曾倒轉的地質剖面圖，其中❶至❹代表所在地層的成岩作用。試依據圖 1 回答 1-3 題。

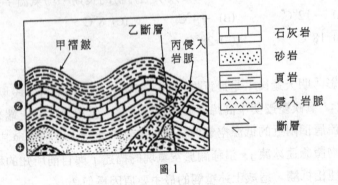

圖 1

1. 下列有關該處地質事件發生的先後順序，何者最正確？

  (A) 甲乙丙　　　(B) 甲丙乙　　　(C) 乙甲丙

  (D) 丙甲乙　　　(E) 丙乙甲

2. 丙侵入岩脈應屬何種岩石？

  (A) 沈積岩　　　(B) 火成岩　　　(C) 變質岩

  (D) 資料不足，無法判斷

3. 哪一個地質事件或作用的發生，最能用來推斷此處曾經發生劇烈的地殼變動？

   (A) 甲褶皺
   (B) 丙侵入岩脈
   (C) ❶❷的形成
   (D) ❸❹的形成

4. 一般而言，對流層中的大氣溫度隨著高度增加而下降。在對流層中，全球平均的降溫率大約是每公里下降攝氏 6.5 度，台灣嘉義測站（海拔約 27 公尺）七月份的長期平均氣溫是攝氏 28.4 度。試考慮地面熱源與大氣降溫率的因素，推論下列何者最可能是台灣玉山測站（海拔約 3845 公尺）七月份的長期平均氣溫？

   (A) $-12°C$ (B) $-4°C$ (C) $8°C$
   (D) $18°C$ (E) $28°C$

5. 電影「明天過後」是最近推出的一部科幻片，片中有一段場景描述：「氣候變遷使中高緯度形成巨型風暴，當風暴中心上端來自對流層頂附近的低溫空氣塊快速下衝到地面時，會造成與其接觸的物體急速冰凍」。這種關於空氣塊的描述，與目前所知的科學原理相牴觸，造成上述牴觸的最主要原因為何？

   (A) 對流層頂附近空氣塊的溫度一般而言就高於攝氏零度
   (B) 從對流層頂附近下沉的空氣塊，會凝結產生潛熱加熱空氣塊
   (C) 從對流層頂附近下沉的空氣塊，會由於氣壓變大體積縮小而增溫
   (D) 從對流層頂附近下沉的空氣塊，會接收太陽和地面的輻射使空氣塊溫度上升

6. 海底地殼變動引起之大地震可能造成海嘯,地震波可分為 P 波與
   S 波,假設 P 波波速為 5km/s、S 波波速為 3km/s、海嘯引發之海
   水平均波速為 150m/s。發生於去年 12 月 26 日的南亞海底大地
   震,某海岸城市距其震央 600km,試問該城市測得地震後,最快
   多少秒可能遭受海嘯襲擊?
   (A) 120   (B) 200   (C) 3800   (D) 3880   (E) 4000

7. 圖 2 為某天發生日全蝕時太陽、地球、月球相對位置的示意圖
   (未按比例繪製),甲乙丙丁四點分別代表在地球上四個不同的
   位置。試問當時住在地球上哪一個位置的人最有可能觀察到日
   全蝕?
   (A) 甲   (B) 乙   (C) 丙   (D) 丁   (E) 北極

圖 2

8. 假設在距離河流出海口極遠且沒有明顯湧升流之海面上,海水流
   量均勻且不隨時間變化。圖 3 中黑色柱狀體長度代表月平均降雨
   量(毫米/天),白色柱狀體長度代表月平均蒸發量(毫米/天)。

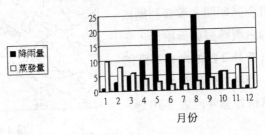

圖 3

試問下列何者最可能是該處月平均鹽度變化圖？

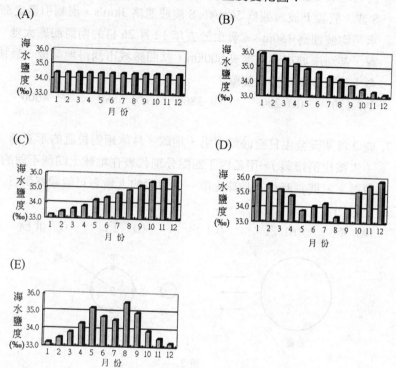

(A)

(B)

(C)

(D)

(E)

9-10為題組

圖4為2004年大學入學考試中心指定科目考試期間，敏督利颱風中心通過台灣轉弱成低壓後，在七月三日凌晨2點的地面等壓線分佈圖（等壓線的單位為百帕，hPa）。試依據圖4回答9-10題。

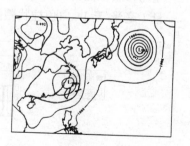

圖4

9. 台灣大部分地區在七月三日凌晨2點，接近地面處的最主要風向為何？

   (A) 西北風　　　(B) 西南風　　　(C) 東北風　　　(D) 東南風

10. 七月三日該低壓繼續往北前進，試依據低壓附近環流與水氣分佈的特性，判斷下列何者最可能是七月三日全天累積總雨量分佈圖？

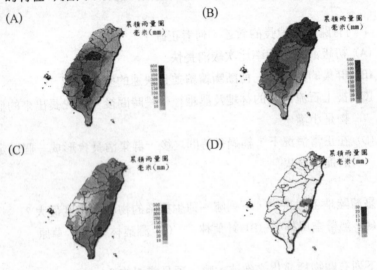

11. 在自然狀態之下，下列何種植物可藉由其根部的根瘤菌利用空氣中之氮氣？

   (A) 玉米　　　(B) 水稻　　　(C) 甘蔗　　　(D) 落花生

12. 下列有關生物歧異度（多樣性）的敘述，何者正確？

   (A) 一個群集是由同一種生物族群所構成

   (B) 物種歧異度不受區域面積、地形、及氣候的影響

   (C) 一個區域的物種歧異度愈大，其生態系就愈趨穩定

   (D) 一個區域中某一物種的族群密度變大時，其物種歧異度隨之變大

13. 下列有關族群及其年齡結構的敘述，何者正確？

　(A) 族群密度是指單位面積、單位時間內的個體數目

　(B) 由族群年齡的結構不能夠推測整個族群的變化趨勢

　(C) 人類年齡結構若呈金字塔型，即表示族群出生率高於死亡率

　(D) 依據生存曲線，人類從幼年、青年、到中年期間的死亡率很高，而到中年期以後死亡率則逐漸降低

14. 下列有關群集消長的敘述，何者正確？

　(A) 初級消長的速率比次級消長快

　(B) 群集的消長是一種斷斷續續並且快速的變化過程

　(C) 被土石流淹沒的林地及農地經一段時間後，首先長出來的植物是小灌木

　(D) 在正常情況下，經過長時間之後，群集消長會形成一個穩定的巔峰群集

15. 臺灣陸地生態系中，下列哪一種生態系的物種歧異度最大？

　(A) 熱帶季風林　　(B) 針葉林　　　(C) 濶葉林　　　(D) 草原

16. 下列有關物種演化之敘述，哪一項是錯誤的？

　(A) 地理隔離有利於物種之演化

　(B) 生殖隔離有利於物種之演化

　(C) 「天擇」有利於物種之演化

　(D) 遺傳物質變異不利於物種之演化

17. 下列有關抗生素以及抗藥性之敘述，哪一項是錯誤的？

　(A) 有些種類的黴菌可以產生抗生素

　(B) 繁殖速率高之微生物較易產生抗藥性

　(C) 抗藥性之生成與致病微生物之基因突變有關

　(D) 抗藥性之生成與使用抗生素之病患基因突變有關

18. 台灣四面環海，因此海洋之生態與我們的生活息息相關。下列有
　　關海洋生態以及河口生態之敘述，何者正確？
　　(A) 於河口地帶生存之魚類多屬狹鹽性
　　(B) 水深二百至四百公尺之淺海區為大陸棚
　　(C) 與岩岸地形相比較，沙岸生態生產者較少，因此生物相貧乏
　　(D) 珊瑚礁是軟體動物之一種，是對環境適應力極大之重要生產者

19. 下列有關人類行為與環境交互作用之敘述，何者較合理？
　　(A) 氟氯碳化物之使用造成臭氧層之破壞
　　(B) 國家公園之設立以及自然保護區之設置，是減少生物多樣性
　　　　之做法
　　(C) 經由生物放大（生物累積）作用，DDT 造成鳥類蛋殼變硬以
　　　　致無法孵化
　　(D) 在正常情況下，核能發電廠排出的廢水因不含輻射性，故不
　　　　會影響鄰近地區海洋生物之生存，如珊瑚等

20. 將 60 克的葡萄糖（$C_6H_{12}O_6$）完全燃燒後，可得到多少克的水？
　　(A) 9　　　　(B) 18　　　(C) 27　　　(D) 36　　　(E) 45

21. 水是人類及其他生物賴以生存的重要資源，影響民生工業甚巨。
　　下列有關水質淨化的敘述，何者錯誤？
　　(A) 通氯氣是最常用消毒方法，可用以消除水中細菌
　　(B) 活性碳可以有效吸附水中的有機雜質及金屬離子
　　(C) 曝氣作用是為了增加水中溶氧量，加速微生物分解水中有機
　　　　物質
　　(D) 凝聚法是在水中加入明礬等凝聚劑，吸附水中顆粒較小懸浮
　　　　物質
　　(E) 含鈣或鎂離子的硬水，通過含鈉離子樹脂的管柱時，能進行
　　　　離子交換使水質軟化

22. 原子量為 1 的氫原子含有哪些基本粒子？
    (A) 電子、中子
    (B) 質子、中子
    (C) 質子、電子
    (D) 質子、中子、電子

23. 下列有機化合物，何者的沸點最高？
    (A) CH_4　　(B) CH_3CH_3　　(C) $CH_3CH_2CH_3$　　(D) $CH_3CH_2CH_2CH_3$

24. 某鹽在 100 克水中的溶解度如圖 5 所示：

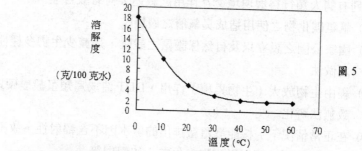

圖 5

下列敘述何者正確？
    (A) 此鹽的溶解度隨著溫度的升高而增大
    (B) 使用降溫法可將此鹽從飽和的水溶液中析出
    (C) 在 50°C 與 60°C 之間，此鹽在水中的溶解度大致相等
    (D) 於 10°C 時，放此鹽 30 克於 100 克水中，充分攪拌後則其溶
        解度為 18 克

25. 下列反應所產生之氣體，何者應使用向下排氣法收集？

    (A) $N_{2(g)} + 3H_{2(g)} \rightarrow 2NH_{3(g)}$

    (B) $2NaCl_{(l)} \xrightarrow{\text{電解}} Cl_{2(g)} + 2Na_{(s)}$

    (C) $2KClO_{3(s)} \xrightarrow{MnO_2 (\text{催化劑})} 3O_2 + 2KCl_{(s)}$

    (D) $H_2SO_{4(l)} + 2NaCl_{(s)} \rightarrow 2HCl_{(g)} + Na_2SO_{4(s)}$

    (E) $Na_2CO_{3(s)} + SiO_{2(s)} \rightarrow CO_{2(g)} + Na_2SiO_{3(s)}$

26. 硫酸及乙酸（醋酸）是化學工業中重要的原料，用途廣泛。下列
有關硫酸及乙酸的敘述，何者錯誤？
(A) 硫酸可用來催化乙酸，以生成乙酐
(B) 此兩種物質一為無機強酸，一為有機酸
(C) 稀釋硫酸的正確操作方法是將硫酸緩慢地加入水中
(D) 硫酸滴到方糖上，導致方糖變黑，是酸鹼反應的結果
(E) 工業上使用金屬為催化劑，使甲醇及一氧化碳反應，以製備
大量的乙酸

27. 溴的原子序為 35，已知溴存在兩個同位素，其百分率幾近相同，
而溴的原子量為 80，則溴的兩個同位素中的中子數分別為何？
(A) 43 和 45　(B) 79 和 81　(C) 42 和 44　(D) 44 和 46
(E) 45 和 47

28. 可樂是夏天大眾化的消暑飲料之一，內含磷酸及碳酸成分。某生
經由滴定分析其酸鹼度，測得氫離子濃度為 4×10^{-3} M。試問該可
樂的 pH 值最接近下列何值？
(A) 1.4　　　(B) 2.5　　　(C) 3.8　　　(D) 6.3　　　(E) 9.4

29. 氟氯碳化合物一般為非毒性，具有不能幫助燃燒及低沸點的特性。
在 1930 年代開始，這些化合物被大量使用在噴霧罐、冷氣機及
冰箱上，但因環境考量現已限制使用。下列何者不是氟氯碳化合
物？
(A) CCl_2F_2　　(B) $CFCl_3$　　(C) $CHCl_3$　　(D) $CFCl_2CFCl_2$

30. 在熔製玻璃的過程中，其內部有時會混入一些小氣泡，今測得某
種玻璃成品的密度為 2.3g/cm³。已知該種玻璃不含氣泡時的密度
為 2.5g/cm³，試計算該玻璃成品內所含的氣泡體積，佔全部體積
的百分比值為多少？
(A) 4.0%　　(B) 5.0%　　(C) 6.0%　　(D) 7.0%　　(E) 8.0%

31. 我國在 2004 年 5 月發射的福（華）衛二號人造衛星，屬低軌道
    衛星，每日繞地球運行十多圈，兩次經過台灣海峽上空。下列
    有關該衛星在軌道運行的敘述，何者**錯誤**？
    (A) 該衛星繞地球轉速比地球自轉快
    (B) 該衛星利用太陽能繞地球運行，與地心引力無關
    (C) 由於低軌道運行，該衛星可能受有空氣阻力的作用
    (D) 運行多年後，該衛星的軌道有可能愈來愈接近地面

32. 一小球在水平面上移動，每隔 0.02 秒小球的位置如圖 6 所示。
    每一段運動過程分別以甲、乙、丙、丁和戊標示。試問在哪一
    段，小球所受的合力為零？
    (A) 甲
    (B) 乙
    (C) 丙
    (D) 丁
    (E) 戊

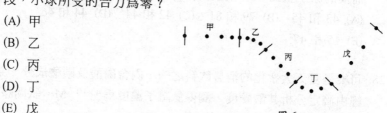

圖 6

33. 在正常狀況下，下列何者的摩擦力愈小愈好？
    (A) 走路時，鞋底與地面之間的摩擦力
    (B) 滑雪時，滑雪板與雪地之間的摩擦力
    (C) 使用工具時，手與工具把手之間的摩擦力
    (D) 騎腳踏車煞車時，煞車板與輪子之間的摩擦力

34. 某人在廚房內用未加蓋的鍋子燒水，當整鍋水沸騰時，下列敘述
    何者正確？
    (A) 若增強鍋下的火力，鍋內的水溫不會改變
    (B) 所見到的蒸氣是溶在水中的空氣所形成的
    (C) 必須加以攪拌後，鍋內各處的水溫才會相同
    (D) 若以鍋蓋蓋緊，則水的沸騰將會暫息，水溫會降低

35. 數位資訊以 0 和 1 兩種位元所組成的二進位數來儲存或傳送。一電腦所輸出的電壓訊號為 000010000100001... 的二進位週期性數列，其中 0 和 1 各表示一個位元，而輸出的電壓與時間的關係如圖 7 所示。若該電腦以 9600 位元/秒的速率將此訊息傳送至喇叭播放，則下列何者最接近喇叭所發出的聲音頻率？

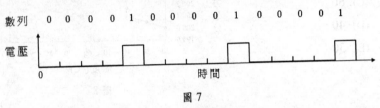

圖 7

(A) 9600Hz　(B) 4900Hz　(C) 1920Hz　(D) 960Hz　(E) 480Hz

36. 電力輸送功率相同時，輸電電壓 V 愈高，電流 I 愈小，輸送電線耗電愈少。若輸送電線電阻為 R，則下列有關輸送電線本身所消耗之電功率 P 的計算式何者正確？

(A) $P = IV$　(B) $P = IR$　(C) $P = V^2/R$　(D) $P = I^2R$

37. 鮭魚回游產卵，遇到水位落差時也能逆游而上。假設落差之間水流連續，而且落差上下的水域寬廣，水流近似靜止。若鮭魚最大游速為 2.8m/s，且不計阻力，則能夠逆游而上的最大落差高度為何？

(A) 9.8m　(B) 2.8m　(C) 1.4m　(D) 0.8m　(E) 0.4m

38-39 題為題組

取室溫 20°C 時為固體狀態的某物質若干克，置於一容器中，在定壓下以穩定熱源加熱。加熱過程中，相同時間間隔做一次測量，所測得此物質的溫度和體積的關係，如圖 8 所示，加熱結束時此物質為氣態。設加熱過程中，熱源所供應的熱量全部被此物質吸收。

依據圖 8 與以上敘述，回答 38-39 題。

38. 此物質的沸點為多少°C？

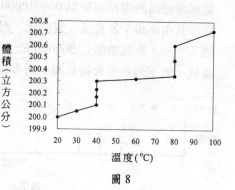

體積（立方公分）

溫度(°C)

圖 8

(A) 100

(B) 80

(C) 60

(D) 40

(E) 30

39. 下列有關此物質的敘述，何者正確？

(A) 加熱時，液態比固態易於升溫

(B) 熔化期間，固體會浮於液體上面

(C) 從氣體變成液體時，體積會膨脹

(D) 溫度升高一度，液態時的體積膨脹比固態時大

二、多選題

說明：第 40 至 48 題為多選題，每題均計分。每題選出適當的選項，標示在答案卡上。每題答對得 2 分，答錯不倒扣。未答者不給分。只錯一個可獲 1 分，錯兩個或兩個以上不給分。

40. 在地面進行天文觀測，所運用的望遠鏡必須選擇特定的電磁波波段，才能夠觀測天體。試選出下列哪些波段是較適合地面天文觀測？（應選兩項）

(A) 紫外線　　(B) 可見光　　(C) 紅外線

(D) 微波　　　(E) 無線電波

41-42 為題組

根據岩石生成方式的不同，可把岩石分類成甲、乙、丙三群不同的岩石（如表1）。根據表1回答 41-42 題。

表1

甲岩石群	乙岩石群	丙岩石群
角閃岩	礫岩	玄武岩
大理岩	砂岩	安山岩
片麻岩	頁岩	花崗岩

41. 流紋岩和石灰岩分別可以歸類至哪一岩石群？（應選兩項）

選　項	(A)	(B)	(C)	(D)	(E)	(F)
岩石名稱	流紋岩	流紋岩	流紋岩	石灰岩	石灰岩	石灰岩
岩石群	甲	乙	丙	甲	乙	丙

42. 下列有關此三岩石群與其常見特徵之配對，何者正確？（應選兩項）

選　項	(A)	(B)	(C)	(D)	(E)	(F)
岩石群	甲	甲	乙	乙	丙	丙
常見特徵	層理	岩石中的礦物呈平行排列	層理	岩石中的礦物呈平行排列	層理	岩石中的礦物呈平行排列

43. 下列哪些臺灣本土稀有的動植物被列為保育類？（應選三項）

(A) 黑面琵鷺 　　(B) 水筆仔 　　(C) 彈塗魚

(D) 臺灣水韭 　　(E) 穿山甲

44. 紅火蟻是外來物種，入侵臺灣後於短時間內難以消滅，其主要原因為何？（應選兩項）

 (A) 缺少天敵

 (B) 與本土物種形成互利共生

 (C) 基因突變使其能夠快速適應本土環境

 (D) 臺灣之生態環境與其原產地完全相同

 (E) 不能施用強力化學藥劑，以避免造成二次公害

45. 人類的食衣住行與化學息息相關，下列敘述何者錯誤？（應選兩項）

 (A) 碘溶液可用來檢驗澱粉分子的存在

 (B) 大部份胃藥中含有制酸劑，其成份可為 $NaHCO_3$ 或是 $Mg(OH)_2$

 (C) 喝茶或喝咖啡會有提神的效果，是因為茶和咖啡都含有咖啡因的成分

 (D) 棉花中纖維素的組成單元結構與達克綸（合成纖維）的組成單元結構相同

 (E) 蔗糖分子在酸性條件下，可以水解產生分子結構完全相同的兩個單醣分子

46. 氣體分子在容器內的移動速率隨著溫度的升高而增快，單位時間內碰撞次數也隨之變大，參與反應的分子比率也跟著增大。某氣體分子在不同溫度 T_1、T_2 及 T_3 下，其移動速率及分子數目分布曲線的示意圖如圖 9。下列敘述何者正確？（應選兩項）

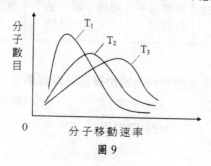

圖 9

(A) 溫度高低順序為：$T_3 > T_2 > T_1$

(B) 溫度高低順序為：$T_2 > T_1 > T_3$

(C) 在相同溫度時，每一個氣體分子移動的速率均相同

(D) 溫度升高後，具有較高動能的分子數目增加，因此反應速率增快

(E) 溫度升高後，具有較高動能的分子數目減少，因此反應速率增快

47. 我們眼睛的視網膜中有三種辨色視覺細胞，其感光中心波長分別約為 600 奈米（紅光）、550 奈米（綠光）、450 奈米（藍光）。下列何者可以造成黃色的視覺？（應選兩項）

(A) 500 奈米的色光

(B) 580 奈米的色光

(C) 650 奈米的色光

(D) 等量的 450 奈米與 550 奈米的色光混合

(E) 等量的 600 奈米與 550 奈米的色光混合

48. 質量皆為 m 的兩相同金屬塊，且其初始溫度相同，以相同速率 v 對撞之後靜止，達成熱平衡後溫度上升 ΔT。若不計阻力與熱量散失，小華預測不同對撞條件下，溫度的上升量如表 2，則表 2 中的預測何者正確？（應選兩項）

表 2

選項	質量	速率	預測溫度上升量
(A)	$2m$	v	ΔT
(B)	$2m$	v	$2\Delta T$
(C)	m	$2v$	$2\Delta T$
(D)	m	$2v$	$4\Delta T$

第貳部分

說明：第49至68題，共20題，其中單選題18題，多選題2題，每
題2分。單選題答錯不倒扣。多選題只錯一個可獲1分，錯兩
個或兩個以上不給分。此部分得分超過32分以上，以滿分32
分計。

<u>49-53為題組</u>

　　海洋與人類的生活關係密切，蘊藏豐富資源，並且影響氣候
與生態，也記錄了地球環境變遷的資訊。探究海洋的方式有許多
種，除了實際採取海中樣品之外，也可利用聲波偵測海底起伏變
化，還可以利用電磁感應偵測海床磁性等。

　　地底熱融岩自中洋脊處湧出，使得海床向**兩邊緩慢移動**。圖
10為中洋脊兩邊各約100公里範圍海床磁性與年代分布的示意圖
（未顯示高低起伏），上方的數字為距今年代（百萬年）。海床磁
性也記錄了地球磁場隨年代的變化，其中白色條紋代表與現在地
磁方向相反，其他灰色條紋代表與現在地磁方向相同。

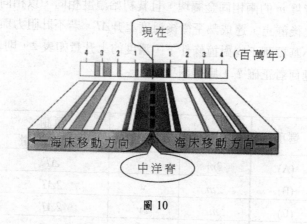

圖 10

依據以上敘述，回答 49-53 題。

49. 中洋脊**兩邊**海床相對於中洋脊移動的平均速率約是每年多少公
分？
(A) 50　　(B) 25　　(C) 5　　(D) 2.5　　(E) 0.5

50. 在地球上使用磁針指示方向，其方向平均約每隔多少年反轉一次？
(A) 1 萬　　(B) 40 萬　　(C) 100 萬　　(D) 200 萬　　(E) 400 萬

51. 假設地磁是由於地球內部流體產生的電流所造成，則距今 150 萬
年前地球內部總電流的方向最接近下列何者？
(A) 與地球自轉相同　　　(B) 與地球自轉相反
(C) 從南極向北極　　　　(D) 從北極向南極

52. 一大氣壓約可以支持 76 公分高的水銀柱，而且水銀的密度約是
海水的 13 倍。在海面下 4940 公尺採取樣品的潛艇，所承受的海
水壓力約是多少大氣壓？
(A) 300　　(B) 500　　(C) 760　　(D) 988　　(E) 4940

53. 海水中聲速約 1500 公尺/秒。潛艇每隔 10 秒發出一個聲波脈衝，
探測海底。若偵測到的聲波（包含發射波與反射波）強度隨時間
變化如圖 11，則潛艇距離海底約是多少公尺？
(A) 1500
(B) 3000
(C) 4500
(D) 9000
(E) 15000

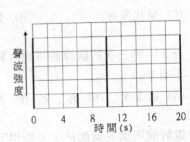

圖 11

54-56 為題組

在相同的溫度、壓力與儀器的條件下,進行水的電解實驗(圖 12)。在 100 毫升的水中,先加入少量的硫酸鈉為電解質,然後共進行五次的電解實驗,其實驗數據如表 3 所示:

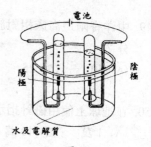

圖 12

表 3

實驗序次	電解時間 (分)	硫酸鈉的重量百分濃度 (%)	陽極所產生氣體的體積 (毫升)	陰極所產生氣體的體積 (毫升)
1	20	1	20.3	40.5
2	20	1	25.0	50.1
3	40	2	40.5	81.0
4	60	1	60.5	121.0
5	40	2	40.6	81.2

根據上述資料,回答問題 54-56 題。

54. 下列何者為陽極所進行的化學反應?
 (A) 還原反應　　　　(B) 中和反應
 (C) 氧化反應　　　　(D) 燃燒反應

55. 表 3 中哪一次的數據最可能有實驗操作上的<u>人為誤差</u>,而應刪去不用?
 (A) 第 1 次　(B) 第 2 次　(C) 第 3 次　(D) 第 4 次　(E) 第 5 次

56. 電解前所加的硫酸鈉,<u>不能</u>用下列的何種物質代替?
 (A) 硫酸　　(B) 硫酸鎂　(C) 硫酸銅　(D) 硫酸鉀

57-58 為題組

　　酒醉駕車是造成台灣嚴重交通事故的主因。交通警察利用酒精
（乙醇）吹氣濃度試驗，檢測駕駛者體內酒精含量。其所依據的化
學原理是乙醇在酸性條件下被氧化成乙酸，同時，二鉻酸根離子
（$Cr_2O_7^{2-}$）的顏色由橘黃色變成鉻離子的綠色，藉由顏色的變化
檢測酒精含量。其反應式如下（係數未平衡）。

$$x\,K_2Cr_2O_7 + y\,H_2SO_4 + 3CH_3CH_2OH \rightarrow 2Cr_2(SO_4)_3 + z\,K_2SO_4 + 3CH_3COOH + 11H_2O$$

57. 下列有關酒精與人體反應的敘述，何者正確？
　　(A) 酒精中的鉻離子，使神經傳導變慢
　　(B) 酒精與體內的鉻離子結合，使人反應遲鈍
　　(C) 酒精促使人體進行無氧呼吸，以致能量不足，精神不濟
　　(D) 肝臟是人體代謝酒精的主要器官，過量飲酒易造成肝功能損害

58. 下列有關平衡係數 x、y、z 之間的關係，何者正確？
　　(A) $z > y$　　　　(B) $y > x + z$　　　　(C) $x + y = 12$
　　(D) $y + z = 6$　　(E) $x + y + z = 15$

59-61 為題組

　　圖 13 以及表 4 為十位病患血液樣本中三種荷爾蒙 I、II、III
含量變化之檢測結果，與其症狀(或性狀)甲、乙、丙出現之情形。

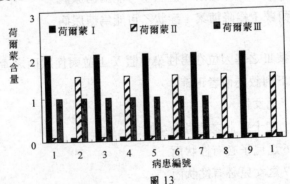

圖 13

表4 病患症狀（或性狀）對照表

病患編號	1	2	3	4	5	6	7	8	9	10
症狀甲	有	無	有	無	有	無	有	無	有	無
症狀乙	無	有	無	有	無	有	無	有	無	有
性狀丙	有	有	有	有	有	有	有	無	無	無

59. 下列有關病患血液中荷爾蒙Ⅰ、Ⅱ含量變化與症狀甲、乙表現相關的敘述，何者正確？（應選三項）

(A) 荷爾蒙Ⅰ含量之減少可能導致症狀甲之出現

(B) 荷爾蒙Ⅱ含量之減少可能導致症狀乙之出現

(C) 荷爾蒙Ⅰ含量之增加可能導致症狀甲之出現

(D) 荷爾蒙Ⅱ含量之增加可能導致症狀乙之出現

(E) 荷爾蒙Ⅰ含量之減少可能導致症狀乙之出現

60. 試問下列荷爾蒙含量與症狀之組合，何者正確？（應選兩項）

(A) 若荷爾蒙Ⅰ為胰島素，症狀乙可能為糖尿病

(B) 若荷爾蒙Ⅰ為昇糖素，症狀乙可能為糖尿病

(C) 若荷爾蒙Ⅱ為胰島素，症狀甲可能為糖尿病

(D) 若荷爾蒙Ⅱ為昇糖素，症狀甲可能為糖尿病

(E) 若荷爾蒙Ⅰ為降糖素，症狀乙可能為糖尿病

61. 假設荷爾蒙Ⅲ之基因位在男性染色體Y上並與性狀丙之產生有關，試問下列敘述何者正確？

(A) 病患1為女性

(B) 百分之四十以上之病患為女性

(C) 病患6之兒子必有性狀丙

(D) 病患7之女兒必有性狀丙

62-64 為題組

交通部中央氣象局新修訂之「大雨」及「豪雨」定義如下：

一、大雨：指二十四小時累積雨量達五十毫米以上，且其中至少
有一小時雨量達十五毫米以上之降雨現象。

二、豪雨：指二十四小時累積雨量達一三〇毫米以上之降雨現象。
若二十四小時累積雨量達二〇〇毫米以上稱之為大豪雨；二
十四小時累積雨量達三五〇毫米以上稱之為超大豪雨。

　　依據上述定義，歸納分析台北測站從 1950 年到 2003 年每日
的日累積降雨觀測資料，可以計算出過去五十幾年來每年發生豪
大雨次數及豪大雨現象發生時的平均日降雨量。圖 14 為台北測
站所觀測的平均日降雨量在「130-200 毫米」範圍的統計資料，從
1950 年到 2003 年在春雨期（2-4 月）、梅雨期（5-6 月）、颱風雨
期（7-9 月）、秋雨期（10-11 月）四個依月份切割的降雨期平均日
降雨量與每年發生次數的分佈圖。試依據圖 14 回答 62-64 題。

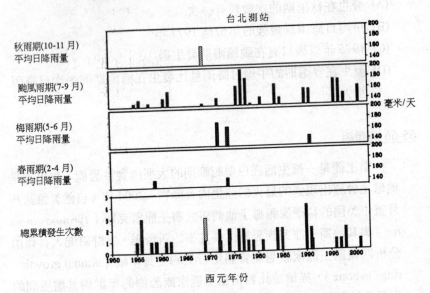

圖 14

62. 根據中央氣象局的定義，圖 14 所分析的平均日降雨量的範圍應該以下列哪種方式描述最為正確？
    (A)「超大豪雨」
    (B)「豪雨」但未及「大豪雨」
    (C)「大豪雨」但未及「超大豪雨」
    (D)「大雨」但未及「豪雨」

63. 台北測站從 1950 年到 2003 年，發生最多次平均日降雨量介於「130-200 毫米」範圍者，是屬於哪一個降雨期？
    (A) 春雨（2-4 月）　　　　　(B) 梅雨（5-6 月）
    (C) 颱風雨（7-9 月）　　　　(D) 秋雨（10-11 月）

64. 下列關於 1950 年到 2003 年台北測站觀測到平均日降雨量介於「130-200 毫米」的豪雨現象敘述，何者正確？
    (A) 發生在秋雨期的次數只有一次
    (B) 平均日降雨量最強的年份是 1977 年
    (C) 1975 年以後只有在颱風雨期發生過
    (D) 發生在春雨期的平均日降雨量比發生在梅雨期的平均日降雨量大

65-66 為題組

　　霸王龍是一種生活在白堊紀晚期的大型肉食性恐龍，也可能是地球上曾經出現過的最大的陸生肉食動物。2004 年《自然》雜誌八月號中美國的科學家報導了他們研究霸王龍雷克斯（*Tyrannosaurus rex*）與其他霸王龍家族恐龍生長速率的新發現。這群研究人員藉由分析四種霸王龍家族恐龍骨骼化石上的生長年輪（annual growth rings in bone），描繪並比較出霸王龍家族恐龍的年齡與其體重間的生長曲線關係如圖 15 所示。試依據圖 15 回答 65-66 題。

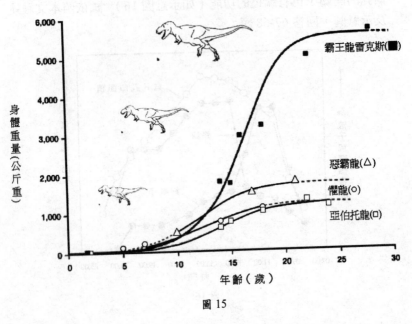

圖 15

65. 霸王龍家族的恐龍在 15 歲時，最重恐龍與最輕恐龍的體重比大
為多少？

　(A) 1.5　　　　(B) 3　　　　(C) 6　　　　(D) 12

66. 霸王龍雷克斯在 14 歲到 18 歲四年的快速生長期間，平均每天大
可以增加多少公斤重？

　(A) 0.2　　　　(B) 0.4　　　　(C) 1　　　　(D) 2

67-68 為題組

　　由田間實驗結果得知：葉片上每單位面積內氣孔面積大而數
目少的植物，其水分蒸散量比單位面積內氣孔面積小而氣孔數目
多的植物少。例如，100 個面積為 a 之小氣孔，其水分蒸散量為
一個面積為 100a 之大氣孔之十倍。此外，最近有研究報告指出，
在晴天的情況下，除了鉀離子外，保衛細胞中的蔗糖含量變化對

氣孔的開關，也有調控的功能（如示意圖 16）。試依照本文敘述及示意圖，回答 67-68 題：

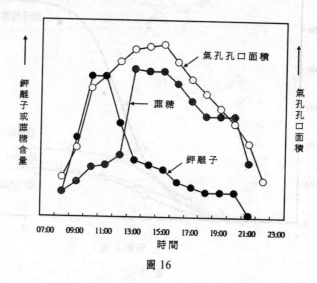

圖 16

67. 下列有關氣孔水分蒸散量的敘述，何者正確？
(A) 氣孔水分蒸散量與氣孔圓周周長成正比
(B) 氣孔水分蒸散量與氣孔圓周周長成反比
(C) 氣孔水分蒸散量與氣孔面積成正比
(D) 氣孔水分蒸散量與氣孔面積成反比

68. 下列有關影響氣孔開關機制的敘述，何者正確？
(A) 鉀離子及蔗糖兩者全天候同步控制氣孔的開啟與關閉
(B) 上午保衛細胞鉀離子的吸收使氣孔開啟；傍晚鉀離子濃度的減少使氣孔關閉
(C) 鉀離子或蔗糖含量的增加使保衛細胞中的滲透壓變小，因此使鄰近表皮細胞中的水擴散進入保衛細胞中
(D) 上午保衛細胞鉀離子的吸收使氣孔開啟；中午到傍晚，保衛細胞中蔗糖含量的變化，控制氣孔的張開度及其關閉

94年度學科能力測驗自然科試題詳解

第壹部分

一、單選題

1-3 為題組

1. **C 或 A**

【解析】 被切割的地層年紀老；甲褶皺被乙斷層所切割，乙斷層又受到丙岩脈的侵入，故選 (A)；但也有可能甲褶皺是因乙斷層的作用而形成的，此種狀況下則選 (C)。

2. **B**

【解析】 岩脈為岩漿侵入岩層冷卻為火成岩而形成的。

3. **A**

【解析】 褶皺或斷層都是因為劇烈的地殼變動而形成的。

4. **C**

【解析】 3845 − 27 = 3818 公尺 ≒ 3.8 公里，3.8 公里×6.5℃/公里 ≒ 24.7℃，28.4℃ − 24.7℃ = 3.7℃，因須考慮地面熱源，故最接近的答案為 (C)。

5. **C**

【解析】 由理想氣體方程式可知，當空氣下沈時，因壓力變大會使體積縮小而增溫；此外對流層頂的空氣塊溫度約為 − 50℃，但當其下沈增溫時，會使其中的水汽蒸發。

6. **D**

　　【解析】600km÷5km/s＝120 秒－P 波到達所須時間，600km÷
　　　　　　0.15km/s＝4000 秒－海嘯到達所須時間，4000-120＝
　　　　　　3880 秒。

7. **B**

　　【解析】在太陽的本影區內的人才能看到日全食，乙區的人較
　　　　　　可能在太陽的本影區。

8. **D**

　　【解析】5、8、9月份的降雨量最大，而蒸發量相對不多，故
　　　　　　鹽度較低（尤其是 8 月份），故選 (D)。

9-10為題組

9. **B**

　　【解析】低壓中心在台灣北方海上，在北半球的人，背風而立
　　　　　　時，低壓在左手方向，故選 (B)。

10. **A**

　　【解析】吹的是西南風，故中南部山區的迎風面須防豪大雨。

11. **D**

　　【解析】根瘤菌為與豆科植物行共生固氮，故本題只有落花生
　　　　　　屬於豆科植物，故選 (D)。

12. **C**

　　【解析】(A) 群集是指特定時間，特定地點，由多種生物族群所
　　　　　　　　構成。
　　　　　　(B) 物種歧異度會受到區域面積、地形、及氣候的影響。
　　　　　　(D) 一個區域中的生物種類增多時，其物種歧異度隨
　　　　　　　　之變大。

13. **C**

【解析】 (A) 族群密度是指單位面積內族群的個體數。

(D) 人類的生存曲線為第Ⅰ型曲線,而題目為第Ⅲ型曲線。

14. **D**

【解析】 (A) 因初級消長是經由大破壞後,再由先驅種漸趨穩定的過程,故其消長的速度會比次級消長的速率慢。

(B) 消長是一種連續、緩慢且漸進的過程。

(C) 被土石流淹沒的林地及農地經一段時間後,首先長出來的植物多為草本植物。

15. **A 或 C**

【解析】 ① 臺灣的熱帶季風林是類似熱帶雨林的環境,故物種歧異度很大。

② 台灣闊葉林的年均溫較高、年雨量較多,且包含落葉闊葉樹及常綠闊葉樹,故物種歧異度較大。

16. **D**

【解析】 (D) 當遺傳變異越大,當環境改變時,可經天擇選擇適應環境的性狀,故利於物種的演化。

17. **D**

【解析】 (D) 抗藥性之生成與致病微生物之基因突變有關,與使用抗生素之病患基因突變無關。

18. **C**

【解析】(A) 河口、鹹水湖與沿海地區因鹽度起伏很大，所以位於這些地區生存之魚類多屬於廣鹽性。

(B) 水深二百公尺以內之淺海區為大陸棚。

(D) 珊瑚屬於腔腸動物（刺絲胞動物），屬於海洋中的消費者。

19. **A**

【解析】(B) 國家公園之設立是維持生物多樣性之做法。

(C) 經由生物放大作用，DDT 造成鳥類蛋殼變薄以致無法孵化。

(D) 核能發電廠排出高溫的廢水，會因熱污染而影響鄰近地區海洋生物之生存。

20. **D**

【解析】$C_6H_{12}O_6 + 6O_2 \rightarrow 6CO_2 + 6H_2O$

∴產生 $H_2O = \dfrac{60}{180} \times 6 \times 18 = 36$ 克

21. **B**

【解析】(B) 活性碳無法吸附金屬離子。

22. **C**

【解析】$_1^1H$ 表其中有 1 個質子和 1 個電子。

23. **D**

【解析】分子量↑ ⇒ 凡得瓦力↑ ⇒ 沸點↑。

24. **C**

　【解析】(A) 由圖知 T↑，溶解度↓

　　　　　(B) 應將溫度提高

　　　　　(D) 由圖知 10℃時 100 克水溶解 10 克鹽

　　　　　∴ 溶解度為 10 克。

25. **A**

　【解析】向下排氣法適用於溶於水且比空氣輕之氣體。

26. **D**

　【解析】(D) 硫酸使方糖變黑為脫水反應。

27. **D**

　【解析】設 Br 的兩個同位素之原子量為 M_1，M_2，中子數

　　　　　為 n_1，n_2

　　　　　$\overline{M} = M_1 X_1 + M_2 X_2 \Rightarrow 80 = M_1 \times X_1 + M_2 \times X_2$

　　　　　∴ $M_1 < 80 < M_2$

　　　　　又中子數＝質量數－原子序 $\Rightarrow n_1 < 80\text{-}35 < n_2$

　　　　　$\Rightarrow n_1 < 45 < n_2$

28. **B**

　【解析】$pH = -\log\left|H^+\right| = -\log 4 \times 10^{-3} = 3 - \log 4 \fallingdotseq 2.4$

29. **C**

　【解析】氟氯碳化物須含 C、F、Cl。

30. **E**

【解析】 密度變小是因為玻璃中有質量可忽略不計的空氣。假設有 $1cm^3$ 的玻璃，質量 $2.5g$，而該成品少了 $0.2g$ 的玻璃，亦可說減少 $\dfrac{0.2}{2.5} = \dfrac{2}{25}$ $[cm^3]$

∴ 佔了 $\dfrac{2}{25} = 8\%$ 的空氣

31. **B**

【解析】 該衛星係利用萬有引力繞行地球。

32. **C**

【解析】 合力為零，物體靜止或等速度運動，每隔等時距朝固定方向前進一定的距離。

33. **B**

【解析】 (A) 無摩擦人無法走路前進。

(C) 無摩擦無法轉動把手。

(D) 無摩擦車輪不會減速。

34. **A**

【解析】 水沸騰 (1atm) 下溫度為 $100℃$。

35. **C**

【解析】 由圖中可看出，每 5 個位元有一次電壓輸出，

因此 $f = \dfrac{9600}{5}$ $[$次$/s] = 1920[Hz]$

36. **D**

　　【解析】 依題意，V↑，I↓，P↓，故選 (D)。((B)不對，$\Delta V = IR$)。

37. **E**

　　【解析】 水自由落下之流速須小於魚之游速 $\sqrt{2 \times 9.8 \times h} < 2.8$

　　　　　∴h＜0.4[m]

38-39 題為題組

38. **B**

　　【解析】 由圖可知沸點為 80℃。

39. **A**

　　【解析】 (A) 由圖知經過相同時間液體上升之溫度較高。

　　　　　(B) 由圖知固體體積較小 ⇒ 密度較大

　　　　　　∴ 固體應在液體下面

　　　　　(C) 氣體→液體體積應縮小。

　　　　　(D) 由圖知溫度升高時，固體膨脹率較大。

二、多選題

40. **BE**

　　【解析】 紫外線會被 O_3 所吸收，紅外線及微波會被溫室效應氣體所吸收，故最適合地面觀測的波段為可見光及無線電波。

41-42 為題組

41. **CE**

　　【解析】 甲為變質岩，乙為沈積岩，丙為火成岩；流紋岩為火成岩與丙同類，石灰岩為沈積岩，與乙同類。

42. **BC**

【解析】 變質岩中的片狀礦物可呈平行的排列，而層理為沈積岩特有的岩石組織。

43. 送分

【解析】 瀕臨絕種的臺灣保育類野生動植物：（取自龍騰版）

哺乳類	臺灣狐蝠、臺灣黑熊、水獺、雲豹、石虎
鳥　類	黑面琵鷺、林鵰、赫氏角鷹(熊鷹)、隼、藍腹鷴、黑長尾雉(帝雉)、黃魚鴞、蘭嶼角鴞、褐林鴞、灰林鴞、朱鸝
爬蟲類	赤蠵龜、綠蠵龜、玳瑁、革龜、百步蛇
魚　類	櫻花鉤吻鮭、高山鯝頜魚
昆蟲類	寬尾鳳蝶、珠光鳳蝶、大紫蛺蝶
被子植物	鐘萼木、紅星杜鵑、烏來杜鵑、臺灣水青岡、臺灣一葉蘭、臺灣蝴蝶蘭
裸子植物	清水圓柏、臺東蘇鐵、臺灣油杉、蘭嶼羅漢松、臺灣穗花杉
蕨類植物	臺灣水韭

44. **AE**

【解析】 (B) 外來種與本土種之間應為競爭的關係

(C)(D) 紅火蟻能夠快速適應本土環境，是因為臺灣之生態環境與其原產地相似，而非基因突變。

45. **DE**

【解析】 (A) I_2+澱粉→藍色

(B) $NaHCO_3$ 與 $Mg(OH)_2$ 皆為弱鹼性，可當制酸劑

(D) 纖維素為葡萄糖聚合而成，而達克綸為乙二醇＋對苯二甲酸聚合而成

(E) 蔗糖 $\xrightarrow{\text{水解}}$ 葡萄糖＋果糖

46. **AD**

【解析】 (A)(B) 溫度愈高，氣體分子運動速率愈快。

$\therefore T_3>T_2>T_1$

(C) 溫度相同時每個氣體分子的移動速率為常態分布。

(D)(E) 由圖知溫度升高，具高動能的分子數增加。

47. **BE**

【解析】 單頻黃光的波長介於紅，綠之間，故選 (B)，或由等量之紅，綠光混合，亦可感受黃光。

48. **AD**

【解析】 溫度上升∝動能$=\dfrac{1}{2}mV^2=ms\Delta T\Rightarrow\Delta T$ 與 m 無關，

故 (A) 對 $\Rightarrow$ V2 倍，ΔT 變 4 倍 $\Rightarrow$ (D) 對。

第貳部分

49-53 為題組

49. **D**

【解析】 $100km\div4$ 百萬年$=10^7$公分$\div4\times10^6$ 年$=2.5$ 公分/年。

50. **B**

【解析】4百萬年反轉了9次，平均每隔4百萬年÷9≒40萬年反轉一次。

51. **A**

【解析】150萬年前為反磁性（與現今地磁方向相反），由安培右手定則可知當時地電流應為逆時針方向即與地自轉同方向。

52. **B**

【解析】每10米之水壓約為1atm

$$\therefore P = \frac{4940}{10} = 494atm \fallingdotseq 500\ atm$$

53. **C**

【解析】約6秒後測到回聲

$$\therefore \ell = 1500 \times (\frac{6}{2}) = 4500[m]$$

54-56為題組

54. **C**

【解析】電極中：陽極必發生氧化，陰極必發生還原。

55. **B**

【解析】電解產生之氣體體積與電解時間成正比

∴實驗2誤差最大

56. **C**

【解析】 電解 Na_2SO_4 ＝電解 H_2O ⇒ $H_2O \rightarrow H_2(陰) + \dfrac{1}{2}O_2(陽)$

	(A) H_2SO_4	(B) $MgSO_4$	(C) $CuSO_4$	(D) K_2SO_4
陽	O_2	O_2	O_2	O_2
陰	H_2	H_2	Cu	H_2

57-58 為題組

57. **D**

【解析】 (A)(B) 乙醇有毒，危害中樞神經系統，大量酒精則損害
肌肉運動的協調和判斷力，甚至導致昏迷或死亡。
(C) 人體所進行的無氧呼吸是乳酸醱酵而非酒精醱酵。

58. **B**

【解析】 $xK_2Cr_2O_7 + yH_2SO_4 + 3CH_3CH_2OH \rightarrow 2Cr_2(SO_4)_3 + zK_2SO_4$
$+ 3CH_3COOH + 11H_2O$

1. 由 Cr 原子不滅知 x＝2

2. 由 K 原子不滅知 z＝2

3. 由 H 原子不滅知 y×2＋3×6＝3×4＋11×2

∴ y＝8

59-61 為題組

59. **CDE**

【解析】 (A) 病患 2、4、6、8、10 之荷爾蒙 I 含量甚低，皆無
症狀甲出現，但有症狀乙出現。
(B) 病患 1、3、5、7、9 之荷爾蒙 II 含量甚低，皆無
症狀乙出現，但有症狀甲出現。

60. **AC**

【解析】 (A)(B) 若荷爾蒙 I 為胰島素，病患 2、4、6、8、10 之荷爾蒙 I 含量甚低，有症狀乙出現，症狀乙可能是糖尿病

　　　　(C)(D) 若荷爾蒙 II 為胰島素，病患 1、3、5、7、9 之荷爾蒙 II 含量甚低，有症狀甲出現，症狀甲可能是糖尿病

　　　　(E) 人體內並無降糖素之荷爾蒙。

61. **C**

【解析】 (A)(B) 荷爾蒙 III 之基因位在男性染色體 Y 上，病患 1、2、3、4、5、6、7 皆含有大量荷爾蒙 III，皆為男性，佔 70%。

　　　　(D) 女性不具 Y 染色體，不具荷爾蒙 III、無性狀丙。

62-64 為題組

62. **B**

【解析】 130mm~200mm 的日降雨量為「豪雨」但未達「大豪雨」的標準。

63. **C**

【解析】 由圖可知在颱風雨期有 20 次遠較其他降雨期為多。

64. **B**

【解析】 (A) 發生在秋雨期的只有 1969 年兩次

　　　　(B) 1990 年發生 4 次比 1977 年的兩次要強

　　　　(C) 1991 年梅雨期也發生過

　　　　(D) 春雨期的降雨量（二次）均約 140mm 並未比梅雨期的量大

<u>65-66 為題組</u>

65. **B**

【解析】 (B) 15 歲時，最重恐龍體重 2100 公斤，最輕恐龍體重 700 公斤，$2100 / 700 = 3$。

66. **D**

【解析】 (D) 14 歲時體重 1500 公斤，18 歲時體重 4000 公斤，$(4000 - 1500) \div (4 \times 365) = 1.712 \fallingdotseq 2$。

<u>67-68 為題組</u>

67. **A**

【解析】 (D) 因 100 個面積為 a 之小氣孔，其水分蒸散量為一個面積為 100a 之大氣孔之十倍，表示在面積一樣情況下，周長大的蒸散速率較快，故氣孔水分蒸散量與氣孔圓周長成正比。

68. **D**

【解析】 (D) 07：00 − 11：00 鉀離子濃度升高，氣孔孔面積增加，上午保衛細胞鉀離子的吸收使氣孔開啟；12：00 − 17：00 蔗糖含量變化與氣孔孔口面積變化之趨勢一致，中午到傍晚，保衛細胞中蔗糖含量的變化，控制氣孔的張開度及其關閉。

九十四年度學科能力測驗（自然考科）
大考中心公佈答案

題號	答案	題號	答案	題號	答案	題號	答案
1	C 或 A	21	B	41	CE	61	C
2	B	22	C	42	BC	62	B
3	A	23	D	43	註	63	C
4	C	24	C	44	AE	64	B
5	C	25	A	45	DE	65	B
6	D	26	D	46	AD	66	D
7	B	27	D	47	BE	67	A
8	D	28	B	48	AD	68	D
9	B	29	C	49	D		
10	A	30	E	50	B		
11	D	31	B	51	A		
12	C	32	C	52	B		
13	C	33	B	53	C		
14	D	34	A	54	C		
15	A 或 C	35	C	55	B		
16	D	36	D	56	C		
17	D	37	E	57	D		
18	C	38	B	58	B		
19	A	39	A	59	CDE		
20	D	40	BE	60	AC		

註：超出高一、高二課程範圍，全體到考生均給分

九十三年大學入學學科能力測驗試題
自然考科

第壹部分

一、單一選擇題

說明：第 1 至 40 題為單一選擇題，每題均計分。每題選出最適當的
選項，標示在答案卡上。每題答對得 2 分，答錯不倒扣。

1. 下列哪一選項的廣告語最不科學？
   (A) 本牙膏含有氟，可預防蛀牙
   (B) 本飲料含有鹽，適合運動後飲用
   (C) 本飲料純由天然物質配製，不含化學物質
   (D) 本食鹽是特製品，含有碘，食用可預防甲狀腺腫大
   (E) 本礦泉水經衛生當局檢驗合格，含有少量礦物質，有益健康

2-3 為題組

　　　　在奈米時代，溫度計也可奈米化。科學家發現：若將氧化鎵
與石墨粉共熱，便可製得直徑 75 奈米、長達 6 微米的「奈米碳
管」，管柱內並填有金屬鎵。鎵（Ga，熔點 29.8 $^\circ$C， 沸點
2403 $^\circ$C）與許多元素例如汞相似，在液態時體積會隨溫度變化
而冷縮熱脹。奈米碳管內鎵的長度會隨溫度增高而呈線性成長。
在 310 K 時，高約 1.3 微米，溫度若升高到 710 K 時，高度則成
長至 5.3 微米。根據本段敘述，回答問題 2-3。

2. 當水在一大氣壓下沸騰時，上述「奈米溫度計」內鎵的高度會較
   接近下列哪一個數值（微米）？
   (A) 0.63　　　(B) 1.9　　　(C) 2.6　　　(D) 3.7　　　(E) 5.3

3. 若欲利用上述奈米溫度計測量使玻璃軟化的溫度(400-600 °C)時，下列哪一元素最適合作為鎵的代替物？

(A) Al (熔點 660 °C，沸點 2467 °C)

(B) Ca (熔點 839 °C，沸點 1484 °C)

(C) Hg (熔點 -38.8 °C，沸點 356.6 °C)

(D) In (熔點 156 °C，沸點 2080 °C)

(E) W (熔點 3410 °C，沸點 5560 °C)

4-5 為題組

　　圖 1 是一幅使用哈伯望遠鏡拍攝的影像，呈現甲、乙兩個星系與散佈在圖面上的恆星。試根據圖 1 回答問題 4-5。

4. 下列有關影像中的恆星與甲、乙兩星系的敘述，哪一選項是正確的？

(A) 恆星分別屬於甲或乙星系

(B) 恆星與甲、乙兩星系都屬於我們銀河系

(C) 甲、乙兩星系不屬於我們銀河系，而是與我們銀河系差不多的系統

(D) 甲星系屬於我們銀河系，乙星系則不是

圖1

5. 下列有關地球與甲、乙兩星系遠近的敘述，哪一選項是正確的？

(A) 甲星系比較近，因為所有星系體積大小都差不多

(B) 甲星系比較近，因為距離愈遠的星系，我們觀測到的體積愈小

(C) 乙星系比較近，因為距離愈遠的星系，我們觀測到的體積愈小

(D) 無法由圖1得知，須由其他方法才能判斷星系的距離

6. 下列哪一選項是海面產生波浪的最主要原因？
   (A) 風吹海面　　　　　　(B) 河流入海
   (C) 月球和太陽的引力　　(D) 海水溫度和鹽度的改變

7-9 為題組

　　在一生態系中，各物種之間的「食性關係」常可用「食物網」來表示。圖2為某一生態系的食物網示意圖，試以圖2的內容回答問題7-9。

7. 圖2的食物網示意圖，最有可能是代表下列哪一個生態系的物種食性關係？
   (A) 熱帶雨林生態系
   (B) 溫帶草原生態系
   (C) 溫帶落葉林生態系
   (D) 寒帶針葉林生態系
   (E) 極地凍原生態系
   (F) 亞熱帶沙漠生態系

圖2

8. 在此生態系中，下列哪一項有關各物種的生態地位或彼此互動關係的描述是正確的？
   (A) 因為老鼠是螞蟻的天敵，所以老鷹也是螞蟻的天敵
   (B) 仙人掌是「生產者」，老鷹是「消費者」，螞蟻是「分解者」
   (C) 老鷹可以吃蛇，但是蛇無法吃到老鷹，因此蛇與老鷹是片利共生的關係
   (D) 蚱蜢的數量顯著減少時，蜥蜴族群較老鼠族群所受到的影響為大

9. 若將各不同食性階層的物種關係以「能量塔」的概念來表示，則可發現「塔頂層生物的總能量」會較「基底層生物的總能量」爲少，造成此一情況的最主要原因爲下列哪一選項？
   (A) 塔頂層生物都爲大型個體，數量較少
   (B) 塔頂層生物可自環境中獲取的總能量較少
   (C) 塔頂層生物都是各物種族群的殘弱個體，數量較少
   (D) 塔頂層生物的棲息空間較小，可容納的生物數量也較少

10. 在演奏管絃樂時，小提琴的旋律輕快流暢，長笛的音色清純，伸縮喇叭的聲音宏亮。有關這些樂器的聲音在空氣中的傳播速率，下列哪一選項的敘述是正確的？
    (A) 小提琴的聲音傳得最快　　(B) 長笛的聲音傳得最快
    (C) 伸縮喇叭的聲音傳得最快　(D) 三件樂器的聲音傳得一樣快

11. 王同學投擲溜溜球（Yo-Yo球）。溜溜球以每秒 1 公尺的速率擲出，在 2 秒後以相同速率、相反方向回到他的手中（王同學手的位置未變）。溜溜球自離開王同學手中到回到他手中的平均速度及平均加速度大小，各爲 X m/s 與 Y m/s^2，試問下列哪一選項的數字可表示（X,Y）？
    (A)（0，0）　　(B)（0，1）　　(C)（0.5，1）　　(D)（1，0）

12. 曾同學站在行駛中的車內，當煞車時，她的身體會向前傾。依據圖 3，下列哪一項是造成曾同學身體向前傾的主要理由？
    (A) 車輪給曾同學一向前的力
    (B) 車內空氣給曾同學一向前的力
    (C) 車地板給曾同學一向後的摩擦力
    (D) 車在煞車時，改變了曾同學重力的方向

圖3

13-15 為題組

　　除了傳統感冒藥外，現今藥房也販售「沖泡式」感冒藥。這類藥劑若經溫水調和，杯中會有氣泡，頗具創意，飲用也稱便利。試從下列 (A)-(J) 的物質中挑選出最合適者，作為問題 13-15的答案。

(A) 多醣　　　　(B) 嗎啡　　　(C) 苯甲酸　　(D) 咖啡因
(E) 纖維素　　　(F) 檸檬酸　　(G) 氧化鋁　　(H) 阿斯匹靈
(I) 碳酸氫鈉　　(J) 氫氧化鎂

13. 上述哪一物質可能是傳統感冒藥劑的最主要成分？

14. 沖泡式感冒藥劑之所以會有氣泡，是因其含有檸檬酸以及另一成分。試問這另一成分是哪一物質？

15. 部分感冒藥服用後往往會令人昏昏欲睡，為了減輕此一副作用，有些感冒藥會添加少許合法的興奮劑。試問上述物質中的哪一個，最有可能為此興奮劑？

16-17 為題組

　　有一種蚱蜢，其外表體色為「綠」或「褐」，除此差異之外，其體型大小、生長情形、行為與繁殖能力等特性均相同。1980 年夏天，蕭博士在某一特定棲地上調查該種蚱蜢的族群分佈，結果顯示，當時的綠蚱蜢與褐蚱蜢的數量比為 7：3。2000 年夏天，蕭博士再於同一棲地上，調查該種蚱蜢的族群分佈，這次的結果卻顯示，綠蚱蜢與褐蚱蜢的數量比為 3：7。試根據上述調查結果，回答問題 16-17。

16. 下列哪一選項應是造成 2000 年夏天褐蚱蜢比綠蚱蜢為多的最可能原因？

(A) 綠蚱蜢的飛行能力較差　　(B) 綠蚱蜢的生長速度較慢

(C) 綠蚱蜢的產卵數量較少　　(D) 綠蚱蜢較易遭天敵捕食

17. 承上題。在同一塊棲地上，同種而不同顏色的蚱蜢，其「數量比」竟會因年代不同而有所改變。試問下列哪一選項是造成此一現象的最可能解釋？

(A) 調查的資料可能有誤

(B) 該特定棲地的生態環境可能發生了改變

(C) 該特定棲地上的蚱蜢天敵數量可能減少了

(D) 該特定棲地上的蚱蜢可能遭到細菌感染而發生了病變

18. 游泳戲水是炎夏消暑的良方之一，但因無法準確判斷水深，有時導致溺水事件。若站在戶外游泳池旁，估計池水的深度，總會覺得池水比實際深度淺。此一錯覺主要源自於下列哪一項原因？

(A) 光在水中的色散現象

(B) 池底的反射光在水面的折射現象

(C) 目光在水面的反射現象

(D) 陽光在水面的反射現象

19. 海洋約佔地球表面積的百分之七十，是地球上面積最大以及生物種類最多的生態系。在海洋生態系中，隨著水深的不同，環境條件與生物種類分布也常有很大的差異，下列有關海洋生態系的描述，哪一選項不正確？

(A) 海洋生態系常以水深 200 公尺為界，區分為「淺海區」與「大洋區」(或稱「近海區」與「遠洋區」)

(B) 「淺海區」的底部，又稱為「大陸棚」，此處水域的陽光可以到達，也富含礦物質，所以棲息其中的生物種類繁多

(C) 在「大洋區」中，因為生存空間遼闊，所以容納的生物種
類遠較分布在「淺海區」的生物種類為多

(D) 「潮間帶」是指海岸高潮線和低潮線之間的區域，生活在
此區域的生物常需發展出特殊的適應方式，以抵抗海浪的
衝擊

20. 市售 90W 燈泡所標示的「90 W」，是指這種燈泡在穩定發光時
所消耗的功率。然而電燈泡內鎢絲的電阻會隨溫度而變化，所以
鎢絲溫度較低時，其功率不一定恰為 90W。假設剛開燈時，一
個 90W 燈泡的電阻為 15Ω，接著讓此燈泡穩定發光一段時間後，
燈泡內鎢絲的電阻升高至 135Ω。試問剛開燈時，該燈泡內鎢絲
所消耗的電功率約為多少瓦？

(A) 10　　　　(B) 30　　　　(C) 90　　　　(D) 270　　　　(E) 810

21. 地球大氣溫度垂直分布圖（圖4）顯示，在離地 120 公里的高空
溫度約為 80 ℃，在此高度的大氣壓力約為十萬分之一大氣壓。
如果一個人佩戴氧氣面罩與氧氣筒，身著不具抵抗冷熱的抗壓
衣，暴露在離地 120 公里的高空數小時，試問下列哪一選項是
其最可能的結果？

(A) 凍僵了　　　　　　　(B) 熱死了

(C) 身體變得忽冷忽熱　　(D) 依然行動如常

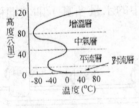

圖4

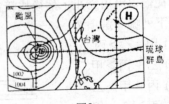

圖5

22. 圖 5 為 2001 年 1 月 7 日之地面天氣圖，台灣地區與琉球群島當時兩地主要風向分別為何？

(A) 東風；西北風 　(B) 西風；西南風 　(C) 南風；東北風

(D) 北風；西北風 　(E) 南風；西南風 　(F) 北風；西南風

23. 地球自轉偏向力（科氏力），在北半球對海流或風吹的方向以及高氣壓氣旋會產生何種效應？

選項	海流或風吹的方向	高氣壓氣旋
(A)	往左偏	逆時針方向旋轉
(B)	往左偏	順時針方向旋轉
(C)	往右偏	逆時針方向旋轉
(D)	往右偏	順時針方向旋轉

24. 保利龍球很容易因摩擦起電而帶靜電。圖 6 所示為四個以絕緣細線懸吊的保利龍球，其相互間因靜電作用而呈現的排列情形。如果甲球帶正電，則丙球及丁球所帶的電性符合下列哪一選項？

選項	(A)	(B)	(C)	(D)
丙球	正電	正電	負電	負電
丁球	正電	負電	正電	負電

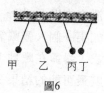

圖6

25. 圖 7 所示為三個截面積相同但構造上略有不同的圓柱型澆水壺。若將這三個澆水壺置於同一水平面的水槽中，分別倒入清水至有水從壺口流出為止，然後比較各壺中的水量多寡，則其關係最符合下列哪一選項？

(A) 甲 = 乙 > 丙

(B) 乙 = 丙 > 甲

(C) 丙 = 甲 > 乙

(D) 丙 > 乙 = 甲

(E) 甲 = 乙 = 丙

圖7

26. 有一反應，由 X 與 Y 化合生成Z。其反應如下：

2X + 3Y ⟶ 2Z

而反應物 X 與生成物 Z 的質量關係如圖 8。試問當有 4 克的 Z
生成時，需要多少克的 Y？

(A) 1

(B) $\dfrac{3}{2}$

(C) 2

(D) 3

(E) $\dfrac{3}{2} \times 4$

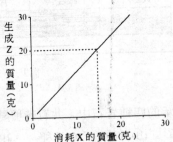

圖8

27-28 為題組

電熱水器是我們生活中常用的家電製品之一。現有一電熱水
器，若以每分鐘 0.6 公斤的流率，將 20 °C 的冷水注入此電熱水器，
則流出的水，其溫度為60 °C。

27. 依據上述數據，試問流經此電熱水器的水，每分鐘所吸收的熱
量，最接近下列哪一數值？

(A) 0.6千卡　　(B) 12千卡　　(C) 24千卡　　(D) 36千卡

28. 假設流經此電熱水器的水，每分鐘吸收 Q 千卡的熱量，而且這
電熱水器的效率很高，可將 90 % 的電能轉換成熱能。試問此
電熱水器的功率約為多少瓦？

(A) 80×Q　　(B) 900×Q　　(C) 4190×Q　　(D) 4650×Q

29-31為題組

　　圖9為頁岩因受溫度和壓力的影響，重新產生三種不同岩石的簡單示意圖。試根據圖9回答問題29-31。

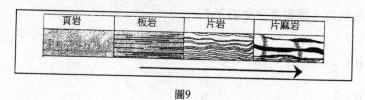

圖9

29. 圖9所示的四種岩石中，共有幾種屬於火成岩類？

　　(A) 0種　　(B) 1種　　(C) 2種　　(D) 3種　　(E) 4種

30. 圖9內下方箭頭，代表下列哪一種地質作用？箭頭指向代表該作用的哪一種變化趨勢？

　　(A) 風化作用；由強趨弱

　　(B) 沈積作用；由強趨弱

　　(C) 沈積作用；由弱趨強

　　(D) 變質作用；由強趨弱

　　(E) 變質作用；由弱趨強

31. 承上題，箭頭所代表的作用，最常在何種類型的板塊邊界發生？

　　(A) 張裂性　　(B) 聚合性　　(C) 錯動性　　(D) 張裂性和錯動性

32. 水中的微生物會使水中的有機物（例如 $C_6H_{10}O_5$）轉化為 CO_2 與 H_2O，在這過程中所需 O_2 的量，稱為生化需氧量（BOD）。試問要使水中的 1 個 $C_6H_{10}O_5$ 分子完全變成 CO_2 與 H_2O，需要幾個氧分子？

　　(A) 1　　(B) 2　　(C) 3　　(D) 4　　(E) 5　　(F) 6

33. 化學家喜歡用反應式來表示化學反應。試問下列反應式中，哪一個表示「金屬鋅與稀硫酸反應，產生某種氣體」的反應？

(A) $Zn_{(s)} + H_2SO_{4(aq)} \rightarrow SO_{3(g)} + H_2ZnO_{(aq)}$

(B) $Zn_{(s)} + H_2SO_{4(aq)} \rightarrow SO_{2(g)} + H_2ZnO_{2(aq)}$

(C) $Zn_{(s)} + H_2SO_{4(aq)} \rightarrow H_2S_{(g)} + ZnO_{4(aq)}$

(D) $Zn_{(s)} + H_2SO_{4(aq)} \rightarrow H_2O + ZnSO_{3(aq)}$

(E) $Zn_{(s)} + H_2SO_{4(aq)} \rightarrow H_2 + ZnSO_{4(aq)}$

34. 近年來國際上很重視生物多樣性的概念，認為要能維持物種岐異度才能確保地球上生物資源的永續性，因此許多生態政策的制訂與實行，都必須先考量是否會導致物種岐異度的下降。下列哪一項措施，會違反維持物種岐異度的原則？

(A) 野狼會捕食草食動物，為保護草食動物這項自然資源，應將原野上的野狼消滅

(B) 草原生態系常發生由閃電所引起的火災，這是草原生態系的一種自然事件，故不宜撲滅

(C) 將「外來種寵物」放生，可能導致它們與原生物種競爭生存資源，應當避免放生行為發生

(D) 雖然福壽螺在台灣已造成嚴重的災害，也仍不宜將福壽螺的鳥類天敵引進台灣

35. 古代商旅在進行鑽石交易時，一個區別真鑽石與玻璃假鑽的簡易方法是將兩者分別放在舌頭上，如果感覺涼涼的就有可能是鑽石。這種判斷經驗主要是基於鑽石具有下列哪一種特性？

(A) 鑽石比較堅硬   (B) 鑽石的導電性比較低

(C) 鑽石的比熱比較小   (D) 鑽石的透光率比較高

(E) 鑽石比較會導熱

<u>36-38 為題組</u>

　　李伯伯每年都會在他的稻田裡進行害蟲的數量調查。為了減少蟲害，他從某一年開始，連續幾年在田裡施灑固定量的「猛克」殺蟲劑。圖 10 是李伯伯的田間害蟲數量調查結果。試依據圖 10 回答問題 36-38。

36. 根據李伯伯的說法：『「猛克」在使用初期很有效，但到後來就沒甚麼效了！』，李伯伯最有可能是在哪一年開始施灑「猛克」殺蟲劑？

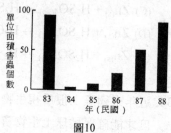
圖10

(A) 83 年　(B) 84 年　(C) 85 年　(D) 86 年　(E) 87 年　(F) 88 年

37. 『「猛克」在使用初期很有效，但到後來就沒甚麼效了！』。針對本項敘述，下列哪一選項解釋最合理？

(A) 李伯伯種植的水稻發生突變，吸引大量其他不同種類的害蟲

(B) 農藥公司的品質管制不良，所生產「猛克」殺蟲劑的品質不穩定

(C) 害蟲衍生出抗藥性，使得李伯伯的稻田中，具抗藥性的害蟲比例逐年增高

(D) 民國 87-88 年間，李伯伯灑完「猛克」後，遭逢下雨，以致殺蟲劑的藥效降低

38. 如果你是一位農會輔導員，你會在李伯伯使用「猛克」之前，給他下列哪一種建議，以能夠最有效延長「猛克」的殺蟲年期？

(A) 逐年降低「猛克」的使用劑量

(B) 逐年倍增「猛克」的使用劑量

(C) 另外挑選他種殺蟲劑，與「猛克」輪換使用

(D) 以「一年高、一年低」的輪替模式，變動「猛克」的每年使用劑量

39. 天文學家認為星際介質在某些條件下會形成恆星，然後進入稱為
「主序星」的穩定期。在演化末期，恆星會膨脹成為紅巨星。
質量比太陽大很多的恆星，在最後可能爆炸形成「超新星」事
件，中心質量被壓縮形成中子星或黑洞，但是太陽由於質量較
小，所以在演化末期不會自我爆炸而「屍骨無存」。根據以上
敘述推論，下列哪一選項為太陽一生的大致演化歷程？

(A) 星際介質→主序星→紅巨星→白矮星

(B) 星際介質→主序星→紅巨星→白矮星→黑洞

(C) 星際介質→主序星→紅巨星→白矮星→中子星

(D) 星際介質→主序星→紅巨星→超新星→白矮星

(E) 星際介質→主序星→紅巨星→超新星→中子星

40. 利用中子來撞擊重原子核，使重核發生分裂，產生兩個較小的核
與中子，並放出巨大的能量。這種產生核能的方式稱為核分裂，
例如用中子撞擊鈾原子核，可用下列的核反應式來表示：

$$^{235}_{92}U + ^{1}_{0}n \rightarrow ^{141}_{56}Ba + ^{92}_{w}Kr + x^{y}_{z}n + 能量$$

下列哪一個選項中的兩個數字，正確表示上式中的 w 與 x？

〔註：式中 Kr 是與 He、Ne 同屬於週期表的第 18 族（ⅧA 族）
的元素〕

(A) 34 與 5　　(B) 35 與 4　　(C) 35 與 5

(D) 36 與 2　　(E) 36 與 3

二、多重選擇題

說明：第 41 至 48 題為多重選擇題，每題均計分。每題選出適當的選
項，標示在答案卡上。每題答對得 2 分，答錯不倒扣，未答者
不給分。只錯一個可獲 1 分，錯兩個或兩個以上不給分。

41-42為題組

　　圖 11 中的甲、乙、丙分別代表三種不同板塊邊界的類型，板塊上的箭頭代表板塊的移動方向，圖中 X、Y 分別代表兩個地質名詞，乙分圖右半側的 Y 是構成板塊的上層，試根據圖 11 回答問題 41-42。

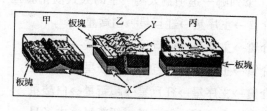

圖11

41. 下列有關三種板塊邊界類型及其主要地質特徵的配對，何者正確？
（應選三項）

選　項	(A)	(B)	(C)	(D)	(E)	(F)	(G)	(H)	(I)
板塊邊界類型	甲	甲	甲	乙	乙	乙	丙	丙	丙
主要地質特徵	中洋脊	褶皺山脈	火山島弧	中洋脊	褶皺山脈	轉形斷層	裂谷	褶皺山脈	轉形斷層和平移斷層

42. 下列有關 X、Y 名稱選項的配對，何者正確？（應選兩項）

選　項	(A)	(B)	(C)	(D)	(E)	(F)
X、Y符號	X	X	X	Y	Y	Y
地質名詞	軟流圈	海洋地殼	大陸地殼	軟流圈	海洋地殼	大陸地殼

43. 當質量二公斤的鐵塊和質量三公斤的銅棒接觸時,熱會由鐵塊傳向銅棒。接著將此銅棒放入質量為二公斤的水中時,水的溫度會升高,則下列哪些選項的敘述是正確的?(應選兩項)
   (A) 因為鐵塊所含的熱量比銅棒多,所以熱會由鐵塊傳向銅棒
   (B) 鐵塊的溫度比水高
   (C) 銅棒和水剛接觸時,銅棒的溫度比水高
   (D) 因為銅棒的比熱比水大,所以熱由銅棒傳向水,使水溫升高

44. 從民國七十六年迄今,國內的學術研究單位每年都對「七家灣溪」流域的櫻花鉤吻鮭進行族群內個體數量調查。該調查通常一年兩次,以觀察新生幼鮭與繁殖季節時鮭魚的分布變化。歷年的個體數量調查結果顯示,櫻花鉤吻鮭的個體數目通常不高,多在1000尾左右或以下,有時甚至下降至500尾左右。每年春季,新生幼鮭加入族群的數量會影響整個族群的個體數量。於民國八十四年到八十六年間,櫻花鉤吻鮭的個體數量都超過1000尾,其最主要的原因是當時新生幼鮭的比率遠超過總族群的一半以上所致。研究結果顯示,七家灣溪流域的櫻花鉤吻鮭個體數量會受到天災影響而產生波動,例如每年颱風季節或是梅雨季節所帶來的豐沛雨量,會影響鮭魚數量,其中幼鮭個體數量會大幅減少,整個鮭魚分布也會向下游遷徙。繁殖季節的天災也會造成當年度繁殖情形不佳,而影響隔年新生幼鮭加入族群的情形。根據此一調查報告,下列哪些敘述是正確?(應選兩項)
   (A) 影響七家灣溪流域櫻花鉤吻鮭個體數量的各種因素中,成鮭的生殖率最為重要
   (B) 每年颱風季節或是梅雨季節帶來的豐沛雨量,往往會影響七家灣溪流域櫻花鉤吻鮭的個體數量
   (C) 七家灣溪流域的櫻花鉤吻鮭是民國七十六年從日本引進放養,此後在該流域中櫻花鉤吻鮭的個體數量多在1000尾左右或以下

(D) 「天災」對幼鮭數量的影響大於對成鮭數量的影響，而對櫻花鉤吻鮭於七家灣溪流域的分布情形則沒有明顯的影響

(E) 於民國八十四年到八十六年間，七家灣溪流域的櫻花鉤吻鮭族群中，新生幼鮭的數量每年都超過 500 尾

45. 光直線前進的原理，可用來說明下列的哪些現象？（應選兩項）

(A) 月食　　　　　(B) 影子的邊緣是模糊的

(C) 街燈下的人影　(D) 打雷閃電時，會先看到閃電，再聽到雷聲

46-47 為題組

　　高一學生要做「簡易電解」實驗之前，李老師先在實驗室的講桌上演示了一個簡易的電解實驗。李老師用圖 12 的裝置，以鉑絲彎成迴紋針的形狀，作為電極以電解紫甘藍汁。不久，即見隔板右邊的溶液由紫色逐漸變為紅色，而隔板左邊的溶液，則由紫色逐漸變為藍色，繼而變為綠色。學生看了這個似同「陰陽海」的實驗相當驚訝，問老師為什麼？李老師笑著說：「想想看，與水的電解有何不同？」，並在黑板上寫了表 1，說明紫甘藍汁顏色與 pH 值的關係。

46. 試問李老師所演示的實驗，其隔板左邊的電極，電解後會使紫甘藍汁變為綠色的是什麼極？（應選兩項）

(A) 陽極

(B) 陰極

(C) 正極

(D) 負極

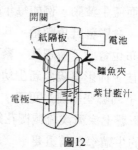

圖12

表1

pH 值	顏色
2	紅
7	紫
8	藍
10	綠

47. 王同學回家後，模仿李老師也做了同樣的實驗，用鐵質迴紋針當
作電極，電解紫甘藍汁，結果與李老師所得的不同。隔天王同學
請教了老師，敘述他的實驗經過。李老師瞭解了王同學的問題
後，從自己手指上取下了一個金戒指，並說「把這一個戒指拉直
後當作電極，再試試看」。試問王同學應將這一個金戒指當作哪
一極，才會得到類似李老師的陰陽海？電解後用金戒指作爲電極
的那一邊，會呈現什麼顏色？（應選兩項）

(A) 陽極　　　(B) 陰極　　　(C) 先藍後綠　　(D) 藍色　　(E) 紅色

48. 人類在地球上出現的歷史可以回溯數百萬年，其演進歷程也有許
多變化。下列哪幾項有關人類演進歷程的敘述是正確的？（應選
兩項）

(A) 火的利用是人類演進上的一大里程碑，這項重大成就在新石
器時代才完成

(B) 人類和猴子都屬靈長類，人類較進化而猴子較原始，因此人
類是從猴子演化而來

(C) 人類的族群量（人口數）在工業革命之後倍增，對自然環境
形成嚴重的衝擊

(D) 多數科學家認爲現代人的各種種族均來自同一祖先，只是由
於後來分布於不同地區、環境，因此演化出不同的形態特
徵，而這些形態特徵只是種內變異

(E) 人類的祖先可能起源自非洲的莽原，因人類從草原中選植了
許多植物成爲農作物，所以農業社會的出現要早於漁獵社會

第貳部分

說明：第 49 至 68 題，共 20 題，其中單選題 13 題，多重選擇題 7 題，
每題 2 分。單選題答錯不倒扣。多重選擇題只錯一個可獲 1 分，
錯兩個或兩個以上不給分。此部分得分超過 32 分以上，以滿分
32 分計。

49. 腳踏車是最簡便的交通工具之一，騎乘腳踏車更是有益身體健康。
腳踏車在使用一段時日之後，輪胎的胎壓都會逐漸降低，不僅令
乘者不適，也會加速輪胎磨損。假設腳踏車的輪胎不會漏氣，輪
胎的體積也可維持不變，則下列有關腳踏車輪胎與胎壓的敘述，
哪幾項是正確的？（應選兩項）
    (A) 輪胎的摩擦力總是和胎壓成正比
    (B) 腳踏車負載越重，輪胎與地面的摩擦力越大
    (C) 在熱的柏油路面上騎一段時間後，胎壓會升高
    (D) 如果騎乘者的重量增為兩倍，則輪胎的胎壓會變為兩倍

50. 民國九十二年春季，「嚴重急性呼吸道症候群（SARS，也稱非
典型肺炎）」的疫情在台灣奪走數十人的寶貴生命，對台灣的社
會與經濟也產生重大的衝擊。下列有關引起這次 SARS 病原體的
描述，哪幾項是正確的？（應選三項）
    (A) 該病原體為一種新型的「冠狀病毒」
    (B) 該病原體的個體體積比大腸桿菌還小
    (C) 該病原體在生物細胞以外的環境中，將無法複製繁衍
    (D) 該病原體會使被感染的人體細胞死亡，因此在生態系中扮演
        分解者的角色
    (E) 該病原體的組成很簡單，細胞核膜以內為遺傳物質，細胞核
        膜以外為外鞘蛋白

51-54 為題組

　　在星空中呈現火紅顏色的火星，自古以來便捕獲了人類的目
光。在近一百多年來，從火星運河、火星人等事件，讓火星成為
眾所矚目的焦點，甚至美國好萊塢每隔幾年都會為它拍攝一部相
關電影，如《火星任務》、《全面失控》…。

　　早在太空時代以前，天文學家便已經測量出各大行星繞行太陽的週期，並據此推算各行星與太陽的距離。火星約以 1.88 年繞行太陽一周。在 2003 年 8 月，火星與地球之間的距離成為六萬年來最接近的一次，引起全球科學家與大眾媒體的興趣，民眾也趕赴各天文台觀賞火星。

　　在 1996 年，科學家宣佈一顆在南極冰原所發現的火星隕石上，呈現出古微生物化石的跡象。此一發現再度引起全球對火星的熱潮，美國為此多次發射無人探測太空船，歐洲、日本也隨著發射無人太空船，以進行火星觀測。這些探測活動，也間接為人類在未來登陸火星而鋪路。美國科幻作家克拉克曾在其膾炙人口的小說中，描述人類如何在外太空搭建觀測平台與「太空電梯」，以探測火星。事實上，目前科學家已在設想，如何在火星上建立適合人類居住的環境。火星的表面重力比地球小，比較容易在火星建造觀測平台與太空電梯。隨著科技的進步與發展，人類登陸火星應是指日可待了。

51. 2003年8月火星與地球的距離是數萬年來最接近的一次，圖 13 為其示意圖（未按實際比例描繪），下列哪一選項是主要的原因？

(A) 地球與火星同時位於近日點附近

(B) 火星位於遠日點附近，地球位於近日點附近

(C) 火星位於近日點附近，地球位於遠日點附近

(D) 火星位於近日點附近，地球位置沒有影響

(E) 地球位於遠日點附近，火星位置沒有影響

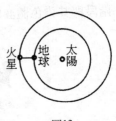

圖13

52. 火星繞太陽的運轉週期是 1.88年。依據克卜勒第三定律，試問火星離太陽的距離約是地球離太陽距離的多少倍？

    (A) 1.52倍　　(B) 1.88倍　　(C) 2.58倍　　(D) 3.76倍

53. 火星的環境在許多方面與地球相似，其表面亦有大氣層，只是大氣層的主要成份是二氧化碳，與地球的原始大氣組成類似。在地球人口爆炸的現在，也許移居火星是人類未來的出路之一。這項未來工程的首要要務之一便是改變大氣組成，使其含氧量增大。如果參照地球過去的發展歷程，下列哪一類生物最適宜先送上火星進行移植實驗？

    (A) 地衣　　　　(B) 眼蟲　　　(C) 真菌　　　(D) 變形蟲
    (E) 藍綠藻（菌）

54. 科學家計劃製造一座「太空電梯」，以探測外太空與火星。支撐這座「太空電梯」的纜繩是一束由十億條、長達十萬公里的奈米碳管所製成，每條奈米碳管含有 7.2×10^{17} 個碳原子。試估計這束纜繩至少需要多少公斤的碳來製備？

    (A) 0.12　　　(B) 2.40　　　(C) 7.20　　　(D) 14.4　　　(E) 28.8

55. 圖 14 描述一種蕨類植物的生活史，其中該蕨類植物的染色體套數會依生長階段而變化。依據圖 14，下列有關該蕨類植物生長階段與其染色體套數的敘述中，哪一項是正確的？

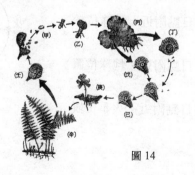

圖 14

(A) 減數分裂是發生在 (壬) 至 (甲) 之間

(B) 從 (甲) 至 (己)，各階段的染色體套數均為單套

(C) 由 (庚) 至 (乙)，各生長階段的染色體套數均為雙套

(D) 從 (甲) 至 (辛) 有標示的各階段中，單套的階段數目與雙套的階段數目一樣

(E) 生長階段 (丙)，(丁)，(己)，(庚) 的染色體套數分別為：2n，n，2n，2n

56. 下列哪一選項的數字，代表四個脂肪烴同系物的分子量？

（註：同系物通式為 C_nH_{2n+2} 或 C_nH_{2n} 或…，其中 n 代表碳原子的數目）

(A) 12，12，24，36　　　(B) 12，24，36，48

(C) 14，28，42，56　　　(D) 16，30，44，58

(E) 16，32，48，64

57. 下文中有四個括號，每個括號內有兩個名詞，而其中只有一個名詞符合全文敘述。早年（心臟病；糖尿病）也被稱為「富貴病」，主要是因為治療此病的胰島素，須從豬、牛的（胰臟；腦下垂體）中萃取，不僅費時，而且價格昂貴。現今生物科技進步，可藉由遺傳工程技術改造微生物，提升藥用胰島素的生產效率。在改造微生物使其生成人體胰島素的過程中，技術人員通常會先將人體胰島素的（蛋白質；生成基因）組裝於（載體；粒線體）中，再轉殖入微生物內。轉殖成功的微生物，就可被用來誘導生成胰島素了。根據本文，試問下列哪一個選項的答案組合是正確的？

(A) 心臟病、腦下垂體、生成基因、粒線體

(B) 糖尿病、胰臟、蛋白質、載體

(C) 心臟病、胰臟、蛋白質、載體

(D) 糖尿病、腦下垂體、生成基因、粒線體

(E) 心臟病、腦下垂體、蛋白質、粒線體

(F) 糖尿病、胰臟、生成基因、載體

58-60 為題組

　　　有一已磨成粉末的混合物試樣，是由下列六種物質中的數種等量組成：

(A) NaCl
(B) KCl
(C) $CaCl_2$
(D) $CuSO_4$（無水）
(E) Na_2SO_4
(F) Na_2CO_3

　　　為了要確定該粉末試樣的成分，王同學先查了資料後，自己研擬了一個檢驗粉末試樣的流程圖，並請李老師指導。李老師認為整個實驗都相當安全，基於鼓勵學生多做「探究學習」，同意王同學在化學實驗室中進行實驗，並要求王同學確實記錄實驗過程，並檢討每一實驗的必要性。以下是報告的一部份：

實驗一： 用燒杯取粉末試樣約 2 克，加蒸餾水約 100 毫升，攪拌後形成無色的透明溶液 X。

實驗二： 在溶液 X 中加了鹽酸，則見在溶液中陸續產生氣泡，至溶液不再冒氣泡，溶液仍為無色透明（貼上標籤 Y）。

實驗三： 在無色透明的溶液 Y 中，滴加 $BaCl_2$ 溶液，即見白色沈澱。

實驗四： 繼續滴加 $BaCl_2$ 溶液，至白色沈澱不再產生後，過濾分離出白色沈澱，得到透明的無色濾液 Z。

實驗五： 在濾液 Z 中，滴入 $AgNO_3$ 溶液，則見白色沈澱，加入稀硝酸，沈澱不溶解。

58. 根據上述報告，原粉末中一定<u>沒有</u>哪兩種物質？（從 (A)-(F) 中選兩項）

59. 原粉末中，一定含有哪兩種物質？（從 (A)-(F) 中選兩項）

60. 若王同學只需回答問題 58 與 59，你認為王同學<u>不需要</u>做哪兩個
    實驗？（應選兩項）
    (A) 實驗一
    (B) 實驗二
    (C) 實驗三
    (D) 實驗四
    (E) 實驗五

61-62 為題組

　　發光二極體（LED）是新型的半導體元件，可藉由施加電壓
將元件內的電子激發。當這些被激發的電子回復至其原狀態時，
便可發光。最近科學家已能製作出可發白光的 LED。白光 LED
具有發熱量低、耗電量小、壽命長、可封裝成平面光源等優點，
有可能逐步取代一般較為耗費能量的傳統光源，成為未來照明設
備的主流。表 2 是白光 LED 光源與傳統照明光源的耗電功率與
發光效率之比較。

表2

光源種類	每顆消耗功率(W)	發光效率(lm/W)
白熾燈泡	15	8
白熾燈泡	100	15
日光燈	30	80
白光 LED（2000年）	0.07	15
白光 LED（預期在2005年生產）	--	45

61. 根據表 2，若欲使 2000 年所產製的白光 LED，發出相當於一個
    功率 15W 白熾燈泡的照度，試問約需幾個這種白光 LED？
    (A) 35個　　(B) 60個　　(C) 85個　　(D) 115個　　(E) 145個

62. 假設全台灣每年用於照明的電力約為 18 億度，相當於一個中型天然氣發電廠全年的總發電量，其中 6 億度用於 100W 的白熾燈泡，12 億度用於 30W 的日光燈。若欲以預期在 2005 年生產的白光 LED，取代這些白熾燈泡，作為照明設施的主要光源，試問在總照度不變下，每年約可節省幾度的照明用電？

    (A) 1 億度　(B) 2 億度　(C) 3 億度　(D) 4 億度　(E) 5 億度

63. 「人」是由多種組織與器官共同構成的多細胞生命體，為了要維持生命現象的正常運轉，人體內各組織、器官分別扮演不同的生理功能角色。下列有關人體各部位功能角色的敘述，哪幾項是正確的？（應選兩項）

    (A) 肺臟是呼吸系統的器官，內部有密布微血管的肺泡，可進行「氣體交換」

    (B) 肝臟是消化系統的器官，具有「合成膽汁」、「製造血漿蛋白」、及「轉化酒精與多種有毒物質」的功能

    (C) 子宮是生殖系統的器官，除了提供「胚胎發育的場所」之外，也可以「分泌助孕素（黃體素）與動情素」

    (D) 腎臟是循環系統的器官，具有「維持體內水分恆定」、「維持血液酸鹼度恆定」及「回收有用物質與排除廢物」等功能

64. 單擺長久以來就被用來作為計時之用。單擺擺動時，擺錘會受重力（mg）及擺繩張力（T）影響。當單擺作小角度擺動時，$\sin\theta$ 約等於 θ。此時，我們可以將重力分解成相互垂直的兩個分力，其中一分力（大小為 $mg\cos\theta$）和繩張力方向相反，另一分力（大小為 $mg\sin\theta$），則與繩張力方向垂直，可推動擺錘向 $\theta = 0$ 的平衡位置運動。若不考慮擺繩的質量以及空氣阻力與摩擦力，則單擺的擺動週期近似於 $2\pi\sqrt{l/g}$，其中 l 為擺長，g 為重力加速度，m 為擺錘的質量。根據圖 15，當一單擺作小角度週期性擺動時，下列有關敘述中哪一項是正確的？

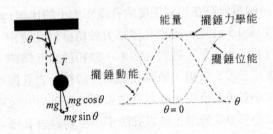

圖15

(A) 因為擺錘會回到原來的高度，所以重力對擺錘不作功

(B) 依據牛頓第二定律（$F = ma$），擺錘愈重，則單擺擺動的
週期愈長

(C) 因為繩張力的方向與擺錘的運動方向垂直，所以繩張力對
擺錘不作功

(D) 因為擺錘的動能恆等於擺錘的位能，所以擺錘的力學能不變

65-67 為題組

　　科學家藉由鑽井，從某處地表和地下不同深度，取得了一些
砂岩和粉砂岩的岩心樣本，在實驗室進行這兩類岩心樣本的孔隙
率實驗與分析，圖 16 為這兩類
岩石的孔隙率隨地底深度變化
的關係圖。岩石的孔隙率為岩
石中的孔隙（空隙）體積除以
岩石的總體積所得到的一個比
率，一般以百分比 (%) 表示，
所以理論上當孔隙率愈大時，
岩石能提供油氣的儲存空間愈
大。試根據此圖回答問題 65-67。

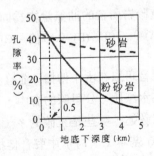

圖16

65. 下列有關這兩類岩石在相同深度的孔隙率大小的比較，何者正確？
    (A) 當深度為 0.5 公里，砂岩孔隙率大於粉砂岩孔隙率
    (B) 當深度為 0.5 公里，砂岩孔隙率小於粉砂岩孔隙率
    (C) 當深度小於 0.5 公里，砂岩孔隙率大於粉砂岩孔隙率
    (D) 當深度小於 0.5 公里，砂岩孔隙率等於粉砂岩孔隙率
    (E) 當深度小於 0.5 公里，砂岩孔隙率小於粉砂岩孔隙率

66. 在深度小於 4 公里，下列有關這兩類岩石孔隙率隨著深度的變化率（也就是單位深度的孔隙率變化量）的比較，何者正確？
    (A) 砂岩的孔隙率變化率較大
    (B) 粉砂岩的孔隙率變化率較大
    (C) 砂岩和粉砂岩的孔隙率變化率相同
    (D) 當深度小於 0.5 公里，砂岩的孔隙率變化率較大，而深度大於 0.5 公里時，粉砂岩的孔隙率變化率較大
    (E) 當深度小於 0.5 公里，砂岩的孔隙率變化率較小，而深度大於 0.5 公里時，粉砂岩的孔隙率變化率較小

67. 不考慮其他因素，僅就岩石孔隙率大小和深度的關係來推論，在地下深度 2 公里處，若這兩類岩石的孔隙中皆充滿了油氣，則該處砂岩所含的油氣量約為同體積粉砂岩所含油氣量的多少倍？
    (A) 0.3倍　(B) 0.57倍　(C) 1.2倍　(D) 1.75倍　(E) 3倍

68. 聲音可以在水中傳播，並且受到海水的溫度、鹽度、壓力所影響。在水深比一公里深的海中，下列有關「聲音在海水中的傳播速度」的敘述，哪些是正確的？（應選兩項）
    (A) 基本上，海水中聲音傳播速度隨著水深而增快
    (B) 基本上，海水中聲音傳播速度隨著水深而減慢
    (C) 海水的鹽度、壓力增大，海水中聲音傳播速度增快
    (D) 海水的鹽度、壓力增大，海水中聲音傳播速度減慢

93年度學科能力測驗自然科試題詳解

第壹部分

一、單一選擇題

1. **C**

【解析】 純由天然物質配製的飲料，也可含有一些有機化學物
或無機鹽等化學物質。

2. **B**

【解析】 水在 373[k] 沸騰，設此時鎵高 x[μm]

∵ 隨溫度上升而成線性膨脹

∴ $\dfrac{5.3-1.3}{710-310} = \dfrac{x-1.3}{373-310} \Rightarrow x = 1.9[\mu\text{m}]$

3. **D**

【解析】 溫度計在待測之溫度範圍內（400–600°C）須為液態，
（如此熱漲冷縮時才能在奈米碳管中升高或降低）。故
僅 (D) 符合。

4. **C**

【解析】 甲乙均與銀河系地位相同，均為恆星聚集所形成的星
系，影像中甲、乙以外的恆星與甲、乙星系無關。

5. **D**

【解析】 不同星系體積的大小，由其所含恆星數目，及其與我們
距離的遠近均有關，只有圖 1，資料不足，無法判斷。

6. **A**

　【解析】波浪的產生，最主要是因風吹海面產生的摩擦力所形成的風浪，此外，海底火山爆發、海底地震亦可形成波浪。

<u>7-9為題組</u>

7. **F**

　【解析】該食物網示意圖中，仙人掌、矮灌叢，蚱蜢、螞蟻（昆蟲），蜥蜴、蛇（爬蟲類），鳥、老鷹（鳥類）等選擇亞熱帶沙漠生態系。

8. **D**

　【解析】(A) 老鷹不是螞蟻的天敵。
　　　　　(B) 螞蟻是消費者。
　　　　　(C) 蛇與老鷹之間為捕食關係。

9. **B**

　【解析】10％定律：在能量轉移過程中，每個營養階層僅轉移原獲得能量的百分之十；塔頂層生物可自環境中獲取的總能量較少，而造成能量塔為正金字塔。

10. **D**

　【解析】聲速只與傳遞的介質性質有關，三者皆在空氣中傳遞，故聲速相同。

11. **B**

　【解析】平均速度　$\overline{V} = \dfrac{|\Delta x|}{\Delta t} = \dfrac{0}{2} = 0$

　　　　　平均加速度　$\overline{a} = \dfrac{|\Delta v|}{\Delta t} = \dfrac{|1-(-1)|}{2} = 1$

12. **C**

【解析】 車在刹車時，人與車皆為減速度運動，人必受車的地板
給一向後的力（摩擦力），故人有一順時鐘之力矩、向
順時鐘方向轉動（向前傾）。

13-15 為題組

13. **H**

【解析】 阿斯匹靈有消炎及止痛的效果。

14. **I**

【解析】 碳酸氫鈉遇酸會產生二氧化碳氣泡。

15. **D**

【解析】 咖啡因，是一種興奮劑及利尿劑。

16-17 為題組

16. **D**

【解析】 「綠」「褐」蚱蜢，除體色差異之外，其體型大小、生
長情形、行為與繁殖能力等特性均相同，故 (A)、(B)、
(C) 均不選，而以 (D) 綠蚱蜢可能較易遭天敵捕食，最可
能造成褐蚱蜢較綠蚱蜢多的原因。

17. **B**

【解析】 生態環境發生改變，生物與環境間的適應。

18. **B**

【解析】 光的折射現象使得水
中的物體看起來比實
際深度淺。

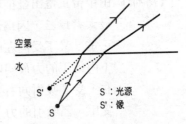

19. **C**

【解析】「大洋區」動植物的數量及種類均少，且由於缺乏河流所帶下來的有機物，故生物歧異度和生物量都比「沿岸區」低。

20. **E**

【解析】燈泡的電壓不變（皆為 110），電阻改變，引起功率改變。

$$P = \frac{V^2}{R} \propto \frac{1}{R} \Rightarrow P \cdot R = 定值$$

令剛開燈時燈泡的電功率 P_0

$\Rightarrow P_0 \times 15 = 90 \times 135 \Rightarrow P_0 = 810 [W]$ ……… 選 (E)

21. 條件不足，全體到考生均給分。

22. **E**

【解析】北半球的人，背風而立，則高壓在右手方向。

23. **D**（因各版本對於「氣旋」的說明不一，故全體到考生均給分）

【解析】地轉偏向力（科氏力）在北半球使空氣向右偏轉，故北半球的高壓中心，空氣會自中心順時針方向旋轉出去。

24. **B 或 C**

【解析】由甲帶正電出發推理，∵甲受排斥力向左（給甲之電力最大者為乙，因為乙、甲的距離最近）。故可知乙必帶正電。又丁受向左的引力，可知丙、丁必帶異性電。（丙給丁的力最明顯）。而丙可以帶正電（受乙排斥向右，受丁吸引向右），亦可帶負電（受丁吸引的力大於受甲、乙吸引的力），依上論述，(B) (C) 皆有可能。

25. **B**

　　【解析】根據虹吸管原理，壺內的水位會與壺口等高。故三壺水
　　　　　　位之高低順序為：乙＝丙＞甲。又三壺的底面積相等，
　　　　　　故水量多寡正比於水位高低，故選 (B)。

26. **A**

　　【解析】由圖中可讀出，15 克 X 會生成 20 克 Z，依質量守恆定
　　　　　　律，另需 5 克的 Y；所以 4 克的 Z 就需要 3 克的 X 加
　　　　　　上 1 克的 Y 方可生成。

<u>27-28 為題組</u>

27. **C**

　　【解析】水流每分鐘流入的量等於流出的量，故知每分鐘有
　　　　　　0.6[kg] 的水由 $20^{\circ}C$ 被升至 $60^{\circ}C$。

$$\frac{\Delta H}{\Delta t} = \frac{0.6 \times 1 \times (60-20)}{1} = 24[Kcal/min]$$

28. **A**

　　【解析】令電熱水器之功率為 P[J]

$$\Rightarrow \frac{P \times 60}{4.2} \times 90\% = Q \times 1000$$

$$\Rightarrow P \fallingdotseq 80Q$$

<u>29-31 為題組</u>

29. **A**

　　【解析】頁岩為沈積岩、板岩、片岩及片麻岩為變質岩。

30. **E**

　　【解析】頁岩經輕度變質作用爲板岩、中度變質作用爲片岩、
　　　　　　深度變質作用成片麻岩。

31. **B**

　　【解析】變質作用常發生於聚合性板塊交界帶。

32. **F**

　　【解析】$C_6H_{10}O_5 + 6O_2 \rightarrow 6CO_2 + 5H_2O$

33. **E**

　　【解析】金屬鋅遇稀酸會產生氫氣，即

$$Zn_{(s)} + H_2SO_{4(aq)} \rightarrow H_{2(g)} + ZnSO_{4(aq)}$$

34. **A**

　　【解析】保存生物歧異度最主要的意義在於保護自然界所有生
　　　　　　物的生存權，弱肉強食乃自然法則，即使是野狼也有
　　　　　　其生存權，不能消滅。

35. **E**

　　【解析】人感覺冷或熱是因爲熱量流出（或流入）身體的速率
　　　　　　快，也可說與該材料的傳導熱的能力有關。

36-38 爲題組

36. **B**

　　【解析】由圖可知，從 84 年害蟲個數大量減少，故可知可能是
　　　　　　從此時開始噴灑殺蟲劑。

37. **C**

【解析】 殺蟲劑殺死無抗藥性的害蟲，使得具抗藥性基因的害蟲得以存活並繁衍。

38. **C**

【解析】 因只使用一種殺蟲劑，則具此抗藥性基因的害蟲會存活而失去效用。若使用各種殺蟲劑輪替使用就可避免此情形。

39. **A**

【解析】 恆星演化的歷程，主要由其質量決定，恆星質量為 M，太陽質量為 M_0

(1) $M \leq \sqrt{2} M_0$（如太陽）：星際介質→主序星→紅巨星→白矮星。

(2) $\sqrt{2} M_0 < M \leq 8 M_0$：星際介質→主序星→紅巨星→超新星→中子星。

(3) $M > 8 M_0$：星際介質→主序星→紅巨星→超新星→黑洞。

40. **E**

【解析】 核反應質子數與質量數必需守恆，其中 $y = 1$，$z = 0$

質子數守恆：$92 + 0 = 56 + W + x \cdot O$　　∴ $W = 36$

質量數守恆：$235 + 1 = 141 + 92 + x \cdot 1$　　∴ $x = 3$

二、多重選擇題

41-42 為題組

41. **AEI**

　　【解析】甲為張裂型板塊交界帶常見於中洋脊。

　　　　　乙為聚合型板塊交界帶常形成褶皺山脈。

　　　　　丙為錯動型板塊交界帶，常形成平移（丙圖為右移）

　　　　　斷層或轉形斷層。

42. **AF**

　　【解析】板塊均漂浮於軟流圈之上，Y 在板塊的上層為大陸

　　　　　地殼。

43. **BC**

　　【解析】熱會從高溫處流向低溫處，使高溫物體溫度下降，低

　　　　　溫物體溫度上升。故依題意可知，溫度由高而低分別

　　　　　為鐵、銅、水。

44. **BE**

　　【解析】(A) 由文可知個體數量主要受天災影響而產生波動，與

　　　　　　　成鮭生殖率無關。

　　　　　(C) 櫻花鉤吻鮭為臺灣特有種。

　　　　　(D) 由文可知，當雨季時鮭魚會向下游遷徙。

45. **AC**

　　【解析】光的直進現象造成了陰影的出現。

　　　　　(B) 光的繞射。

　　　　　(D) 光速大於聲速。

46-47 為題組

46. **BD**

　　【解析】 電解水時，陽極半反應為

$$H_2O_{(\ell)} \rightarrow 2H^+_{(aq)} + \frac{1}{2}O_{2(g)} + 2e^-$$

陰極半反應為 $2H_2O_{(\ell)} + 2e^- \rightarrow H_{2(g)} + 2OH^-_{(aq)}$

溶液由紫變綠表示變鹼性，故為陰極；而在電解池中，陰極連接外電源的負極，故亦為負極。

47. **AE**

　　【解析】 陽極若非鈍性電極，則會發生電極分解的反應，而不發生電解水的反應，如此則無法得到「陰陽海」的現象，故金戒指應當作陽極（鉑與金皆為鈍性電極）；電解水時，陽極的半反應為

$$H_2O_{(\ell)} \rightarrow 2H^+_{(aq)} + \frac{1}{2}O_{2(g)} + 2e^-$$，溶液變酸，故變

紅色。

48. **CD**

　　【解析】 (A) 人類在舊石器時代之前開始用火。

(B) 人類和猴子有共同祖先，但人類並非由猴子演化而來。

(E) 應先為基礎生物 p.41 漁獵社會後轉為農業社會。

第貳部分

49. BC

【解析】(A)(D) 當摩擦力為零時，胎壓不為零，因此非正比關係。

(B) 此摩擦力為動摩擦力，$f_k = \mu_k N$　$\therefore N\uparrow$，$f_k\uparrow$

(C) 騎一段時間後，車胎溫度上升，由 $pv = nRT$，胎壓上升。

50. ABC

【解析】(D) 分解者必為腐生生物，故病毒並非分解者。

(E) 病毒不具細胞構造，故不具核膜。

51-54 為題組

51. C

【解析】地球與火星分別為太陽系的第三及第四顆行星，火星在外側，故當火星在近日點附近而地球在遠日點附近時（如圖），火星與地球最接近。

52. A

【解析】克卜勒第三定律 $\dfrac{r_1^3}{T_1^2} = \dfrac{r_2^3}{T_2^2}$，地球 $r_1 = 1AU$，$T_1 = 1yr$

$$\dfrac{1^3}{1^2} = \dfrac{r_2^3}{(1.88)^2} \Rightarrow r_2 \cong 1.52AU$$

53. E

【解析】地球上最早出現生物的化石為藍綠藻，它已有葉綠素，可行光合作用，消耗 CO_2 而放出氧氣。

54. **D**

【解析】 10 億條 = 10^9 條

∴ 須 $10^9 \times 7.2 \times 10^{17}$ 個碳原子,

也就是 $\dfrac{7.2 \times 10^{26}}{6 \times 10^{23}}$ [mole] 碳,每莫耳碳重 12[g]

∴ 須碳 $(1.2 \times 10^3) \times 12 \times 10^{-3} = 14.4$ [kg]

55. **A**

【解析】 (甲)孢子 n →(乙)幼配子體 n →(丙)配子體 n →(丁)藏精
器 n、(戊)藏卵器 n →(己)合子 2n →(庚)幼孢子體 2n →
(辛)孢子體 2n →(壬)孢子囊 2n →(甲)孢子 n

56. **D**

【解析】 同系物須滿足兩條件:①官能基相同;②相差整數倍
的 CH_2。
(D) 為 CH_4,C_2H_6,C_3H_8,C_4H_{10},故為同系物。

57. **F**

【解析】 胰島素不足會導致糖尿病;生物技術中,會將欲表現
的基因載入至細菌載體使其製造蛋白質。

58-60 為題組

58. **CD**

59. **EF**

60. **DE**

【解析】 由實驗一可知，粉末中無 (D) $CuSO_4$ (Cu^{2+} 為藍色)，

實驗二，溶液加酸產生氣泡，故粉末中應有 (F) Na_2CO_3

（碳酸鹽加酸會產生 $CO_{2(g)}$ ）；若有 Na_2CO_3，則無

(C) $CaC\ell_2$，否則會產生 $Ca_2CO_{3(s)}$ 沈澱，

實驗三，加 Ba^{2+} 產生白色沈澱，應為 $BaSO_4$，故應

有 (E) Na_2SO_4，至此已可推斷 58 及 59 答案。

61-62 為題組

61. **D**

【解析】 1 個 15W 的白熾燈，照度為 $15 \times 8 \ell m$

設須 X 個 LED（2000 年製）$\Rightarrow X \times 0.07 \times 15 = 15 \times 8$

∴ $X \fallingdotseq 115$ ………… (D)

62. **D**

【解析】 在消耗功率皆為 1[W]下，2005 年白光 LED 產生的照

度為 100[W] 白熾燈的 $\dfrac{45}{15} = 3$ 倍。因此若兩者產生照度

相同，則 LED 只需耗 $\dfrac{1}{3}$ 的白熾燈電能

取代白熾燈後的總發電量 $= \dfrac{6}{3} + 12 = 14$

∴ 節省了 $18 - 14 = 4$ [億度]

63. **AB**
　【解析】 (C) 動情素和黃體激素是由卵巢所分泌的。
　　　　　 (D) 腎臟是排泄器官，而非循環器官。

64. **C**
　【解析】 (A)(C) 張力與運動方向（即位移）垂直，故不作功，但
　　　　　　　　重力與位移在最低點以外皆不垂直，故有作功。

　　　　　 (B) 小角度單擺 $T = 2\pi\sqrt{\dfrac{\ell}{g}}$ ，[ℓ：擺長，g：重力場]

　　　　　　　　⇒ T 與質量 m 無關。

<u>65-67 為題組</u>

65. **E**
　【解析】 由圖可知，
　　　　　當深度小於 0.5km 時，粉砂岩的孔隙率較大
　　　　　當深度等於 0.5km 時，二者的孔隙率相當（約 40%）
　　　　　當深度大於 0.5km 時，砂岩的孔隙率較大。

66. **B**
　【解析】 這曲線上任一點取其切線的斜率即其孔隙率隨深度的
　　　　　變化率，在 4km 以內，砂岩的變化率較小。

67. **D**
　【解析】 深度 2km 處，砂岩的孔隙率約 35%，而粉砂岩的孔隙
　　　　　率為 20%，前者為後者體積的 1.75 倍。

68. **AC**（超出高一、高二課程範圍，全體到考生均給分）
　【解析】 海水密度愈大，深度愈深，則聲速較快。

九十三年度學科能力測驗（自然考科）
大考中心公佈答案

題號	答案	題號	答案	題號	答案	題號	答案
1	C	21	註1	41	AEI	61	D
2	B	22	E	42	AF	62	D
3	D	23	註3	43	BC	63	AB
4	C	24	B或C	44	BE	64	C
5	D	25	B	45	AC	65	E
6	A	26	A	46	BD	66	B
7	F	27	C	47	AE	67	D
8	D	28	A	48	CD	68	註2
9	B	29	A	49	BC		
10	D	30	E	50	ABC		
11	B	31	B	51	C		
12	C	32	F	52	A		
13	H	33	E	53	E		
14	I	34	A	54	D		
15	D	35	E	55	A		
16	D	36	B	56	D		
17	B	37	C	57	F		
18	B	38	C	58	CD		
19	C	39	A	59	EF		
20	E	40	E	60	DE		

註1：條件不足，全體到考生均給分

註2：超出高一、高二課程範圍，全體到考生均給分

註3：因各版本對於「氣旋」的說明不一，故全體到考生均給分

九十二年大學入學學科能力測驗試題
自然考科

第壹部分

一、單一選擇題

說明：第 1 至 40 題爲單一選擇題，每題均計分。每題選出最適當的
選項，標示在答案卡上。每題答對得 2 分，答錯不倒扣。

1. 依食物鏈的觀念判斷，「螳螂捕蟬，黃雀在後」、「鷸蚌相爭，漁
翁得利」及「狡兔死，走狗烹」這三則成語中出現的動物，有幾種
是屬於二級消費者的動物？
(A) 5種　　　　　　　　　(B) 6種
(C) 7種　　　　　　　　　(D) 8種

2. 若以圖1各層的面積，代表「污染物」、「總能量」或「人口」在
不同層級的相對分布，則下列何者可用圖1表示？
(A) 愈高消費層級體內所累積的污染物愈多
(B) 愈低消費層級所含的總能量愈高
(C) 一個出生率穩定成長的族群
(D) 一個趨向老年化的人類社會

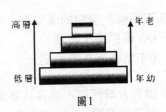

圖1

3. 下列有關「外來種生物」會造成危害的理由，何者錯誤？
(A) 帶來當地原本沒有的疫病
(B) 成爲當地生物的新掠食對象
(C) 與本地種產生雜交，影響族群基因
(D) 在野外自行大量繁殖，排擠當地原有生物的生存

4.過去100年來,地球平均氣溫愈來愈高,下列何者是一般認為造成地球氣溫升高的主要原因?
   (A) 因空氣中帶有硫酸及硝酸成分的煙塵顆粒太多所引起
   (B) 人為二氧化碳的排放量增加及綠色植物減少
   (C) 火山活動增加, 加上聖嬰現象造成氣溫異常
   (D) 太陽輻射從臭氧層的破洞照到地表

5.有相鄰兩塊田,一塊田種的是野生品種水稻,因受到黴菌感染,有60%枯死,但有40%未受影響。鄰近的另一塊田,種植的是人工育種的水稻,同樣受到黴菌感染,但卻全部枯死。下列何者是造成此差異的最可能原因?
   (A) 人工育種的品種產生突變　　(B) 野生品種有較好的適應能力
   (C) 野生品種有較高的物種多樣性
   (D) 人工育種的品種缺乏遺傳變異

6.下列何項生態浩劫,不會因為水壩或攔砂壩的完工啟用而產生?
   (A) 下游土地的無機鹽及有機養分減少,影響植物生長
   (B) 流速減少,造成泥沙淤積及污染物聚積
   (C) 下游水量減少,嚴重影響灌溉用水
   (D) 魚種及漁產減少

7.下列哪一選項的廢棄物,最適宜以焚化爐焚燒處理?
   (A) 鐵鋁罐、玻璃　　　　　　　(B) 蔬果殘渣、廚餘
   (C) 電路板、廢輪胎　　　　　　(D) 廢紙、樹葉

8.調查台灣河流,很容易發現:河流上游人煙稀少處大多水質清澈,中游岸邊開始有人類社區出現,水中藻類增加,水色偏綠且透光度下降,魚蝦數量減少;到了下游,兩岸建築林立,河水污濁發臭,魚蝦幾乎絕跡。下列敘述何者正確?
   (A) 富營養鹽的廢水流入河流,造成河流優養化,不利魚蝦生存
   (B) 河流上游水流湍急,水中溶氧量高,河流優養化,魚蝦成群
   (C) 河流中游因河流中的魚蝦減少,因此藻類大量生長
   (D) 河流下游遭受污染,連細菌都難以生存

9. 埃及斑蚊是傳染登革熱病毒的媒介之一。有一地區在密集噴灑殺蟲劑後，此蚊族群量減少了99%，但是一年後，該族群又恢復到原來的數量，此時再度噴灑相同量的殺蟲劑後，僅殺死了40%的斑蚊。下列敘述何者正確？
   (A) 殺蟲劑造成斑蚊基因突變，產生抗藥性基因
   (B) 斑蚊身體累積的殺蟲劑增加了自身的抗藥性
   (C) 原來的斑蚊族群中，少數個體有抗藥的基因
   (D) 第一年的斑蚊族群沒有基因的變異

10. 將掠食者與被食者依序排列可得下列模式：人→大魚→小魚→蝦→藻類與浮游生物。但人不僅吃大魚，也會吃小魚、蝦、藻類及浮游生物。若純就能量塔觀點，下列何種消費模式可供養活最多的人口？
    (A) 人均衡食用大魚、小魚、蝦、藻類與浮游生物
    (B) 人直接食用藻類與浮游生物
    (C) 人多食用小魚而少吃大魚　　(D) 人增加食用大魚的數量

11. 圖2為大氣壓力與離地高度的關係圖，下列有關氣壓的敘述，何者錯誤？
    (A) 利用氣壓與高度的相關性，氣壓計也可以作為高度計
    (B) 地面的氣壓相當於高約76公分水銀柱底面承受的壓力
    (C) 離地面8公里處的高空氣壓，大致已小於0.5大氣壓
    (D) 距地面愈高，其氣壓隨高度的變化率愈來愈大

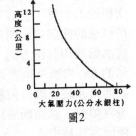

圖2

12. 下列有關壓力或溫度，隨高度（或深度）變化的敘述，何者正確？
    (A) 距地面愈深處的岩壓和岩溫都愈大
    (B) 距海面愈深處的水壓和水溫都愈小
    (C) 平流層中，距地面愈高處的氣壓和氣溫都愈小
    (D) 對流層中，距地面愈高處的氣壓和氣溫都愈大

13. 在海洋探測中，為了探測海水的性質，例如深度、壓力、鹽度、溫度等，常使用各種的儀器，其中較常見的包括聲納與鹽溫儀（也稱為溫鹽儀、溫鹽深儀、或鹽溫深儀）。海水的性質，有些是直接由儀器量得，有些則是間接換算而得。下列有關海洋探測儀器的敘述，何者正確？
    (A) 使用聲納或自動測深記錄儀，主要在探測海底地質而不在探測海底地形
    (B) 有多個採水瓶的輪盤式採水器，下水後無法採集不同深度的海水樣品
    (C) 欲知鹽溫深儀已沈到何種深度，一般都從該處的水壓間接換算得知
    (D) 鹽溫深儀能測得鹽度的原理是由海水的溫度和壓力間接換算得知

14-17 為題組

根據圖3所示之非洲東部附近的板塊分界圖，回答14-17題。

14. 圖3左側沿著非洲板塊與東非次板塊的交界，發育有斷層所構成的凹陷帶，所以形成阿法低地和其南方的一系列湖泊（一般稱為東非裂谷）。試問東非裂谷屬於何種板塊邊界類型？該處斷層以何種斷層型式為主？

圖3

選項	板塊邊界類型	主要斷層形式
(A)	聚合性	逆斷層
(B)	張裂性	逆斷層
(C)	聚合性	正斷層
(D)	張裂性	正斷層

15. 圖3中不論是板塊或次板塊，其底面都落在地球內部構造的哪一分
　　層內？
　　(A) 地殼　　　(B) 地函　　　(C) 內地核　　(D) 外地核

16. 圖3右側的印度－澳洲板塊和馬達加斯加板塊的界限，明顯具有一
　　些鋸齒形狀，這是如何形成的？
　　(A) 張裂性的中洋脊，伴隨一系列張裂性的正斷層
　　(B) 張裂性的隱沒帶，伴隨一系列聚合性的逆斷層
　　(C) 張裂性的隱沒帶，伴隨一系列錯動性的平移斷層
　　(D) 張裂性的中洋脊，伴隨一系列錯動性的轉形斷層

17. 根據圖3中板塊和次板塊的移動方向（即箭頭所指方向），下列哪
　　一項推論錯誤？
　　(A) 如果東非次板塊持續移動，有朝一日它會脫離非洲大陸而成為
　　　　離島
　　(B) 如果阿拉伯板塊的移動速度大於東非次板塊，則亞丁灣也是板
　　　　塊張裂產物
　　(C) 如果紅海持續張裂，有朝一日它會擴大一如大西洋，甚至像太
　　　　平洋那樣大
　　(D) 由非洲板塊本身二個箭頭所指方向不同，似乎指示它具有順時
　　　　鐘旋轉運動

18. 藉由地震傳抵甲、乙兩測站的
　　地震波記錄，可繪出地震P波
　　與S波的走時曲線，如圖4所
　　示。下列有關圖4的敘述，何
　　者正確？
　　(A) S波速度大於P波速度
　　(B) 乙測站較甲測站接近震央
　　(C) 甲、乙兩測站都是S波先抵達
　　(D) 愈近震央的測站，其P波與S波抵達時
　　　　間差距愈小

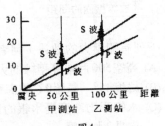

圖4

19-20 為題組

19. 住台灣嘉義北緯23.5°的小明，某天夜晚在住家附近進行星象觀測。
他看見X星與北極星在天空張開角度（即由上述兩星視線構成的夾
角）屬於下列哪一種情形時，X星的周日運動永遠都在地平線上進
行？
(A) 小於23.5°　　　　　　(B) 介於23.6°和50°
(C) 介於51°和89°　　　　(D) 等於90°

20. 承上題，若小明改天至赤道進行星象觀測，他所見到眾多星星移動
軌跡所構成的圓面，都與地平面夾有多少角度？
(A) 0°（與水平面平行）　　(B) 23.5°
(C) 66.5°　　　　　　　　(D) 90°（與水平面垂直）

21. 圖5為某測站藉著氣象探空氣球，探
得高空1000百帕和900百帕兩等壓面
距地面高度的示意圖。如果次日寒
流來襲，重新探測上述兩等壓面，
並與舊的資料比較，則兩新等壓面
在高度和彼此間距上有何改變？

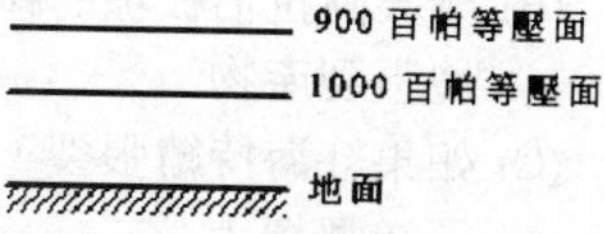

```
──────────── 900百帕等壓面
──────────── 1000百帕等壓面
//////////////// 地面
              圖5
```

選　項	(A)	(B)	(C)	(D)
1000百帕等壓面距地面高度	不變	升高	降低	不變
900百帕等壓面距地面高度	不變	不變	降低	升高
二等壓面的間距	不變	增大	減小	增大

22. 下列有關壓力的敘述，何者正確？
(A) 高空500百帕等壓線的大氣壓力，通常都大於1大氣壓
(B) 緯度45°、氣溫0℃的海平面上，大氣壓力等於零大氣壓
(C) 水的平均密度是水銀的1/13.6，所以海水面下10公尺處的壓力
約為2大氣壓
(D) 岩石的平均密度約為3.3克/立方公分，所以地表下3公里處的
岩壓比海面下3公里處的水壓小

23. 太空梭在重返地球時，會與大氣層的空氣劇烈摩擦，產生超過攝氏千度的高溫，因此太空梭外殼必需使用最佳的耐熱材料。下列何種材料，最適合做為此用途？
    (A) 金屬材料　　　(B) 玻璃材料　　　　　(C) 塑膠材料
    (D) 陶瓷材料　　　(E) 有機高分子材料

24. 鴉片是一種容易上癮的毒品，其毒性主要是來自下列哪一個化合物？
    (A) 海洛因　　(B) 安非他命　(C) 嗎啡　　　(D) 尼古丁

25. 在硬水中，合成的清潔劑比肥皂更具有洗滌能力，其主要原因為何？
    (A) 合成清潔劑的鈉鹽溶於水，而肥皂的鈉鹽不溶於水
    (B) 合成清潔劑會與酸作用，而肥皂不與酸作用
    (C) 肥皂會在硬水中分解，而合成清潔劑不會分解
    (D) 合成清潔劑的鈣鹽溶於水，而肥皂的鈣鹽不溶於水

26. 乾電池是市面上最為常見之電池，圖6為其簡單之剖面構造。下列有關乾電池的敘述何者正確？
    (A) 鋅殼為負極
    (B) MnO_2為催化劑
    (C) 石墨棒為還原劑
    (D) 石墨棒為氧化劑

石墨棒
MnO_2 糊狀物
鋅殼
圖6

27. 鎂離子是海水中含量次多的金屬離子。自海水中提取鎂，通常需經過三個步驟，如下表中的（I）、（II）、（III）。下列哪一選項正確給出此三個步驟所屬的反應類型？

步驟	(A)	(B)	(C)	(D)
(I)加入氫氧化鈣以形成氫氧化鎂	酸鹼中和	沉澱	酸鹼中和	沉澱
(II)加入鹽酸以形成氯化鎂	氧化還原	氧化還原	沉澱	酸鹼中和
(III)電解液態氯化鎂而得到鎂	酸鹼中和	酸鹼中和	氧化還原	氧化還原

28. X^{2+}與Y^-都具有18個電子及20個中子,下列有關X、Y兩元素的敘述何者正確?

(A) X之質量數為38

(B) $_{17}Cl^{35}$為Y之同位素

(C) X^{2+}和Y^-為同素異形體

(D) X和Y具有相同的質子數目

29. 小華進行了一個簡單的實驗,以測定金屬M之原子量。他將該金屬之氧化物(化學式M_2O_3)1.6克在高溫下分解,剩下的金屬質量為1.12克,則M之原子量為多少?

(A) 28   (B) 42   (C) 56   (D) 70   (E) 84

30. 市面上有所謂的健康低鈉鹽,下列有關低鈉鹽的敘述,何者最合理?

(A) 低鈉鹽含有少量的金屬鈉,故稱為低鈉鹽

(B) 低鈉鹽其實就是一般的氯化鈉鹽類,沒有什麼不同

(C) 低鈉鹽中的鈉離子比氯離子少,所以不是電中性的

(D) 低鈉鹽含有鉀離子,所以比相同莫耳數的氯化鈉含較少的鈉離子

31. 化學需氧量是指用化學方法氧化耗氧有機物所需消耗氧的量,常用以表示水受到耗氧有機物污染的程度。若化合物的莫耳數相同,則下列何者的化學需氧量最大?

(A) C_5H_{12}

(B) $C_5H_{11}OH$

(C) C_4H_9CHO

(D) C_4H_9COOH

32. 當高速前進的汽車緊急停下時,利用安全帶與安全氣囊,可以降低車內乘客可能受到的傷害。下列有關這兩種安全配備的敘述,何者正確?

(A) 充氣後愈難壓縮的安全氣囊,愈能保障乘客的安全

(B) 安全氣囊比安全帶更可以有效的使乘客留在座位上

(C) 安全帶須能伸縮,才可使乘客緊急停下的時間增長

(D) 安全帶的寬度愈窄,愈能保障乘客的安全

33. 汽車的安全氣囊在汽車發生車禍時，會利用疊氮化鈉的高溫分解反應，迅速產生氮氣（ $2NaN_{3(s)} \rightarrow 2Na_{(s)} + 3N_{2(g)}$ ），以達到保護駕駛的目的。若在常溫常壓下，要產生73.5公升的氮氣，則需完全分解多少克的 NaN_3 ？（ NaN_3 的分子量為65.0克/莫耳，常溫常壓下理想氣體的莫耳體積是24.5公升/莫耳）
    (A) 6.5　　　　(B) 65.0　　　　(C) 130　　　　(D) 260

34. 埃及的古夫（Khufu）金字塔內有一條狹窄通道，盡頭處被一塊鑲有兩個銅製把手的石塊堵住，如圖7所示。考古學家想知道石塊後面藏有什麼秘密，於去年九月，利用一具機器人，配備了（甲）測力計、（乙）超聲波回聲探測器、（丙）導電性感測器、（丁）可穿透石塊的雷達，沿著通道到達石塊，從事下列探測工作：
    (i)、兩個銅把手在石塊背面是否彼此連接
    (ii)、石塊是否能夠移動
    (iii)、在石塊後面的是空氣，還是其他物體
    (iv)、石塊的厚度
    下表哪一選項所列的配備，最適合用來完成表中左欄的各項探測工作？

選項 探測工作	(A)	(B)	(C)	(D)
石塊的厚度	甲	丙	乙	丙
石塊是否能夠移動	丙	乙	甲	丁
石塊後面有何種物體	丁	甲	丁	乙
兩銅製把手是否相連	乙	丁	丙	甲

圖7

35. 古夫金字塔是用大約230萬塊巨石建成的，塔尖高度約為146公尺，塔底寬度約為230公尺，故其體積約為257萬立方公尺。利用以上數據來估計，此金字塔每塊巨石的平均質量，與下列何者最為接近？
    (A) 500公斤　　　　(B) 1000公斤　　　　(C) 2500公斤
    (D) 6000公斤　　　　(E) 9000公斤

36. 將粗細均勻的金屬圓棒,插入盛水之圓形透明玻璃杯內。當人眼由杯外略高於水面的位置,透過水面與杯子側面觀看水中的圓棒時,圓棒看似折斷,粗細也不均勻。若以灰色線段代表看到的水中圓棒,則下列哪一圖是人眼看到的景象?

(A)　　　　　　(B)　　　　　　(C)　　　　　　(D)

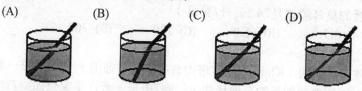

37. 如圖8所示,在已接地之電路上,有甲、乙、丙三個可為通路或斷路的接點。若人站在地上,而手碰觸到金屬外殼形成通路,則當此三個接點為下列何種情況時,此人會有觸電之危險?

選項	接點甲	接點乙	接點丙
(A)	通路	通路	通路
(B)	斷路	通路	斷路
(C)	斷路	斷路	通路
(D)	通路	斷路	斷路

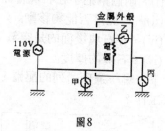

圖8

38. 在大氣中飛行的民航飛機,與在太空中沿圓形軌道運行的人造衛星,都受到地球重力的作用。下列有關民航飛機與人造衛星的敘述,何者正確?

(A) 飛機在空中飛行時,機上乘客受到的地球重力為零

(B) 人造衛星內的裝備受到的地球重力為零,因此是處於無重量的狀態

(C) 人造衛星在圓形軌道上等速率前進時,可以不須耗用燃料提供前行的動力

(D) 飛機在空中等速率前行時,若飛行高度不變,則不須耗用燃料提供前行的動力

39. 當地球重力與氣壓產生的作用力達成靜力平衡時，一地區上空的
大氣，其溫度隨高度每公里下降約6.5℃，如圖9中的直線W所示。
有一乾燥的熱空氣塊X與一潮濕的熱空氣塊Y，分別從該區地面上
升，在絕熱下因體積膨脹而降溫，其溫度隨高度的下降率分別為
10℃/km與6℃/km，如圖9中的直線X與Y所示。

若只考慮重力與浮力的作用，則下列敘述，何者正確？

(A) 高度超過1.5公里時，氣塊
Y即無上升加速度

(B) 只要高度低於3公里，氣塊
X就有上升加速度

(C) 只要高度低於3公里，氣塊
Y就有上升加速度

(D) 該區氣溫隨高度而降低，
故大氣一定做垂直上升的運動

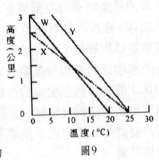

圖9

40. 人體因觸電而遭受電震，其嚴重性隨電流的頻率而異，圖10中虛線
表示在各種頻率時，能引起人體感覺觸電的最低電流；實線表示觸
電後無法憑藉自力脫離電路的最低電流。依據此圖資料，並假設觸
電者的身體，在皮膚乾燥時相當於100kΩ的電阻，而在全身溼透時
相當於5kΩ的電阻，則下列敘述，何者正確？

(A) 頻率愈高的電流，愈容易
使人感覺觸電

(B) 此圖資料徹底否定了愛迪
生有關直流電比交流電更
為安全的說法

(C) 全身溼透的人若誤觸
110V、60赫的交流電路，
將不能憑自力脫離

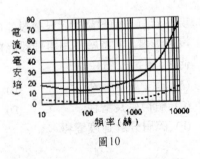

圖10

(D) 利用頻率100赫左右的交流電，進行人體通電的特技表演，
才是較安全的

二、多重選擇題

說明：第41至48題為多重選擇題，每題均計分。每題選出適當的選
項，標示在答案卡上。每題答對得2分，答錯不倒扣，未答者
不給分。只錯一個可獲1分，錯兩個或兩個以上不給分。

41-42為題組

「非洲草原中常可見到高三、四公尺的土丘，其實這是白蟻建築出
的蟻塚。蟻塚內住著幾百萬隻的白蟻家族。它們大量在草原上收集
乾草等植物碎屑，帶回蟻塚，再將這些碎屑攜入蟻塚底部儲存。儲
存的植物碎屑是培養菌類的原料，菌類長出的菌絲是白蟻的食物。
如此才能養活整個家族的白蟻。白蟻排泄的物質滲入地底後，又讓
蟻塚周圍的植物長得好。這些植物養活了更多的有蹄類動物；而豐
富的有蹄類動物資源又供應了獅子足夠的食物，維持了獅子的存活
及族群量。」

根據上文所述，回答41-42題。

41. 本文中提到了許多不同類型的生物間的相互關係及生態系中能量
流轉方式。下列哪幾種關係是文中提到的？(應選三項)
(A) 掠食　　　　　(B) 競爭　　　　　(C) 寄生
(D) 食物鏈　　　　(E) 互利共生

42. 現在若有一種殺蟲劑，只會殺死白蟻，但對植物或其它脊椎動物都
沒有影響，則持續使用這種殺蟲劑來殺白蟻，對當地生態的影響為
何？(應選二項)
(A) 獅子數量減少　　　　(B) 植物碎屑減少
(C) 植物生長增快　　　　(D) 有蹄動物數量增加
(E) 碎屑分解速度變慢

43. 當人在浴室內唱歌時，由於回聲效應，歌聲常會明顯地變得比較連貫而響亮，聽起來更為悅耳。下列哪兩項因素是浴室能使歌聲引起明顯改變的最主要原因？（應選二項）

    (A) 浴室的地板與牆壁表面鋪有瓷磚

    (B) 浴室的空間狹窄，門窗也都關閉

    (C) 入浴時，人的精神較為愉快振奮

    (D) 在浴室中的空氣聲速較快

44. 法國畫家莫內（Monet）與塞拉（Seurat）發展出來的印象派畫法，畫像所要展現的色彩與明暗，並不是先在調色盤上將顏料調成所需顏色，然後再畫上去的，而是將不同顏色的細線條或小點，密集畫在一起，利用反射的各種色光合成的。如果稱他們的畫法為「甲畫法」，而先將顏料調成所需顏色再畫上去者為「乙畫法」，則下列有關甲與乙兩種畫法的敘述，何者正確？（應選二項）

    (A) 以甲畫法完成的畫，當觀賞者距離畫像太近時，會較難看出其顏色效果

    (B) 以乙畫法完成的畫，其顏色效果會隨觀賞者與畫像的距離，而有顯著變化

    (C) 使用黃（略帶綠）與藍（略帶綠）兩種顏料作畫，在遠處觀看時，甲畫法可得到較明亮的綠色

    (D) 只使用紅、綠、藍三種顏料作畫時，乙畫法可比甲畫法展現更多的顏色變化

45. 圖11中曲面上各點的座標代表一純物質的體積V、溫度T與壓力P。甲、乙、丙均為等溫線，其粗線部分與V軸平行，圖中虛線為此物質兩態共存區之邊界線。下列有關此物質三態的敘述，何者正確？（應選二項）

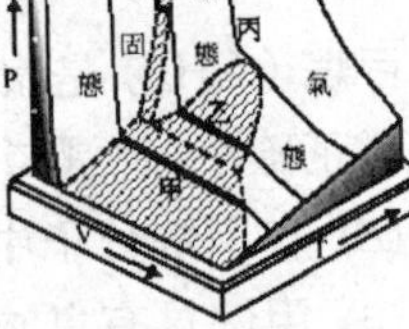

    圖11

    (A) 在甲溫度時，此物質之固態與液態可以共存

    (B) 在甲溫度時，此物質之固態與氣態可以共存

    (C) 在乙溫度時，此物質之液態與氣態無法共存

    (D) 在高於丙溫度時，此物質無法三態共存

46. 當以 m_p 與 m_n 分別代表質子與中子的質量時，一個由 Z 個質子與 N 個中子組成的穩定原子核，其質量 M 與質量數 $A = Z+N$ 的關係，可表示為 $M = Zm_p + Nm_n - AE/c^2$（c 代表光速）。若 E 隨 A 的變化如圖12 所示，則下列敘述，何者正確？（應選二項）

(A) 穩定原子核的 Z 與 N 必須相等

(B) 穩定原子核的質量，必小於其所含質子與中子的質量總和

(C) 兩個 $^{56}_{26}Fe$ 原子核融合為一個原子核時，質量會減少而轉變成能量

(D) 兩個 $^{2}_{1}H$ 原子核融合為一個原子核時，質量會減少而轉變成能量

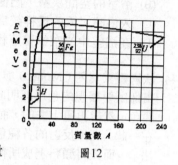

圖12

47. 氮的氧化物（包括 NO、N_2O、NO_2 等）是主要的大氣污染物之一，下列有關氮的氧化物之敘述何者正確？（應選二項）

(A) NO_2 遇水形成鹼性物質

(B) 光化學煙霧中常含有氮的氧化物

(C) NO 之電子點式表示法，氮和氧可同時符合鈍氣之電子排列

(D) 汽、機車排放的廢氣常含有 NO，是汽油燃燒不完全所產生的

(E) 汽、機車淨化廢氣所安裝的觸媒轉化器是要將氮的氧化物轉為 N_2

48. 甲烷（CH_4）是家用天然瓦斯的主要成分，下列有關甲烷的敘述何者正確？（應選二項）

(A) 在甲烷分子中，氫所佔的質量百分比為25%

(B) 甲烷具有臭味，因此瓦斯外洩時容易被察覺

(C) 每1莫耳的甲烷完全燃燒須消耗3莫耳的氧

(D) 甲烷燃燒時，反應物的能量比產物的能量高

第貳部分

說明：第 49 至 68 題，共 20 題，均爲單一選擇題，答對 16 題以上則
第貳部分即得滿分（32 分）。每題選出最適當的選項，標示在
答案卡上。每題答對得 2 分，答錯不倒扣。

49-51 爲題組

　　紫外線波長在280到320奈米（nm）的部分稱爲「紫外線B」，
人類長期暴露在紫外線B下，能造成免疫系統的傷害、能引起白內
障、還能增加罹患皮膚癌的機會。太陽輻射線中的紫外線，通常會
被臭氧層吸收，只有少量會照射到地表。

　　科學家從1970年代開始，發現全世界許多兩棲類的種類，族群
量都大幅減少，甚至完全消失。因而懷疑兩棲類族群滅絕的原因之
一，是地球上空的臭氧層消失。爲了要証實這個假說，科學家在美
國西部山區，採了蠑螈、蛙、蟾蜍等三種在當地水池中繁殖的兩棲
類動物的卵，分別放在紗網作成的籠子中，每一籠各100顆卵，置
於原地的池塘中。籠子共分成三組：甲組的籠子上方，加了一層透
明的塑膠板，用以隔絕紫外線B；乙組則沒有任何隔離，卵可接受
完全的日光照射；丙組則是用無法隔絕紫外線B的透明塑膠膜蓋
住。該實驗共進行三次，
實驗的結果如下表。

　　但研究人員經過檢查，
發現造成這些卵或胚胎死亡
的原因，都是因爲受到原本
就在池塘中的水黴菌的感染。

	卵或胚胎死亡率		
	蠑 螈	青 蛙	蟾 蜍
甲組	40±5%	10±1%	12±3%
乙組	90±6%	40±4%	38±3%
丙組	88±4%	37±5%	39±4%

根據上文所述，回答49-51題。

49. 依據上表實驗數據，下列敘述，何者較合理？
　(A) 紫外線B造成蠑螈族群瀕臨絕種
　(B) 紫外線B明顯會影響蠑螈、蛙及蟾蜍的發育
　(C) 水黴菌是造成蠑螈、蛙及蟾蜍數量減少的主因
　(D) 紫外線B對族群數量的影響：蠑螈大於蛙，蛙大於蟾蜍

50. 下列推論，何項最為合理？
    (A) 紫外線B會增強水黴菌的生長
    (B) 本實驗並無法証實卵和胚胎死亡與紫外線B有關
    (C) 甲組卵和胚胎的死亡，是缺乏紫外線B照射所造成的
    (D) 兩棲類胚胎經紫外線B照射後，較容易被水黴菌感染而死亡

51. 下列何項敘述做為上述短文的結論，最為合理？
    (A) 蛙及蟾蜍將取代蠑螈
    (B) 臭氧層的破壞會影響兩棲類的族群數量
    (C) 本實驗的兩棲類死亡率，並不足以造成族群量降低
    (D) 兩棲類族群減少的原因和紫外線無關，和水黴菌有關

52-56為題組

　　汽車是能源使用效率相當低的一種交通工具，汽油在引擎內燃燒所提供的能量，大部分被排出的廢氣與引擎的冷卻系統帶走，有些則消耗在汽車各種機件的運轉上，只有約12% 是真正用來轉動車輪，使地面對汽車產生一向前的推力F。以下只考慮在水平地面上沿直線道路前進的汽車。

　　作用於汽車的外力，其方向與汽車前進方向相反的，稱為阻力，這包括有地面施加於輪胎的阻力 f 與周圍空氣施加於車體的阻力 f'，此二力的合力 $R = f + f'$ 即為汽車受到的總阻力。因此，汽車若要維持等速度前進，引擎必須作功以克服阻力的減速作用；當車速 v 愈快時，引擎所需提供的功率 P 也愈大，而每單位時間消耗的汽油量(稱為油耗率) G 也愈高。

　　甲、乙、丙三位學生對總阻力 R 與車速 v 的關係，各有不同的主張，但都同意油耗率 G 與功率 P 成正比，而功率 P 又與總阻力與車速的乘積成正比。

　　對於地面施給輪胎的阻力 f，甲認為它應是來自地面的靜摩擦力，且當汽車以等速度前進時，此力恆為零；而乙與丙則認為 f 應是輪胎與地面間的動摩擦力，其大小與汽車的重量成正比，但與車速的快慢無關。

　　　　對於空氣施給車體的阻力 f'，甲與乙都認為它應是來自空氣
對車身的動摩擦力，因此會與車速成正比；但丙則認為 f' 應是空
氣對車身各部位的壓力不同所造成的，因此會與車速的平方成
正比。

依據以上所述與牛頓運動定律，並假設汽車是在水平地面上，回答
52-56 題。

52. 當一汽車以等速度前進時，下列有關此汽車所受推力與阻力的敘
　　述，何者正確？
　　(A) 推力 F 與總阻力 R 的方向相同
　　(B) 推力 F 與總阻力 R 的大小相同
　　(C) 阻力 f' 與總阻力 R 的方向相反
　　(D) 推力 F 可以小於阻力 f

53. 當汽車以等速度前進時，下列有關總阻力 R 的敘述，何者正確？
　　(A) 三位學生都認為車速愈快時，總阻力 R 會愈大
　　(B) 甲與乙都認為總阻力 R 與車速成正比
　　(C) 丙認為總阻力 R 與車速的平方成正比
　　(D) 乙與丙都認為總阻力 R 與車速無關

54. 一輛載客用的汽車以同一速度等速前進時，三位學生依據其主張，
　　推論此汽車所受阻力與所載重量之間的關係。下表哪一選項的結
　　論，與其推論者的主張是一致的？

選項	推論者	結論
(A)	甲	此汽車輪胎受到的阻力 f，與其所載的重量無關
(B)	乙	此汽車輪胎受到的阻力 f，與其所載的重量無關
(C)	甲	此汽車所載的重量愈輕，則輪胎受到的阻力 f 會愈小
(D)	丙	此汽車所載的重量愈輕，則車體受到的阻力 f' 必然愈小

55. 當汽車以等速度前進時，若引擎功率 P 與車速 v 的關係以 $P = v(a + bv^n)$ 表示，且常數 a 與 b 均與車速無關，a 如表所列，$b > 0$，則三位學生主張的功率，其 n 值為何？

選　　項	(A)	(B)	(C)	(D)
學生甲（$a = 0$）	$n = 2$	$n = 1$	$n = 1$	$n = 1$
學生乙（$a > 0$）	$n = 1$	$n = 2$	$n = 1$	$n = 2$
學生丙（$a > 0$）	$n = 1$	$n = 1$	$n = 2$	$n = 2$

56. 當汽車以等速度前進時，下列有關油耗率與能量的敘述，何者正確？

(A) 在歷時為 t 的時間內，汽油在引擎內燃燒提供的總能量為 Fvt

(B) 汽油在引擎內燃燒時，每單位時間內提供的總能量為 $Fv / 0.12$

(C) 油耗率 G 與速率 v 的乘積（即 Gv），等於汽車每單位里程所消耗的汽油量

(D) 速率 v 與油耗率 G 的比值（即 v/G），等於汽車每單位里程所消耗的汽油量

57-58 為題組

　　以藉著身體內新陳代謝的生理作用為主來調節體溫的動物，稱為恆溫動物，反之以移動身體藉行動獲得較多陽光或較高氣（水）溫為主來提升體溫的動物，稱為變溫動物。恐龍到底是恆溫動物，還是變溫動物，常是學者熱烈爭辯的課題。

　　甲學者提出下列論點支持恐龍是恆溫動物：

論點一：今日北極圈內的中生代地層裡，常發現有土生土長的恐龍化石。

論點二：像恆溫動物一樣，少數恐龍化石也殘留有能夠隔絕低溫的羽毛構造。

論點三：像恆溫動物的哺乳類一樣，恐龍的化石群集具有大的（獵物/獵食者）比值。

論點四：　像恆溫動物的哺乳類一樣，恐龍化石的骨骼中佈滿管脈空隙，這原先是血管流經之路。

　　　乙學者則提出下列論點支持恐龍是變溫動物：

論點五：　從恐龍化石的尺寸研判，一般而言，恐龍體型都很龐大。

論點六：　到了冬天，恐龍就會從寒冷區域遷移至陽光較多、氣候較暖和的區域。

論點七：　恐龍具有羽毛，其主要功用是遮住夏天強烈的陽光，而非防止體溫失熱。

論點八：　今日變溫動物群集和恆溫動物群集，其（獵物/獵食者）之比值是相近的。

論點九：　今日許多的變溫動物爬蟲類，其骨骼也呈現高度管脈化，但一些小型鳥類和哺乳類的恆溫動物，其骨骼之管脈化程度則偏低。

根據上文，回答57-58題。

57. 乙學者所提的五項論點中，哪一項論點與甲學者所提的任一論點最無法成雙配對？
(A) 論點五　　　(B) 論點六　　　(C) 論點七
(D) 論點八　　　(E) 論點九

58. 若乙學者認為生活在北極圈內的恐龍，仍有機會晒到陽光，他所持的理由為何？
(A) 恐龍能隨季節作遷移
(B) 藉板塊移動，將恐龍移到較低緯度
(C) 恐龍有冬眠的習慣，故不需要陽光
(D) 北極圈內有很多北極熊，可供恐龍作為食物

59-63 為題組

　　報載假酒害人，輕者失明，重者死亡，原因大多是這些假酒攙入了有毒性的工業酒精。酒精可分為食用與工業酒精兩種，食用酒精一般課稅較高，而工業酒精則免稅或課稅較低。工業酒精是純度相當高的乙醇（CH_3CH_2OH），主要用於非飲料的用途，是一種重要的工業溶劑。為避免不肖商人將便宜的工業酒精用來當做酒販售，造成政府稅收的巨額損失，因此大部份的工業酒精會混入不易移除的甲醇（CH_3OH）或其他有毒物質，使它變為無法食用，這種酒精又稱為變性酒精。

　　加入工業酒精中的甲醇是一種毒性很高的化學物質，在有效的合成方法發明之前，主要是由木柴乾餾所得的副產品，所以又稱為木精。現在工業上製造甲醇時，多在高溫高壓下，將一氧化碳與氫分子通過金屬氧化物的催化劑而得。甲醇與乙醇的物理與化學性質非常類似，無法用一般的蒸餾法將它們分離，這也是為什麼工業酒精常選擇加入甲醇的原因。

　　甲醇進入體內抵達肝臟後，會被一種叫做酒精去氫酶的酵素轉變為甲醛，進而氧化為甲酸，這兩種產物都不易經由正常的代謝排出體外，且極易破壞視網膜；甲酸還會大幅降低血液之酸鹼值。只要喝了數毫升的甲醇就可能失明，喝入數十毫升就有可能致命。解毒時，可使用大量的稀碳酸氫鈉溶液(約5 % 濃度)，以中和酸性代謝物，用口服或靜脈點滴皆可。另外，也可喝下大量的蒸餾酒，利用乙醇來延緩甲醇的氧化。

根據上文，回答59-63題。

59. 工業酒精加入甲醇或其它有毒物質的目的為何？
　　(A) 甲醇可以提升工業酒精的溶解度，使工業酒精變為更好的溶劑
　　(B) 避免有人將便宜的工業酒精當成酒販售，賺取暴利
　　(C) 甲醇具有惡臭，可避免一般民眾誤飲工業酒精
　　(D) 甲醇讓工業酒精變為粉紅色，可避免民眾誤飲

60. 下列有關甲醇與乙醇性質的敘述，何者正確？
　　(A) 甲醇與乙醇的生化性質非常不同，所以可以用蒸餾法將它們分離
　　(B) 甲醇與乙醇相差一個碳，所以具有非常不同的物理與化學性質
　　(C) 變性酒精中的乙醇分子的化學特性被改變，所以不可以食用
　　(D) 甲醇與乙醇皆屬於醇類，可以與水以任何比例完全互溶

61. 若警方查獲的某假酒含有甲醇5000ppm（1 ppm 相當於重量比 10^{-6}），則該假酒每0.6公升（相當於一瓶）含有甲醇多少毫升？（甲醇和乙醇的密度都是0.78 g／mL）
　　(A) 1　　　　(B) 3　　　　(C) 5　　　　(D) 6

62. 酒精去氫酶是屬於下列那一類的化合物？
　　(A) 抗生素　　(B) 磷脂質　　(C) 蛋白質　　(D) 荷爾蒙

63. 甲醇中毒時使用碳酸氫鈉的主要目的為何？
　　(A) 減緩甲醇的氧化　　　　(B) 造成甲醇的分解
　　(C) 和甲醛反應以降低其毒性
　　(D) 中和血液中的酸性代謝產物，以提高血液的酸鹼值

64-66 為題組

64. 在圖13中，依1至4順序為冬季東亞地區鋒面系統的連續天氣記錄，每次記錄間隔12小時。依據溫帶氣旋發展的理論，最後形成的是下列哪一鋒面？

　　(A)

　　(B)

　　(C)

　　(D)

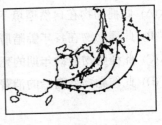

圖13

65. 承上題,如果位於南半球的澳洲也發生類似圖13的溫帶氣旋,試問其低壓中心附近風的流動情形如何?

(A) 依順時鐘方向,旋入中心

(B) 依順時鐘方向,旋離中心

(C) 依逆時鐘方向,旋入中心

(D) 依逆時鐘方向,旋離中心

66. 承上題,根據圖13的氣旋和鋒面系統的變化情形,下列哪一項敘述錯誤?

(A) 冷鋒逐漸接近台灣,目前台灣仍處在鋒前區

(B) 因台灣為暖鋒必經之地,故冬季不常下雪

(C) 冷鋒帶的延伸長度,逐漸加長

(D) 低壓中心逐漸向東偏北方移動

67. 在南美洲西側太平洋中的一個小島上,某種動物從10歲起開始有生育能力,最高可活到100歲。生物學家以每10歲為一年齡階段,該種動物每一年齡階段的存活個體數,如下表所示。下列有關該種動物的敘述,何者最為恰當?

年齡階段	剛出生	1-10	11-20	21-30	31-40	41-50	51-60	61-70	71-80	81-90	91-100
存活個體數	1000	100	80	72	58	46	35	24	17	8	4

(A) 此種動物在自然環境下,長到成年後就幾乎沒有天敵了

(B) 此種動物在各年齡階層的存活率均相似

(C) 此種動物在幼年期的死亡率非常低

(D) 此種動物是高階的消費者

68.「初級生產力」是指生產者將能量（太陽輻射能）固定在生態系中（轉換成質量）的速率。一般來說，生態系的生產力，是以赤道地區最高，隨緯度的增加，或是隨著海拔的增高，生產力也逐漸降低。所以愈靠近極地，或是愈接近高山山頂，生產力都是最低的。「物種的豐富度」指的是單位面積內生物的種類數目，豐富度愈高，代表物種數目愈多。有一派生態學者以「生產力假說」，來解釋生物多樣性的原因，他們認為是高生產力造成高的物種豐富度。

某人在位於南美洲熱帶的哥倫比亞山區研究苔蘚，他發現生產力是隨著海拔高度增加而遞減，且海拔高度與苔蘚的物種豐富度關係如圖14。由此圖判斷，下列敘述何者正確？

(A) 生產力最高的地區是豐富度最高的地區

(B) 中等生產力的地區有最高的物種豐富度

(C) 高海拔的生產力比低海拔還要高

(D) 此研究結果與生產力假說符合

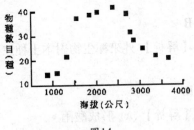

圖14

92年度學科能力測驗自然科試題詳解

第壹部分

一、單一選擇題

1. **A**

   【解析】本題中屬二級消費者的動物包括：螳螂、漁翁、狗、鷸、黃雀，共 5 種。

2. **B**

   【解析】由能量塔知，消費階層越低，所含能量越少。

3. **B**

   【解析】外來種生物對本土種主要形成「競爭」的關係。

4. **B**

   【解析】(A) 形成酸雨。

   (B) 空氣中二氧化碳增加，而二氧化碳為溫室效應氣體，造成氣溫升高。

   (C) 氣溫異常，不一定是氣溫升高。

   (D) 造成紫外線的增加。

5. **D**

   【解析】人工育種的稻田，因個體差異小，生物多樣性低，故較不易適應環境變化。

6. C

【解析】 因水庫功能在於調節水量，所以不會造成下游水量減
　　　　少，而影響灌溉用水。

7. D

【解析】 (A) 不易燃燒分解。

　　　　(B) 可燃，但會減短焚化爐壽命。

　　　　(C) 燃燒會產生毒氣。

8. A

【解析】 含有 N、P 的廢水流入河流中，會導致藻類過度繁殖，
　　　　耗盡水中溶氧，造成魚蝦死亡，稱為優養化。

9. C

【解析】 原來的埃及斑蚊中，有部份帶有抗藥基因，故經噴灑
　　　　殺蟲劑後，這些帶抗藥基因的蚊子存活下來，故第二
　　　　年殺蚊效果降低。

10. B

【解析】 依能量塔觀點，消費層次越低，所得能量越多，故人
　　　　直接食用藻類與浮游生物，可得較多能量。

11. D

【解析】 距地面愈高，空氣愈稀薄，氣壓遞減率愈小，此由圖中
　　　　任一點切線斜率的變化可看出：高度愈高，斜率愈大，
　　　　代表同樣的高度變化，氣壓的遞減率愈小。

12. A

【解析】 (B) 愈深水溫逐漸降至 2℃，水壓愈大。

　　　　(C) 愈高，氣壓愈低，但氣溫隨高度遞增。

　　　　(D) 愈高，氣壓和氣溫都愈小。

13. **C**

【解析】(A) 主要在探測海底地形。
(B) 可以。
(C) 水深可由 $P = \rho g h$（P：該處海水的壓力，ρ：海水的密度，g：重力場強度，h：水深）間接由水壓換算得知。
(D) 是由海水的導電度換算得知。

14-17 為題組

14. **D**

【解析】東非洲裂谷為地函熱對流在陸地部分的熱點，屬張裂性板塊交界帶，岩石受張力作用，易形成正斷層。

15. **B**

【解析】板塊為軟流圈以上的上部地函及地殼所構成，故其底部均落在地函。

16. **D**

【解析】東非洲裂谷地形為地函熱對流上升的所在，其附近為張裂性的中洋脊，屬錯動性板塊交界帶，易形成轉形斷層。

17. **D**

【解析】由其箭頭所示，具有逆時針旋轉運動。

18. **D**

【解析】(A) S 波需時長，波速慢。
(B) 乙（100km）＞甲（50km）。
(C) P 波需時短，先抵達。
(D) P 波與 S 波抵達的時間差愈小，愈近震央。

19-20 為題組

19. **A**

【解析】恆星均以北極星為中心，由東向西旋轉，而北極星在所在地點（如嘉義）正北方，其仰角即所在地點之緯度（如嘉義即 23.5°），故若 X 星與北極星的張角小於 23.5°，則其周日運動永遠在地平線上進行。

20. **D**

【解析】赤道處，北極星的仰角為 0°，即在地平面上；故各恆星移動軌跡的平面與水平夾角為 90°。

21. 無答案，全體到考生均給分

22. **C**

【解析】(A) 500 百帕 $= 0.5$ 大氣壓

(B) 應為 1 大氣壓

(C) 10 公尺的海水造成約為 1 大氣壓的壓力

$$10^3 \left(\frac{Kg}{m^3}\right) \times 9.8 \left(\frac{m}{s^2}\right) \times 10(m) \fallingdotseq 1 atm，$$

再加上海平面的 1 大氣壓，約為 2 大氣壓。

（又 $9.8 \times 10^4 \dfrac{Kg}{m \cdot s^2} = 9.8 \times 10^4 \, N\big/m^2 = 980 hpa$）

(D) 岩石的密度較水大，造成的岩壓亦大於水壓。

23. **D**

【解析】 以陶瓷為材料的耐熱磚，可耐二千度以上的高溫。

24. **C**

【解析】 嗎啡是從鴉片中提煉出來，而海洛因是以嗎啡經化學反應後所得。

25. **D**

【解析】 水中含鈣、鎂離子的，稱為硬水，肥皂在硬水中會與鈣、鎂離子產生沉澱，降低洗滌效果，而合成清潔劑則不會。

26. **A**

【解析】 鋅殼為陽極，放出電子，亦為負極；正極的石墨棒只傳遞電子，不參與反應；MnO_2 為氧化劑兼去極劑。

27. **D**

【解析】 (I) $Mg^{2+}_{(aq)} + 2\,OH^-_{(aq)} \rightarrow Mg(OH)_{2(s)}$ 為沉澱反應。

(II) $Mg(OH)_{2(s)} + 2\,HCl_{(aq)} \rightarrow MgCl_{2(aq)} + 2\,H_2O_{(l)}$ 為酸鹼中和反應。

(III) $MgCl_{2(l)} \xrightarrow{\text{電解}} Mg_{(s)} + Cl_{2(g)}$ 為氧化還原反應。

28. **B**

【解析】 (A) $^{40}_{20}X$，質量數為 40。

(B) $^{37}_{17}Y$，與 $^{35}_{17}Cl$ 具有相同的質子數，為同位素。

(C) X^{2+}、Y^- 為等電子組態。

(D) X、Y 只具有相同的中子數。

29. **C**

　　【解析】 $\dfrac{1.12}{M}:\dfrac{(1.6-1.12)}{16}=2:3$，$M=56$

30. **D**

　　【解析】 低鈉鹽即為氯化鉀＋氯化鈉，以減少鈉離子的吸收。

31. **A**

　　【解析】 (A) $C_5H_{12}+8\,O_2\rightarrow5\,CO_2+6\,H_2O$

　　　　　 (B) $C_5H_{12}O+\dfrac{15}{2}O_2\rightarrow5\,CO_2+6\,H_2O$

　　　　　 (C) $C_5H_{10}O+7\,O_2\rightarrow5\,CO_2+5\,H_2O$

　　　　　 (D) $C_5H_{10}O_2+\dfrac{13}{2}O_2\rightarrow5\,CO_2+5\,H_2O$

32. **C**

　　【解析】 安全帶是要固定乘客在位上，以免車禍時飛出車窗外，但不可綁太緊，要能伸縮（$\because \Delta p=\overline{F}\,\Delta t$，$\Delta p$ 是固定的，$\therefore$ 乘客受安全帶力量要小 $\Rightarrow \Delta t$ 大）。氣囊則是避免乘客撞上方向盤，但不可充氣太滿，否則乘客撞上氣囊後反彈力太大，理由同上。

33. **C**

　　【解析】 $2\,NaN_3\rightarrow2\,Na+3\,N_2$

　　　　　 $\dfrac{73.5}{24.5}=3\,mol\Rightarrow$ 故需 NaN_3 $2\,mol=130_{(g)}$

34. **C**

【解析】 (I) 把手若相連則可導電。

(II) 要探測石塊後的物件，必須用可穿透石塊的雷達，而且雷達可探測金屬。

(III) 由超聲波在石頭中的反射可知石塊厚度。

35. **C**

【解析】 據題意，金字塔之每一塊巨石的體積為 $\dfrac{2570000}{2300000}$

$\fallingdotseq 1.12 \left[m^3 \right]$。估計石塊的比重約為 3，故每一塊之質量

$1.12 \left[m^3 \right] \times 10^{-6} \dfrac{\left[cm^3 \right]}{\left[m^3 \right]} \times 3 \dfrac{\left[g \right]}{\left[cm^3 \right]} \times \dfrac{1}{1000} \dfrac{\left[kg \right]}{\left[g \right]} \fallingdotseq 3360 \text{ kg}$，

選 (A)。

36. **A**

【解析】 依題意，人眼從杯外"略高於"水面，故可看到二個界面，會有二個折射的影子，故選 (A)。

37. **B**

【解析】 甲接不接地都無關，因為電源下方已經接地了，乙須接上，金屬外殼才會和地板存有電位差。丙須斷路，電流才會由外殼經人體流至地面。

38. **C**

【解析】(A)(B) 太空中仍會受到地球引力，只是引力等於向心力，因此會失熱重。

(C) 飛機、人造衛星都會受到地球之重力作用，而人造衛星的失重狀態係因其重力全部拿去作向心力。而人造衛星繞地球沒有空氣阻力（很小），故可不須耗燃料即可前進。

(D) 飛機飛行會受阻力，因此需推力

39. **C**

【解析】1.5 公里處，大氣溫度 $W = 20 - 6.5 \times 1.5 \fallingdotseq 10\,^{\circ}\text{C}$，

X 氣塊：$25 - 10 \times 1.5 = 10\,^{\circ}\text{C}$，

Y 氣塊：$25 - 6 \times 1.5 = 16\,^{\circ}\text{C}$，

$\therefore X$ 靜止，Y 有上升加速度（$16\,^{\circ}\text{C} > 10\,^{\circ}\text{C}$），3 公里處，

$W = 20 - 6.5 \times 3 \fallingdotseq 0\,^{\circ}\text{C}$，

$X = 25 - 10 \times 3 = -5\,^{\circ}\text{C}$，

$\therefore X$ 下沈（$-5\,^{\circ}\text{C} < 0\,^{\circ}\text{C}$），$Y = 25 - 6 \times 3 = 7\,^{\circ}\text{C}$，

$\therefore Y$ 上升（$7\,^{\circ}\text{C} > 0\,^{\circ}\text{C}$）

40. **C**

【解析】注意，此標示為最低溫，故線愈高，代表愈不容易觸電。故最易觸電（最危險）之電流頻率約在 100 Hz 左右。另外，直流電易會引發觸電現象，並不會比較安全。

(C) 誤觸 110V，$I = \dfrac{V}{R} = \dfrac{110V}{5k\Omega} = 22 \text{ mA} > 20 \text{ mA} \Rightarrow$ 故不能憑自力脫離。

二、多重選擇題

41-42 為題組

41. **ADE**

【解析】(A) 獅子 $\xrightarrow{\text{吃}}$ 有蹄動物⇒掠食。

(D) 植物→有蹄動物→獅子⇒形成食物鏈。

(E) 菌類與白蟻為互利共生。

42. **AE**

【解析】

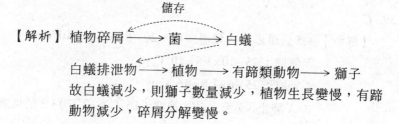

故白蟻減少，則獅子數量減少，植物生長變慢，有蹄動物減少，碎屑分解變慢。

43. **AB**

【解析】(A) 鋪瓷磚，易反射聲音。

(B) 空間狹窄，易生共鳴。

(C) 人為因素，不具一般性。

(D) 聲速和溫度有關。

44. **AC**

【解析】(A) 沒錯，會看到各種原始顏色塊，非作者欲表現之顏色。

(B) 甲才會。

(C) 顏料疊加會增加吸光度，減少亮度。

(D) 紅綠藍非顏料三原色，故乙無法調出任意之顏色。

45. **BD**

   【解析】 (A)(B) 甲曲線只有經固、氣態，因此有固、氣共存。

   (C) 乙曲線則是三態都有。

   (D) 丙曲線只有經過液、氣態。

46. **BD**

   【解析】 (A) 不一定。

   (B) $M = E m_p + N m_n \ ``- AE\!\!\Big/_{\!c^2}" < E m_p + N m_n$ 。

   (C)(D) 穩定的核融合只能至鐵元素。

47. **BE**

   【解析】 (A) $NO_{2(g)}$ 溶於水變 $HNO_{3(aq)}$ 為酸性。

   (C) N 的價電子數為 5 個，形成 NO 之後為 7 個，不符合鈍氣。

   (D) NO 是氮氣和氧氣在汽缸內高溫高壓環境中形成。

48. **AD**

   【解析】 (A) $\dfrac{4}{16} = 25\%$ 。

   (B) 甲烷無臭無味。

   (C) $CH_4 + 2 O_2 \rightarrow CO_2 + 2 H_2O$ 。

   (D) 燃燒反應為放熱反應，故反應物能量較產物高。

第貳部分

49-51 為題組

49. B

【解析】由文中實驗結果知，乙、丙組中，此三種動物之卵死亡率較甲組高，可知紫外線 B 會影響其發育。

50. D

【解析】由文可知，其胚胎經紫外線 B 照射後，死亡率提升，又知其死因為受水黴菌感染，故選 (D)。

51. B

【解析】由本文知，臭氧層破壞，造成紫外線 B 含量增加，而增加兩棲動物卵存活率降低。

52-56 為題組

52. B

【解析】f、f' 皆和 R 同向，和速度反向，且 $R=F$。

53. A

【解析】甲主張　$R_1 = f + f' = o + kv$ 　　$\propto v$

乙主張　$R_2 = f + f' = umg + kv$ 　　不正比於 v

丙主張　$R_3 = f + f' = umg + kv^2$ 　　不正比於 v^2

54. A

【解析】甲推論 $f = o$，和 mg 無關

乙推論 $f \propto mg$

丙推論 f' 和 mg 無關

55. **C**

【解析】甲推論之 $P_1 = R_1 v = (kv)v = kv^2 \Rightarrow a = 0$，n＝1

乙推論之 $P_2 = R_2 v = (\mu mg + kv)v = v(a + bv')$，n＝1

丙推論之 $P_3 = R_3 v = (\mu mg + kv^2)v = v(a + bv^2)$，n＝2

56. **B**

【解析】(A) 應為 $Fvt/0.12$，$\because Fvt$ 為輸出之力學功。

(B) 正確。

(C) G×走1公里須時＝$G \cdot \dfrac{1}{v} = \dfrac{G}{v}$ 才對。

(D) 承 (C)，應為 $\dfrac{v}{G}$。

<u>57-58 為題組</u>

57. **A**

【解析】由文知，

$$
\left\{
\begin{array}{l}
論點一 \xleftrightarrow{\ 對應\ } 論點六 \\
論點二 \longleftrightarrow 論點七 \\
論點三 \longleftrightarrow 論點八 \\
論點四 \longleftrightarrow 論點九
\end{array}
\right.
$$

故論點五與甲學者論點無法配對。

58. **A**

【解析】由論點六知，恐龍會遷至陽光較多的地方，故生活在北極圈內的恐龍，仍可有機會曬到太陽。

59-63 為題組

59. **B**

【解析】 甲醇的化學性質與乙醇類似，無色亦無特殊臭味，滲入工業酒精中單純只是為防止不肖商人將工業酒精拿去販售。

60. **D**

【解析】 甲醇的化學性質及物理性質都與乙醇類似，無法用蒸餾法分離。

(C) 變性酒精是加了甲醇的酒精，乙醇分子本身的化學性質並沒有改變。

61. **B**

【解析】 $600 \times 0.78 \times (5000 \times 10^{-6}) \times \dfrac{1}{0.78} = 3$ (mL)

62. **C**

【解析】 生物體內的酵素稱作酶，成分為蛋白質。

63. **D**

【解析】 碳酸氫鈉是為了中和對人體有毒的酸性代謝物。

64-66 為題組

64. **C**

【解析】 囚錮鋒（ ▬●▬▲▬●▬▲▬ ）為冷鋒（ ▬▼▬▼▬▼▬ ）追上暖鋒（ ▬●▬●▬●▬ ）後形成，為溫帶氣旋最後形成的鋒面。

65. **A**

　【解析】　南半球低壓中心氣流為順時針旋入。

66. **B**

　【解析】　暖鋒通常在溫帶氣旋（低壓中心）的東方或東北方延伸出去，而溫帶氣旋均由台灣北方過境，故以往從無暖鋒通過台灣的紀錄。

67. **A**

　【解析】　由表知，其族群生存曲線為

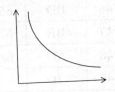

　　　　　　　　　　　　表示其族群早期死亡率高，然後逐年降低，故選 (A)。

68. **B**

　【解析】　由圖知，中海拔區（中等生產力），其物種種類最多，故有較高的物種歧異度，故選 (B)。

九十二年度學科能力測驗（自然考科）
大考中心公佈答案

題號	答案	題號	答案	題號	答案	題號	答案
1	A	21	無答案	41	ADE	61	B
2	B	22	C	42	AE	62	C
3	B	23	D	43	AB	63	D
4	B	24	C	44	AC	64	C
5	D	25	D	45	BD	65	A
6	C	26	A	46	BD	66	B
7	D	27	D	47	BE	67	A
8	A	28	B	48	AD	68	B
9	C	29	C	49	B		
10	B	30	D	50	D		
11	D	31	A	51	B		
12	A	32	C	52	B		
13	C	33	C	53	A		
14	D	34	C	54	A		
15	B	35	C	55	C		
16	D	36	A	56	B		
17	D	37	B	57	A		
18	D	38	C	58	A		
19	A	39	C	59	B		
20	D	40	C	60	D		

九十一年大學入學學科能力測驗試題
自然考科①

第壹部分

一、單一選擇題

說明：第 1 至 40 題爲單一選擇題，每題均計分。每題選出最適當的
選項，標示在答案卡上。每題答對得 2 分，答錯不倒扣。

1. 下列有關地球上能量流轉的敘述，何者正確？
   (A) 能量在食物網中流轉，到高級消費者爲止
   (B) 生產者與消費者皆可將葡萄糖分解產生能量
   (C) 在地表生存的生物皆直接由太陽輻射能獲得能量
   (D) 任一食物階層傳遞到次一食物階層的能量約爲 90%

2. 菟絲子是一種缺乏葉綠素的開花植物，但可藉由吸附於其他綠色
   植物以取得養分，故菟絲子在生態系中的角色是下列何者？
   (A) 生產者　　　　　　(B) 分解者
   (C) 消費者　　　　　　(D) 清除者

3. 從有機化合物分子的組成判斷，生物體內哪三種元素含量最多？
   (A) 碳、氮、氧　　　　(B) 氫、氧、硫
   (C) 磷、氮、氧　　　　(D) 碳、氫、氧

4. 下列關於氮循環的敘述，何者正確？
   (A) 氮無法直接爲一般動、植物體所利用
   (B) 大豆根瘤中的根瘤菌是一種與植物共生的眞菌
   (C) 氮在土壤中必須轉換成硝酸鹽，始能爲生物體吸收
   (D) 微生物中只有土壤中的硝化細菌，能直接利用大氣中的氮

5. 在某一生態保育區中，掠食者與獵物的族群變化如圖1。

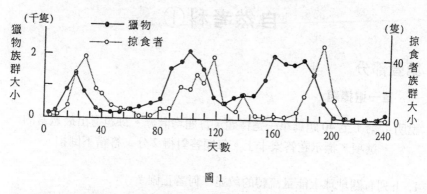

圖 1

依據圖 1 的數據推論，下列敘述何者正確？

(A) 掠食者與獵物兩族群不互相影響，族群變化無規則性

(B) 掠食者與獵物兩族群相互影響，使族群大小呈現波動現象

(C) 掠食者族群大小受獵物控制，但獵物的族群變化不受掠食者族群大小的影響

(D) 獵物族群大小受掠食者控制，但掠食者的族群變化不受獵物族群大小的影響

6. 下列有關台灣森林生態系的敘述，何者正確？

(A) 台灣地處亞熱帶，故低海拔森林皆為熱帶雨林

(B) 台灣闊葉林中動植物種類繁多，但物種歧異度很小

(C) 台灣 3000 公尺以上的高海拔森林為針葉與闊葉混合林

(D) 台灣 1000-2000 公尺的中低海拔森林主要是樟科與殼斗科為主的闊葉林

7. 同物種的個體在形態特徵上常有些許差異，例如：橡樹葉片長度有
   的只有 3 公分，有的長到 7 公分，而形態有差異的物種個體，在適
   應環境變化的能力上，也會有些不同，例如：葉面積愈小的植物愈
   容易適應乾燥環境。圖 2 為某棲地三種不同植物之葉面積與個體數
   目的關係圖，若此棲地遭遇乾旱，則下列哪一項敘述最合理？

   (A) 甲物種比乙物種在該
       棲地的適應情形為佳
   (B) 乙物種比丙物種在該
       棲地的適應情形為佳
   (C) 丙物種比甲物種在該
       棲地的適應情形為佳
   (D) 甲物種和丙物種在該
       棲地的適應情形相同

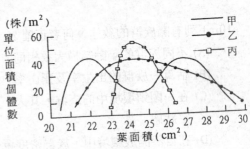

圖 2

8-9 題為題組
   表 1 為某森林被砍伐前與砍伐後哺乳類與鳥類物種數目的統計結
   果，回答 8-9 題。

表 1

森林狀態	哺乳類物種數目	鳥類物種數目
砍伐前	45	90
砍伐後		
剛砍伐不久	35	44
砍伐後經過 2 年	20	76
砍伐後經過 4 年	31	78
砍伐後經過 6 年	28	80

8. 依據表 1 的數據，下列敘述何者正確？
   (A) 此森林生態系的物種歧異度，砍伐後比砍伐前高
   (B) 此森林被砍伐後，只需五至六年就能恢復為巔峰群落
   (C) 不論是砍伐前或砍伐後，鳥類的物種歧異度都比哺乳類高
   (D) 森林被砍伐後，此森林生態系之優勢種由哺乳類變為鳥類

9. 依據表1的數據，森林被砍伐後，此森林生態系呈現何種變化？
   (A) 此生態系中哺乳類呈現年消長現象
   (B) 此生態系呈現初級消長現象
   (C) 此生態系中鳥類呈現年消長現象
   (D) 此生態系呈現次級消長現象

10. 下列有關族群的敘述，何者正確？
    (A) 不同族群的年齡結構大致相同
    (B) 估算一族群的出生率及死亡率，即可決定族群大小和密度
    (C) 在一閉鎖環境中的族群，其大小和密度最終會維持在一穩定狀態
    (D) 在自然開放環境中，族群密度會受生物因素及非生物因素影響而波動

11. 下列何者為一個族群？
    甲、一個蟻窩的螞蟻　　乙、珊瑚礁上的石蓴
    丙、池塘裡的浮游藻類　丁、庭院裡的黃花酢醬草
    戊、手上的細菌
    (A) 甲乙丙　　　　　　(B) 甲乙丁
    (C) 乙丙丁　　　　　　(D) 乙丁戊

12. DDT 造成生物放大的原因為何？
    (A) 因食物塔階層愈高，總生物量愈大，DDT 累積量也愈高
    (B) 因高級消費者體內分解 DDT 的能力較生產者低
    (C) 因 DDT 在生物體內無法分解，無法排出
    (D) 因 DDT 使受污染生物的總生物量增大

13. 颱風來襲造成水患後，待清除的垃圾，往往堆積如山，衛生單位因此呼籲民眾注意身體及飲食衛生，以防皮膚及腸胃道感染，也應該儘快恢復環境清潔，以防病媒蚊引起登革熱等傳染病。下列敘述何者正確？

(A) 皮膚或腸胃道感染後，最佳的治療方法是立刻服用抗生素

(B) 水患使下水道的污水溢出地面，這些污水中的微生物都是致病菌

(C) 引起腸胃道感染與引起登革熱的微生物皆可行分裂生殖

(D) 有些細菌以煮沸方式處理仍然無法去除，主要由於這些細菌會產生內孢子

14. 下列有關典型南海海水和黑潮之溫鹽圖（圖3）的一些敘述，何者正確？

(A) 南海和黑潮的海水均具有鹽度，故二海水密度均較純水小

(B) 在圖3之溫度範圍內，南海海水的鹽度變化幅度較黑潮大

(C) 從溫鹽圖判斷，南海海水和黑潮大致是兩個不同的水團

(D) 當海水溫度高於20℃時，南海海水鹽度大於黑潮鹽度

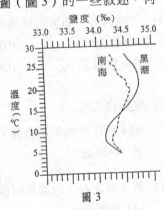
圖3

15. 有關風吹海面引起的波浪，下列敘述何者正確？

(A) 波浪之波高愈大，波長愈短

(B) 風速愈大，產生波浪之波高愈小

(C) 風速愈大，提供海水產生波浪的能量愈少

(D) 頻率相同的兩種波浪，波長較長者其傳播速度較快

16. 下列根據北斗七星周日運動相片所做的判讀，何者正確？
    (A) 其中視星等為 1.8 者，其光度較 3.3 者暗
    (B) 各成員的周日運動，幾乎均以天狼星為中心來進行
    (C) 其中具紅色星光者，其星球表面溫度較具藍光者低
    (D) 其中最接近北極星者，即保證它是距北極星最近的星

17. 戴眼鏡的乘客在雨天乘坐冷氣很強的計程車一陣子後，一旦下車常發覺眼鏡鏡片模糊。此現象與下列何者最相關？
    (A) 車外空氣的水氣遇到冰冷鏡片達到露點
    (B) 車外空氣所含的水氣比車內少
    (C) 車外空氣的溼度比車內小
    (D) 車外氣溫比車內低

18. 下列何者<u>不屬於</u>沉積構造？
    (A) 斷層   (B) 層理   (C) 波痕
    (D) 粒級層   (E) 交錯層

<u>19-20 題為題組</u>

圖 4 為洋底擴張示意圖，其中甲丁段和丙己段均代表中洋脊，回答 19-20 題。

19. 圖 4 中之丙丁段屬於何種斷層？
    (A) 正斷層
    (B) 逆斷層
    (C) 轉形斷層
    (D) 平移斷層

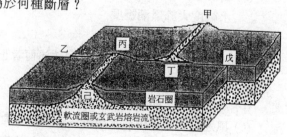

圖 4

20. 圖 4 中，由玄武岩熔岩流持續噴發、凝固形成的海洋地殼，其岩石年齡分布的情形為何？
    (A) 以中洋脊為中心時，中洋脊的岩石最年輕，兩側離中洋脊愈遠的岩石愈老
    (B) 以乙丙段為中心時，乙丙段的岩石最年輕，兩側離乙丙段愈遠的岩石愈老
    (C) 以丙丁段為中心時，丙丁段的岩石最老，兩側離丙丁段愈遠的岩石愈年輕
    (D) 以丁戊段為中心時，丁戊段的岩石最老，兩側離丁戊段愈遠的岩石愈年輕

21. 台灣地區約在北緯二十多度，此地區地面氣象觀測坪內安置之百葉箱，其門開口最好朝向哪一方？
    (A) 東方　　　(B) 南方　　　(C) 西方　　　(D) 北方

22. 欲探求岩石圈的底界有多深，下列哪一種技術是最佳方法？
    (A) 藉地震波在地球內部傳播速度的急遽變化測得
    (B) 使用聲納，利用聲波反射原理測得
    (C) 靠繞極衛星的遙感探測測得
    (D) 由陸地鑽探直接測得
    (E) 由海底鑽探直接測得

23. 下列四圖中，小白球代表氫原子，大灰球代表氮原子。哪一圖最適合表示標準狀態(STP)時，氫氣與氮氣混合氣體的狀態？

(A)　　　　　(B)　　　　　(C)　　　　　(D)

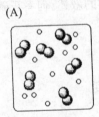 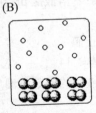 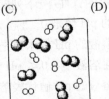 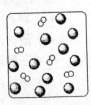

24. 鉛與碳在週期表中同族 (14 族)，性質也多相似，下列有關鉛化學的敘述，何者正確？
    (A) 要去除土壤中的鉛或鎘等重金屬污染，可以利用強酸將重金屬物質沉澱出來
    (B) 鉛蓄電池充電時以鉛為陽極，氧化鉛為陰極，兩極均產生硫酸鉛
    (C) 自然界中，鉛與氧化合所形成之最高氧化狀態的穩定物質是 PbO_2
    (D) 鉛與氧結合會形成兩種化合物，就是氧化鉛及過氧化鉛

25. 圖 5 中左、右兩個量筒各盛裝 100 克的水與 100 克的重水 (D_2O)，重水中的重氫(D)是氫的同位素 $_1^2H$，下列關於這兩筒樣品的敘述，何者不正確？
    (A)重水的體積比水少 11%
    (B)重水的密度比水大 12%
    (C)氫的原子量是重氫的 89%
    (D)重水的分子量比水多 11%

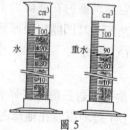

圖 5

26. 下列有關氯化鈉晶體的敘述，何者正確？
    (A) NaCl 分子是氯化鈉晶體的最小單位
    (B) 晶體中 Na^+ 與 Cl^- 的電子數，恰好一樣多
    (C) 晶體中的 Na^+ 與 Cl^- 均擁有惰性氣體原子的電子數目
    (D) 氯化鈉晶體中異電荷離子的靜電引力恰等於同電荷離子的靜電斥力，故十分穩定

27. 在常溫常壓的條件下，下列關於水溶液之 pH 值的敘述，何者正確？
    (A) 純水的 pH 值是 0
    (B) 酸性溶液的 pH 值永遠是正值
    (C) 在鹼性溶液中，$0 \leqslant$ pH 值 $\leqslant 14$
    (D) 鹼性溶液的 pH 值代表溶液中的氫離子濃度

28. 在一煙霧實驗箱中，測得煙霧的主要成分為 RH、NO、NO₂、O₃、PAN，其中 RH 含 C、H，而 PAN 含 C、H、O、N，各種物質的相對濃度隨時間的消長，記錄於圖 6，根據圖中數據，下列推論，何者最不合理？

    (A) NO 消失的速率比 RH 快
    (B) NO 生成 NO₂
    (C) RH 及 NO₂ 生成 PAN 及 O₃
    (D) O₃ 生成 PAN

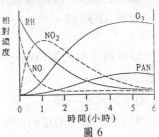

圖 6

29-30 題為題組

　　有一胃病患者，檢查顯示其胃液中含氫氯酸的濃度為 0.060 莫耳/升，用含氫氧化鋁 Al（OH）₃ 的胃藥中和，化學反應式如下：

$$Al(OH)_3 + 3HCl \rightarrow AlCl_3 + 3H_2O$$

回答 29-30 題。

29. 若此病人共分泌出 0.3 升的胃液，需服用多少克的氫氧化鋁，恰可中和胃酸？（原子量 H 為 1.0，O 為 16.0，Al 為 27.0）

    (A) 0.26　　(B) 0.47　　(C) 1.4　　(D) 4.2

30. 除了氫氧化鋁，下列哪一種化合物也適合做胃藥的成分？

    (A) $Mg(OH)_2$　(B) KOH　　(C) NH_4Cl　(D) $Na(CH_3COO)$

31. 警探自犯罪現場發現少量有機物質，初步測得的性質列於下表，下列何種物質最符合分析的結果？

    (A) 乙醇 C_2H_5OH
    (B) 果糖 $C_6H_{12}O_6$
    (C) 植物纖維 $C_n(H_2O)_n$
    (D) 蛋白質

性　質	定 性 分 析
狀態	固體
密度	比水的密度大
溶解度	不溶於水或一般有機溶劑
燃燒	僅集得二氧化碳及水蒸氣
接觸濃硫酸	固體變焦黑，並集得水蒸氣

32-33 題為題組

石油是由烴類化合物組成的混合物，圖 7 是精煉石油的分餾塔簡圖，碳數約為 13-19 的餾份由丙出口流出，回答 32-33 題。

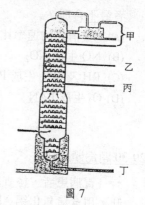

32. 甲出口與丙出口的餾份相比，下列敘述何者正確？
   (A) 兩者的沸點一樣
   (B) 甲出口的餾份的平均分子量比丙的大
   (C) 丙出口之餾份的平均分子量比甲的大
   (D) 兩者的平均分子量一樣，但化學結構不同

圖 7

33. 有關各出口餾份的性質與用途，下列敘述何者正確？
   (A) 甲出口之餾份是氣體，冷凝收集後，多用作飛機燃油
   (B) 乙出口之餾份的碳數超過 30，多用作工業溶劑
   (C) 含鉛汽油直接從丙出口流出，辛烷值高，可防爆震
   (D) 丁出口的產物是分子量非常大的殘餘物，如瀝青

34. 普通玻璃製成的厚杯，在急速加滿熱水時，常易破裂。因此厚杯所用的玻璃，其耐熱性質多半經過改良。就急速加滿熱水的玻璃厚杯而言，下列敘述，何者正確？
   (A) 提高玻璃的熱傳導性，可使厚杯不易破裂
   (B) 厚杯是否破裂，與杯子原來的溫度高低無關
   (C) 厚杯的厚度如果足夠均勻，杯子就不會破裂
   (D) 玻璃的比熱較水為小是厚杯會破裂的主要原因

35. 可聞聲的頻率範圍大約為 20 赫到 20000 赫。某人由於長期在高分
貝的環境下工作，聽力受損，他能聽到的最微弱聲音，其分貝值
較聽力正常者高出 d，圖 8 所示為 d 隨頻率的變化。下列有關此
人聽力的敘述，何者正確？

(A) 此人與同車內聽力正常者
比較，會覺得汽車的隔音
效果較差

(B) 在低音調的部分，此人的
聽力，比聽力正常者為佳

(C) 在高音調的部分，此人的
聽力，比聽力正常者為佳

(D) 此人會覺得親友說話的音
調比以往為低

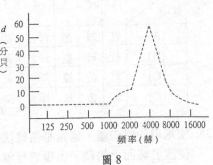

圖 8

36. 夜晚在照明很弱的室內，以照相機對準近處正視鏡頭的人拍攝時，
若照相機的閃光燈只快閃一次，則拍攝到的彩色相片，人像的眼
睛常呈紅色，而成為「紅眼」。因此，有些照相機採用防紅眼的
設計，先讓閃光燈發出強度較弱但近乎連續的閃光，等到最後拍
照時，再快閃一次，發出較強的閃光。下列有關紅眼的敘述，何
者正確？

(A) 波長較長的紅光容易被人眼的角膜反射，故會出現紅眼

(B) 眼睛與其他可以強烈反射閃光的景物，在相片上都會呈現紅色

(C) 在連續的閃光下，角膜反射的光會累積增強，故不會出現紅眼

(D) 紅眼是高強度的閃光通過張大的瞳孔，經滿佈微血管的視網膜
反射造成的

37. 圖 9 的三個圓是由強度相同的紅、綠、藍色光，一起照射白紙時
　　分別形成的，在 4、5、6 區兩種色光重疊，在 7 區三種色光重疊。
　　下列哪一選項列出的顏色是正確的？

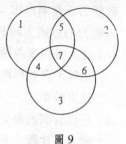

選項 ＼ 色區	1	2	3	4	5	6	7
(A)	紅	綠	藍	洋紅	黃	青	白
(B)	紅	綠	藍	洋紅	黃	青	黑
(C)	紅	藍	綠	洋紅	黃	青	白
(D)	紅	藍	綠	洋紅	紫	青	黑

圖 9

38. 家電用的電磁爐，通常是根據法拉第的電磁感應原理，利用磁場
　　使置於爐面上的鍋子出現感應電流，再透過電流的熱效應，使鍋
　　子產生高溫以烹煮食物。下列有關此種電磁爐與所用鍋子的敘述，
　　何者正確？
　　(A) 電磁爐所用的鍋子必須是電的絕緣體
　　(B) 電磁爐使用的是隨時間變化的磁場
　　(C) 電磁爐所用的鍋子必須是熱的絕緣體
　　(D) 鍋子中出現的感應電流必為直流電

39. 變壓器次級線圈的輸出電路，有些如圖 10 所示，與地完全絕緣，
　　常用於醫院電器的供電系統；有些則如圖 11 所示，以接地線與地
　　相連，多用於一般家庭用電。小明赤腳站在地面，手指不小心碰
　　觸到次級線圈輸出電路上一條裸露的電線。下列有關小明是否會
　　觸電的敘述，何者正確？

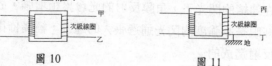

圖 10　　　　　　　　　　圖 11

　　(A) 碰觸到電線甲或乙時，均不會觸電
　　(B) 碰觸到電線丙或丁時，均會觸電
　　(C) 只有碰觸到電線甲時，才會觸電
　　(D) 碰觸到電線丙時，不會觸電

40. 經由核分裂與核聚變（或稱核融合）反應所釋放出來的能量，都可以轉換用來發電。下列有關二種反應的敘述，何者正確？
    (A) 核分裂與核聚變均使用鈾為燃料
    (B) 核聚變時釋放出來的能量，並非來自核能
    (C) 核聚變比核分裂產生更嚴重的輻射性廢料問題
    (D) 太陽輻射放出的巨大能量，主要來自核聚變反應
    (E) 目前已有許多發電廠利用核聚變反應提供商業用電

二、多重選擇題

說明：第 41 至 48 題為多重選擇題，每題均計分。每題選出最適當的選項，標示在答案卡上。每題答對得 2 分，答錯不倒扣，未答者不給分。只錯一個可獲 1 分，錯兩個或兩個以上不給分。

41. 下列有關太陽黑子的敘述，何者錯誤？（應選二項）
    (A) 其數目的增減具有週期性規律變化
    (B) 其數目的多寡與太陽表面活動的強弱有關
    (C) 它看起來較暗，是因為黑子溫度較周圍高的緣故
    (D) 它看起來像雀斑，但有些黑子的直徑比地球直徑大
    (E) 它的溫度約 4000 $^{\circ}$K，故黑子屬於太陽表面溫度較高區域

42-43 題為題組

圖 12 為月球、地球、太陽的相關位置及形成月相的示意圖。當月球繞地球公轉一周從位置甲轉到乙，它也完成自轉一周。參考圖 12，回答 42-43 題。

42. 已知一圓周涵蓋 360 度，則地球在繞太陽公轉的軌道上，每日平均約前進多少度？當月相從滿月到下一次滿月，地球在繞太陽公轉的軌道上，約前進多少度？（應選二項）

選項	地球繞太陽公轉「每日」平均前進度數	選項	地球繞太陽公轉「每月」平均前進度數
(A)	約 1 度	(E)	約 1 度
(B)	約 15 度	(F)	約 15 度
(C)	約 30 度	(G)	約 30 度
(D)	約 45 度	(H)	約 45 度

43. 下列敘述,何者錯誤?(應選二項)

    (A) 地球除自轉外,也
        繞太陽公轉
    (B) 地球除繞太陽公轉
        外,也繞月球公轉
    (C) 地球繞太陽公轉的
        方向為自西向東
    (D) 月球繞地球公轉的方向為自西向東
    (E) 月球從圖 12 之位置甲轉到乙,月相從滿月又再次滿月

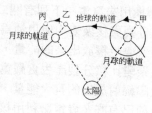

圖 12

44. 地球赤道長約 4 萬公里,甲地與乙地均在赤道上,經度相差 15 度,時差為一小時。若由甲地當地時間上午七點,搭乘飛行速度平均為 830 公里/時的噴射客機,向西直飛抵達乙地,則下二表中之飛行時間與到達時之當地時間,何者正確?(應選二項)

選項	飛行時間(小時)
(A)	1
(B)	2
(C)	3
(D)	4

選項	到達時,乙地當地時間
(E)	上午七點
(F)	上午八點
(G)	上午九點
(H)	上午十點

45. 汞與水的密度比為 13.6:1,而 0.76 公尺高的汞柱直立時,其底部與頂端的壓力差為一大氣壓。下列有關壓力的敘述,何者正確?(應選二項)

    (A) 大氣施加於地表的壓力,其大小稱為一大氣壓
    (B) 任何密閉容器內的氣體壓力必大於容器外面的大氣壓力
    (C) 汞柱底部與頂端的壓力差,與汞柱底部的面積大小成反比
    (D) 一大氣壓約等於 0.76×13.6 公尺的水柱直立時底部與頂端的壓力差
    (E) 靜止液體表面的大氣壓力為一大氣壓時,液面下各處之壓力必大於一大氣壓

46. 人類的中耳與咽喉間有一條通道,稱為耳咽管,它在咽喉端的開口,只有在吞嚥時才會打開,空氣因此能進出中耳,抵達分隔中耳與外耳的鼓膜。當飛機或電梯的高度驟然出現較大的變化時,乘客的耳朵常會覺得不大舒服,好像被塞住。下列有關此種感覺的敘述,何者正確?(應選二項)

    (A) 此種感覺是鼓膜兩邊的空氣壓力差引起的

    (B) 此種感覺是中耳與外耳的溫度不同引起的

    (C) 此種感覺是地球重力突然增減引起的

    (D) 此種感覺是空氣流動引起的

    (E) 吞嚥有助於使此種感覺消失

47. 下表所示為甲、乙兩種冷氣機的規格說明,其中的「EER 值」即能源效率比值。根據表中資料,下列有關冷氣機規格的敘述,何者正確?(應選二項)

    (A) 總額定消耗電功率完全由額定電壓與運轉電流的乘積決定,與功率因素無關

    (B) 以公制之「kJ(仟焦耳)」作為熱量的單位時,ERR 值的數值會變大

    (C) EER 值指的是「冷房能力」與「總額定消耗電功率」的比值

    (D) 就節約能源的觀點而論,甲機種較乙機種為優

    (E) 使用的保險絲,其電流規格必須大於起動電流

機種\規格	額定電壓/額定頻率(單相60Hz)	運轉電流(A)	起動電流(A)	冷房能力(kcal/h)	總額定消耗電功率(W)	EER值(kcal/Wh)	功率因素(%)	安裝之保險絲規格
甲	110V	6.7	35	1600	720	2.22	97.7	125V 15A
乙	110V	8.25	35	2000	880	2.27	97.0	125V 15A

48. 圖 13 為家用 110 伏特交流電的線路圖，甲、乙為插座之接線，丙、
丁為電燈之接線，乙和丁均與電壓為零之地線相接。下列有關此電
路之敘述，何者正確？（應選二項）

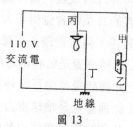

(A) 流經丙與丁之電流時大時小
(B) 接線丙之電壓恆為 110 伏特
(C) 接線乙與丁之電壓恆相等
(D) 接線丙之電壓恆比丁高
(E) 接線甲之電壓恆比乙高
(F) 電流恆由丙流向丁

圖 13

第貳部分

說明：第 49 至 68 題，共 20 題，均為單一選擇題，答對 16 題或 16
題以上則第貳部分即得滿分。每題選出適當的選項，標示在
答案卡上。每題答對得 2 分，答錯不倒扣。

49. 圖 14 之粗黑曲線代表空氣中所含水氣的飽和曲線，試問圖 14 甲
點空氣的相對溼度較接近下列哪一百分比？

(A) 10%
(B) 20%
(C) 30%
(D) 40%
(E) 50%

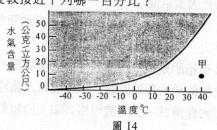

圖 14

50-51 題為題組

科學家發現過度肥胖往往造成血中葡萄糖濃度（簡稱血糖濃
度）過高，且血中胰島素濃度也偏高。胰島素是胰臟所分泌的荷
爾蒙，能增進細胞對葡萄糖的利用，以降低體內血糖濃度。某研
究室以過度肥胖的老鼠作實驗，發現阿斯匹林（一種消炎止痛藥）
可矯正肥胖老鼠的生理缺失，實驗結果如圖 15 及圖 16。回答 50-
51 題。

50. 肥胖老鼠服用阿斯匹林三週後餵食葡萄糖,180分鐘內的血中胰島素濃度變化如圖15,則下列敘述何者正確?(對照組老鼠未服用阿斯匹林)

甲、肥胖老鼠的胰臟對葡萄糖刺激不起反應,無法製造胰島素

乙、餵食葡萄糖可在15分鐘內刺激胰臟分泌胰島素

丙、服用阿斯匹林後,老鼠血中胰島素濃度顯著低於對照組

丁、服用阿斯匹林後,使老鼠胰臟對葡萄糖刺激不起反應,無法製造胰島素

(A) 甲丙

(B) 乙丙

(C) 甲丁

(D) 乙丁

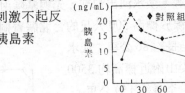

圖15

51. 肥胖老鼠服用阿斯匹林三週後注射胰島素,120分鐘內的血中葡萄糖濃度變化如圖16,則下列敘述何者正確?(對照組老鼠未服用阿斯匹林)

甲、時間為零時,服用阿斯匹林的老鼠血糖濃度顯著低於對照組

乙、注射胰島素使對照組及實驗組的血糖濃度在60分鐘內明顯下降

丙、肥胖老鼠的細胞對胰島素不起反應,使胰島素無法調解血糖濃度

丁、服用阿斯匹林使老鼠細胞恢復對胰島素的反應,使胰島素得以降低血糖濃度

(A) 甲乙   (B) 乙丙

(C) 甲丁   (D) 丙丁

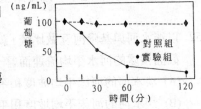

圖16

52-57 題為題組

閱讀下列短文（節錄自聯合報，民國九十年十月一日）後，回答 52-57 題：

　　民國 90 年 9 月 16 日至 17 日，納莉颱風帶來驚人雨量形成洪水，重創大台北地區。

　　流經大台北地區的河流有淡水河（廣義的淡水河包括它上游的大漢溪）、基隆河等。淡水河出海前，先與基隆河在社子島附近會合（圖 17）。基隆河發源於標高 500 公尺的台北縣菁桐山，從發源地至它與淡水河交會處，全長約 86 公里；淡水河發源於大霸尖山附近標高約 3500 公尺的品田山，全長約 159 公里。依 200 年洪水頻率，基隆河的最大洪水流量為每秒 2300 公噸，而淡水河的最大洪水流量約是基隆河的 10 倍之多。

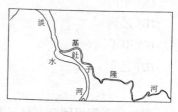

圖 17

　　台北氣象觀測站測得 9 月 16 日單日降雨量為 425 公厘，此外大台北地區當天深夜適逢大潮，在這一段大潮時間前後，台北盆地漲水恰巧有一次高峰。

　　水利技師曾指出大台北地區的防洪工程，淡水河右（東）岸堤防總是比左（西）岸先加高，而早期基隆河南岸堤防總是比北岸完整，故批評上述防洪工程近乎「以鄰為壑」。

52. 以淡水河與基隆河互做比較，就河床的平均坡度，以及河道具相同截面積處的河水平均流速而言，下列敘述何者正確？

(A) 淡水河的河床平均坡度和平均流速均較大

(B) 淡水河的河床平均坡度和平均流速均較小

(C) 淡水河的河床平均坡度較大，但平均流速較小

(D) 淡水河的河床平均坡度較小，但平均流速較大

53. 已知民國 90 年 9 月 16 日晚上 10 點 16 分，在淡水港口附近的潮汐屬大潮，而同年 10 月 1 日為中秋佳節，則民國 90 年 9 月 16 日的月相最接近下列何者？

(A) 朔 　　　 (B) 上弦月 　　　 (C) 望 　　　 (D) 下弦月

54. 如圖 17 所示，流經台北縣市的淡水河大致由南往北流，基隆河大致為由東向西流，而從短文得知大台北的防洪工程，淡水河右岸堤防築得比左岸高，而早期基隆河南岸堤防築得比北岸完整。假設防洪工程設施通常以優先保護較多住家和商業區為考量，則台北市位於社子島附近上述兩河交會點之哪一方位應該擁有較多的住家和商業區段？

(A) 東北 　　　 (B) 西北 　　　 (C) 西南 　　　 (D) 東南

55. 一般定義降雨強度，凡於一小時內之降雨量不足 3 公厘（mm）為小雨，介於 3 公厘～15 公厘為中雨，而大於 15 公厘為大雨；一日內降雨量大於 130 公厘，且當日內曾經出現大雨者稱為豪雨。已知納莉颱風在台北都會區於 9 月 16 日一天內曾降下 425 公厘的雨量，則當日降雨強度應屬於哪一級及分類的根據為何？

(A) 如果不曾發生大雨，則一日內降雨量最多只有 360 公厘，16 日當天降雨量為 425 公厘，已超過 130 公厘且曾出現大雨，故一定屬豪雨

(B) 當日降雨量為 425 公厘，表示每小時平均降雨量大於 15 公厘，故只能稱大雨，不可稱豪雨

(C) 雖然一日內降雨量已超過 130 公厘，但不知是否涵蓋大雨，故不確定是否為豪雨

56. 水患後水源混濁，下列有關都市淨水處理的步驟，何者正確？

    (A) 活性炭可以有效地吸附不溶的固體雜質及氣味，是淨水程序的第一步

    (B) 氧化及氯化是將空氣及氯氣打入水中，主要目的是去除水中無機物沉澱

    (C) 過濾步驟處理通常使用逆滲透法，在最後可有效地去除溶在水中的金屬離子

    (D) 沉降法通常在水中加入鋁礬 $Al_2(SO_4)_3$，主要原因是 Al^{3+} 形成的膠體物質在水中容易沉降

57. 圖 18 為一水庫與兩座山的鉛直截面示意圖，底部的長方形凹槽代表水庫，而兩側的等腰三角形則代表山。為估計山區豪雨對水庫水位的影響，假設沿垂直於紙面的方向延伸時，水庫與兩山的鉛直截面都不變，因此水庫兩側的山坡可視為傾斜角 θ 為 $45°$ 的平面斜坡。若山區降雨量為 400 公厘，山高 H 為 500 公尺，水庫寬度 W 為 100 公尺，且下降於水庫兩側山坡的雨水全部流入並蓄積於水庫中，則水庫的水位會因而增高多少公尺？

    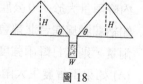
    圖 18

    (A) 2　　(B) 4　　(C) $4\sqrt{2}$

    (D) 20　　(E) 40

58-59 題為題組

研究顯示：玉米種子及果實的產量，決定於其雌花序的早期發育是否受到干擾。換言之，雌花序在受粉前的發育會嚴重影響後續的果實發育。

為探討乾旱環境對玉米產量之影響，以及若在發育過程中提供養分能否改善因缺水所造成的產量損失，某科學家選擇生長大小相當且具花序芽的玉米植株進行實驗，作了以下的實驗處理（表 2；其中每日澆水 200 毫升為水分充足狀態）。

這些玉米在實驗進行的第八天時雌花序成熟，並進行人工受粉（實驗中隔離雌花序，以避免天然受粉干擾實驗結果）。在實驗期間，定時測量子房的澱粉含量，來代表子房發育過程中其養分的變化；並測量子房烘乾後的重量，來代表整個果實的發育情形，所得結果分別是圖19及圖20。根據此結果回答 58-59 題。

表2

	甲	乙	丙
每日澆水量（毫升）	200	50	50
每日莖部注入蔗糖溶液量（毫升）	0	0	30

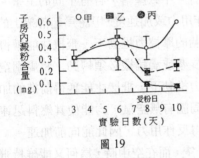

圖 19

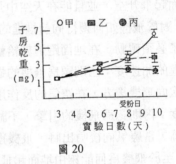

圖 20

58. 根據圖 19 所示，下列敘述何者正確？

(A) 在缺水的狀態下，子房內澱粉含量持續上升

(B) 在水分充足的狀態下，子房內澱粉含量因受粉而快速上升

(C) 在缺水的狀態下，莖部加注蔗糖溶液可使子房內澱粉含量持續上升

(D) 在缺水的狀態下，受粉前的子房內澱粉含量可藉由莖部加注蔗糖溶液得到補充

59. 根據實驗結果，下列敘述何者正確？
    (A) 外加蔗糖可補充澱粉之不足，使乾旱環境中的玉米產量恢復
        正常
    (B) 玉米產量受到乾旱之影響，且與是否受粉沒有太大關聯性
    (C) 乾旱對玉米產量之影響，在受粉之後才明顯降低
    (D) 受粉作用是決定玉米產量高低的唯一因素

60-63 題為題組

　　甲、乙、丙三位學生對飛機如何獲得向前推進的作用力，為何能由
地面起飛升空，並且能在天空中飛行，不致墜落，各有不同的主張。

　　對於飛機如何獲得向前推進的作用力或加速度，甲認為起落架上的
輪子必須轉動，在地面跑道施給輪胎的摩擦力推動下，飛機才能獲得
前進的加速度；乙則認為飛機的螺旋槳或渦輪機必須轉動，將周圍空
氣吹向飛機後方，在空氣的反作用力推動下，飛機才能獲得前進的加
速度；丙則認為飛機的引擎，不論周圍有無空氣，均能使其燃料迅速
燃燒，當廢氣向後噴出時，飛機獲得反作用力，因此能向前加速。

　　至於飛機為何能夠由地面起飛升空，而在空中時，為何又能維持飛
行高度，不會墜落，甲和乙都認為這是由於飛機前進時，流過機翼上
方與下方的空氣，速率不同，使機翼下方的空氣壓力較上方為大。因
此，當飛機沿水平方向快速前進時，機翼上方與下方受到的壓力不同，
可以產生鉛直向上的作用力（稱為升力），以克服重力，飛機因而得以
升空，並在空中保持飛行高度，不致墜落。丙則認為飛機依靠向前的
推進力，就能起飛升空，並改變飛行方向，進入一定的軌道，在重力
作用下繞著地球飛行。

　　依據以上所述，回答 60-63 題。

60. 對飛機如何獲得向前的推進力，三位學生提出的主張，分別與汽車、輪船、火箭前進時使用的原理類似。下表中哪一選項最適合用來說明這三種原理與學生主張間的對應關係？

原理 \ 選項	(A)	(B)	(C)	(D)	(E)	(F)
汽車	甲	乙	甲	丙	丙	乙
輪船	乙	甲	丙	甲	乙	丙
火箭	丙	丙	乙	乙	甲	甲

61. 考慮飛機在近乎為真空的太空中航行的可能性。下列哪一選項中的學生，其所提出的飛機飛行原理，不能用於太空航行？
   (A) 甲、乙、丙　　　　(B) 甲、乙　　　　(C) 甲、丙
   (D) 甲　　　　　　　　(E) 乙

62. 如果飛機依照三位學生主張的方式，由地面起飛，則哪些必須有加速的跑道，才能升空？哪些離地升空後，就沒有向前的推進力？

選項 \ 飛機	須有加速跑道才能升空	升空後即沒有向前推進力
(A)	甲、乙、丙	甲、乙
(B)	甲、乙	甲
(C)	甲、乙	乙、丙
(D)	甲	甲、乙

63. 甲、乙兩學生主張飛機的升力來自機翼上、下方的空氣壓力差，而根據白努利方程式，在穩定的氣流中，流速愈快的地方，氣體的壓力愈小。如果飛機由水平地面起飛或在大氣中飛行時，流經機翼的空氣可視為穩定的氣流，則依據甲、乙兩學生的主張，下列敘述，何者正確？

(A) 飛機的飛行高度固定時，機翼下方的空氣流速，一定比機翼上方為大

(B) 飛機要離地升空時，機翼下方的空氣流速，必須比機翼上方為大

(C) 飛機要離地升空時，機翼上方與下方的空氣流速，必須相等

(D) 機翼上方與下方的空氣流速相等時，飛機的飛行高度會下降

64-67題為題組

　　熔點是固體物質熔化成液體時的溫度，純物質在定壓時有固定的熔點，測量有機物的熔點，是判定其純度的方法。此實驗中，可將樣品置於毛細管中，將毛細管與溫度計一起浸入油中加熱，如圖21所示，從溫度計可以讀出樣品熔化時的溫度。每一種樣品的實驗可以做數次的測量，測量的平均值與標準值的差距愈小，表示實驗的「準確度」愈高。同一種樣品的實驗，個別測量值間的平均差距愈小，表示實驗的「精密度」愈高。四種有機物質及一種混合物之熔點測定的數據列在表3，回答64-67題。

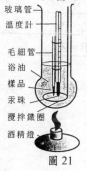

玻璃管
溫度計
毛細管
浴油
樣品
汞珠
攪拌鐵圈
酒精燈

圖21

表3

樣　　　品	熔　點（℃）				
	第1次	第2次	第3次	平均值	標準值
1.苯（C_6H_6）	5.3	5.5	5.8	5.5	5.5
2.環己烷（C_6H_{10}）	6.0	6.5	6.5	6.3	6.5
3.苯與環己烷體積 1:1的混合物	-2.9	-4.0	-5.5	-4.1	-
4.異丁醇（C_4H_9OH）	28	29	30	29	26
5.苯甲酸（C_6H_5COOH）	122	124	-	123	122-123

64. 測量的準確度與精密度可以用槍靶來示意，假設下列各圖中最中心的圓圈代表標準值，越外圈的數值與標準值相差愈大，每個黑點代表一次的測量值，下列關於準確度與精密度的敘述何者正確？

(A) 甲實驗的精密度比乙的高
(B) 乙實驗的精密度比丙的高
(C) 丙實驗的精密度比甲的高
(D) 丙實驗的準確度比乙的高

65. 根據表 3 的數據，下列關於測量值精密度的推論，何者合理？
(A) 測量熔點愈高的物質時，精密度愈差
(B) 測量不同物質的熔點時，精密度不一定相同
(C) 測量混合物熔點總是較測量純物質的精密度高
(D) 本實驗所用的溫度計，能測到最好的精密度是 1℃

66. 下列各種實驗操作，何者不會影響測量的準確度？
(A) 毛細管中的樣品低於溫度計汞珠的底部
(B) 毛細管裝有樣品的底端偏離了溫度計
(C) 毛細管的上端管口高過溫度計刻度的最低位置
(D) 樣品填裝在毛細管中的高度超過溫度計汞珠的上端

67. 極性是指物質的分子，其正電荷分布與負電荷分布的中心，並不一致。物質的熔點與物質的分子量及極性有關，苯與環己烷屬於非極性物質，異丁醇與苯甲酸屬於極性物質，根據表 3 的數據，下列影響有機物熔點的推論，何者最合理？

(A) 分子量大的物質熔點總是較高

(B) 混合物的熔點是成分物質熔點的平均值

(C) 分子量的差異不是造成異丁醇的熔點比環己烷高的原因

(D) 苯甲酸的熔點比其他三種有機物高,主要是因其含有苯環的結構

68. 「酵素」是一種能催化生化反應的蛋白質。某科學家以分子生物技術,做出五種不同長度的酵素 X,並分別測定其酵素活性如下圖:(酵素 X 總長為 419 個胺基酸,圖中數目代表胺基酸的編號,例如 86-419 代表此蛋白質含酵素 X 的第 86 號胺基酸到第 419 號胺基酸)

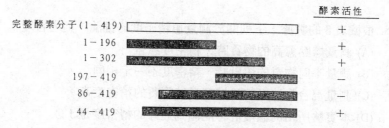

依據實驗結果,酵素 X 分子中具有活性的部分最可能是下列哪一段?

(A) 第 196 號胺基酸到第 419 號胺基酸

(B) 第 1 號胺基酸到第 43 號胺基酸

(C) 第 44 號胺基酸到第 196 號胺基酸

(D) 第 197 號胺基酸到第 302 號胺基酸

91年度學科能力測驗自然科試題①詳解

第一部分:選擇題

1. **B**

   【解析】 (A) 會再經由分解者分解而逸散

   (C) 消費者間接由太陽獲得能量

   (D) 約 10%

2. **C**

   【解析】 消費者為直接或間接以生產者為主的生物,包括動物、寄生性生物等。

3. **D**

   【解析】 生物體內含最多的是碳水化合物。

4. **A**

   【解析】 (B) 根瘤菌為細菌,不是真菌。

   (C) 亞硝酸鹽或銨鹽即可,不一定是硝酸鹽。

   (D) 根瘤菌、固氮桿菌和某些藍綠藻才行,硝化細菌只能利用簡單的氮化合物。

5. **B**

6. **D**

   【解析】 (A) 應為熱帶季風林

   (B) 物種歧異度大

   (C) 海拔 3000 公尺以上為高山草原或寒原

7. **A**

8. **C**

9. **D**

10. **D**

【解析】(B) 還要考慮遷入和遷出

(C) 閉封環境中,生物最後會因缺乏營養物以及排遺廢物過多而死亡。

11. **B**

【解析】丙、戊均屬群落

12. **C**

【解析】生物放大即生物累積效應

DDT 為脂溶性,不被酵素分解,存於肝或肌肉中。

13. **D**

【解析】(C) 登革熱為病毒,病毒無法行分裂生殖。

14. **C**

【解析】(A) 應較純水大

(B)(D) 可直接由圖中看出

15. **D**

【解析】(A) 波高與波長無關

(B) 波高愈高

(C) 提供的能量愈多

(D) 波速＝頻率×波長,故頻率相同的波浪,波長較長者波速較快。

16. **C**

 【解析】 (A) 視星等愈小的恆星愈亮，故前者應較 3.3 者亮。

 (B) 而各恆星均以北極星為中心，作週日運動。

 (C) 恆星表面溫度較低者，星色為紅、黃色，表面溫度較高者，星色為白、藍色。

 (D) 只是其在天球上的投影相近，與實際距離無關。

17. **A**

 【解析】 此種現象發生於車外氣溫較車內高且溼度較車內大時

18. **A**

 【解析】 斷層為岩石受外力作用變形斷裂，且沿裂面產生位移而形成，與沈積構造無關。

19. **C**

 【解析】 兩中洋脊之間為轉形斷層。

20. **A**

 【解析】 因為中洋脊屬張裂型板塊

21. **D**

 【解析】 百葉箱要避免陽光直射至箱內，台灣地區上午陽光偏東，下午偏西，且終年偏南。

22. **A**

 【解析】 (B) 聲納探測的是海底地形。

 (C) 遙感探測無法探求岩石圈的底界。

 (D) (E) 陸地及海底鑽探無法到達岩石圈的底界。

23. **A**

 【解析】 氦為單原子氣體，而氮為雙原子分子且氣體應均勻分布於容器中，故選 (A)

24. **C**

　　【解析】(A) 應是溶解出來，而不是沈澱出來。

　　　　　　(B) 鉛為陰極（負極），氧化鉛為陽極（正極），兩極均硫酸鉛溶解。

　　　　　　(D) 不只會形成這兩種。

25. **C**

　　【解析】(A) 可由圖中得知

　　　　　　(B) $\left(\dfrac{100}{89} - 1 \right) \Big/ 1 \fallingdotseq 12\%$

　　　　　　(C) $_1^1H$（氫）的原子量應為 $_1^2H$（氘）之 50%

　　　　　　(D) $20 - 18 \Big/ 18 \fallingdotseq 11\%$

26. **C**

　　【解析】(A) 最小單位為單位晶格

　　　　　　(B) Na^+ 有 10 個電子，Cl^- 有 18 個電子

　　　　　　(D) 應為大於，不是等於

27. **D**

　　【解析】(A) 純水 PH 值=7

　　　　　　(B) 可能為負（如 $[H^+] = 10M$，$PH = -\log 10 = -1$）

　　　　　　(D) 鹼性溶液中，7 ＜ PH 值

28. **D**

　　【解析】由圖形可知 O_3 與 PAN 在 5 小時後兩者同時增加看不出 O_3 可生成 PAN。

29. **B**

【解析】 $Al(OH)_3$分子量為 78，設所需質量為 x 克

當量數：

$$0.3(升) \times 0.060 \left(莫耳 \middle/ 升 \right) = \frac{x}{78} \times 3 \left(一個Al(OH)_3 可放出3個OH^- \right)$$

解得 $X \fallingdotseq 0.47$（克）

30. **A**

【解析】 常用的胃藥有碳酸氫鈉、氫氧化鋁，氫氧化鎂

31. **C**

【解析】(A) 乙醇為液體 (B) 果糖易溶於水 (D) 蛋白質燃燒會有
NH_3 的臭味，故選 (C) 合乎表格性質。

32. **C**

【解析】甲出口的為碳數較少且沸點低的碳氫化物，如石油氣、
石油醚⋯等。
丙出口的為碳數較多且沸點高的碳氫化物，如蠟、潤
滑油⋯等。

33. **D**

【解析】(A) 甲出口主要為石油氣、石油醚，及汽機車使用的
一般汽油。
(B) 乙出口的碳數應少於 19，如煤油、航空汽油，柴
油⋯等。
(C) 原油的成分應不含鉛。

34. **A**

【解析】厚玻璃杯會破的原因是因為局部的熱無法很快的傳
出，導致各部份溫差太大。故提高導熱性，可使厚
杯不易破。

35. **D**

　　【解析】由圖知，此人高頻率的聽力受損較為嚴重。故較易接收到低頻的聲音。

36. **D**

　　【解析】(D) 照明很弱時，人眼的瞳孔會張大。若突然用閃光燈照像，因瞳孔來不及收縮，故將佈滿微血管時視網膜反射而形成紅眼。若先用強度較弱但近乎連續的閃光，則瞳孔會先行收縮，再快閃一次，則不會出現紅眼。

37. **A**

　　【解析】

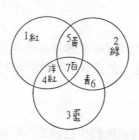

光的三原色關係圖

由光的三原色關係圖可得 (A)。

38. **B**

　　【解析】由法拉第電磁感應：$\varepsilon' = \dfrac{d\phi_\beta}{dt}$ 知電磁爐所用的磁場為隨時間變化。

39. **A**

　　【解析】因甲乙與地完全絕緣，故不會解電。

40. **D**

　　【解析】(A) 核聚變為兩個氫核融合為一氦核

　　　　　　(B) 亦來自核能

　　　　　　(C) 核聚變不會有核廢料問題

　　　　　　(E) 核聚變因溫度太高現今仍無商業價值

第二部分：多重選擇：

41. **CE**

   【解析】 太陽黑子溫度約 4000 度，是太陽表面溫度較低處，其它部分溫度約為 6000 度。

42. **AG**

   【解析】 $\dfrac{360°}{365(日)} \fallingdotseq 1$（度）

   滿月間間隔約 30 天 ∴ 1（度）× 30 = 30（度）

43. **BE**

   【解析】 (B) 是月球繞地球公轉

   (E) 應是轉到丙才會再次滿月

44. **BF**

   【解析】 (B) $40000 \times \dfrac{15}{360} \div 833 \cong 2$ 小時

   (F) 乙位於甲的西方，故較甲地的時間晚 1 小時；

   故乙地時間 7 + 2 − 1 = 8 點

45. **DE**

   【解析】 (A) 在 $0°C$ 緯度 $45°$ 海平面上的大氣壓力稱為一大氣壓。

   (B) 不一定。

   (C) 與面積無關。

   (E) 因須再加上液體的壓力。

46. **AE**

   【解析】 (A) 當高度突然變化時，會產生壓力的變化而造成鼓膜兩邊的壓力差。

   (E) 吞嚥時，空氣能進出中耳，故可消除鼓摸兩邊的壓力差。

47. **BC**

【解析】(A) 如表：甲 110V×6.7A＝737w，須乘上功率因素 97.7%
才會等於總額定消耗功率 737×0.977≒720 瓦

(B) 1 卡＝4.186 焦耳，故變大。

(C) 如表由單位知 $\dfrac{冷房能力（Kcal／h）}{總額定消耗功率（w）}$

= EER值$\left(\dfrac{Kcal}{Wh}\right)$

(D) 乙的 EER 值高，冷房效率較大。

(E) 起動時間僅爲短暫時間，故保險絲規格不須大
於他。

48. **AC**

【解析】(A) 如圖，交流電之電壓爲
變值，電流亦爲變值。

(C) 因乙與丁接地，故電壓
恆爲 0。

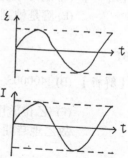

49. **B**

【解析】40℃時，飽和空氣中水氣含量爲$\dfrac{50公克}{立方公尺}$

而甲處的水氣含量爲$\dfrac{10公克}{立方公尺}$

∴相對溼度 = $\dfrac{10}{50}$×100% = 20%

50. **B**

【解析】過度肥胖的老鼠因細胞對胰島素的反應能力減弱，所
以血糖和胰島素的濃度均偏高。

51. **D**

52. **A**

【解析】 淡水河平均坡度 = 3500(m)/159(km) > 基隆河 $\dfrac{500(m)}{86(km)}$

而平均流速可由 "淡水河的最大洪水流量約爲基隆河的
十倍之多" 推知淡水河平均流速較大

53. **A**

【解析】 由題目知 9 月 16 日爲大潮，而大潮日非朔即望，又 10
月 1 日中秋節爲望，則兩週前之 9 月 16 日必爲朔。

54. **D**

【解析】 基隆河南岸及淡水河右岸爲社子島的東南方。

55. **A**

56. **D**

【解析】 (A) 活性炭無法除去固體物質

(B) 主要是使有機物分解並殺菌

(C) 逆滲透法可除去大分子，但無法除去所有金屬
離子。

57. **B**

【解析】 由題目可知，水庫與兩山的垂直截面不變，可忽略三度
空間的延伸。

降雨量 400mm = 0.4m，設水庫水面上升 x m

山高 h = 500m 且 θ = 45°，得水庫兩側集水區寬爲

500 + 100 + 500 = 1100m

$\Rightarrow$ 方程式 1100 × 0.4 = 100 × x

得 $x \approx 4$m

58. **B**

【解析】(A) 乙為略略上升，丙反而下降

59. **B**

【解析】(C) 應為明顯上升

(D) 乾旱亦是其中之因素

60. **A**

【解析】飛機向前推進時，

甲：輪子→汽車。

乙：螺旋槳或渦輪機→輪船。

丙：噴射→火箭。

61. **B**

【解析】輪子與螺旋槳無法在空中及太空中航行。

62. **B**

【解析】(1) 甲與乙升空靠空氣流過機翼，故須慢慢加速。

(2) 升空後甲的輪子無法再得到地面的摩擦力，故無法推進。

63. **D**

【解析】由白努利方程式：流速愈大，壓力愈小。

(D) 流速相等時，機翼上、下方之壓力相等，僅剩重力，故下降。

64. **C**

【解析】 甲 —— 準確度低，精密度低

乙 —— 準確度較高，精密度較低

丙 —— 準確度低，精密度高

65. **B**

【解析】 (A) 表 3 中苯與環己烷 1:1 的混合物精密度最差，而熔點最高的苯甲酸其精密度較高，故不一定熔點愈高精密度愈差。

(C) 精密度比較低。

66. **C**

【解析】 毛細管中樣品儘量貼近溫度計汞珠的地方，測到樣品熔解即爲該物之熔點，而 (C) 毛細管上端管口並無樣品，若高過溫度計刻度的低端並不影響測量的準確度。

67. **C**

【解析】 (A) 環己烷其熔點（$C_6H_{10} = 82$）就比異丁醇（$C_4H_9OH = 74$）低，是因異丁醇有氫鍵其極性較環己烷大，故異丁醇雖分子量小但熔點較高。

(B) 由表 3 和苯與環己烷 1:1 混合物熔點均低於各別的熔點。

(D) 苯甲醇的點最高，是因具—$COOH$ 羧基爲強的氫鍵。

68. **C**

【解析】 由上圖可以推測，酵素 x 分子具有活性的部分爲 $44-86$。

九十一年大學入學學科能力測驗試題
自然考科②

第壹部分

一、單一選擇題

說明：第 1 至 38 題為單一選擇題，每題均計分。每題選出最適當的選項，標示在答案卡上。每題答對得 2 分，答錯不倒扣。

1. 如下圖所示，在水平地面上，某人以斜向上拉或斜向下推的方式，使行李箱沿地面等速度移動，若拉力或推力與水平面的夾角皆為 $30°$，行李箱與地面間的摩擦力分別為 $f_拉$ 和 $f_推$，則下列敘述何者正確？
   (A) $f_拉 < f_推$，斜向上拉會比斜向下推省力
   (B) $f_拉 < f_推$，斜向上拉會比斜向下推費力
   (C) $f_拉 > f_推$，斜向上拉會比斜向下推費力
   (D) $f_拉 > f_推$，斜向上拉會比斜向下推省力

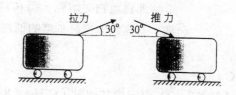

2. 如下圖所示，用兩條不可伸縮的繩子，使一質量均勻分布的平台懸吊成水平，平台上甲至庚的每一區塊寬度都相同，平台和繩子的質量可忽略。若張三的體重為 70 公斤重，而每條繩子最多只能支持 50 公斤重，則張三站在平台上的哪些區塊是安全的？
   (A) 只有丁
   (B) 只有丙、丁、戊
   (C) 只有乙、丙、丁、戊、己
   (D) 所有區塊

3. 某人站在一面大磚牆前 80 公尺處,以木槌敲擊木塊,每當聽到磚牆反射的回聲時,立即再次敲擊。若第 1 次敲擊與第 21 次敲擊的時間間隔為 10.0 秒,則當時的聲速約為多少公尺/秒?
   (A) 160　　(B) 180　　(C) 320　　(D) 340　　(E) 360

4. 溫度為 100℃的水蒸氣所造成的燙傷,一般會比相同質量的 100℃沸水來得嚴重,下列哪一選項最能合理解釋此現象?
   (A) 水蒸氣導熱性比沸水良好
   (B) 水蒸氣的密度小於沸水的密度
   (C) 水蒸氣的比熱大於沸水的比熱
   (D) 水蒸氣的分子比沸水的分子大
   (E) 水蒸氣凝結時會釋出大量的凝結熱

5. 有些建築物,例如醫院,會在一些特定地區入口處的門板或牆壁上,張貼如下所示的圖案。此為國際通用的一個標誌,下列有關此標誌意義之敘述,何者正確?
   (A) 此地區為發電機放置區
   (B) 此地區有緊急逃生設備
   (C) 此地區使用電風扇通風
   (D) 此地區使用超聲波
   (E) 此地區有放射源

6. 將一個一元小銅板貼在窗戶的玻璃上,用一隻眼睛看它,當它剛好將滿月的月亮完全遮住時,眼睛和銅板的距離約為 220 公分。已知銅板直徑約為 2.0 公分,月球直徑約為 3.6×10^3 公里,則月球與地球的距離約為多少公里?
   (A) 4.0×10^3　　　　　　(B) 4.0×10^5
   (C) 4.0×10^7　　　　　　(D) 4.0×10^9
   (E) 4.0×10^{11}

7. 一克純水在不同溫度時的體積如下圖所示。若一溫度計，以純水取代水銀，利用水柱的高度來測量溫度，則下列何者為此純水溫度計可適用的溫度範圍？

(A) 0℃至10℃
(B) 0℃至100℃
(C) 2℃至10℃
(D) 2℃至90℃
(E) 10℃至90℃

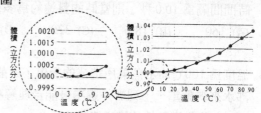

8. 甲、乙兩個平面鏡相交成直角，一物↑位於鏡前，此物經平面鏡反射後的成像情形如下圖所示，三個虛像分別以像Ⅰ、像Ⅱ、像Ⅲ表示。若眼睛自P處望向乙鏡，則總共能看見哪幾個像出現在乙鏡中？

(A) 像Ⅰ、像Ⅱ、像Ⅲ
(B) 像Ⅱ、像Ⅲ
(C) 像Ⅰ
(D) 像Ⅱ
(E) 像Ⅲ

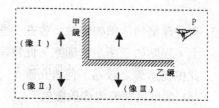

9. 我們最常使用下列哪一種方法來測量地殼的厚度？

(A) 雷達測距
(B) 聲波回音
(C) 地下鑽井
(D) 地震波波速變化

10. 將下列甲至戊五個地質時代，依老到新的順序重新排列，其正確順序為何？

甲、寒武紀　　　　　乙、第三紀　　　　　丙、二疊紀
丁、第四紀　　　　　戊、侏羅紀

(A) 甲乙丙丁戊
(B) 甲丙乙丁戊
(C) 甲丙戊乙丁
(D) 甲丙戊丁乙
(E) 甲戊丙丁乙

11. 海浪和洋流不斷攪動海水接近表面的一層，使得此層上下海水的一些物理性質混合均勻，故稱它為混合層。下列何者<u>不會</u>因混合而達成均勻？
    (A) 海水壓力　　　　　　　(B) 海水鹽度
    (C) 海水溫度　　　　　　　(D) 海水密度

12. 下列有關亞洲季風的描述，何者正確？
    (A) 夏季季風盛行時，通常海洋為高氣壓區，亞洲大陸為低氣壓區
    (B) 冬季季風的風向主要從海洋吹向亞洲大陸
    (C) 季風持續的時間較海、陸風短暫
    (D) 季風涵蓋的範圍較海、陸風小

13. 圖1是一處岩層的地質剖面圖，其中甲、乙、丙、丁分別代表四種不同沉積岩地層，戊代表火成岩脈。依照被截切的地層比截切者較早形成的原理，下列何者最晚形成？
    (A) 甲
    (B) 乙
    (C) 丙
    (D) 丁
    (E) 戊

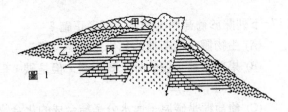

圖 1

14. 下列哪一類岩石覆蓋地球表面積最廣？
    (A) 火山岩　　　(B) 沉積岩　　　(C) 變質岩　　　(D) 深成岩

15. 下列三種變質岩，依變質程度由低到高之正確排列順序為何？
    (A) 板岩、片麻岩、片岩　　　(B) 板岩、片岩、片麻岩
    (C) 片岩、片麻岩、板岩　　　(D) 片岩、板岩、片麻岩
    (E) 片麻岩、板岩、片岩

16. 小明為了要攀登附近的勝利峰而準備地形
　　圖，勝利峰的剖面圖如圖 2 所示。下列各
　　圖中最外圈的等高線，高度均為零，而相
　　鄰兩等高線的差距為 200 公尺，哪一張圖
　　是勝利峰的正確等高線圖？

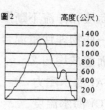

(A)　　　　　　　　　　　　　　(B)

(C)　　　　　　　　　　　　　　(D)

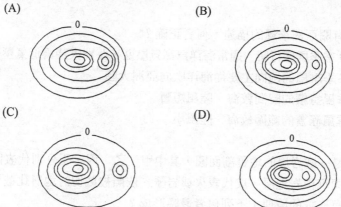

17. 下列關於葡萄糖的敘述，何者正確？
　　(A) 生物體中葡萄糖的氧化是放熱反應
　　(B) 果糖與葡萄糖的分子式不同，但是碳、氫、氧的原子數均
　　　　相同
　　(C) 葡萄糖是碳原子與水分子結合成的化合物，所以稱為碳水
　　　　化合物
　　(D) 葡萄糖是單糖，蔗糖是雙糖，所以葡萄糖的分子量是蔗糖
　　　　的一半

18. 下列有關酸鹼的敘述，何者正確？
　　(A) 去離子水不含任何離子，所以完全不導電
　　(B) 檸檬汁與石灰水混合時會發生質子轉移的反應
　　(C) 檸檬汁太酸，可以藉加入糖分予以中和並減低酸度
　　(D) 稀釋後的檸檬汁中，其氫氧根離子濃度大於氫離子濃度

19. 煉油工業從原油分出各種的成分，主要是利用油料何種物理性質的差異？

    (A) 顏色   (B) 沸點   (C) 熔點   (D) 密度

20-21 題為題組

    在 20-21 題的圖中，以大灰球與小白球分別代表兩種不同的原子，回答第 20-21 題。

20. 有關甲、乙、丙、丁四個圖所含的物質，下列的敘述，何者最合理？

    (A) 甲圖中是化合物   (B) 乙圖中是混合物

    (C) 丙圖中是純物質   (D) 丁圖中是元素

21. 下列的方程式，何者最適合描述下圖中的反應？

    (A) $A_2 + B_2 \rightarrow A_2B$

    (B) $2A_2 + B_2 \rightarrow 2A_2B$

    (C) $3A_2 + 6B_2 \rightarrow 6A_2B$

    (D) $12A + 6B \rightarrow 6A_2B$

    (E) $6A_2 + 3B_2 \rightarrow 6AB_2$

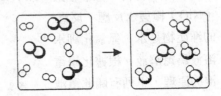

22-23 題為題組

    在實驗室中可藉氯酸鉀分解反應製氧，藉碳酸鈣分解產生二氧化碳，汽車的安全氣囊則利用汽車遭強力撞擊時，引發三氮化鈉（NaN_3）瞬間分解，產生氮氣充滿氣囊，達到保護作用。三氮化鈉的分解反應為 $2NaN_{3(s)} \rightarrow 2Na_{(s)} + 3N_{2(g)}$，回答第 22-23 題。

22. 在常溫常壓下，若氮氣的莫耳體積是 24.5 升/莫耳，則 13.0 克的三氮化鈉（其分子之質量為每莫耳 65.0 克）最多可以產生多少升的氮氣？

(A) 7.35　　(B) 4.90　　(C) 3.68　　(D) 2.45　　(E) 1.63

23. 在常溫常壓下，三氮化鈉分解會放出 21.7 千焦耳/莫耳的熱量，若此反應熱以 ΔH 表示，則下列敘述，何者正確？

(A) 三氮化鈉分解的熱化學反應式為 $2NaN_{3(s)} \rightarrow 2Na_{(s)} + 3N_{2(g)}$ ＋43.4 千焦耳

(B) 三氮化鈉分解的熱化學反應式為 $2NaN_{3(s)} \rightarrow 2Na_{(s)} + 3N_{2(g)}$ ＋21.7 千焦耳

(C) 三氮化鈉分解的熱化學反應式為 $2NaN_{3(s)} + 21.7$ 千焦耳 $\rightarrow 2Na_{(s)} + 3N_{2(g)}$

(D) 三氮化鈉分解反應的反應熱 $\Delta H = 21.7$ 千焦耳/莫耳

24. 氫氧燃料電池是太空飛行的重要能量來源，圖 3 的燃料電池是以氫與氧為反應物，氫氣在鎳（Ni）極與 OH⁻ 反應，氧氣在氧化鎳（NiO）極與水反應，反應的淨產物是水，氫氧化鉀水溶液為電解液。根據化學電池的原理，下列有關此電池的敘述，何者正確？

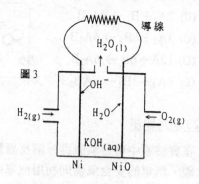

(A) 氧氣是被 H_2O 還原，氫氣是被 OH⁻ 氧化

(B) 氧氣在陽極被還原，氫氣在陰極被氧化

(C) 電子在外電路的導線中，從氧化鎳極向鎳極移動

(D) 電池放電時，氫氧化鉀水溶液中的 pH 值會逐漸下降

25. 下列有關聚合物的敘述，何者正確？
    (A) 纖維素與澱粉都是天然的聚合物
    (B) 蛋白質與耐綸都是胺基酸的聚合物
    (C) 蛋白質與耐綸都是由一種化合物聚合而成
    (D) 人造絲（聚酯）與蠶絲都是碳、氫、氧組成的物質

26. 下列甲至丁四種基團中，哪兩種的組合適合作為清潔劑？
    甲、$CH_3CH_2CO_2^-$　　　　　乙、$CH_3(CH_2)_{11}CO_2^-$
    丙、Na^+　　　　　　　　　　丁、Cl^-
    (A) 甲、丙　　　(B) 甲、丁　　　(C) 乙、丙　　　(D) 乙、丁

27. 小明在一個封閉的人工池塘中，調查到有多種浮游藻類，水生昆蟲如孑孓等，及青蛙、蛇、大肚魚、鯉魚、烏龜等動物，還有水蘊草、睡蓮、水蠟燭等開花植物。他每月定期進行調查，並持續做完一年，最後根據結果提出以下推論，其中何者錯誤？
    (A) 調查發現有民眾放生烏龜，而使得大肚魚數量明顯下降，此為競爭的結果
    (B) 調查發現池岸邊出現其他禾草，而水蠟燭數量略有減少，此為競爭的結果
    (C) 少數生物雖有數量上的變化，此群集應可達到動態平衡
    (D) 池塘中的各種生物構成一個食物網

28. 下列有關能量塔的敘述，何者正確？
    (A) 食物鏈中每一消費層級的轉換過程中，會散失少部份的能量
    (B) 能量在能量塔的流轉方式與碳循環中碳元素的流轉方式相似
    (C) 生物量隨能量塔階層的增加而遞增10%，稱為10%定律
    (D) 食物鏈中的能量成塔狀遞增

29. 造林時，在林木的生長早期，會刻意砍除其中一部分。此舉動的主要目的爲何？
(A) 避免林下陽光不足，影響其他伴生植物生長
(B) 砍除生病林木，避免疾病蔓延，影響生長
(C) 避免植株競爭土壤養分，影響生長
(D) 避免林木過多，管理照顧不易

30-31 題爲題組

圖 4 是台灣中部某水庫中三種矽藻族群的生長曲線圖，回答第 30-31 題。

30. 依據此生長曲線圖，下列敘述何者正確？
甲、水中營養鹽濃度在八月份最高
乙、八月水溫較高，最適宜三種矽藻生長
丙、三種矽藻對季節變化的反應各不相同
丁、四月時三種矽藻合計的總數量最高

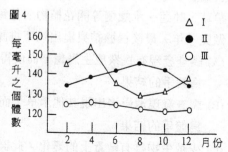

(A) 甲丙
(B) 甲丁
(C) 乙丙
(D) 丙丁

31. 依據此生長曲線圖，下列何者爲最可能的合理推論？
(A) 矽藻 I 族群的變化大，主要是受該棲地的營養鹽含量的影響
(B) 矽藻 I 的個體數量下降的主要原因是競爭所致
(C) 矽藻 II 的最佳生長條件可能與水溫有關
(D) 矽藻 III 的族群穩定，是該棲地最優勢的物種

32. 下列有關生態系的敘述，何者正確？
    (A) 以空間而言，相鄰兩生態系之間一般不具有連續性
    (B) 一個生態系含生產者、消費者、分解者等生物及無機環境
    (C) 食物網越複雜，自我調節能力就越小，生態平衡也越不易維持
    (D) 一穩定的生態系中，各種生物間，以及生物與環境間呈靜態的平衡

33. 下列何者為臺灣每一個國家公園都擁有的生態系？
    甲、珊瑚礁生態系　　　　　　　乙、森林生態系
    丙、河口生態系　　　　　　　　丁、湖泊生態系
    (A) 甲丙　　　　(B) 乙丙　　　　(C) 甲丁　　　　(D) 乙丁

34. 下列有關碳、氮、磷、硫物質循環的敘述，何者正確？
    (A) 硫是以含硫酸鹽的蛋白質為植物體吸收
    (B) 磷主要源自細菌分解生物體後的產物
    (C) 氮是以固氮後之鹽類被植物體吸收
    (D) 碳是以有機物質被生物體所利用

35. 圖5為某植物在其棲地的族群密度變化曲線。下列何者為最適當的推論？
    (A) 此植物族群的驟減是因為棲地遭火災
    (B) 此植物族群的驟減是因為外來種的競爭
    (C) 此植物族群的驟減是因為天敵遷入棲地
    (D) 此植物族群的驟減是因為養分來源終止

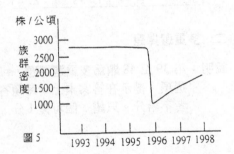
圖5

36. 下列敘述何者符合達爾文的天擇學說？
 (A) 甜玉米被大量種植是因為玉米粒味美好吃
 (B) 鯨的附肢像鰭的形狀，此乃因為長期在水中游泳而逐漸成型的
 (C) 華斑蝶的族群得以繁衍是因其色彩鮮豔且具毒性，鳥類多敬而遠之
 (D) 原為偶蹄的始祖馬，演化成現今的單蹄馬，此為長久在草原奔跑的結果

37. 下列有關生物在自然生態系中所扮演角色的敘述，何者錯誤？
 (A) 土壤中的硝化細菌將銨鹽轉變成硝酸鹽，屬於分解者
 (B) 紅樹林的招潮蟹撿食泥土中的碎屑，屬於清除者
 (C) 非洲草原的野狗掠食野牛，屬於消費者
 (D) 鳥巢蕨附生於樹幹上，屬於生產者

38. 圖6為三種植物的生存曲線，下列何者為最適當的推論？

選項	多年生木本	一年生草本	多年生草本
(A)	甲	乙	丙
(B)	丙	乙	甲
(C)	丙	甲	乙
(D)	甲	丙	乙

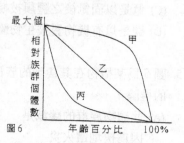

圖6

二、多重選擇題

說明：第39至48題為多重選擇題，每題均計分。每題選出最適當的選項，標示在答案卡上。每題答對得2分，答錯不倒扣，未答者不給分。只錯一個可獲1分，錯兩個或兩個以上不給分。

39. 水上遊樂區的水池上面，架設有高度相等的甲和乙兩個斜面滑梯水道。有一小孩先後自甲、乙水道的頂端下滑入池，所花的時間分別為 t_a 和 t_b，剛入池時的速率分別為 v_a 和 v_b。若摩擦力可忽略，下列敘述何者正確？（應選二項）

(A) $t_a > t_b$

(B) $t_b = t_b$

(C) $t_a < t_b$

(D) $v_a > v_b$

(E) $v_a = v_b$

(F) $v_a < v_b$

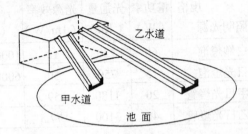

40. 一個 110V、2000W 的電熱水器，以電線接至牆壁上的家用電源，其電路如下圖所示。電路上有一開關，使用時只需將開關按下，接通電路。下列有關此電路的敘述何者正確？（應選二項）

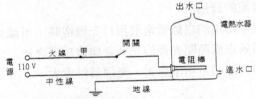

(A) 電線應使用規格為 15A 的絕緣導線

(B) 電熱水器使用時，電阻棒每秒產生 1000 焦耳的熱

(C) 基於用電安全，加裝保險絲時，可串接於電路的甲處

(D) 開關接於火線，或接於中性線，都不會造成用電安全的疑慮

(E) 電熱水器因接有地線，即使漏電，碰觸到其外殼亦不會觸電

41. 在圖 7 所示的電路中，若以一條粗銅線連接 a 點和 b 點（圖中虛線），則下列敘述何者正確？（應選二項）

(A) 電路消耗的電功率增加

(B) 甲燈泡兩端的電壓減小

(C) 流過甲燈泡的電流減小

(D) 甲、丙燈泡亮度增加

(E) 乙燈泡亮度增加

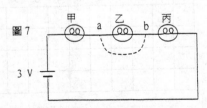

42. 屋內照明為家庭用電的重要部分，使用的照明光源主要有白熾燈和日光燈。下表為四種照明光源的規格說明，下列有關照明光源的敘述何者正確？（應選二項）

規格 照明光源	電功率 （W）	光通量 （1m）	光源效率 （1m/W）	平均壽命 （小時/個）	售價 （元/個）
白熾燈泡	60	720	12	1000（約半年）	27
日光燈泡	15	750	50	6000（約3年）	235
甲日光燈管	20	1180	59	5000	32
乙日光燈管	40	3100	77.5	6000	45

(A) 就節約能源的觀點而言，使用兩根甲日光燈管優於使用一根乙日光燈管

(B) 將家中使用的白熾燈泡改用日光燈泡時，在3年內會節省購買燈泡的費用

(C) 將家中使用的白熾燈泡改用日光燈泡時，可減少熱量的產生

(D) 光源效率為照明光源的光通量與電功率之比

(E) 照明光源的電功率愈大，光通量就愈大

43-44 題為題組

下圖為部分的週期表，該表中標示有甲至己六個元素，根據週期表元素性質變化的規律與趨勢，回答43-44題。

43. 甲至己六個元素中，何者最容易形成正一價的陽離子？何者最容
    易形成負一價的陰離子？（應選二項）
    (A) 甲　　　　　　(B) 乙　　　　　　(C) 丙
    (D) 丁　　　　　　(E) 戊　　　　　　(F) 己

44. 下列何種組合，因結合後各元素皆能擁有氦原子的電子數，所以
    能形成穩定的純物質？（應選二項）
    (A) 甲、戊　　　　(B) 乙、丙　　　　(C) 乙、戊
    (D) 丁、丁　　　　(E) 己、己　　　　(F) 戊、戊

45. 下列有關板塊構造學說的敘述，何者正確？（應選二項）
    (A) 海溝是持續不斷產生新的海洋地殼之處
    (B) 板塊構造學說主張板塊是由地殼碎裂形成的
    (C) 兩板塊在中洋脊處屬相對碰撞運動，但在海溝處屬相互分離
        運動
    (D) 台灣位於菲律賓海板塊與歐亞大陸板塊交會處，屬聚合型板
        塊邊界
    (E) 就科學史而言，先有大陸漂移說，再有海底擴張說，最後才
        有板塊構造學說

46-48 題為題組

　　飛馬座附近的 X 彗星，其視星等是 8.6。大明、小華、大琳、小
美四人相約攜帶不同類型的望遠鏡（如下表所示）與相關天文觀
測器材資料到山上觀測。回答第 46-48 題。

大明	小華	大琳	小美
8公分折射式望遠鏡	8公分反射式望遠鏡	12公分反射式望遠鏡	7×50雙筒望遠鏡
焦距：800mm	焦距：1000mm	焦距：1200mm	物鏡直徑：50mm
目鏡焦距：8mm、12mm	目鏡焦距：8mm、10mm	目鏡焦距：8mm、18mm	

46. 已知望遠鏡放大倍率為物鏡焦距與目鏡焦距的比值，下列有關他們四人經由望遠鏡可以看到的彗星影像放大倍率的敘述，何者正確？（應選二項）

    (A) 大明最大可看到 8 倍影像
    (B) 小華最大可看到 125 倍影像
    (C) 大琳最大可看到 100 倍影像
    (D) 小美最大可看到 7 倍影像
    (E) 小美最大可看到 350 倍影像

47. 他們四人當中，何人的望遠鏡口徑最小？已知物鏡口徑越大，能收到的光線越多，則何人所看到的 X 彗星最明亮？（應選二項）

選項	口徑最小
(A)	大明
(B)	小華
(C)	大琳
(D)	小美

選項	彗星最明亮
(E)	大明
(F)	小華
(G)	大琳
(H)	小美

48. 飛馬座的α星的視星等是 2.6，其亮度約為 X 彗星的多少倍？其計算方法為何？（應選二項）

選項	倍數
(A)	6.0
(B)	11.2
(C)	90
(D)	250

選項	計算方式
(E)	8.6 減 2.6
(F)	8.6 加 2.6
(G)	6 的 2.51 次方
(H)	2.51 的 6 次方

第貳部分

說明：第 49 至 68 題，共 20 題，均為單一選擇題，答對 16 題或 16
題以上則第貳部分即得滿分。每題選出適當的選項，標示在
答案卡上。每題答對得 2 分，答錯不倒扣。

<u>49-53 題為題組</u>

　　如圖 8 所示，在地表附近，一物體以初速度 $\vec{v_0}$ 被拋射至空中。如
果只受到地球的重力作用，則拋射體的運動軌跡必為一條拋物線，H
為其最大高度，R 為水平射程。在拋物線路徑上，實線的箭頭向量，
代表拋射體在該處的實際速度，向量 --→ 代表水平速度分量，向量 ↓或
↑ 代表鉛直速度分量。圖 8 中的 θ 代表初速度 v_0 與水平面的夾角，稱
為拋射仰角，而 v_0 則代表 $\vec{v_0}$ 的大小（即量值），稱為初速。

　　拋射體受到的地球重力加速度，係沿鉛直方向向下，因此其鉛直
速度的大小，在上升過程中，每秒約減少 10m/s，而在下降過程中，每
秒約增加 10m/s，但其水平速度則到處都相同。拋射體在軌跡頂端時，
鉛直速度為零，故其速度等於水平速度。

　　鉛直上拋的拋射體，沿一垂直線上下運動，其水平速度恆為零。
當初速為 30m/s 時，此拋射體在垂直線上的位置、時間 t 和速度 v，
如圖 9 所示。

　　依據以上敘述及圖示，並假設小石頭只受到地球的重力作用，回
答第 49-53 題

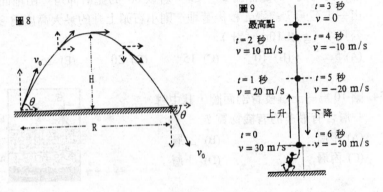

49. 以相同初速自地面拋射一小石頭，則下列敘述何者正確？
   (A) 無論拋射仰角是多少，小石頭上升過程所經歷的時間都會與下降過程相同
   (B) 無論拋射仰角是多少，小石頭在最高點的加速度都會等於零
   (C) 無論拋射仰角是多少，小石頭在最高點的速度都會相同
   (D) 拋射仰角愈大時，小石頭上升的最大高度會愈小
   (E) 拋射仰角愈大時，小石頭所受的力會愈大

50. 初速為 12m/s、拋射仰角為 60° 的小石頭，在最高點的速度大小為多少 m/s？
   (A) 3　　　(B) 6　　　(C) 9　　　(D) 12　　　(E) 15

51. 由地面上拋、初速為 12m/s 的一小石頭，落地時的速度大小為多少 m/s？
   (A) 3　　　(B) 6　　　(C) 9　　　(D) 12　　　(E) 15

52. 以 25m/s 的初速鉛直上拋的一小石頭，上升至最高點經歷的時間約為多少秒？
   (A) 1　　　(B) 1.5　　　(C) 2　　　(D) 2.5　　　(E) 3

53. 當重力加速度為 g 時，初速為零的自由落體沿鉛直方向下落的距離 d 與時間 t 的關係為 $2d = gt^2$。若以 60° 的拋射仰角，由地面拋出一小石頭，經過 4 秒後著地，則小石頭上升的最大高度為多少公尺？（g 以 $10m/s^2$ 計）
   (A) 5　　　(B) 10　　　(C) 15　　　(D) 20　　　(E) 25

54. 圖 10 為一土壤發育剖面圖，其中哪一層含有最多的有機物質？
   (A) 甲層　　　　　　(B) 乙層
   (C) 丙層　　　　　　(D) 丁層

   圖10

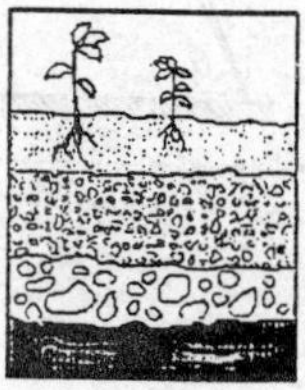

55-56 題為題組

閱讀下面取自報紙的短文,回答第 55-56 題。

據研究,氣候環境不穩定之變動是颱風形成之要因之一。產業升級增加二氧化碳之排放,隨之地球溫室效應的增強,是導致大氣不穩的原因之一。

過去一百年,地球整體表面的平均氣溫,大致每年上升攝氏0.005 度,據研究,其主因為大氣中「溫室效應氣體」之二氧化碳、甲烷、氟氯碳化合物等濃度的增加。

因為地球溫室效應,導致大氣與海水的溫度皆上升,使得大氣與海水之間的熱與水分的循環量起微妙變化。如此,大氣之流動亦會變化。近幾年世界各地頻繁發生之多雨、颱風、洪災、乾旱、異常低溫等「異常氣象」,溫室效應亦為原因之一。

溫室效應對河川、沿海水域之水文環境的影響,亦不可忽視。氣溫一增高,則水分的蒸發散量亦會增加,河川之流量會減小,直接影響整體水資源的開發利用;地表溫度上升會導致動植物、浮游生物更加繁殖,下水道亦會增加臭味;與沿海因高潮位產生海水倒灌之海岸災害等。

總之,漠視「地球溫室效應」對氣候環境變動的影響,會增加自然環境對人類的反撲力量。這可能是大家痛定思痛此次洪水災害之相關問題時,常忽略、卻應加以省思的重要課題。

55. 依據此短文之描述,下列有關溫室效應的敘述何者正確?

(A) 溫室效應只造成地球的平均氣溫的增加,不會引起其他效應

(B) 本文所指的溫室效應氣體是二氧化氮、氯氣、甲烷等三種氣體

(C) 溫室效應是防災科技必須重視的課題之一

(D) 地表溫度上升會造成空氣中水氣含量的減少

56. 若僅考慮溫室效應，且西元 2000 年地球的平均氣溫是 15℃，那麼西元 1900 年時的地球平均氣溫為何？
    (A) 10℃   (B) 14.5℃   (C) 15.5℃
    (D) 20℃   (E) 資料不足，無法估計

57-58 題為題組

　　科學家認為「溫室效應」是維持地球表面溫度的重要過程，是今天的生物圈得以存在的主因之一。太陽的輻射主要以可見光與紫外線通過大氣，照射地球，使得地表變熱。這些熱能會以紅外線的形式再釋回到大氣中，其中一部份逸散到外太空，但大部分的熱輻射會被大氣層中微量的「溫室效應氣體」所吸收，使得地表維持溫暖，稱為地球的「溫室效應」。

　　常見的溫室效應氣體有水蒸氣、二氧化碳、甲烷等。人類活動對大氣中水蒸氣的總量影響有限，但工業革命後，人類活動使大氣中二氧化碳、甲烷及氮氧化物的存量明顯增加，造成「全球增溫」現象。為了比較溫室效應氣體對目前全球增溫現象的影響，科學家通常引用「溫室效應指數」，以二氧化碳為相對標準，估算定壓下每單位體積的氣體所吸收的紅外線輻射量。表 1 列有（A）至（I）共九種氣體在大氣中的體積百分比，及其溫室效應指數。根據表 1，回答 57-58 題。

表 1

選項	物質	大氣中的含量（體積百分比）	溫室效應指數
（A）	N_2	78	0
（B）	O_2	21	0
（C）	H_2O	1	0.1
（D）	CO_2	0.03	1
（E）	CH_4	2×10^{-4}	30
（F）	N_2O	3×10^{-5}	160
（G）	O_3	4×10^{-6}	2000
（H）	CCl_3F	2.8×10^{-8}	21000
（I）	CCl_2F_2	4.8×10^{-8}	25000

57. 表 1 中（A）至（I）九種氣體，哪一種氣體的分子，平均吸收紅外線的能力最大？

58. 根據表 1 的數據，下列有關地球「溫室效應」與「全球增溫」的敘述，何者正確？
    (A) 溫室效應氣體直接吸收來自太陽的可見光，維持地表的溫度
    (B) 地球的溫室效應主要是人類大量燃燒各種化石燃料造成的
    (C) 二氧化碳是對溫室效應總貢獻最大的溫室效應氣體
    (D) 氣體分子中的原子數越多，溫室效應指數越高
    (E) 水蒸氣不是導致目前全球增溫的主要物質

59. 酵素在生化反應時，其活性會受到反應時的環境影響。現在甲、乙兩種性質相似的酵素，為了要比較兩者對溫度及酸鹼值的容忍程度（即仍保持有活性的範圍）的差異，而作了活性測定，結果如下。圖 11 是測定溫度對酵素活性之影響；圖 12 是在 30℃ 狀態下，測定酸鹼值（pH 值）對酵素活性之影響。

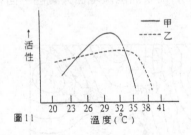
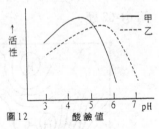

根據兩圖中測定酵素活性之結果，下列敘述何者正確？
(A) 甲酵素對溫度的容忍程度較乙酵素高
(B) 甲酵素活性最佳的溫度較乙酵素高
(C) 在 pH 值 6-7 之環境下，甲酵素活性較乙酵素高
(D) 在 pH 值 6-7 之環境下，甲酵素幾乎測不到活性

60. 癌細胞是一種不斷分裂的異常細胞。某科學家探討維生素 C 對癌
細胞生長的影響，在癌細胞培養液中加入維生素 C，再於不同時
間計算正在進行有絲分裂的細胞百分比（％），結果如圖 13。依
據實驗結果，下列有關維生素 C 的作用，何者正確？（對照組細
胞不加維生素 C）

(A) 可有效抑制癌細胞進入
有絲分裂期

(B) 使癌細胞無法完成有絲
分裂

(C) 使癌細胞的有絲分裂期
提前完成

(D) 延長癌細胞進行有絲分
裂的時間

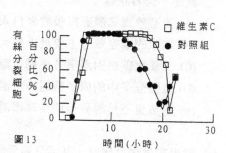

圖 13

61-62 題為題組

下圖是一張民國 90 年 11 月 6 日的東亞地區地面天氣圖，回答
第 61-62 題。

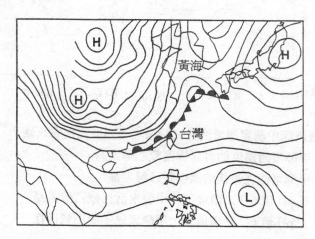

61. 下列對該日台灣天氣的描述,何者正確?

    (A) 台灣受到冷鋒影響,溫度大幅下降

    (B) 台灣受到暖鋒影響,天氣晴朗炎熱

    (C) 受到滯留鋒影響,台灣北部和東北部局部有雨

    (D) 台灣受到熱帶低壓環流影響,天氣炎熱且南部局部有雨

    (E) 受到台灣東北方冷、暖鋒交集處的高氣壓影響,全台灣有雨

62. 根據天氣預報,同年 11 月 7 日位於大陸的高壓將持續增強,並快速向東移動進入黃海,則當天台灣可能為何種天氣?

    (A) 暖鋒抵達台灣,氣溫下降

    (B) 冷鋒抵達台灣,氣溫快速回升

    (C) 受到冷氣團影響,溫度大幅下降

    (D) 台灣受到熱帶低壓環流影響,天氣炎熱

63-65 題為題組

　　西元 1808 年,道耳吞提出原子說,主張物質是由原子所組成,其後,亞弗加厥提出分子的概念。然而原子與分子到底有多大?究竟一克的氫氣有多少個原子?用現在的說法,一莫耳的原子或分子是多少?這個問題,早已由美國著名的政治家也是科學家－富蘭克林,在西元 1773 年寫給朋友的一封信中提及。他曾將一茶匙的油倒在湖面上,發現油會迅速擴張,直到蓋住約半畝的湖面就不再擴張了。

　　假設油分子的形狀是正立方體,此實驗中一茶匙油的體積約為 5.0 立方公分,半畝湖面的面積約為 2.0×10^7 平方公分,油的密度約為 0.95 克/立方公分,回答第 63-65 題。

63. 假設覆蓋在湖面的油層只有一個分子厚,則一個油分子的大小約為多少埃?(1 埃 = 10^{-8} 公分)

    (A) 10^{-2}　　　(B) 10^{-1}　　　(C) 10^0　　　(D) 10^1

    (E) 10^2　　　(F) 10^3　　　(G) 10^4　　　(H) 10^5

64. 湖面上約有多少個油分子？

  (A) 10^{20}　　　　　　(B) 10^{21}　　　　　　(C) 10^{22}

  (D) 10^{23}　　　　　　(E) 10^{24}

65. 假設油分子的質量為每莫耳 200 克，根據富蘭克林的觀察作估算，下列何者最接近一莫耳油中所含分子的數目？

  (A) 10^{20}　　　　　　(B) 10^{21}　　　　　　(C) 10^{22}

  (D) 10^{23}　　　　　　(E) 10^{24}

66-67 題為題組

　　某生在進行水蘊草葉片觀察時，做了以下的處理：玻片 I 加入一滴水；玻片 II 加入一滴 1%鹽水、玻片 III 加入一滴 5%鹽水、玻片 IV 加入一滴 10%糖水。然後蓋上蓋玻片靜置 5 分鐘後，在顯微鏡下觀察；為便於觀察出其差異，另取一片未處理的葉片作為對照組。他觀察水蘊草葉肉細胞形狀，並繪圖紀錄構造的變化，結果如以下圖示，其中 III 及 IV 顯示的是細胞膜與細胞壁分離的現象。回答第 66-67 題。

66. 根據實驗結果，下列敘述何者正確？

　甲、玻片 I 之處理對植物細胞沒有影響

　乙、玻片 II 之處理對植物細胞沒有影響

　丙、玻片 III 及 IV 之處理使細胞質體積減小

　丁、植物細胞因為有細胞壁，故其外形不受溶液濃度影響

  (A) 甲乙　　　　(B) 丙丁　　　　(C) 乙丙丁　　　　(D) 只有丁

67. 根據實驗結果，下列敘述何者正確？

(A) 水對水蘊草葉肉細胞而言是等張溶液

(B) 1%鹽水對水蘊草葉肉細胞而言是等張溶液

(C) 5%鹽水及 10%糖水對水蘊草葉肉細胞而言都是低張溶液

(D) 水蘊草葉肉細胞內之鹽濃度比 5％鹽水中的鹽濃度高

68. 在育嬰房中，三個嬰兒被弄混了，院方緊急驗了嬰兒父母親及嬰兒的血液，結果如下表：

父母	血型
I	B×AB
II	A×O
III	B×B

嬰兒	血型
甲	O
乙	AB
丙	A

下列嬰兒與父母的配對，何者正確？

選　　項	配　　　　　對		
	嬰兒甲	嬰兒乙	嬰兒丙
(A)	父母 I	父母 II	父母 III
(B)	父母 III	父母 I	父母 II
(C)	父母 II	父母 III	父母 I
(D)	父母 II	父母 I	父母 III

91年度學科能力測驗自然科試題②詳解

第一部分：

一、單一選擇題

1. **A**

【解析】 $\because N = mg - F_1\sin30°$

$\therefore f_拉 = F_1\cos30°$

$= \mu\,(\,mg - F_1\sin30°\,)$

$\therefore F_1 = \dfrac{\mu mg}{\cos30° + \mu\sin30°}$

$\because N = mg + F_2\sin30°$

$\therefore f_推 = F_2\cos30°$

$= \mu\,(\,mg + F_2\sin30°\,)$

$\therefore F_2 = \dfrac{\mu mg}{\cos30° - \mu\sin30°}$

2. **B**

【解析】 $50 \times x_{min} = 20 \times y$

$\dfrac{x_{min}}{y} = \dfrac{2}{5}$

$\therefore \dfrac{x}{y} \geq \dfrac{x_{min}}{y} = \dfrac{2}{5}$

3. **C**

【解析】 20 次共 10 秒⇒每次 0.5sec.

∴ $0.5 \times V = 160 \Rightarrow V = 320$

4. **E**

【解析】 水蒸氣所含的熱量除了 $100^\circ C$ 沸水的熱量外，還有自液體變為氣體的汽化熱，即水蒸氣凝結成水時放出的凝結熱。

5. **E**

6. **B**

【解析】 $\dfrac{220 \times 10^{-5}}{x} = \dfrac{2 \times 10^{-5}}{3.6 \times 10^3}$

$x \fallingdotseq 3.96 \times 10^5 km$

7. **E**

【解析】 溫度計之取用，要採體積膨脹，成穩定膨脹狀況較佳。

8. **B**

【解析】 像要出現在乙鏡中，即物像之連線要與乙鏡有交點。

9. **D**

【解析】 (A) (B) 無法到達地表以下

(C) 目前鑽井的深度，還不到地殼的一半。

10. **C**

11. **A**

【解析】 海水壓力是由海水深度造成的，無論如何都是不會改變。

12. **A**

【解析】(A) 因夏季時氣溫較高，陸地比熱較小，溫度上升較快，造成上升的氣流，而海洋就有空氣來填補。夏季季風由海洋吹向大陸，所以海洋為高氣壓，亞洲大陸為低氣壓區。

(B) 冬季時跟夏季相反，由大陸吹向海洋。

(C) 季風持續時間較長。

(D) 季風涵蓋範圍較大。

13. **E**

【解析】因先形成者會被後形成者影響，戊岩脈的入侵均使甲、乙、丙、丁的地層受到影響，故岩脈為最晚形成者。

14. **B**

15. **B**

16. **B**

【解析】右下角的小峰，高度應在 600～800 間，B 圖最適切此圖。

17. **A**

【解析】(A) $C_6H_{12}O_6 + 6O_2 \rightarrow 6CO_2 + 6H_2O$，放熱反應。

(B) 果糖與葡萄糖分子式均為 $C_6H_{12}O_6$。

(C) 醣類是由碳、氫、氧三種元素所組成，其氫與氧元素的比例為 2：1，與水（H_2O）相同，故稱碳水化合物，並非碳原子與水分子結合的化合物。

(D) 葡萄糖 $C_6H_{12}O_6$ 分子量＝180，而蔗糖 $C_{12}H_{22}O_{11}$ 分子量＝342。

18. **B**

【解析】 (A) 去離子水仍含少量的離子，如 25℃的純水仍有$[H^+]$ $=[OH^-]=10^{-7}M$。

(B) 檸檬汁含有 H^+，而石灰水含有 OH^-，故 $H^+ + OH^-$ $\rightarrow H_2O$。

(C) 糖為中性分子，不影響溶液酸度。

(D) 稀釋後的檸檬汁仍為酸性，故$[OH^-] < [H^+]$。

19. **B**

【解析】 原油因各成份的沸點不同，經過分餾後可得各種產物。

如：

成分	組成	分餾溫度（℃）	用途
石油氣	C_1~C_4	20 以下	燃料
石油醚	C_5~C_6	20~60	有機溶劑
汽油	C_6~C_{12}	60~200	汽車燃料、有機溶劑
煤油	C_{10}~C_{16}	175~300	柴油機、噴射機燃料
柴油	C_{15}~C_{20}	250~400	柴油機燃料
蠟油	C_{18}~C_{22}	>300	潤滑油、蠟紙
殘留物	C_{18}~C_{40}		瀝青

20. **D**

【解析】 (A) 甲圖應為混合物。

(B) 乙圖應為化合物。

(C) 丙圖應為混合物。

21. **B**

【解析】 ○小球表 A，●大球表 B，利用分子數比等於係數比，故 $6A_2 + 3B_2 \rightarrow 6A_2B$ 即 $2A_2 + B_2 \rightarrow 2A_2B$

22. **A**

【解析】 $\dfrac{13.0}{65.0} \times \dfrac{3}{2} \times 24.5 = 7.35$ 升

23. **A**

【解析】 $2NaN_{3(s)} \rightarrow 2Na_{(s)} + 3N_{2(g)} + 43.4K_J$（ 或 $\triangle H = -43.4K_J$ ）

24. **D**

【解析】 (A) (B) 燃料電池

$$\begin{cases} 陽極：H_2 + 2OH^- \rightarrow 2H_2O + 2e^-（ H_2 \text{ 被 } OH^- \text{氧化}） \\ 陰極：\dfrac{1}{2}O_2 + H_2O + 2e^- \rightarrow 2OH^-（ O_2 \text{ 被 } H_2O \text{ 還原}） \end{cases}$$

全反應：$2H_2 + O_2 \rightarrow 2H_2O$

(C) 電子流由陽極（ Ni ）經由導線至陰極（ NiO ）。

25. **A**

【解析】 (B) 蛋白質為胺基酸的聚合物，而耐綸為聚醯胺的聚合物。

(C) 蛋白質為聚 α-胺基酸，而耐綸為己二酸和己二胺共聚合，故兩者均由多種化合物聚合而成。

(D) 人造絲是由 C、H、O 所組成，而蠶絲是由 C、H、O、N 所組成。

26. **C**

【解析】 清潔劑均由長而非極性的親油性烴鏈與極性的親水性部分所構成。故選 $CH_3（ CH_2 ）_{11}CO_2^-Na^+$。

27. **A**

28. **B**

【解析】 (C) 應改為每階層遞減

(D) 塔狀遞減

29. **C**

30–31 題為題組

30. **D**

【解析】I 種生長個數達到個月份最少量⇒甲、乙不合。

31. **C**

【解析】(A) 無法從題目得知

(B) 此消彼長並無法從圖中明確得知

(D) 穩定不一定是優勢種，還需考慮其他因素

32. **B**

【解析】(A) 生態有空間及時間上之連續性

(C) 食物網越複雜，自我調節力越大，平衡更易維持

(D) 穩定的生態系呈動態的平衡（開放）

33. **D**

【解析】甲 —— 墾丁國家公園特有

丙 —— 陽明山、玉山國家公園並不具有

34. **C**

【解析】(A) SO_4^{2-}

(D) CO_2 為無機物

35. **A**

【解析】(B)(C)(D) 均會造成曲線緩降（較不易使密度再上升）

(A) 火災燒去大量此植物，密度驟減，再開始生長，漸漸恢復原來之密度。

36. **C**

37. **A**

　　【解析】 生產者（化學自營細菌）

38. **C**

二、多重選擇題

39. **CE**

　　【解析】 (1)　$S = \dfrac{1}{2} g\sin\theta \times t^2$

$$\dfrac{w}{\sin\theta} = \dfrac{1}{2} g\sin\theta \times t^2$$

$$\Rightarrow t = \sqrt{\dfrac{2h}{g\sin^2\theta}} \propto \dfrac{1}{\sin\theta}$$

$$\therefore t_a < t_b$$

　　　　　(2)　$\dfrac{1}{2} mV^2 = mgh$

$$\therefore V_a = V_b$$

40. **CE**

　　【解析】 (A) $I = \dfrac{2000}{110} \fallingdotseq 18.2$。

　　　　　(B) $P = 2000W \Rightarrow$ 每秒產生 2000 焦耳。

　　　　　(C) 保險絲在火線上與電阻串聯即可。

41. **AD**

【解析】 以粗銅線連接 a、b 造成短路

⇒電流不流經乙

⇒電路總電阻下降

$$總功率 = \frac{V^2}{R} 上升$$

$$總電流 = \frac{V}{R} 上升 = I_甲 = I_丙$$

(B) $V_甲 = I_甲 \times R$ 增加。

(C) 增加。

(D) 功率上升，亮度增加。

(E) 乙燈泡不亮。

42. **CD**

【解析】 (A) 光源效率不因燈管數目改變

∴甲光源效率 < 乙光源效率。

(B) 三年：白熾燈泡花費 $6 \times 27 = 162$ 元。

日光燈泡花費　　　 235 元

(C) 熱量⇒比較電功率，日光燈泡較低。

43. **AE**

【解析】 甲為 Na 易形成 Na^+，而戊為 Cl 易形成 Cl^-。

44. **CF**

【解析】 (A) NaCl 而 Na^+ 為 Ne 組態。

(C) $CaCl_2$ 而 Ca^{2+} 與 Cl^- 均為 Ar 組態。

(D) $N = N$。

(E) Ar 與 Ar 無法化合。

(E) $Cl - Cl$ 每個 Cl 為 Ar 組態。

45. DE

【解析】(A) 海溝是舊海洋地殼隱沒至地函深處的所在。

(B) 板塊是岩石圈（包含軟流圈以上的上部地函及地殼）碎裂形成的。

(C) 在海溝處相對碰撞，在中洋脊相互分離。

46-48題為題組

46. BD

【解析】(A) 大明：$\dfrac{800}{8} = 100$ 倍

(B) 小華：$\dfrac{1000}{8} = 125$ 倍

(C) 大琳：$\dfrac{1200}{8} = 150$ 倍

(D)(E) 小美：7 倍

47. DG

48. DH

【解析】一星等量度差 2.51 倍左右

$$\Rightarrow (2.51)^{8.6-2.6} = (2.51)^6 \cong 250$$

49. A

【解析】(A) 鉛直上拋之對稱性。

(B) 最高點 a＝g。

(C) 最高點速度＝$V_0\cos\theta$（與θ有關）。

(D) 愈大。

(E) 受力為定值＝mg。

50. **B**

【解析】　最高點速度＝$V_x = V_0 \cos 60° = 6$

51. **D**

【解析】　等高處速度大小相同（滿足力學能守恆）。

52. **D**

【解析】　$0 = 25 - at \Rightarrow t = 2.5$（∵依題意知 $a = 10$）。

53. **D**

【解析】　4秒著地 ⇒ 表上升2秒，下降2秒且下降 y 方向作自由

落體 ⇒ $H = \dfrac{1}{2} gt^2 = 20m$

54. **A**

【解析】　甲層為表土，主要含有較多有機物及少量腐植土。

乙層為心土，由表土隨雨水溶解下來的礦物質都沉積於

此，有機物含量較少。

丙層為風化岩石，丁層為未風化岩石。

55. **C**

【解析】　(A) 溫室效應除了造成平均氣溫增加，亦引起異常氣

象，對河川、沿海水域之水文環境等各種影響。

(B) 溫室效應主要為 CO_2 所引起。

(D) 溫度上升會造成空氣中水氣含量的增加。

56. **B**

【解析】過去一百年，大致每年上升 0.005℃，故西元 1900 年時，地球平均氣溫為 $15 - 100 \times 0.005 = 14.5$℃。

57. **C**

【解析】（大氣中的含量）×（溫室效應指數）＝紅外線吸收能力的指標，H_2O 數值最高，表平均吸收紅外線的能力最大。（註：大考中心公佈的答案為 I，但 C 較合理。）

58. **E**

【解析】人類活動對大氣中水氣總量的影響有限，但工業革命後，使溫室效應氣體的含量增加（主要吸收地表的長波輻射），造成「全球增溫」的現象。

59. **D**

【解析】(A) 容忍度低（開口小）

(B) 甲 ≒ 30℃

乙 ≒ 35℃

(C) 其甲酵素活性很小

60. **D**

【解析】由圖可知維生素 C 使其時間延長

61–62 題為題組

61. **C**

62. **C**

【解析】 滯留鋒後方為冷氣團

63-65 題為題組

63. **D**

【解析】 令分子厚度 = h cm,

∵油體積不變

∴$5 = 2 \times 10^7 \times h$

$\Rightarrow h = 2.5 \times 10^{-7} = 25$ 埃

64. **A**

【解析】 ∵一個分子各面面積為 h^2

湖面積 = $h^2 \times n$（分子間距離不計）

$\Rightarrow 2 \times 10 = (2.5 \times 10^{-7})^2 \times n$

$n = \dfrac{2 \times 107}{6.25 \times 10^{-14}} \fallingdotseq 310^{20}$

65. **C**

【解析】設一莫耳油含 n 個分子

∵$\dfrac{一匙油重}{一莫耳油重} = \dfrac{一匙油個數}{一莫耳油個數}$

∴$\dfrac{5 \times 0.95}{200} = \dfrac{3 \times 10^{20}}{n}$

$n = \dfrac{6 \times 10^{22}}{4.75} \fallingdotseq 10^{22}$

<u>66–67題為題組</u>

66. **C**

67. **B**

68. **B**

【解析】甲 ⇒ O 型

	可能父母
甲	II、III
乙	I
丙	I、II
⇒ 父母	可能血型
I	A、B、AB
II	A、O
III	B、O

嬰兒乙必為父母 I 生

⇒ 丙為父母 II 生

⇒ 甲為父母 III 生

九十一年度學科能力測驗（自然考科）

大考中心公佈答案

題號	答案	題號	答案	題號	答案	題號	答案
1	B	21	D	41	CE	61	B
2	C	22	A	42	AG	62	B
3	D	23	A	43	BE	63	D
4	A	24	C	44	BF	64	C
5	B	25	C	45	DE	65	B
6	D	26	C	46	AE	66	C
7	A	27	D	47	BC	67	C
8	C	28	D	48	AC	68	C
9	D	29	B	49	B		
10	D	30	A	50	B		
11	B	31	C	51	D		
12	C	32	C	52	A		
13	D	33	D	53	A		
14	C	34	A	54	D		
15	D	35	D	55	A		
16	C	36	D	56	D		
17	A	37	A	57	B		
18	A	38	B	58	B		
19	C	39	A	59	B		
20	A	40	D	60	A		

九十一年度學科能力測驗（自然考科）
大考中心公佈答案（補考）

題號	答案	題號	答案	題號	答案	題號	答案
1	A	21	B	41	AD	61	C
2	B	22	A	42	CD	62	C
3	C	23	A	43	AE	63	D
4	E	24	D	44	CF	64	A
5	E	25	A	45	DE	65	C
6	B	26	C	46	BD	66	C
7	E	27	A	47	DG	67	B
8	B	28	B	48	DH	68	B
9	D	29	C	49	A		
10	C	30	D	50	B		
11	A	31	C	51	D		
12	A	32	B	52	D		
13	E	33	D	53	D		
14	B	34	C	54	A		
15	B	35	A	55	C		
16	B	36	C	56	B		
17	A	37	A	57	I		
18	B	38	C	58	E		
19	B	39	CE	59	D		
20	D	40	CE	60	D		

九十年大學入學學科能力測驗試題
自然考科

壹、單一選擇題

說明：第 1 至 48 題，每題選出最適當的一個選項，標示在答案卡之
「選擇題（第一部分）」。每題答對得 2 分，答錯不倒扣。

1-3 題為題組

　　圖 1 為世界上某一地區的板塊運動示意圖（白色箭頭指示板塊運動
方向），試依據圖 1 回答 1-3 題。

1. 下列何者是圖 1 上甲處
的正確名稱？
(A) 莫氏不連續面
(B) 火山島弧
(C) 軟流圈
(D) 中洋脊
(E) 海溝

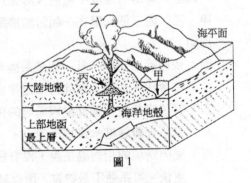

圖 1

2. 圖 1 上乙處火山噴發後
之產物，若為黑曜岩且
未受到變質作用，則其
岩石組織最有可能為下
列何者？
(A) 片理組織　　　(B) 斑狀組織　　　(C) 粒狀組織
(D) 玻璃質　　　　(E) 微晶質

3. 下列有關此地區地質現象的敘述，何者正確？

　(A) 此地區的斷層，以正斷層為主

　(B) 此地區發生的地震，全屬淺源地震，而無中源和深源地震

　(C) 此地區較深處岩石，不可能受到高溫和高壓的影響而變質

　(D) 圖 1 上甲處之所以凹陷，主要是因受到版塊隱沒下沉、拖拉造成的

　(E) 圖 1 上乙處岩石的礦物結晶顆粒，比圖 1 上丙處岩石的礦物結晶顆粒大

4. 當我們從銀河系觀察遙遠的星系時，會發現所有的星系都遠離我們而去，而且星系奔離的速度與其距我們的距離（簡稱距離）成正比，此稱為赫伯定律，可以用數學式表示為 $v = H_0 d$，其中 v 與 d 分別為星系的奔離速度與距離，H_0 為一比例常數，稱為赫伯常數。另外，依據愛因斯坦的相對論，沒有任何物質的速度會比光束更快，所以星系奔離的速度不可能大於光速。

　甲、乙、丙三個人聚在一起討論遙遠星系的運動，他們的論點分別如下：

　甲：依據赫伯定律，當一個星系極其遙遠時，這個星系的奔離速度會比光速快，因此赫伯定律違反愛因斯坦的相對論。

　乙：赫伯定律並不違反愛因斯坦的相對論，因為我們所觀測到的星系奔離速度永遠比光速小。

　丙：愛因斯坦的相對論是說，沒有任何「物質」的速度會比光速更快。星系並不是物質，所以星系的奔離速度可以比光速快。

　試問下列敘述，何者正確？

　(A) 甲並沒有明確地說赫伯定律一定是錯誤的

　(B) 乙認為在銀河系可以觀測到奔離速度比光速快的星系

　(C) 丙認為在銀河系一定不可能觀測到奔離速度比光速快的星系

　(D) 乙與丙對星系奔離速度與光速孰大孰小的論點是一致的

5. 許多人都看過夕陽西沉的情
景，你可曾留意太陽西沉的
方位？圖2是台灣地區在春
分、夏分、秋分、冬至四天
中，太陽在天空中移動軌跡
圖。台灣冬天和夏天的落日
方位，若只考慮哪一個較爲
偏南或偏北，則下列敘述何
者正確？

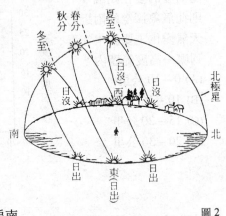

圖2

(A) 兩者的落日方位均相同
(B) 夏天的落日方位比冬天
偏南
(C) 冬天的落日方位比夏天偏南
(D) 因冬天的落日方位每天都不相同，故無法與夏天比較

6. 圖3爲一油田的地質剖面圖，下列有關形成此油田地質條件的配對
何者正確？

圖3

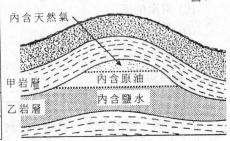

選項	岩層的平均孔隙率	封閉條件
(A)	甲＞乙	地層封閉
(B)	甲＞乙	構造封閉
(C)	甲＜乙	地層封閉
(D)	甲＜乙	構造封閉

7. 根據氣溫分布的特性，地球大氣圈可分爲對流層、平流層、中氣層
及增溫層。下列有關這四項分層的敘述，何者正確？
(A) 陽光首先照射到地球大氣圈的最外層，因而在此產生對流層
(B) 陽光中的紫外線穿透地球大氣圈抵達地面後，其量絲毫不減
(C) 對流層中的水氣與二氧化碳，均具有替地球保溫的作用
(D) 水循環主要發生對流層與平流層之交界面上

8. 一氣象探空站測得氣溫
   隨高度的變化如圖4，
   則此氣象探空站附近的
   天氣變化主要發生在下
   列哪一高度範圍內？
   (A) 0－10公里
   (B) 10－15公里
   (C) 15－20公里
   (D) 20－30公里

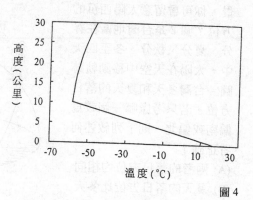

圖4

9. 民國 89 年 10 月 31 日至 11 月 1 日象神颱風侵襲台灣，為本省東部、東北部及北部帶來豪雨，造成大水災。下列哪一選項與象神颱風的相互作用是導致此次豪雨的重要原因之一？
   (A) 西風噴流
   (B) 西南氣流
   (C) 東南信風
   (D) 東北季風

10-11 題為題組

「壬戌之秋，七月既望，蘇子與客泛舟遊於赤壁之下。清風徐來，水波不興。舉酒屬客，誦明月之詩，歌窈窕之章。少焉，月出於東山之上，徘徊於斗牛之間。」(摘自蘇東坡前赤壁賦)

10. 下列何者最接近文中「壬戌之秋，七月既望」當晚之月相？
    (A)   (B)   (C)   (D)   (E)

11. 「月出於東山之上，徘徊於斗牛之間」中之斗牛，是指什麼？

    (A) 二十八星宿中的斗宿與牛宿

    (B) 在東山之上的斗笠與水牛

    (C) 名爲「斗」與「牛」的兩座高山

12. 圖 5 表示 1900、1950 及 1980 三年，在甲橋上游 20 公里至下游 40 公里的範圍中，測得的河水溶氧量。假設河水的溶氧量是與污染程度成反比關係，則下列有關圖 5 的敘述，何者正確？

    (A) 在 1900 年時，甲橋附近同地
    　　區的污染比 1950 年時嚴重

    (B) 由於環保意識的抬頭，從
    　　1900 年到 1980 年的 80 年
    　　間，甲橋附近同地區的污染
    　　似乎有持續改善的趨勢

    (C) 在 1980 年時，甲橋附近同地
    　　區的污染比 1900 年時輕微

    (D) 距離甲橋愈遠，所測得的污
    　　染愈嚴重

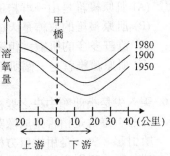

圖 5

13. 肺與組織二氧化碳的運輸是靠分壓梯度，當組織代謝活動增加時，氧分壓降低，二氧化碳產生量增加，pH 質下降及局部溫度升高，組織中所產生之二氧化碳必須經由血液快速的送至肺排出，在血液中的二氧化碳主要變爲下列何者？

    (A) H_2CO_3　　　(B) $HbCO_2$　　　(C) CO_3^{2-}　　　(D) HCO_3^{-}

14. 圖 6 為雙子葉植物的橫切面，植物行光合作用所得之養分是由圖中
哪一部份輸送到根、莖及其他部位？
(A) 甲
(B) 乙
(C) 丙
(D) 丁

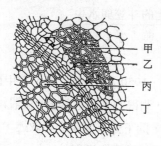

甲
乙
丙
丁

圖 6

15. 肌肉是由許多條肌纖維組成，每一條肌纖維又由許多具收縮性質的
肌原纖維所構成。下列有關肌原纖維的敘述何者正確？
(A) 肌原纖維是由一群粗細不同的絲狀蛋白質所構成
(B) 肌原纖維的收縮是因組成它的絲狀蛋白收縮所致
(C) 許許多多的肌纖維組織成肌原纖維
(D) 肌原纖維就是一個肌細胞

16. 美人尖是指前額中央之髮根區域向前突出，係由顯性基因（W）所
引起；捲舌是指舌捲成像英文字母的 U 字形，係由顯性基因（R）
所引起。表一是用棋盤方格計算此兩對對偶基因遺傳子代的基因
型，對此兩對對偶基因的表現型，下列何者正確？

(A) 具有甲基因型的個
體，有美人尖但不
會捲舌
(B) 具有乙基因型的個
體，沒有美人尖但
會捲舌
(C) 具有丙基因型的個
體，有美人尖也會
捲舌

表一

卵 ＼ 精子	WR	Wr	wR	wr
WR	甲	WWRr	WwRR	WwRr
Wr	WWRr	乙	WwRr	Wwrr
wR	WwRR	WwRr	丙	wwRr
wr	WwRr	Wwrr	wwRr	丁

(D) 具有丁基因型的個體，沒有美人尖也不會捲舌

17. 長頸漏斗底部圍有半透性膜，漏斗內
    盛滿水。將長頸漏斗放入盛有蔗糖容
    易的燒杯中（圖7），若干時間後，長
    頸漏斗內的液面與原來液面比較，會
    出現下列何種情形？
    (A) 上升
    (B) 不變
    (C) 下降

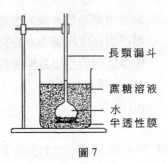

長頸漏斗
蔗糖溶液
水
半透性膜

圖7

18. 圖8為一葉片橫切面的構造示意圖，下列何者是將葉片中的五種構
    造，由上表皮至下表皮的方向依序排列？
    (A) 柵狀組織　韌皮部　木質部
    　　海綿組織　保衛細胞
    (B) 柵狀組織　木質部　韌皮部
    　　海綿組織　保衛細胞
    (C) 海綿組織　韌皮部　木質部
    　　柵狀組織　保衛細胞
    (D) 海狀組織　木質部　韌皮部
    　　柵狀組織　保衛細胞

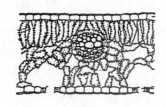

圖8

19. 人體外的環境變化無常，而體內的環境卻必須維持恆定，例如體溫
    及氧、葡萄糖、蛋白質和各種離子的含量，必須維持在一定的範圍
    內，否則會使人體生理失常，下列哪一種離子濃度過低時，肌肉會
    發生痙攣現象？
    (A) 鉀離子　　　　　(B) 鈉離子　　　　　(C) 鎂離子
    (D) 鈣離子　　　　　(E) 銅離子

20-21 題為題組

20. 海洋生態系依水深的程度可分為沿岸區與遠洋區。遠洋區通常指遠離岸邊深度超過 200 公尺以上的整個海域（如圖 9）。試問生活在遠洋區內的主要生產者為何？
    (A) 大型水生植物
    (B) 浮游植物
    (C) 石蓴
    (D) 藻類

21. 一般而言，沿岸的海床主要是屬於下列哪一種海底地形？
    (A) 海溝
    (B) 大陸棚
    (C) 大陸坡
    (D) 大陸緣積
    (E) 洋底盆地

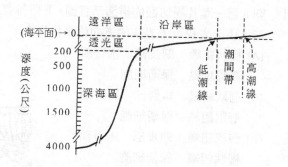

圖 9

22. 在正常情況下，下列與尿液形成有關的敘述，何者正確？
    (A) 物質的濾過及尿液的形成，全程均需消耗能量
    (B) 尿素、尿酸和過多水分及葡萄糖會隨濾液往下輸送，形成尿液
    (C) 當血液流經腎小球時，水分及鹽類離子、脂肪酸、胺基酸可被濾過而進入腎小管
    (D) 濾過物通過腎小管彎曲部分旁的微血管時，腎小管會將大部分的水分及部分安基酸在吸收

23. 在大氣的對流層中，若暖空氣覆蓋在較冷的空氣層上面，會使大氣污染物不能發散，而造成嚴重的空氣污染。這種現象在山谷或盆地地形，無風時較易發生。下列哪一圖形可描述此一逆溫現象？

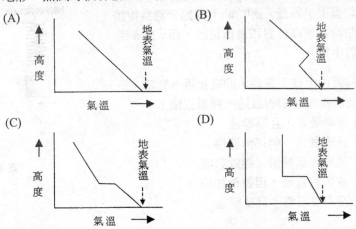

24. 兩個點電荷間的斥力原為 F。若其中一個點電荷的電量，增加為原來的兩倍，且兩個點電荷間的距離，也增加為原來的兩倍，其斥力為何？

(A) 4F　　　(B) 2F　　　(C) F　　　(D) F / 2　　　(E) F / 4

25. 一束光可見光在空氣中由左向右通過一片實心平行玻璃板，試問其可能軌跡為何？

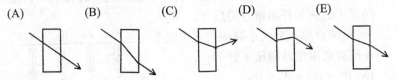

26-27題為題組

如圖10所示，一鉛直懸掛的彈簧下端繫一物
體。在彈簧的彈力和地球引力的作用下，物
體鉛直上下振盪。途中a、b兩點分別為物體
運動時之最高位置和最低位置，而c為a到
b的中點。

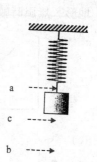

26. 當物體由上往下運動，非常接近b點時，下
    列有關物體速率的敘述，何者正確？
    (A) 速率最大，且為等速
    (B) 速率最大，但逐漸減慢
    (C) 速率逐漸減慢，趨近於零
    (D) 速率接近零，但逐漸加快
    (E) 速率接近零，且為等速

圖10

27. 當物體由c點往b點運動時，就彈簧對物體的作用力而言，下列
    敘述何者正確？
    (A) 量值逐漸加大，方向向上　　(B) 量值逐漸減小，方向向上
    (C) 量值逐漸增減，方向向上　　(D) 量值逐漸加大，方向向下
    (E) 量值逐漸減小，方向向下

28. 一容器內裝有不互溶的甲、乙兩種液體。現將質量及體積皆相同的
    四個鋁塊，分別以細繩懸於彈簧秤下，使靜止於液體中，如圖11
    所示。若彈簧秤讀數分別為 W_1、W_2、
    W_3 和 W_4，則下列大小關係何者正確？
    （細繩之重量及體積不計）
    (A) $W_1 = W_2 = W_3 = W_4$
    (B) $W_1 > W_2 = W_3 = W_4$
    (C) $W_1 > W_2 > W_3 = W_4$
    (D) $W_1 < W_2 < W_3 = W_4$
    (E) $W_1 < W_2 < W_3 < W_4$

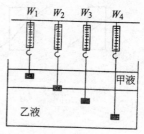

圖11

29. 汽車在高速公路直線等速行駛，接近收費站前開始緩緩的煞車而停止。下列何者最可能說明其由等速行駛狀態至煞車停止時的速度（v）與時間（t）的關係？

(A)　　　　　　(B)　　　　　　(C)　　　　　　(D)

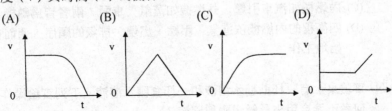

30. 若 $^{238}_{92}U$ 的原子核放射出一個 α 粒子，則剩下的原子核內會含有幾個質子？

(A) 237　　　(B) 236　　　(C) 146　　　(D) 91　　　(E) 90

31. 一光滑斜面和水平面成 30° 角。今有質量為 1 公斤的物體，由靜止開始，沿著斜面下滑 2 公尺的距離，則就整個運動過程而言，下列有關「功」的敘述，何者錯誤？（重力加速度為 9.8 公尺／秒^2）

(A) 重力垂直於斜面的分力，總共做了 9.8 焦耳的功

(B) 重力平行於斜面的分力，總共做了 9.8 焦耳的功

(C) 重力總共做了 9.8 焦耳的功

(D) 斜面施於物體的正向力，總共做了 0 焦耳的功

32. 下列關於日光燈的敘述，何者正確？

(A) 日光燈管發亮後，取走起動器並不會使燈熄滅

(B) 起動器內充氖氣，因其為已知最易放電的氣體

(C) 燈管不透明，造成亮度降低，因此較白熾燈耗電

(D) 日光燈管內不需裝置燈絲，僅需充入會放電的氣體

(E) 燈管內壁塗有可因白熾而發螢光的物質，故又稱螢光燈

33. 下列關於熱機的敘述，何者錯誤？
   (A) 內燃燒的效率較外燃機高，故目前應用較廣
   (B) 熱機主要的功用是將力學能轉換成熱能後儲存起來
   (C) 內燃機如汽車引擎，外燃機如蒸氣火車頭，兩者皆為熱機
   (D) 四衝程的內燃機依進氣、壓縮、燃燒、排氣的順序，週而復始地工作

34. 實驗桌上有一杯蔗糖水溶液和一杯食鹽水溶液。下列實驗操作，何者不適合用來分辨這兩種溶液？
   (A) 測導電度
   (B) 比較焰色反應
   (C) 測 pH 值
   (D) 添加硝酸銀水溶液檢驗

35. 氫分子與氧分子化合成水反應，可用下圖的方式表示。下列有關此反應的敘述何者正確？

   (A) 反應前後分子的種類不變
   (B) 氧分子與水分子均為雙原子分子
   (C) 原子的種類不變，故反應屬物理變化
   (D) 反應產生熱量，反應前後各種原子的數目不變

36. 天然氣可作為燃料，其主要成分為甲烷。甲烷燃燒可用下式表示：
   $CH_{4(g)} + 2O_{2(g)} \rightarrow CO_{2(g)} + 2H_2O_{(g)}$（原子量：C＝12，H＝1，O＝16）
   下列敘述何者錯誤？
   (A) 甲烷燃燒屬於氧化還原反應
   (B) 完全燃燒 1 克的甲烷，需要 2 克的氧氣
   (C) 甲烷燃燒時，若空氣供應不足，會產生有毒的一氧化碳
   (D) 使 1 莫耳的甲烷與 2 莫耳的氧完全燃燒，並量得各氣體在標準狀況下的體積，則反應前後氣體的總體積不變

37. 人體最重要的營養成分包括醣類、蛋白質、脂質、維生素和礦物質。下列有關食品與營養的敘述，何者正確？
    (A) 澱粉與纖維素均屬多醣，兩者均可被人體消化吸收
    (B) 組成蛋白質的各種胺基酸均可在人體內自行合成
    (C) 脂質不僅可提供人體能量，也可形成脂肪組織
    (D) 人體中所需的礦物質（如 Fe^{+3}、Na^+ 等）很少，不需攝取也不影響健康

38. 下列四種酸溶液中，和者與同體積的 0.1M 氫氧化鈉水溶液混合後，所得的溶液具有最大的 pH 質？
    (A) 0.1M 的 H_2SO_4 (B) 0.1M 的 $HC\ell$
    (C) 0.1M 的 HNO_3 (D) 0.1M 的 CH_3COOH

39. 下列哪一個化合物的水溶液呈鹼性？
    (A) NO_2 (B) H_3PO_4
    (C) CH_3OH (D) $Mg(OH)_2$

40. 實驗室中可用氫氧化鈣和氯化銨在試管中加熱製備氨氣。其化學反應如下式所示：

$$Ca(OH)_{2(s)} + 2NH_4C\ell_{(s)} \xrightarrow{\text{加熱}} CaC\ell_{2(s)} + 2H_2O_{(g)} + 2NH_{3(g)}$$

下列各圖所示的裝置中，何者最適合用來製備收集氨氣？

(A)   (B)

(C)   (D)

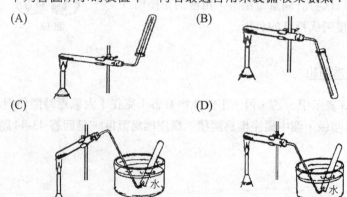

41. 在實驗室中,是否正確使用或操作儀器,會影響實驗的結果,就圖示之四種實驗情況而言,下列敘述何者是<u>不正確</u>的?

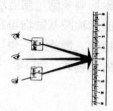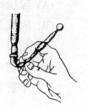

(A) 本生燈的火焰騰空時,需要減小空氣的流量

(B) 將 NaOH 顆粒放入水中後,用溫度計攪拌溶液幫助 NaOH 溶解

(C) 視線正視刻度時,所得的讀數較為正確

(D) 彎折滴管的尾端,是為了從滴管尖端移去氣泡

42. 圖 12 是鋅銅電池的簡易裝置,下列有關鋅銅電池的敘述,何者正確?

(A) U 型管內為電解質溶液

(B) 銅極所在燒杯需盛鋅鹽的水溶液

(C) 電路接通時,溶液中的正離子會游向負極

(D) 以伏特計測量電壓時,電池的正極需接到伏特計的負極

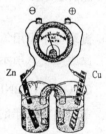

圖 12

43-44 題為題組

圖 13 表示甲、乙、丙、丁四種物質各 1 克在 1 大氣壓時體積與溫度的關係,圖中縱座標為體積,橫座標為溫度,是回答 43-44 題。

43. 在 300K 時，哪兩種物質
為氣態？

(A) 甲、乙

(B) 乙、丙

(C) 丙、丁

(D) 甲、丙

(E) 乙、丁

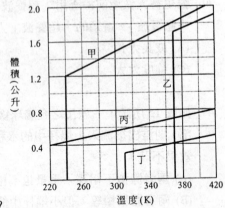

圖 13

44. 四種物質中，何者可能是水？

(A) 甲　　　　　　(B) 乙

(C) 丙　　　　　　(D) 丁

45. 如圖 14 所示的電路，電池的內電阻可忽略，電動勢固定為 ε。最
初當三個電阻器的電阻均不為零時，電路上 a、b 兩點間的電位差
V，與通過 R_1 的電流 I，均大於零。如果 R_3 的電阻變為零，則 I 和
V 會如何變化？

(A) I 變大，V 變大

(B) I 變大，V 變小

(C) I 變小，V 變大

(D) I 變小，V 變小

(E) I 不變，V 變大

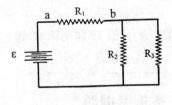

圖 14

46. 醫生替人做產前檢查用「超聲波」，工程師檢測橋樑的安全性也用「超聲波」。這類的「超聲波」人們無法聽到，原因為何？
    (A) 波長太長　　　　　　　(B) 頻率太高
    (C) 強度太大　　　　　　　(D) 速度太快

47. 如圖 15 所示，一懸吊之金屬球緩慢浸沒於大燒杯的水中，沉到底部，則溢出後流入小燒杯中的水和此金屬球的關係為何？（細繩之效果不計）
    (A) 兩者體積不相等，重量也不相等
    (B) 兩者體積相等，但小燒杯中的水較重
    (C) 兩者體積相等，但小燒杯中的水較輕
    (D) 兩者重量相等，但小燒杯中的水體積較大
    (E) 兩者重量相等，但小燒杯中的水體積較小

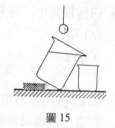

圖 15

48. 平面鏡成像時，鏡中的像不屬於下列何者？
    (A) 正立實像　　(B) 正立虛像　　(C) 倒立實像　　(D) 倒立虛像

請注意：第 49 題至第 60 題，未安排試題。請從第 61 題繼續作答。

貳、多重選擇題

說明：第 61 至 65 題，每題的選項各自獨立。選出正確選項，標示在答案卡之「選擇題（第二部分）」。每題答對得 2 分，答錯不倒扣，未答者不給分。只錯一個可獲 1 分，錯兩個或兩個以上不給分。

61. 相距三百公里的甲、乙兩地地層剖面，剖面中各層所含不同時代
的標準化石如圖 16 所示。下列有關甲、乙兩地地層的對比，何者
錯誤？（應選兩項）

(A) ㄅ層 ↔ 子層　　(B) ㄆ層 ↔ 丑層　　(C) ㄇ層 ↔ 寅層

(D) ㄈ層 ↔ 辰層　　(E) ㄅ層 ↔ 巳層

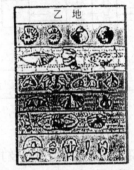

圖 16

62. 你聽過畫眉鳥唱歌嗎？你覺得白耳畫眉鳥的歌聲，聽起來是否有時
像機關槍「噠、噠、噠」的聲音，有時又像吹口哨一般呢？有一位
研究人員對畫眉鳥的唱歌行為感興趣，於是他從白耳畫眉及小彎嘴
畫眉的巢中將蛋拿走，然後放入孵化箱中孵化，並且親自養育孵化
後的小鳥。白耳畫眉及小彎嘴畫眉的幼鳥，在同一環境下一起飼
養。當幼鳥長大後，研究人員仔細聽白耳畫眉及小彎嘴畫眉的成長
過程錄音帶，接果發現兩種鳥的雄鳥都會唱歌，白耳畫眉唱我們所
熟知的白耳畫眉歌，而小彎嘴畫眉也只會唱牠爸爸愛唱的歌，聽起
來像「嗡翁」及「嘟嘟」的聲音。根據本實驗的過程與結果，我們
可以得到下列哪些結論？（應選二項）

(A) 白耳畫眉與小彎嘴畫眉的唱歌行為，好像不受後天飼養環境所
影響

(B) 白耳畫眉與小彎嘴畫眉的唱歌行為不一樣，是因為年齡差異所
造成

(C) 白耳畫眉與小彎嘴畫眉的唱歌行為不一樣，應是由遺傳所決定

(D) 白耳畫眉與小彎嘴畫眉的唱歌行為不一樣，是因聲帶構造不同
所致

63. 圖 17 為血液由右心室離開，經消化器官，再回到右心房的循環途徑示意圖，箭頭指血管內血流方向。途中哪二段血管中的血液含氧量最高？（應選二項）

    (A) 甲　　　　(B) 乙　　　　(C) 丙　　　　(D) 丁

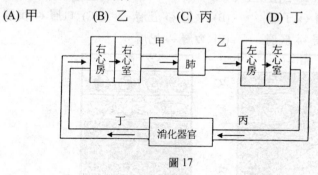

圖 17

64. 下列有關人類內分泌激素的來源及其生理反應的現象，哪些選項正確？（應選二項）

選項	激　　素	來　　源	生　理　反　應
(A)	甲狀腺素	甲狀腺	降低基礎代謝率
(B)	副甲狀腺素	副甲狀腺	調節鈣離子濃度
(C)	胰島素	脾臟	提高細胞對葡萄糖的利用
(D)	腎上腺素	腎上腺皮質	調節血液循環及代謝
(E)	促甲狀腺激素	腦垂腺	斥激甲狀腺素的分泌

65. 下列有關氫的敘述，何者正確？（應選三項）

    (A) 氫是低污染的燃料

    (B) 氫的氧化數可為 +1、0 或 –1

    (C) 地球上，氫多以元素的型態存在

    (D) 氫氣的密度約為空氣的十四分之一

    (E) 工業上多以電解水來製備氫，是因為其用電經濟又方便

參、題群題

66-68 題為題組

表二

名　稱	成　　　　　　　　　　　　　　　分	摩氏硬度
石　英	SiO_2	7
正長石	$K(A\ell Si_3O_8)$	6～6.5
鈉長石	$Na A\ell Si_3O_8$	6
鈣長石	$Ca A\ell_2 Si_2O_8$	6
霞　石	$Na A\ell SiO_4$	5.5～6
白雲母	$K A\ell_3 Si_3 O_{10}(OH)_2$	2～2.5
黑雲母	$K(Mg,Fe)_3 A\ell Si_3O_{10}(OH)_2$	2.5～3
角閃石	$NaCa_2(Mg,Fe,A\ell)_5(Si,A\ell)_8O_{22}(OH)_2$	5～6
輝　石	$Ca(Mg,Fe,A\ell)(Si,A\ell)_2O_6$	5～6
橄欖石	$(Mg,Fe)_2 Si O_4$	6.5～7
高嶺石	$A\ell_4 Si_4 O_{10}(OH)_8$	1～2
方解石	$Ca CO_3$	3

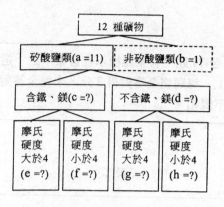

圖 18

根據表二所列 12 種礦物質,並依圖 18 中長方形框內規定的分類基準進行分類,從上到下,將對應於括弧內 a 至 h 的正確礦物數目逐一填入。例如,在 12 種礦物中,11 種屬於矽酸鹽類礦物,而只有 1 種屬於非矽酸鹽礦物,則記為 a = 11,B = 1。試回答 66-68 題。

66. 下列哪一選項中的 e,f,g,h 之數值完全正確?(單選)

選項→	(A)	(B)	(C)	(D)	(E)	(F)	(G)	(H)	(I)
e	1	1	1	2	2	2	3	3	3
f	3	3	3	2	2	2	1	1	1
g	4	5	5	4	5	5	4	5	5
h	3	2	3	3	2	3	3	2	3

67. 某金屬的摩氏硬度為 4,表二中可以劃割該金屬,使其表面受損且留下凹痕的礦物共有幾種?(單選)

(A) 4　　　(B) 5　　　(C) 6　　　(D) 7

(E) 8　　　(F) 9　　　(G) 10

68. 下列各選項中的**兩個礦物**互相劃割，因硬度不同，其中一個礦物
將因受損而在其表面留下凹痕。試問下列哪些選項是正確的？
（應選三項）

選項 →	(A)	(B)	(C)	(D)	(E)	(F)	(G)
互相劃割的 兩個礦物	石英 正長石	鈉長石 高嶺石	霞石 白雲母	黑雲母 角閃石	輝石 橄欖石	高嶺石 方解石	石英 方解石
有凹痕的 礦物	正長石	鈉長石	霞石	黑雲母	橄欖石	高嶺石	石英

69. 動物細胞的主要部分有細胞核、細胞質與細胞膜，細胞內的胞器
如圖 19 所示，大部分的內質網表面附著的顆粒為何？（A-D 選一
項）：上述**顆粒**的功能為何？（E-H 選二項）

(A) 高基氏體
(B) 粒線體
(C) 核醣體
(D) 中心粒
(E) 與細胞分泌物儲藏有關
(F) 細胞能量的來源
(G) 合成蛋白質
(H) 與細胞分裂有關

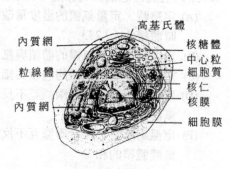

圖 19

70. 台北市立動物園的國王企鵝，企鵝爸爸孵蛋的行為，著時令人感
動。從企鵝卵的構造來說，其外面有卵殼，殼內有一層薄膜。下
列哪幾種動物的卵具有卵殼的構造？（應選三項）

(A) 人　　　　　(B) 烏龜　　　　　(C) 青蛙
(D) 金魚　　　　(E) 蜥蜴　　　　　(F) 鴨嘴獸

71. 圖 20 為某家族血型係譜圖，□代表男性，○代表女性，除了甲、庚兩人，其他人的血型都以 A、AB、B、O 標示在圖中。由此係譜推測甲可能是什麼血型？（A-D 選兩項），而庚不可能為那種血型？（E-H 選二項）

(A) A 型
(B) B 型
(C) O 型
(D) AB 型
(E) A 型
(F) B 型
(G) O 型
(H) AB 型

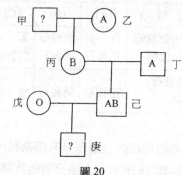

圖 20

72. 下列有關理想氣體的敘述，何者正確？（應選三項）
(A) 定壓時，定量氣體的溫度每改變 $1\ ^{\circ}C$，其體積改變了他在 $0\ ^{\circ}C$ 時體積的 $1／273$
(B) 定溫時，定量氣體的體積與壓力的平方根成反比
(C) 定壓時，定量氣體的體積與攝氏溫度成正比
(D) 定溫定容時，混合兩種互不反應的氣體，其總壓力是各成分氣體分壓的和
(E) 定溫定壓時，混合兩種互不反應的氣體，其總體積是各成分氣體體積的和

73. 下列敘述何者符合一氧化碳的性質？（應選二項）
(A) 水煤氣的成分氣體，且具有還原性
(B) 為綠色植物進行光合作用所必需的氣體
(C) 為綠色氣體，有毒，其水溶液可殺菌與漂白
(D) 僅佔空間中約 1 % 的含量，且不具反應性的氣體
(E) 無色氣體，毒性強，少量存在於空氣中，也可能會致命
(F) 毒性氣體且具強氧化作用，存在平流層中，可吸收紫外線，有保護生物的功能

74. 下圖爲列出第二與地三週期元素的簡略週期表，下列三個敘述分別符合所列出的哪一個元素？（單選）

Li	Be			B	C	N	O	F	Ne
Na	Mg			Aℓ	Si	P	S	Cℓ	Ar

甲、 甲元素的含氧酸爲工業上最重要的酸之一。此酸根與鋇離子所形成的鹽類在水中的溶解度低，且X射線的穿透性也低，廣泛用作胃部檢查的造影劑

乙、 廣泛被用於先進材料中的乙元素，其晶體中摻雜微量不純物可做半導體材料，乙元素的氧化物可做光纖通信用的玻璃纖維

丙、 汽車排氣中多含有丙元素的氧化物，是都市空氣污染的原因之一。丙元素與氫氣所形成化合物的水溶液呈鹼性

選　項	(A)	(B)	(C)	(D)	(E)	(F)
甲元素	N	N	P	P	S	S
乙元素	Si	B	C	B	Si	C
丙元素	S	Si	N	C	N	Si

75. 如圖 21 所示，X 和 Y 爲兩金屬球，X 球不帶電，Y 球上帶有正電荷，懸掛之細線爲絕緣體。今以下列兩種方式分別進行靜電實驗：

甲、 兩金屬球靠近碰觸，再分開後，X 球上的電荷的性質爲何？

（A-C 選一項）

乙、兩金屬球靠近，但不碰觸，在分開後，X球上電荷的性質為何？（D-F 選一項）

(A) 正電荷　　　(B) 負電荷

(C) 不帶電　　　(D) 正電荷

(E) 負電荷　　　(F) 不帶電

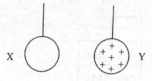

圖 21

76. 下列哪些是「偏振片」的功用？（應選二項）

(A) 檢驗光的速度　　　(B) 檢驗光的波長

(C) 檢驗光的頻率　　　(D) 產生偏振光

(E) 檢驗光的偏振方向　(F) 檢驗光的強弱

77. 兩個完全相同的保溫杯各盛有 300 克、$25\,^{\circ}C$ 的水。將 300 克、$5\,^{\circ}C$ 的銅塊和鋁塊，分別放入此二保溫杯中。落熱量的散失可忽略，銅與呂的比熱分別為 0.093 卡 / 克 $^{\circ}C$ 與 0.217 卡 / 克 $^{\circ}C$，則當兩金屬塊與水達到熱平衡時，下列有關各金屬塊溫度與吸收的熱量的敘述，何者正確？（應選二項）

選項	金屬塊與水達到平衡的溫度	選項	金屬塊吸收的熱量
(A)	兩金屬塊的溫度相同	(D)	兩金屬塊吸熱相同
(B)	銅塊的溫度較高	(E)	銅塊吸熱較多
(C)	鋁塊的溫度較高	(F)	鋁塊吸熱較多

90年度學科能力測驗自然科試題詳解

第一部分：選擇題

1. E

【解析】 古老的海洋地隱沒到地函深處形成海溝。

2. D

【解析】 黑曜岩為火山岩，其最可能的岩石組織為玻璃質。

3. D

【解析】 (A) 此處為聚合型板塊交界帶，以逆斷層為主

　　　　 (B) 也有中源和深源

　　　　 (C) 可能

　　　　 (E) 乙處的岩石為火山岩，主要的岩石組織為玻璃質，不會產生結晶顆粒。

4. A

【解析】 (B) 不可以

　　　　 (C) 丙認為可能

　　　　 (D) 乙、丙論點不同

5. C

【解析】 (A)(B) 夏比冬天落日偏北

　　　　 (D) 雖每天方位均不同，但冬天落日永遠比夏日偏南

6. **D**

【解析】乙岩層為儲油層，故具高度孔隙率，因此孔隙率為甲＜乙，又由圖中得知此為一背斜構造，故為構造封閉。

7. **C**

【解析】(A) 產生增溫層

(B) 會因臭氧作用而減少。

(D) 發生於對流層

8. **A**

【解析】天氣變化乃對流層之現象，故選(A)。

9. **D**

【解析】秋天東亞地區吹東北季風，與颱風環流交互作用，常對台灣東部、北部與東北部帶來嚴重災情。

10. **C**

【解析】其意為滿月之時，故選(C)

11. **A**

12. **C**

【解析】(B) 1900～1950 惡化

1950～1980 才為改善

13. **D**

【解析】 $H_2LO_3 \rightleftharpoons H^+ + HCO_3^-$

14. **B**

【解析】其意，為找韌皮部

甲：為韌皮組織

乙：韌皮部

丙：木質部

丁：形成層

15. **A**

【解析】(B) 絲狀蛋白質不可收縮，為自身的移動

(C) 肌原纖維組成肌纖維

(D) 肌纖維為 —— 肌細胞

16. **D**

【解析】(A) 甲基因型有美人尖會捲舌

(B) 乙基因型有美人尖不會捲舌

(C) 丙基因型沒有美人尖會捲舌

17. **C**

【解析】因為水可透過半透膜，但蔗糖不能，所以水會流至燒杯中使長頸漏斗液面下降液。

18. **B**

19. **D**

20. **B**

21. **B**

22. **C**

【解析】 (A) 濾過時不需消耗能量

(B) 葡萄糖可被微血管再吸收，不會形成尿液

(D) 微血管會將大部分的水分及部分胺基酸再吸收，非腎小管

23. **B**

24. **D**

【解析】 仟力 $F = \dfrac{KQ_1Q_2}{r^2}$

$$\frac{F'}{F} = \frac{\dfrac{2 \times 1}{2^2}}{\dfrac{1 \times 1}{1}} = \frac{1}{2} \Rightarrow F' = \frac{1}{2}F$$

25. **E**

【解析】 因為玻璃板之折射率＞空氣之折射率

所以由空氣射入玻璃之光線會偏向法線，反之由玻璃射入空氣之光線會偏離法線。

26. **C**

【解析】 a、b為端點 ⇒ 力，加速度速最大，速度最小 = 0。

c平衡點：速度最大，力、加速度最小 = 0。所以從

c → b 速率漸減，在 b 處速率為 0。

27. **A**

【解析】彈力·$F = kx$（x：伸長量） ∴ 彈力大小由伸長量決定。

從 c → b 速率漸減，在 b 處速率為 0。。

28. **C**

【解析】$W_3 = W_4$，因為此兩鋁塊位於同一液體中，又因 $d_甲 < d_乙$，

故由 B = V × d 推得 $W_1 > W_3$，W_2 之鋁塊位於甲、乙交界

處，故 $W_1 > W_2 > W_3 = W_4$。

29. **A**

30. **E**

【解析】key：法線力不作功，切線力作功

所以 $^{238}_{92}U \rightarrow ^{4}_{2}\alpha + ^{234}_{90}X$

X 為放出 α 粒子後所產生的原子，其質子數 = 90，

質量數 = 234

31. **A**

【解析】物體沿著斜面運動，故垂直斜面之分力皆不作功。

(B) $W = mg\sin30° \times 2 = 9.8(J)$

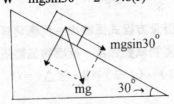

32. **A**

【解析】(D) 需在燈管壁塗上螢光物質。

33. **B**

【解析】 (B) 熱機將熱能轉為力學能以作功。

34. **C**

【解析】

	蔗糖溶液	食鹽溶液
(A) 導電度	不導電	可導電
(B) 焰色	無特殊火焰	有黃色火焰
(C) PH 值	為中性	為中性
(D) $AgNO_3$	無反應	有 $AgC\ell(s)$

35. **D**

【解析】 (A) 分子種類有改變

(B) 水 H_2O 不是雙原子分子，是三原子分子

(C) 此反應，為化學變化，因涉及鍵的破壞與生成

36. **B**

【解析】 (A) C 與 O 原子反應前後有氧化數改變，故為氧化還原

(B) $n_{CH4} = \dfrac{1}{16}$，$n_{O_2} = \dfrac{1}{16} \times 2 = \dfrac{1}{8}$

$W_{O_2} = \dfrac{1}{8} \times 32 = 4(g)$

化學計量方程式係數比 = 反應莫耳數比 ≠ 重量比

(D) $\triangle n$=產物氣體係數 − 反應物氣體係數 =

（1+2）−（1+2）= 0，故 $\triangle v = O$

37. **C**

【解析】 (A) 纖維素不可被人體吸收

(B) 有些胺基酸人體不能自行合成，需由外界合成

(D) 礦物質（Fe^{+3}、Na^+、$Zn^{2+}\cdots$）若不攝取會影響人體健康

38. **D**

【解析】 (A) 與 $NaOH_{(aq)}$ 混合後為酸性

(B) 和(C)與 $NaOH_{(aq)}$ 混合後為中性

(D) 與 $NaOH_{(aq)}$ 混合後為鹼性（因生成鹽 CH_3COONa 水解呈鹼性），故選 (D)。

39. **D**

40. **A**

【解析】 反應物晶體可能含結晶水，試管向下傾斜有利於水往下流，避免玻璃試管破裂，NH_3 可溶於水，且密度小於空氣，故用向下排氣法。

41. **B**

【解析】 (B) 不可用溫度計攪拌，溫度計水銀球可能破裂。

42. **A**

【解析】 (B) 需盛含銅鹽之水溶液

(C) 溶液中正離子游向正極

(D) 正極需接伏特計之正極

43. **D**

【解析】 1. 定溫下,體積一直增加表液、氣共存。

2. V(體積)與 T(絕對溫度)成正比表僅有氣相(查理定律)。

44. **B**

【解析】 水在 373.15K 時沸騰,故乙最可能是水。

45. **A**

【解析】 當 R_3 趨於零 $\Rightarrow$ 即 R_2 被短路,所以總電阻剩 R_1 變小,所以 I 變大,$\overline{V}$ 變大。

46. **B**

【解析】 頻率太高超出人類所能聽到之極限。

47. **C**

【解析】 排出之水與鐵球體積相等,又 $d_{鐵球} > d_水$,故小燒杯中水較輕。

48. **B**

【解析】 平面鏡恆成正立虛像。

61. **DE**

【解析】 ㄅ→子　　　　　ㄆ→丑

　　　　ㄇ→寅　　　　　ㄈ→巳

62. **AC**

63. **BC**
【解析】 由肺流流至消化器官之血液為含氧血。

64. **BE**
【解析】 (A) 甲狀腺素增加基礎代謝率
(C) 胰島素由胰臟產生
(D) 腎上腺素由腎上腺骨髓質產生

65. **ABD**
【解析】 (C) 氫以化合物型態（H_2O）存在
(E) 耗電量大，並不經濟，工業上是以高溫碳通過 $H2O_{(g)}$ 生成水煤氣（$CO + H_2$），來製備 H_2

66. **H**

67. **E**
【解析】 硬度大於 4 的礦物有 8 種。

68. **ADF**
【解析】 兩礦物互相摩擦，受損的硬度較小。

69. **CG**
【解析】 附著於內質網表面的為核醣體，其功能為合成蛋白質。

70. BEF

　　【解析】動物的卵具有卵殼的爲爬蟲類、鳥類、卵胎生的哺乳類。

71. BDGH

72. ADE

　　【解析】(A) $V = V_o(1 + \dfrac{t}{273})$

　　　　　　(B) $PV = nRT$ （T=絕對溫度）定溫時，$P\alpha\dfrac{1}{V}$

　　　　　　(C) 與絕對溫度成正比

　　　　　　(D) $P\overline{V} = nRT \Rightarrow P\alpha n \Rightarrow n_t = n_A + n_B$，$P_t = P_A + P_B$

　　　　　　(E) $P\overline{V} = nRT \Rightarrow \overline{V}\alpha n \Rightarrow n_t = n_A + n_B$，$V_t = V_A + V_B$

73. AE

　　【解析】(B) 爲 CO_2

　　　　　　(C) 無色且 CO 不溶於水

　　　　　　(D) CO 在空氣中含量極少，且具有反應性

　　　　　　(F) 此爲 O_3 特性，非 CO

74. E

　　【解析】甲爲 S，因 H_2SO_4 爲工業上最重要的酸，SO_4^{2-} 與 Ba^{2+}
　　　　　　可形成 $BaSO_{4(s)}$，可作爲胃部檢驗的造影劑。

　　　　　　乙爲 Si，因 Si 與 IIIA 元素（如 B、Ga）可形成 P 型半
　　　　　　導體，亦可與 VA 元素（如 As）形成 N 型半導體。

　　　　　　丙爲 N，因 N_2O、NO_2、NO 均爲空氣污染源之一，而
　　　　　　NH3 氨溶於水成鹼性。

　　　　　　故選 (E)

75. **AF**

　【解析】 甲、X帶正電荷

　　　　　乙、X不帶電

76. **DE**

　【解析】 偏振片，可產生偏振光，並檢驗出偏振光的光向。

77. **BF**

　【解析】 令 X 為本溫

$$Ca = 300 \times 1 \times (25 - X) = 300 \times 0.093 \times (X - 5)$$

$$25 - X = 0.093X - 0.465$$

$$\Rightarrow X = 23.298(^{\circ}C)$$

$$A\ell = 300 \times 1 \times (25 - X) = 300 \times 0.217 \times (X - 5)$$

$$25 - X = 0.217X - 1.085$$

$$\Rightarrow X = 21.434(^{\circ}C)$$

但吸熱 Ca $300 \times 0.093 \times 18.298$

　　　　Aℓ $300 \times 0.217 \times 16.433$

Ca＜Aℓ故鋁吸熱較多

九十年度學科能力測驗（自然考科）

大考中心公佈答案

題號	答案	題號	答案	題號	答案	題號	答案
1	E	21	B	41	B	61	DE
2	D	22	C	42	A	62	AC
3	D	23	B	43	D	63	BC
4	A	24	D	44	B	64	BE
5	C	25	E	45	A	65	ABD
6	D	26	C	46	B	66	H
7	C	27	A	47	C	67	E
8	A	28	C	48	B	68	ADF
9	D	29	A			69	CG
10	C	30	E			70	BEF
11	A	31	A			71	BDGH
12	C	32	A			72	ADE
13	D	33	B			73	AE
14	B	34	C			74	E
15	A	35	D			75	AF
16	D	36	B			76	DE
17	C	37	C			77	BF
18	B	38	D				
19	D	39	D				
20	B	40	A				

八十九年大學入學學科能力測驗試題
自然考科

壹、單一選擇題

說明：第 1 至 49 題，每題選出最適當的一個選項，標示在答案卡之
「選擇題（第一部分）」。每題答對得 2 分，答錯不倒扣。

1-3 題為題組

圖 1 為一正在分裂的完整細胞示意圖：

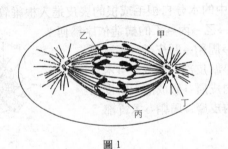

圖 1

1. 圖 1 所示的細胞最可能屬於下列那一種生物？
   (A) 動物　　　(B) 植物　　　(C) 真菌　　　(D) 細菌

2. 圖 1 所示構造中，何者為「著絲點」？
   (A) 甲　　　(B) 乙　　　(C) 丙　　　(D) 丁

3. 在試管內，葡萄糖經燃燒產生水和二氧化碳時，會釋出能量；在
   生物體內，葡萄糖亦可氧化成水和二氧化碳並釋出能量，下列有
   關等量的葡萄糖在試管或生物體內完全氧化釋出能量的敘述，何
   者正確？
   (A) 在試管內的反應會產生較多的能量
   (B) 兩種情況產生的能量一樣多，且都可產生 ATP

(C) 兩種情況所產生的能量一樣多，且都以熱的方式釋出

(D) 兩種情況所產生的能量一樣多，在試管內，以熱的方式釋出；
但在生物體中，有些能量可儲存在 ATP 分子中

4. 竹子的莖生長到一定程度後就不會繼續長粗，下列解釋何者正確？
   (A) 因為莖內沒有維管束
   (B) 因為莖內維管束隨著生長而退化
   (C) 因為莖內維管束沒有活躍的形成層
   (D) 因為形成層產生的韌皮部細胞及木質部細胞隨著莖的生長而
       老化

5. 圖 2 為土壤中的水分自根毛或根的表皮進入根維管束所經過的途
   徑，圖中甲→乙→丙→丁的構造依序為何？
   (A) 內皮層→周鞘→韌皮部→木質部
   (B) 內皮層→韌皮部→形成層→木質部
   (C) 皮層→內皮層→形成層→韌皮部
   (D) 皮層→內皮層→周鞘→木質部

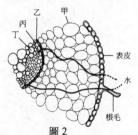

圖 2

6. 表一是用棋盤方格分析兩對基因遺傳子代的基因型所得的結果，
   其中部分基因型並未列出，而僅以阿拉伯數字標示，下列那一選
   項是錯誤的？

表一

雄配子

		RY	Ry	rY	ry
雌	RY	1	3	RrYY	RrYy
配	Ry	RRYy	RRyy	4	Rryy
子	rY	2	RrYy	rrYY	rrYy
	ry	RrYy	Rryy	rrYy	rryy

(A) 1,2,3,4 的基因型分別為 RRYY，RrYY,RRYy 和 RrYy

(B) 1,2,3,4 的表型都一樣

(C) 在此棋盤方格中，RRYY 只出現一次

(D) 在此棋盤方格中，RrYy 共出現四次

(E) 基因型出現機率的大小順序為 4>3>2>1

7. 下列有關突變與演化的敘述，何者正確？

(A) 適者生存可使生物產生突變而產生新的品種

(B) 天擇可影響生物演化的方向

(C) 演化的關鍵在於生物的體細胞產生變異

(D) 演化的關鍵在於體細胞及生殖細胞兩者同時產生變異

8. 外界的氧氣進入人體內，是在那一部位擴散進入微血管？

(A) 鼻孔　　(B) 鼻腔　　(C) 咽喉　　(D) 氣管　　(E) 肺泡

9. 家兔體內是否產生黃脂或白脂，受遺傳因素的影響。王老師選擇
健康的黃脂家兔和白脂家兔從事研究。他將兩種兔子都分成兩組，
分別餵飼不同飼料：一組飼料中含黃色素的食物；另一組的飼料
中則不含黃色素的食物，結果王老師所實驗的家兔體內產生脂質
的顏色如圖 3 所示。

飼　　料	帶有產生黃脂基因的家兔	帶有產生白脂基因的家兔
含黃色素的食物	黃脂 	白脂 
不含黃色素的食物	白脂 	白脂 

圖 3

試問王老師的實驗結果可獲得下列何種結論？
(A) 家兔的脂質顏色是一種不完全顯性遺傳
(B) 黃脂基因會因食物而產生突變
(C) 白脂基因會因食物而產生突變
(D) 白脂基因使家兔脂質顏色不受食物影響
(E) 黃脂基因使家兔脂質顏色不受食物影響

10. 雞的砂囊俗稱雞肫，其主要生理功能是什麼？
(A) 是特化的食道，主要進行物理消化作用
(B) 是特化的食道，主要進行物理和化學消化作用
(C) 是特化的胃，主要進行物理消化作用
(D) 是特化的胃，主要進行物理和化學消化作用
(E) 是特化的胃，主要進行化學消化作用

11. 下列是有關洋蔥根尖細胞進行有絲分裂的圖片，就有絲分裂過程
而言，從開始到完成之先後順序，何者正確？

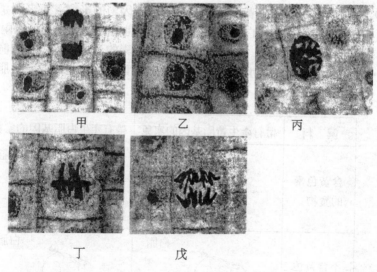

甲　　　　　　乙　　　　　　丙

丁　　　　　　戊

(A) 甲→乙→丙→丁→戊　　(B) 乙→丙→丁→戊→甲
(C) 丙→丁→戊→甲→乙　　(D) 丁→戊→甲→乙→丙
(E) 戊→甲→乙→丙→丁

12. 圖 4 為一池塘生態系的結構示意圖。在此生態系中的生產者為何？

(A) 浮游植物
(B) 浮游動物
(C) 細菌及黴菌
(D) 草食性小動物
(E) 肉食性小動物

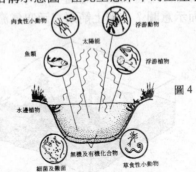

圖 4

13. 天上有些恆星的亮度是會變化的，其中一種稱為造父（型）變星，本身體積會膨脹收縮造成亮度週期性的變化。圖 5 為某一顆造父變星的亮度隨時間的週期變化圖。依據圖 5 判斷，此一變星的亮度變化週期約為多少天？

(A) 2.0　　(B) 3.5　　(C) 5.5　　(D) 7.0　　(E) 20

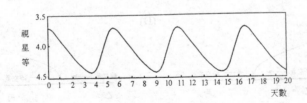

圖 5

14. 民國 85 年 7 月 31 日（農曆六月十六日）至 8 月 1 日（農曆六月十七日）賀伯颱風來襲期間，造成台灣地區多處嚴重淹水，尤其以沿海地區最為嚴重，發生的原因除了颱風帶來豐沛的雨量外，下列何者是加重沿岸地區災情的因素之一？

(A) 沿岸恰巧有強烈的上升流
(B) 適逢海水滿潮特別高，造成海水倒灌
(C) 適逢黑潮向北流的流量最大的時期
(D) 颱風來襲期間，將大量海水增溫後，使海水面上升，導致海水倒灌

15. 圖 6 為鋒面立體模型示意圖。下列那一選項是冷鋒在甲－乙－丙縱剖面示意圖？（圖上箭頭表示空氣流動方向）

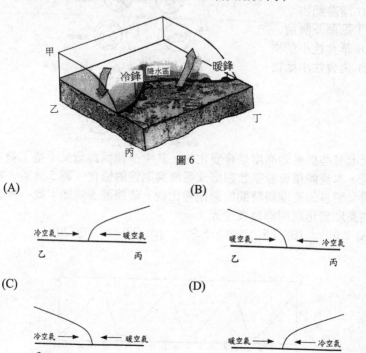

圖 6

(A)

冷空氣 →　　← 暖空氣

乙　　　　　　　　丙

(B)

暖空氣 →　　← 冷空氣

乙　　　　　　　　丙

(C)

冷空氣 →　　← 暖空氣

乙　　　　　　　　丙

(D)

暖空氣 →　　← 冷空氣

乙　　　　　　　　丙

16. 在夏至、春分或秋分、多至當天，太陽白天在天空中的視運動軌跡如圖 7 所示，千禧年第一天（公元 2000 年 1 月 1 日），清晨的太陽會從那一方位升起？
(A) 東偏南約 20°
(B) 東偏南約 30°
(C) 東偏北約 20°
(D) 東偏北約 30°
(E) 正東

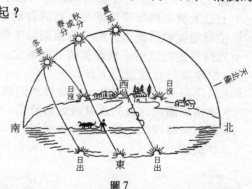

圖 7

17. Al$_2$SiO$_5$ 有三種同分異構物，它們的生成條件如圖 8 所示。如果
   海溝處的地質環境為低溫高壓環境，則期望能在海溝處找到成
   分為 Al$_2$SiO$_5$ 且真正代表低溫高壓的礦物為何？
   (A) 紅柱石
   (B) 藍晶石
   (C) 矽線石
   (D) 藍晶石和紅柱石
   (E) 紅柱石和矽線石

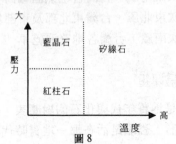

圖 8

18-20 題為題組

   參考甲至丁四張地面天氣圖（圖上 H，L 分別代表地面高壓和地
   面低壓），回答下列問題：

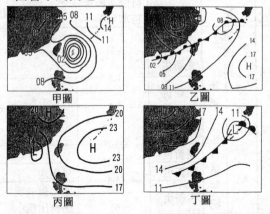

18. 四幅圖中，那一圖是台灣正值梅雨期的地面天氣圖？
   (A) 甲　　　　(B) 乙　　　　(C) 丙　　　　(D) 丁

19. 如果甲圖中的天氣系統朝西北方向移動，而且已經推進到基隆正
   北方的外海，則此時台灣北部地區的天氣狀況有何明顯改變？
   (A) 雨勢逐漸增強　　　　(B) 風向將由西風轉為東風
   (C) 地面氣壓值逐漸升高　(D) 風速轉弱

20. 丁圖所呈現在台灣地區的天氣型態為何？
    (A) 吹西南風，台灣各地午後發生雷陣雨的機率高
    (B) 吹東南風，台灣各地氣溫偏高，屬燠熱潮濕天氣
    (C) 吹東北風，台灣東北部及東部地區層狀雲多，降雨機率高
    (D) 吹南風，台灣各地普遍乾旱

21-22 題為題組

21. 表二是地質年代與化石的對應表，由此表可以知道主要化石的消長情形，恐龍是活在那一地質時代的動物？
    (A) 第四紀 (B) 第三紀 (C) 中生代 (D) 新生代 (E) 古生代

表二

元	代	紀		世	時間（距今百萬年）	主要化石的消長
顯生元	新生代	第四紀		全新世		
				更新生	----0.01----	
		第三紀	新第三紀	上新世	----1.8----	
				中新世	----5.2----	
			古第三紀	漸新世	----23.7----	
				始新世	----33.7----	馬出現
				古新世	----55.5---- 65	胎盤類哺乳動物出現 恐龍滅絕
	中生代	白堊紀			141	顯花植物出現
		侏羅紀			205	始祖鳥出現
		三疊紀			251	恐龍及小型哺乳動物出現
	古生代	不詳細劃分			----545----	三葉蟲

（時間軸未按實際比例）

22. 在 X、Y、Z 地層中之甲、乙岩脈，其定年資料如圖 9 所示，試問 Y 地層的地質時代應屬於表二中的那一「世」？

(A) 更新世
(B) 上新世
(C) 中新世
(D) 漸新世
(E) 始新世

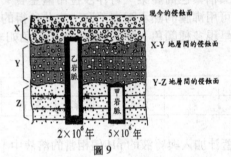

圖 9

23. 現代地質學家能推論發生在古生代的各種地質事件，主要是基於何人所創的學說？

(A) 韋格納的大陸漂移說
(B) 海斯的洋底擴張說
(C) 赫伯的宇宙膨脹說
(D) 赫頓的均變說
(E) 達爾文的天擇說

24. 赫羅圖（圖 10）的主序帶上，甲星質量為太陽的 10 倍，乙星的質量與太陽相同，則甲星的壽命大約是乙星的幾倍？

(A) 10^4　　(B) 10^2　　(C) 1　　(D) 10^{-1}　　(E) 10^{-3}

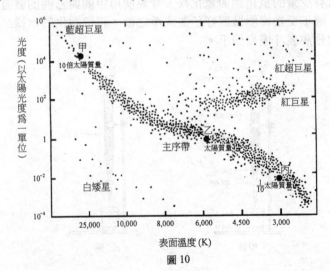

圖 10

25-26 題為題組

紫甘藍又稱紫色高麗菜,可作沙拉冷盤生食。其所含的多種天然色素,可用沸騰的熱水浸泡萃取。由此所得的紫甘藍汁會隨環境不同,呈現多種顏色,隨 pH 值改變的顏色如表三:

表三

pH 值	2	4	6	8	10	12
顏色	紅	粉紫	藍紫	綠青	草綠	黃

25. 將紫甘藍汁加入與胃液的 pH 值相當的溶液中,呈現的顏色如何?
(A) 紅　　　(B) 粉紫　　(C) 藍紫　　(D) 綠青　　(E) 黃

26. 烹炒青菜時,常希望看到一盤綠意盎然的青菜。紫甘藍色素遇到下列那一種物質最有可能顯出綠色?
(A) 白砂糖　　(B) 食醋　　(C) 沙拉油　　(D) 食鹽　　(E) 小蘇打粉

27-28 題為題組

利用離子交換樹脂,可將水中的一些金屬離子或非金屬離子除去。為了要將海水淨化,設計了下列模擬實驗。假如有一中性的水樣品含有少量的氯化鈉與氯化鎂,今要使用甲圖與乙圖的裝置來淨化。離子交換樹脂裝置好了並洗淨之後,將待淨化的水樣品由甲圖的分液漏斗慢慢滴下。

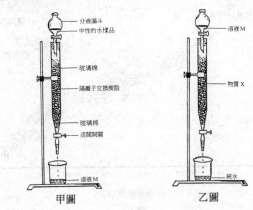

27. 水樣品中那一些離子可以被甲圖中的陽離子交換樹脂除去？
    (A) Na^+與Cl^-　　(B) Cl^-與OH^-　　(C) Mg^{2+}與H^+
    (D) Na^+與Mg^{2+}　　(E) Na^+與H^+

28. 將甲圖的裝置所得到的溶液 M，由乙圖的分液漏斗慢慢滴下，取得純水，試問乙圖中的物質 X 應該是下列的那一種物質？
    (A) 陰離子交換樹脂　(B) 酸鹼中和試劑　　(C) 活性碳
    (D) 矽膠　　　(E) 細砂

29. 核能的和平用途日廣，在醫學診斷與治療上的應用有莫大價值。下列有關核子醫學或放射性同位素的敘述，那一項是正確的？
    (A) 鈷 60 釋放加馬(r)射線，屬短暫半生期之同位素，通常藉注射或口服作診療之用
    (B) 核磁共振顯影儀是利用放射性原理的診斷儀器
    (C) 兩種放射性同位素，同時由相同的原子數目開始衰變，在同時段內衰變的數目，半生期短者比半生期長者為多
    (D) 放射性同位素的應用，是利用放出的 r 射線殺死細菌或病毒

30-31 題為題組

　　下列各組物質中各有一個是純物質，另一個是混合物。
　　　　甲：氯化鉀水溶液與純水　　乙：空氣與純氮氣
　　　　丙：金銅合金與純金　　　　丁：柴油與純己烷
　　假定要在一般的高中實驗室，用實驗的方法來區別純物質與混合物。

30. 在 50～120℃間，測其沸點就可以區別出來者為何？
    (A) 甲　　　(B) 乙　　　(C) 甲、乙　　(D) 甲、丁　　(E) 乙、丁

31. 用硝酸銀水溶液，就可以立刻鑑別出來者為何？
    (A) 甲　　　(B) 丙　　　(C) 甲、丙　　(D) 甲、丁　　(E) 乙、丁

32. 以α粒子撞擊氮原子核$^{14}_{7}N$，其核反應可用下式表示

    （α是$^{4}_{2}He$；p是質子）：$\alpha + ^{14}_{7}N \rightarrow O + p$

    則產生的氧原子核是下列的那一種？

    (A) $^{15}_{8}O$　　(B) $^{16}_{8}O$　　(C) $^{17}_{8}O$　　(D) $^{18}_{8}O$　　(E) $^{19}_{8}O$

33. 下列有關氯及其化合物在日常生活中的應用，何者錯誤？
    (A) 氯化氫的水溶液（鹽酸）可用於清除鐵鏽，但亦會加速鐵的生鏽
    (B) 氯氣有毒，但可用來消毒自來水或游泳池的水
    (C) 家庭洗衣用的漂白水中，有的含有氯
    (D) 氯與石灰可製造漂白粉
    (E) 氯是強還原劑

34. 市售電池多是利用化學反應產生電能的裝置。下列有關化學電池的敘述，何者錯誤？
    (A) 電池一定包含正極與負極
    (B) 電池內所發生的反應屬於氧化還原反應
    (C) 在電池負極產生的電子經由外電路傳至正極
    (D) 在電池正極產生的陽離子經由外電路傳至負極
    (E) 每一個電池有兩個「半電池」，每一個半電池都含有一個電極和電解質溶液

35. 下列有關酸鹼滴定實驗的敘述，何者正確？
    (A) 加入指示劑量的多寡，不會影響滴定的結果
    (B) 達到滴定終點時，溶液不一定呈中性
    (C) 達到滴定終點時，酸的莫耳數等於鹼的莫耳數
    (D) 達到滴定終點時，酸的重量等於鹼的重量
    (E) 不論待測溶液的性質如何，為了安全，滴定液的濃度愈稀愈好

36. 如圖 11 所示，一物體沿平滑斜面滑下，在下滑的過程中，下列
　　有關該物體的加速度量值 a 和速度量值 v 的變化，何者正確？

(A) a 和 v 都不變

(B) a 和 v 都漸變大

(C) a 和 v 都漸變小

(D) a 不變，v 漸變大

(E) a 漸變小，v 漸變大

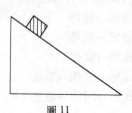

圖 11

37. 一輛小摩托車與迎面而來的快速大卡車正面相撞，摩托車全毀。
　　若只考慮量值但不考慮方向，則下列有關碰撞時力與加速度的敘
　　述何者正確？

(A) 摩托車所受的力較小，加速度也較小

(B) 摩托車所受的力較大，加速度也較大

(C) 二車所受的力大小相同，加速度也大小相同

(D) 二車所受的力大小相同，但摩托車的加速度較小

(E) 二車所受的力大小相同，但摩托車的加速度較大

38. 有一容器，內裝互不相溶的兩種液體，今將質量及體積皆相同的
　　三個鋁塊，分別以細繩懸吊於彈簧秤下，使靜止於液體中，如圖
　　12 所示。若「彈簧秤的讀數」分別為 W_1、W_2 和 W_3，則下列大
　　小關係，何者正確？（細繩之重量及粗細不計）

(A) $W_1 = W_2 = W_3$

(B) $W_1 > W_2 = W_3$

(C) $W_1 > W_2 > W_3$

(D) $W_1 < W_2 = W_3$

(E) $W_1 < W_2 < W_3$

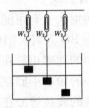

圖 12

39. 圖 13 為純水在不同壓力與溫度時的狀態示意圖（未按實際比例）。若將純水的溫度維持 0℃，壓力自 10 大氣壓下降，直至 10^{-3} 大氣壓。則在此過程中，純水的狀態改變情形，下列何者正確？

(A) 固態→液態

(B) 固態→氣態

(C) 液態→氣態

(D) 固態→液態→氣態

(E) 液態→固態→氣態

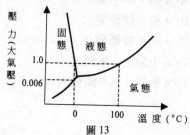

圖 13

40. 張三與他的兒子分別站立於一面牆的兩邊，如圖 14 所示。若要在牆上開一個窗子使兩人彼此都能看到對方的全身，則所需的最小窗子的位置應為下列何者？

(A) ae

(B) ad

(C) be

(D) bd

(E) cd

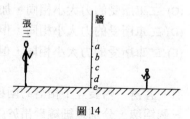

圖 14

41. 如圖 15 所示，一光線在水中沿 AO 入射至玻璃後，沿 OB 折射。下列敘述何者正確？

(A) 若入射角增大，有可能產生全反射

(B) 若光改自 BO 入射，則會沿 OA 折射

(C) 光在水中的速率小於在玻璃中的速率

(D) 光在水中的頻率小於在玻璃中的頻率

(E) 光在水中的波長等於在玻璃中的波長

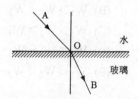

圖 15

42. 一個輕而未帶電的金屬小球乙，用一絕緣線懸掛著，如圖16所示。若將一帶電的金屬球甲靠近乙，則下列敘述何者正確？

　　(A) 乙先被甲排斥，然後被甲吸引與甲接觸

　　(B) 乙被甲吸引，然後一直保持與甲接觸

　　(C) 乙先被甲吸引接觸甲，然後被甲排斥
　　　　離開甲

　　(D) 乙被甲排斥，不可能碰觸甲

　　(E) 乙不受影響，保持不動

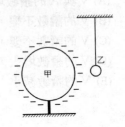

圖16

43-44 題為題組

　　依國際單位系統，長度的基本單位為公尺。一公尺的標準最初曾被定義為「由北極經巴黎到赤道的子午線（經線），其長度的一千萬分之一」。根據這個標準，及表四的資料，試回答以下與地球有關的問題。

表四

一大氣壓	1.01×10^5 牛頓/公尺^2
半徑為 R 的圓周長	$2\pi R$
半徑為 R 的圓球表面積	$4\pi R^2$

43. 地球的半徑約為多少公尺？

　　(A) 6×10^4 　　　　(B) 6×10^6 　　　　(C) 6×10^8

　　(D) 6×10^{10} 　　　(D) 6×10^{12}

44. 地球大氣層的空氣總質量約為多少公斤？

　　(A) 5×10^{14} 　　　(B) 5×10^{16} 　　　(C) 5×10^{18}

　　(D) 5×10^{20} 　　　(E) 5×10^{22}

45. 圖 17 的電路，V、A 分別代表伏特計與安培計，如將電路中的甲電阻拆掉，則伏特計與安培計的讀數有何變化？

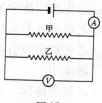
圖 17

(A) V 與 A 的讀數均不變
(B) V 的讀數不變，A 的讀數增大
(C) V 的讀數不變，A 的讀數減小
(D) V 的讀數增大，A 的讀數不變
(E) V 的讀數減小，A 的讀數不變

46. 下列有關陰極射線與 X 射線的敘述，何者正確？
(A) 兩者的行進均可產生電流
(B) 兩者均可受靜電場的影響而偏向
(C) 兩者均爲電磁波
(D) 陰極射線爲帶電粒子，X 射線爲電磁波
(E) 陰極射線爲電中性的粒子，X 射線爲帶電的粒子

47. 下列有關映像管電視機的敘述，何者錯誤？
(A) 映像管內低壓的氣體是用來撞擊螢光幕，以便顯像
(B) 載送訊號的視頻電磁波在空中是以光速來傳播
(C) 畫面掃描的條數越多，畫質越細緻
(D) 重複掃描的時距小於視覺暫留的時距
(E) 電視機內部具有高電壓，未拔掉插頭直接以手接觸其內部，會有觸電的危險

48. 核能電廠的核反應器內由於不斷的進行核反應，結果核燃料減少了 1 公克的質量。假設減少的質量全部轉換成電能，則可產生多少度的電能？
（已知光速 $c = 3 \times 10^8$ 公尺/秒，1 度電能＝1 瓦-小時）
(A) 8.3×10^4
(B) 2.5×10^7
(C) 2.5×10^{10}
(D) 9×10^{13}
(E) 9×10^{16}

49. 大衛表演一種魔術：一水平的直導線在他的指揮下可垂直升降，他係利用通有電流的直導線在磁場作用下而升降的。如電流的方向係由西向東流，而欲使此直導線上升，則磁場的方向為何？

    (A) 由西向東　　　　　　(B) 由東向西

    (C) 由北向南　　　　　　(D) 由南向北

    (E) 由下向上

請注意：第 50 題至第 60 題，未安排試題。請從第 61 題繼續作答。

貳、多重選擇題

說明：第 61 至 69 題，每題的選項各自獨立。選出正確選項，標示在答案卡之「選擇題（第二部分）」。每題答對得 2 分，答錯不倒扣，未答者不給分。只錯一個可獲 1 分，錯兩個或兩個以上不給分。

61. 下列那些動物有開放式循環系統？　（應選三項）

    (A) 蛇　　　　　　(B) 蝗蟲　　　　　　(C) 青蛙

    (D) 蟑螂　　　　　(E) 螃蟹

62. 橫膈肌肉收縮會造成下列那些結果？　（應選二項）

    (A) 胸腔底部下移　　　　(B) 呼氣

    (C) 胸腔擴大　　　　　　(D) 胸腔內部壓力上升

    (E) 肺臟壓縮

63. 下列激素中，那些和人體利用醣類有關？（應選四項）

    (A) 副甲狀腺素　　　　　(B) 腎上腺皮質素

    (C) 腎上腺素　　　　　　(D) 胰島素

    (E) 抗胰島素　　　　　　(F) 動情素

    (G) 黃體激素

64. 孟德爾以豌豆作爲遺傳實驗材料而獲得良好的結果，主要是與豌豆的那些特性有關？（應選二項）

    (A) 豌豆是一種異花授粉的植物，在自然情況下容易造成子代的變異

    (B) 豌豆是一種異花授粉的植物，在自然情況下容易獲得雜交品系

    (C) 豌豆是一種自花授粉的植物，在自然情況下不易行異花授粉

    (D) 豌豆是一種自花授粉的植物，在自然情況下容易保存純種品系

65. 在地球上觀察月球，會發現月球恆以同一面向著地球。目前人類已經計畫在月球上建立可供人生活的基地，如果月球基地位於面向地球的地方，在其上進行觀察與探測。則下列敘述中那二項是正確的？（應選二項）

    (A) 地球都以同一面，面向月球

    (B) 地球具有盈虧現象　　(C) 月海中有大量的水

    (D) 月球上找不到玄武岩　　(E) 月球上無板塊運動

66. 下列家庭洗滌用的物質，那兩種互相作用，會產生有毒氣體，因而<u>不可</u>混合使用？（應選二項）

    (A) 鹽酸　　　　　　　　(B) 肥皂

    (C) 沙拉脫　　　　　　　(D) 漂白粉（含有次氯酸鈉）

    (E) 通樂（含有氫氧化鈉）

67. 過錳酸鉀與草酸（乙二酸）反應，會產生氣泡，可以用下列離子反應式表示：

    $2MnO_4^-{}_{(aq)} + xC_2O_4^{2-}{}_{(aq)} + \underline{\hspace{1.5cm}} \rightarrow yMn^{2+}{}_{(aq)} + zCO_{2(g)} + \underline{\hspace{1.5cm}}$

    試完成上列反應式後，回答係數 x,y,z 所代表的數字的選項（應選三項，次序不拘）。

    (A) 1　　　　(B) 2　　　　(C) 3　　　　(D) 4

    (E) 5　　　　(F) 6　　　　(G) 7　　　　(H) 8

    (I) 9　　　　(J) 10　　　(K) 11　　　(L) 12

68. 一儲氣槽因不慎爆炸，小美位於圖 18 的甲地，先看到發出的火光，5 秒後才聽到爆炸聲，小明於乙地則是在看到火光後 10 秒才聽到爆炸聲。若聲速為 v_0 公尺/秒，則爆炸的儲氣槽可能位於圖 18 的那些方塊區？（應選二項）

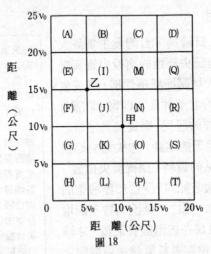

圖 18

69. 漆包線所製成的螺線圈與磁鐵的位置如圖 19 所示，電路中 G 為電流計。下列的何種情況螺線圈會有感應電流流過？電流的方向為何？（應選二項）

(A) 磁鐵快速靠近螺線圈時，電流由 Y 經 G 流向 X

(B) 磁鐵快速靠近螺絲圈時，電流由 X 經 G 流向 Y

(C) 螺線圈快速靠近磁鐵時，電流由 Y 經 G 流向 X

(D) 螺線圈快速靠近磁鐵時，電流由 X 經 G 流向 Y

(E) 螺線圈與磁鐵一起以相同的速度向右移動時，電流由 X 經 G 流向 Y

(F) 螺線圈與磁鐵一起以相同的速度向右移動時，電流由 Y 經 G 流向 X

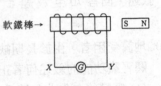

圖 19

參、題群題

說明：第 70 至 77 題。答案應標示在答案卡之「選擇題 (第二部分)」。
每題完全答對得 2 分，未完全答對則不給分，答錯不倒扣。

70-77 題為題組　　　　　　　　　　　　　　　　　表五

去年 9 月 21 日清晨，台灣發生集集大地震，當時離震央不遠的南投中寮高壓變電所，因大地震而嚴重受損，造成依賴南電北送的北部地區大停電。北部有些深夜未入睡的居民，察覺到先停電之後，再感受到天搖地動。中央氣象局依據各地觀測站的資料，測得震央位置，並發布地震報告如表五。位於斷層帶的災情陸續傳來，死亡及受困人數不斷增加。有少數災民在被困數日之後，才陸續獲救。這些倖存者被緊急送到醫院之後，除了身體虛弱之外，由於長時間缺乏飲水，醫生特別擔心倖存者腎功能是否正常。事隔多日，災情逐漸受到控制，而人們開始好奇，是否有些異象能預測地震的發生，例如在少數地方就曾報導在地震發生前數日，有地底泥漿伴隨氣泡湧出地表的罕見景觀。試依以上敘述，回答 70 至 77 題：

中央氣象局地震報告
編號：第 88043 號
日期：88 年 9 月 21 日
時間：1 時 47 分 12.6 秒
位置：北緯 23.85 度， 　　　東經 120.78 度
即在日月潭西偏南 12.5 公里
地震深度：1.1 公里
地震規模：7.3
各地最大震度
南投縣名間　　　　6 級
台中市　　　　　　6 級
新竹縣竹北　　　　5 級
台南縣永康　　　　5 級
嘉義市　　　　　　5 級
宜蘭市　　　　　　5 級
屏東縣九如　　　　4 級
台東縣成功站　　　4 級
澎湖縣馬公　　　　4 級
臺北市　　　　　　4 級
高雄市　　　　　　4 級
台東市　　　　　　4 級
苗栗縣三義　　　　3 級
花蓮市　　　　　　3 級

70. 地震受困者，由於長期缺乏飲水，腎臟機能可能受影響。下列有關腎臟功能的敘述何者正確？（應選二項）

(A) 腎臟的工作非常繁重，因此腎臟組織每小時之耗氧量遠超過同重量之心臟肌

(B) 血液流經腎小球時，其中的水分、鹽類離子及蛋白質，會被
濾入腎小管中

(C) 核酸或蛋白質的代謝產物，雖對身體無害，但必須由腎臟排
出體外

(D) 人體攝入的水，大部分經由腎臟的排泄作用排出體外

(E) 腎臟有再吸收作用，以免脂肪及蛋白質等有用物質隨尿液排
出體外

71. 可以參考表五，判斷下列有關地震的敘述，何者正確？
（應選二項）

(A) 理論上，此次地震發生時在世界各地測得的地震規模皆應相同

(B) 地震規模的大小是依地面建築所遭受的破壞程度來區分

(C) 表五中之「位置」指的是中央氣象局某一地震觀測站的位置

(D) 一般而言，距離震央愈近，則震度愈大

(E) 此次地震全省各地所測到的最大震度為 7.3

72. 住在臺北的王同學察覺到停電和地面開始震動的時間差約為 30
秒。他根據台灣島南北長約 400 公里，且假設地震一發生，中寮
的高壓變電所立即斷電，而估算出此次地震的震央大約落在台灣
中部。試問王同學設定的 P 波的波速約為多少？（單選）

(A) 0-1 公里/秒　　　　(B) 2-3 公里/秒　　　　(C) 5-7 公里/秒

(D) 15-30 公里/秒　　　(E) 100-150 公里/秒

(F) 200-385 公里/秒

73. 某測站收到的地震波如圖 20 所示。下列有關此三種波的比較敘
述，何者正確？（應選二項）

圖 20

(A) P 波的速度最慢　　(B) P 波最先到達測站　(C) P 波屬橫波

(D) S 波屬縱波　　　　(E) S 波的速度最快

(F) 表面波的振幅最小　(G) 表面波的速度最慢

74. 若將那些從泥漿中湧出的氣泡，收集後直接導入澄清的石灰水中，石灰水變混濁，則顯示泥漿中的氣泡，可能含有下列那一種氣體？（單選）

　　(A) O_2　　(B) H_2　　(C) CO　　(D) CO_2　　(E) SO_2　　(F) CH_4

75. 有些地區因其它地質活動，有天然氣或沼氣從地表釋出而燃燒，被誤認為與地震有關，試問天然氣與沼氣的主要成份為何？（單選）

　　(A) O_2　　(B) H_2　　(C) CO　　(D) CO_2　　(E) SO_2　　(F) CH_4

76. 地震也會造成家用瓦斯外洩，引起火警。瓦斯燃燒不完全，而產生無色、無味、無臭，卻容易中毒致死的氣體為何？（單選）

　　(A) O_2　　(B) H_2　　(C) CO　　(D) CO_2　　(E) SO_2　　(F) CH_4

77. 地震後停電，小馬利用兩個 1.5V 的乾電池及標示 3V、5W 的小燈泡自製簡易手電筒，下列的電路何者正確？（應選二項）

(A)　　　　　　　　(B)　　　　　　　　(C)

(D)　　　　　　　　(E)

89年度學科能力測驗自然科試題詳解

第一部分：選擇題

1. A

【解析】植物細胞沒有中心粒和星狀體而丁爲中心粒，且圖中又不具細胞壁，故爲動物細胞。

2. B

【解析】著絲點爲染色體上與紡錘絲相連之處。

3. D

【解析】上述反應式皆爲 $C_6H_{12}O_6 + 6O_2 \rightarrow 6CO_2 + 6H_2O$ 故反應熱相等，一般燃燒皆以熱的形式放出能量，而在生物體中則將部分能量儲存在 ATP 中。

4. C

【解析】雙子葉植物有形成層爲分生組織向外形成韌皮部，向內形成木質部，使莖直徑加大，單子葉植物無形成層。竹子爲單子葉植物，故莖不能繼續長粗。

5. D

【解析】甲-皮層　乙-內皮　丙-周鞘　丁-木質部。

6. E

【解析】1-RRYY，出現一次，機率 1/16
2-RrYY，出現二次，機率 2/16
3-RRYy，出現二次，機率 2/16
4-RrYy，出現四次，機率 4/16
表型均爲顯性
機率大小順序應爲 4>3 = 2>1。

7. **B**

【解析】 (A) 適者生存只可影響演化方向，不可使生物產生突
變，突變為自然發生，發生率為 10^{-5}
(C)(D) 演化關鍵在於生殖細胞產生變異。

8. **E**

【解析】 氧氣先溶於肺泡溼潤的薄膜上，再進入肺泡微血管。

9. **D**

【解析】 兔的黃脂基因表現受環境影響，白脂基因表現不受食物
影響，所以若攝取的食物中不含黃色素，帶黃脂基因的
家兔體內便不能合成黃脂，而帶白脂基因的家兔則不論
食物中是否含黃色素皆合成白脂。

10. **C**

【解析】 鳥類的砂囊是特化的胃，有很厚的肌肉壁以磨碎所吞的
食物，故為物理消化。

11. **C**

【解析】 丙-染色體形成→前期
丁-染色體排列在赤道板中央→中期
戊-著絲點複製
甲-染色體向兩極移動→後期
乙-細胞分裂完成→末期

12. **A**

【解析】 在湖泊中，浮游植物是主要的生產者。

13. **C**

【解析】 由圖中曲線變化規則知造父變星的亮度變化週期為每
5.5 天循環一次，故變化週期為 5.5 天。

14. **B**

【解析】當月球的引潮力與太陽的引潮力同方向時，潮汐特別大，稱爲大潮；以農曆推算此時正逢引潮力量最大時，故滿潮水位特別高，因此農曆月初或月中若有颱風來襲，海水倒灌情形會更嚴重。

15. **C**

【解析】冷空氣密度較大，故遇暖空氣時將其向前推進並抬離地面。

16. **A**

【解析】1 月 1 日，剛過冬至，太陽直射南半球，但不超過南迴歸線，故在南迴歸線以北，故東偏南約 20°。

17. **B**

【解析】低溫高壓，由圖 8 知爲
藍晶石。

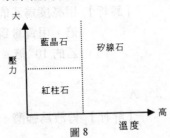

圖 8

18. **B**

【解析】梅雨期爲冷暖氣團互相對峙的滯留鋒面，故選乙圖 B。

19. **A**

【解析】颱風中心向西北方移動，台灣北部地區進入暴風圈，故雨勢逐漸增強，選 (A)。

(B) 由北風轉爲西風

(C) 氣壓值降低

(D) 轉強。

20. **C**

【解析】此時爲台灣之冬季，吹東北季風東北部易降雨。

21. **C**

【解析】 查表，恐龍出現於三疊紀，屬中生代。

22. **B**

【解析】 由圖 9 知 Y 地層早於乙岩脈晚於甲岩脈
早於 2×10^6 年晚於 5×10^6，故為新第三紀的「上新世」。

23. **D**

【解析】 以眼前的現象為依據推測過去發生的事情，此為赫頓的
「均變說」。

24. **E**

【解析】 甲亮度為乙的 10^4 倍，即單位時間放出能量為乙的 10^4
倍，甲質量為乙的 10 倍，$10 \div 10^4 = 10^{-3}$，，故壽命約為
乙的 10^{-3} 倍。

25. **A**

【解析】 胃液為強酸，pH 值極小，故由表三知呈紅色。

26. **E**

【解析】 由表中可知 pH=8，pH=10 時，呈現綠色。而小蘇打粉
即碳酸氫鈉，pH 值較接近，故選 (E)。

27. **D**

【解析】 陽離子交換法以 H^+ 換陽離子，故除去 Na^+ 和 Mg^{2+}。

28. **A**

【解析】 已除去陽離子，應再除去陰離子完成淨化，故 X 為陰
離子交換樹脂。

29. **C**

【解析】 半生期短，衰變速度快，故選 (C)。

30. **D**

【解析】 甲、氯化鉀水溶液沸點較水高

乙、沸點遠低於 50℃

丙、金屬化合物沸點遠高於 120℃

丁、柴油沸點較純己烷高

故可由此區別。

31. **A**

【解析】 $KCl + AgNO_3 \rightarrow AgCl_{(s)} \downarrow + K\,NO_3$

氯化鉀遇硝酸銀產生氯化銀沈澱（白色），故可鑑別。

32. **C**

【解析】 $_2^4\alpha + _7^{14}N \rightarrow _y^xO + _1^1P$

$4 + 14 = x + 1 \Rightarrow x = 17$

$2 + 7 = y + 1 \Rightarrow y = 8$，故為 $_8^{17}O$。

33. **E**

【解析】 (E) 氯應為強氧化劑。

34. **D**

【解析】 (D) 電池中移動的是電子而非陽離子，電池正極產生之電子由內電路傳至負極。

35. **B**

【解析】 (A) 指示劑本身為弱酸弱鹼，會影響滴定結果

(C)(D) 解離出之 $[H^+] = [OH^-]$

(E) 不一定。

36. **D**

　　【解析】設斜角為 θ
　　　　　　　$a=g\sin\theta$ 為定值
　　　　　　　$v=at=g\sin\theta\,t=gt\sin\theta$
　　　　　　　隨時間增加而變大，故為 D。

37. **E**

　　【解析】牛頓第三定律知，作用力等於反作用力，故受力大小相
　　　　　　　等，而第二定律 F=ma，摩托車質量較小，加速度較大。

38. **B**

　　【解析】浮力公式 B=Vd
　　　　　　　V 三者均同，而上層液密度較小
　　　　　　　故三者所受浮力 $B_1<B_2=B_3$
　　　　　　　$W_1=Mg-B_1$，$W_2=Mg-B_2$，$W_3=Mg-B_3$
　　　　　　　質量均相同，故 $W_1>W_2=W_3$。

39. **E**

　　【解析】0℃，10 大氣壓由圖 13 知
　　　　　　　為液態降至 1 大氣壓成為
　　　　　　　固態，再降至 0.006 大氣
　　　　　　　壓成為氣態，故為 E。

40. **D**

　　【解析】光有直進性
　　　　　　　張三欲見兒子範圍為 b 到 c
　　　　　　　兒子欲見張三範圍為 b 到 d
　　　　　　　欲彼此看見，故需從 b 到 d 令光通過。

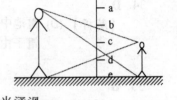

41. **B**
　　【解析】　水至玻璃偏向法線，速度由快至慢，而全反射需由慢至
　　　　　　　快，故不可能有全反射，頻率均相等，由 v=fλ 知，水
　　　　　　　中波長大於玻璃中波長。

42. **C**
　　【解析】　乙先因靜電感應而被甲吸引，當接觸甲時，甲球所帶負
　　　　　　　電均勻分布使乙也帶負電，而因帶同性電而相斥分離。

43. **B**
　　【解析】　$2\pi R=4\times 10000000$
　　　　　　　$\pi R=20000000$
　　　　　　　$R=6.369426\times 10^{6}$，故選 B。

44. **C**
　　【解析】　牛頓需換為公斤，除 g，g≒10
　　　　　　　$F=PA$
　　　　　　　　$=1.01\times 10^{5}\times 4\pi\times(6\times 10^{6})^{2}\div 10$
　　　　　　　　$=4566816\times 10^{18}$　　故選 C。

45. **C**
　　【解析】　電路並聯，伏特數均相等於電池電壓，移去甲電路仍
　　　　　　　不變，又電阻並聯移去一電阻，使總電阻上升，由公
　　　　　　　式 V=IR，V 為定值，R 上升，I 必下降，故安培計讀
　　　　　　　數減小。

46. **D**
　　【解析】　陰極射線即為電子流，非電磁波，會受電場和磁場影
　　　　　　　響而偏向，而 X 射線為電磁波，不受上二者影響，亦
　　　　　　　不產生電流。

47. **A**

　　【解析】 (A) 是以電子束撞擊螢光幕顯像。

48. **B**

　　【解析】 $E = mc^2 = 0.001 \times (3 \times 10^8)^2 = 9 \times 10^{13}$ 焦耳

　　　　　　1 度 $= 3.6 \times 10^6$ 焦耳

　　　　　　$\therefore 9 \times 10^{13} \div 3.6 \times 10^6 = 2.5 \times 10^7$ (度)。

49. **D**

　　【解析】 由右手掌定則可知，電流由西向東流，

　　　　　　磁場由南向北，磁作用

　　　　　　力向上。

61. **BDE**

　　【解析】 脊椎動物的血液在血管流動，為閉鎖循環，而 BDE 非
　　　　　　脊椎動物，故為開放循環。

62. **AC**

　　【解析】 橫膈肌肉收縮，為吸氣，胸壁底部下移，胸腔擴大，肺
　　　　　　臟舒張，胸腔內壓力下降。

63. **BCDE**

　　【解析】 腎上腺皮質素，腎上腺素，胰島素，抗胰島素均可控制
　　　　　　影響葡萄糖人體內代謝和平衡。

64. **CD**

　　【解析】 豌豆為自花授粉，自然下不易進行異花授粉，故易保存
　　　　　　純種品系。

65. **BE**

【解析】 (A) 地球自轉，各面均可在月球上被看到

(C) 月海中無水

(D) 玄武岩為火山岩，冷卻快速，月球上的環境極易生成玄武岩。

66. **AD**

【解析】 (A) HCl   (D) Na(OCl)

(A) 與 (D) 會反應產生氯氣(Cl_2) 為有毒氣體。

67. **BEJ**

【解析】 $2MnO_4^- + 5C_2O_4^{2-} + 16H^+ \rightarrow 10CO_2 + 2Mn^{2+} + 8H_2O$

故為 2，5，10，選 BEJ。

68. **KN**

【解析】 聲速均為 V_0，故爆炸處距甲 $5\ V_0$ 距乙 $10\ V_0$

圖中 K，N 二區符合條件。

69. **BD**

【解析】 感應電流所生磁場應為抵抗外加磁場之方向

(A) X 經 G 流向 Y

(C) X 經 G 流向 Y

(E)(F) 不產生感應電流。

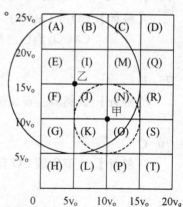

70. **AD**

【解析】 (B) 蛋白質為大分子，不被濾入

(C) 代謝產生含氮物質，對身體有害

(E) 吸收的是脂肪酸和胺基酸。

71. **AD**

【解析】(B) 根據地震紀錄上震波的最大振幅，取常用對數值
求出

(C) 指地震震央位置

(E) 最大震度 6 級。

72. **C**

【解析】中部距台北約 200 公里

$200 \div 30 \fallingdotseq 6.6$ 公里/秒，故選 C。

73. **BG**

【解析】P 波最先到達，S 波次之，而表面波最後

故 P 波最快表面波最慢，但振幅最大

P 波屬縱波而 S 波為橫波。

74. **D**

【解析】$CO_2 + Ca(OH)_2 \rightarrow Ca\,CO_3 + H_2O$

$Ca\,CO_3$ 為白色沈澱，使溶液呈混濁。

75. **F**

【解析】天然氣主要成份為甲烷 CH_4。

76. **C**

【解析】一氧化碳 CO 有劇毒。

77. **AD**

【解析】串聯時應正負極相接

並聯時各電池正極均應接至同一線路上，負極亦同，

故 AD 正確。

八十八年大學入學學科能力測驗試題
自然考科

壹、單一選擇題

說明：第 1 至 14 題，每題選出最適當的一個選項，標示在答案卡之
「選擇題（第一部分）」。每題答對得 2 分，答錯不倒扣。

1. 人體淋巴系統上的淋巴結有什麼功能？
   (A) 過濾血液　　　　　　　　(B) 防禦作用
   (C) 運送氧氣　　　　　　　　(D) 維持酸鹼平衡

2. 人體那一種細胞的核糖體的數量比較多？
   (A) 紅血球　　　　　　　　　(B) 白血球
   (C) 骨骼肌細胞　　　　　　　(D) 胰臟細胞

3. 洋蔥根尖細胞分裂時，下列那一構造會使染色體平均分配到二個子
   細胞中？
   (A) 中心粒　　　　　　　　　(B) 星狀體
   (C) 紡錘絲　　　　　　　　　(D) 分裂溝

4. 由根部吸收的水分，最主要是受到下列那一種作用的影響而能被送
   達葉部？
   (A) 代謝作用　　　　　　　　(B) 光合作用
   (C) 呼吸作用　　　　　　　　(D) 蒸散作用

5. 當人體吸氣時，下列那一敘述是正確的？
   (A) 胸腔擴大，肺內的壓力上升
   (B) 橫膈上的肌肉舒張
   (C) 肌肉收縮，肋骨下降
   (D) 肺內的壓力小於大氣壓力

6. 人體骨骼肌收縮時，肌纖維會發生下列那一變化？
   (A) 離子的濃度改變
   (B) 肌動蛋白縮短
   (C) 肌凝蛋白縮短
   (D) 明暗相間的橫紋消失。

7. 光合作用的反應步驟雖然繁雜，但其反應可歸納為下列那一種？
   (A) 化學能轉為化學能的反應
   (B) 光能轉為熱能的反應
   (C) 熱能轉為化學能的反應
   (D) 光能轉為化學能的反應

8. 由於台灣山坡地的濫墾，導致颱風侵襲時，有些地區發生山崩。
   經過一段時間後，土石堆積處首先長出來的植被，最可能是下列
   那一種？
   (A) 藻類   (B) 芒草   (C) 蘆葦   (D) 杜鵑

9. 下列有關保育類動物綠蠵龜生殖的敘述，何者正確？
   (A) 在水中生殖時，行體外受精
   (B) 卵很小，儲存的養分很少
   (C) 卵的外面有卵殼和卵膜保護
   (D) 母龜孵卵直到幼體孵出。

10. 為了比較光合作用活性，小華把菠菜葉切成碎片，再將其打碎分離
    出細胞質及葉綠體，然後把葉綠體磨碎分離出葉綠素及基質等四
    部分，問小華分離所得的那一部分，可觀測到光合作用的光反應？
    (A) 細胞質   (B) 葉綠體   (C) 葉綠素   (D) 基質

11. 中國古代有所謂「滴血認親」的方法，即把自己的鮮血數滴與嬰
    孩的鮮血數滴混合，再觀察其變化，以辨別嬰孩是否為自己親生
    的骨肉，這種方法是相當於現代的那種分析法？
    (A) 血液中抗原的比對   (B) 血液中 DNA 的比對
    (C) 血液中 DNA 及蛋白質的比對。

12. 下列有關植物組織構造與一些生理功能的敘述,何者正確?
    (A) 雙子葉植物莖中的維管束成環狀排列
    (B) 莖維管束中的形成層使雙子葉植物及單子葉植物的莖加粗
    (C) 有機物在篩管中的運輸不需消耗能量
    (D) 若把雙子葉植物莖的韌皮部剝除,因木質部輸送水分及無機
        鹽類的功能仍然正常,所以植物仍可維持正常的生長。

13. 下列有關生態系的敘述,何者正確?
    (A) 自然環境組成的因素計有太陽輻射能、水、大氣、土壤及溫
        度五種
    (B) 族群密度是指單位空間內,族群中的個體數
    (C) 族群種類愈多,生存競爭愈大,所以族群愈不穩定
    (D) 出家人閉關於一室內,修身養性,顯示族群中的個體,可單
        獨存在於一個環境中。

14. 王醫師自小華的消化道中的三個部位採取分泌液,分別裝在甲、
    乙、丙三支試管並用石蕊試紙量其 pH 值,結果如表一所示,則
    下列那一選項是正確的?

表一

試管	結　　　　　果
甲	由藍色轉變成紅色
乙	沒有明顯的顏色變化
丙	由紅色轉變成藍色

    (A) 甲為胃液、乙為唾液、丙為小腸液
    (B) 甲為小腸液、乙為胃液、丙為唾液
    (C) 甲為胃液、乙為小腸液、丙為唾液
    (D) 甲為小腸液、乙為唾液、丙為胃液。

15. 下列那一種岩石被認為具有較佳的孔隙率和較好的滲透率,故被
    認為它能形成重要的儲油層?
    (A) 砂岩　　(B) 頁岩　　(C) 花岡岩　　(D) 大理岩　　(E) 玄武岩。

16. 圖 1 中的那一種礦物是在高溫環境下形成的？
    (A) 紅柱石
    (B) 藍晶石
    (C) 矽線石
    (D) 資料不足，無法判斷。

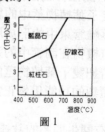
圖 1

17. 下列何者不是標準化石應具備的特性？
    (A) 演化速度快　　　　(B) 生存期限長
    (C) 分布範圍廣　　　　(D) 化石的個體數多
    (E) 形態特徵明顯容易鑑定。

18. 如果在赤道以外的地方考慮近地面的風，由於流動的空氣與地面
    有摩擦力，則下列那一項敘述是正確的？
    (A) 摩擦力使風速降低，科氏力隨之減小
    (B) 摩擦力使風速降低，科氏力隨之增大
    (C) 摩擦力對風速沒影響，但對科氏力影響很大
    (D) 摩擦力對科氏力沒影響，但對風速影響很大
    (E) 摩擦力對風速和科氏力都沒有影響。

19. 已知甲星與乙星都是造父變星，而且甲星的視星等為 9，乙星的視
    星等為 14。測得兩星的亮度變化週期相同，表示甲、乙兩星的光度
    應該相同，則乙星的距離是甲星的幾倍？（提示：$M = m + 5 - 5 \log d$，
    其中 M 為絕對星等，m 為視星等，d 為距離；絕對星等與光度密
    切相關）
    (A) 0.1 倍　　　　(B) 1 倍　　　　(C) 10 倍
    (D) 100 倍　　　　(E) 1000 倍

20. 若只考慮簡單的氣壓場，其等壓線均為直線平行排列，則下列有關「氣壓梯度力」方向的敘述，何者正確？
(A) 沿等壓線法線方向，由氣壓高到低
(B) 沿等壓線法線方向，由氣壓低到高
(C) 沿與等壓線夾角 45° 方向，由氣壓高到低
(D) 沿與等壓線夾角 45° 方向，由氣壓低到高
(E) 平行等壓線方向。

21. 在台灣北回歸線附近地區，夏至正午的陽光大約從頭頂上照射下來，冬至正午陽光大約以 45 度天頂角照射下來。則在該地區冬至正午地面每平方公分在一分鐘內所接受到的陽光輻射量，大約是夏至正午的幾倍？（夏至、冬至太陽與地球距離之差異可忽略）
(A) $2\sqrt{2}$ 倍
(B) 2 倍
(C) $\sqrt{2}$ 倍
(D) 1 倍
(E) $1/\sqrt{2}$ 倍。

22. 下面那一圖可以代表赫伯定律所表示遙遠星系之奔離速度與星系距離的關係？

(A)　　　　　　　(B)　　　　　　　(C)　　　　　　　(D)

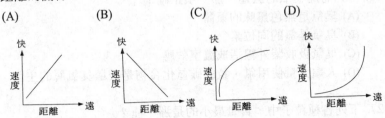

23. 藉由觀測獲得甲星的三角視差為 8 秒差距，甲星與地球的距離約為 26 光年。現測得某星的三角視差為 24 秒差距，則該星與地球之間的距離約為多少光年？
(A) 8 光年
(B) 24 光年
(C) 26 光年
(D) 50 光年
(E) 78 光年。

24-26 題爲題組

在南極上空發現臭氧層「破洞」一事，引起科學家的恐慌與全球的重視。因爲臭氧層中的臭氧含量大量降低，使陽光中容易引發皮膚癌的紫外線大量穿透大氣層抵達地面，會影響生物的生存。

臭氧是一種有毒的氣體，雖然對人體有害，但聚集在高空，卻能吸收有害的紫外線以保護生物。由此可見大自然的巧妙，人類的活動不要輕易破壞這種平衡。

24. 太陽發出的輻射中，有許多無法穿過地球大氣層，其中波長較短的紫外線主要是集中在地球大氣層中的那一層被臭氧吸收？
    (A) 對流層　　(B) 平流層　　(C) 增溫層　　(D) 中氣層。

25. 臭氧層的破洞對生物的影響，主要爲下列那一項？
    (A) 降低生物受紫外線的傷害
    (B) 增加 DNA 發生突變的機會
    (C) 抑制癌症的發生
    (D) 促進生物的生長。

26. 下列有關臭氧的敘述，那一項正確？
    (A) 臭氧是無色無味的氣體
    (B) 臭氧是氧的同位素
    (C) 臭氧吸收紫外線造成溫室效應
    (D) 人類大量使用氟、氯的碳氫化合物是破壞臭氧層的主因

27. 下列各種粒子中，質量最小的是那一種？
    (A) 氫離子　　(B) 氫原子　　(C) 電子
    (D) 中子　　　(E) α粒子。

28. 下列有關常見物質分類的敘述，何者正確？
    (A) 純水可經由電解生成氫氣及氧氣，所以不是純物質
    (B) 食鹽由氯化鈉組成，所以是純物質
    (C) 糖水爲純糖溶於純水組成，所以是純物質
    (D) 不鏽鋼不易生鏽，所以是純物質。

29. 湯木生從真空放電的實驗中發現了電子。下列有關湯木生實驗裝置的圖形,何者為不正確?

(A)   (B)   (C)

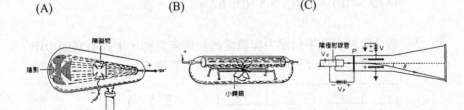

30. 硫酸是化學實驗及化學工業中的重要物質,下列有關「硫酸」的敘述,何者正確?
(A) 在實驗室中製備氫氣,可由鋅粒加入濃硫酸製得
(B) 濃硫酸滴到筆記本上,紙張變黑,是酸鹼反應的結果
(C) 鉛蓄電池中加入硫酸,進行酸鹼反應而放電
(D) 將濃硫酸緩慢加入食鹽中,可以製備出氯化氫氣體。

31. 耐綸是一種人造含氮的合成纖維,但是比棉、絲、羊毛等三種天然纖維更為強韌。它們的化學結構都可以和水產生氫鍵,從元素組成與化學鍵結的觀點來看,下列那一種纖維與其他三種有明顯的差異?
(A) 絲   (B) 耐綸   (C) 棉   (D) 羊毛。

32. 阿司匹靈是脂溶性的,人體非常容易經由胃壁吸收。當服用過量的阿司匹靈而中毒時,可以利用酸鹼中和的原理,立即灌入大量稀釋的小蘇打(碳酸氫鈉)水急救。那麼阿司匹靈應該是下列那一種酸鹼?
(A) 強鹼   (B) 弱鹼   (C) 強酸   (D) 弱酸。

33. 我們喝的汽水都含有 CO_2。大華取得一杯汽水,滴定其酸鹼度,求得氫離子濃度【H^+】為 3.0×10^{-5}M,此杯汽水的 pH 值約為多少?
(A) 3.5 (B) 4.5 (C) 5.5 (D) 6.5。

34. 圖 2 是純水在不同壓力與溫度的狀態示意圖,下列有關圖中甲、乙、丙三區域分別的物理狀態,何者正確?

	甲	乙	丙
(A)	氣態	液態	固態
(B)	氣態	固態	液態
(C)	固態	液態	氣態
(D)	液態	氣態	固態
(E)	固態	氣態	液態

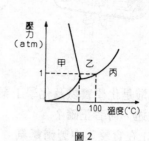

圖 2

35. 水可經由電解生成氫氣及氧氣。小明在電解水的實驗中,通入一化學當量的電量(96500 庫侖)後,可以得到氫氣及氧氣分別各為多少莫耳?
(A) 1,1   (B) 1,0.5   (C) 0.5,0.5   (D) 0.5,0.25。

36. 有一測量氣體裝置如圖 3。定溫時在一大氣壓力下,開始時左右兩邊水銀面的高度差 h 為 380mm,氣體體積為 V。如將左邊的水銀槽降低,使左右兩邊水銀面的高度差減少至 h 為 190mm,此時右邊量重內 V 之變化為何?
(A) V 減半   (B) V 增大 20%
(C) V 增大 50%   (D) V 加倍
(E) V 不變

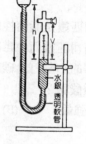

圖 3

37. 一段筆直的火車軌道，沿一平面斜坡而上。在整列火車以等速度上坡期間，若空氣阻力可以忽略，則在平行於斜坡面的方向，軌道對火車的施力為下列何者？

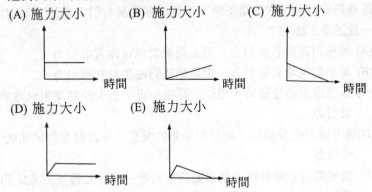

(A) 施力大小　　(B) 施力大小　　(C) 施力大小

時間　　　　　時間　　　　　時間

(D) 施力大小　　(E) 施力大小

時間　　　　　時間

38-39題為題組

有兩位學生在水平地面上合作進行一項實驗，甲生站在以等速度向右前進的火車車廂地板上，乙生則靜止站在地面上，如圖4。當火車通過乙生面前時，甲生沿垂直於車廂地板的方向，向上拋出一棒球後讓其自由落下。

圖4

38. 甲生看到的棒球運動的軌跡為何？（從圖5選一項）

　　(A) A　　　(B) B　　　(C) C　　　(D) D　　　(E) E

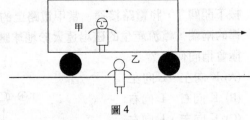

A　　　B　　　C　　　D　　　E　　　圖5

39. 乙生看到的棒球運動的軌跡為何？（從圖5選一項）

    (A) A   (B) B   (C) C   (D) D   (E) E

40. 當成熟的蘋果由樹上落下時，根據牛頓的萬有引力定律，下列那一敘述是正確的？

    (A) 地球對蘋果有吸引力，但是蘋果對地球沒有吸引力

    (B) 蘋果對地球有吸引力，但是地球對蘋果沒有吸引力

    (C) 僅考慮力的量值時，地球對蘋果的吸引力大於蘋果對地球的吸引力

    (D)僅考慮力的量值時，地球對蘋果的吸引力小於蘋果對地球的吸引力

    (E) 僅考慮力的量值時，地球對蘋果的吸引力等於蘋果對地球的吸引力。

41-42題為題組

有一電磁感應裝置如圖6。開始時，甲電路上的開關T是打開的，甲、乙兩電路上均無電流。

41. 按下開關T，將電路接通。當甲電路上的電流穩定後，若在軟鐵棒的兩端，電流產生的磁場遠大於地球磁場，則磁針K與L的N極會指向何方？

    (A) K 向左，L 向左

    (B) K 向右，L 向右

    (C) K 向左，L 向右

    (D) K 向右，L 向左

    (E) K 向上，L 向上。

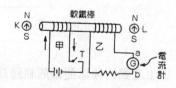

圖6

42.承上題，在甲電路中的電流穩定後，將開關T打開使甲電路成為斷路，則乙電路會出現下列那一情形？

(A) 電流一直維持爲零

(B) 一直有穩定的電流，方向由 a 到 b

(C) 一直有穩定的電流，方向由 b 到 a

(D) 出現瞬間電流，方向由 a 到 b

(E) 出現瞬間電流，方向由 b 到 a。

43. 有一容量爲 V 的密閉鋼製容器，其中盛有質量爲 M 的某種氣體。如將容器中的氣體抽掉一半，使氣體質量降爲 M/2，則密閉容器中剩下的氣體體積最後會是多大？

(A) 比 V/2 小　　　(B) V/2　　　(C) 比 V/2 大，但比 V 小

(D) V　　　　　　(E) 2V。

44. 有甲、乙、丙三個物體。當甲和乙接觸時，熱由甲流向乙，而當乙和丙接觸時，熱由乙流向丙，則下列敘述何者正確？

(A) 甲所含熱量一定比乙多

(B) 甲所含熱量一定比乙少

(C) 乙的溫度一定比丙高

(D) 甲的溫度一定比丙低

(E) 若將甲和丙接觸，則熱必由丙流向甲。

45. 一雷射發出的可見光，在空氣中由左向右通過一支實心玻璃圓柱。試問雷射光的可能軌跡爲下列何者？

(A)　　　　　(B)　　　　　(C)　　　　　(D)　　　　　(E)

46. 下列的光學現象，何者可用幾何光學解釋？

(A) 雨後天空的彩虹

(B) 肥皂泡薄膜上的彩紋

(C) 光線無法通過兩片互相垂直的偏振片

(D) 雷射光對單狹縫的繞射條紋

(E) 光碟片上的彩色現象

47. 拉塞福在 1919 年以α粒子($^4_2$He)撞擊氮原子核($^{14}_7$N)，產生核反
    應。若該反應產生的兩種粒子，有一為氧原子核($^{17}_8$O)，則另一
    粒子為何？
    (A)電子　　　　　(B) 中子　　　　　(C) 質子
    (D) 粒子　　　　　(E) 鈹原子核($^9_3$Be)

請注意：第 48 題至第 60 題，未安排試題。請從第 61 題繼續作答。

貳、多重選擇題

說明：第 61 至 70 題，每題的選項各自獨立。選出正確選項，標示在
　　　答案卡之「選擇題（第二部分）」。每題答對得 2 分，答錯不倒
　　　扣，未答者不給分。只錯一個可獲 1 分，錯兩個或兩個以上不
　　　給分。

61. 圖 7 為一海底地形剖面示意圖，其中高低潮線間距係誇大表示，
    以利讀圖。參考本圖所示的甲、乙、丙、丁四海域的位置，選出
    正確選項。(應選二項)
    (A) 甲區若為岩岸則主要
        生產者為　大型藻類
    (B) 乙區海洋生物的種類
        很少
    (C) 丙區的主要生產者為
        浮游植物
    (D) 丁區為人工魚礁設置區。

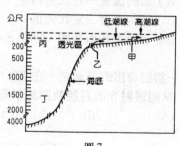

圖 7

62. 依圖 8 所示的細胞構造，其中那些胞器可產生三磷酸腺苷（ATP）？
    （應選二項）
    (A) 甲　　　　　(B) 乙　　　(C) 丙
    (D) 丁　　　　　(E) 戊

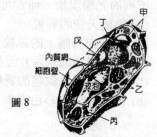

圖 8

63. 太陽輻射到達地球表面後被地面吸收，地面同時也向外放出輻射。地面輻射常被大氣中的某些成分吸收而具有保溫作用，稱為溫室效應。這些成分是什麼？（應選二項）
    (A) 二氧化碳　　　　(B) 二氧化氮　　　　(C) 臭氧
    (D) 氮氣　　　　　　(E) 水汽

64. 下列有關淨水器的各項淨水功能敘述，何者正確？（應選二項）
    (A) 利用蒸餾裝置，以除去水中的有機小分子和無機鹽類
    (B) 利用離子交換樹脂，以除去水中的無機鹽類
    (C) 加裝活性炭，以除去不溶於水的固體物質
    (D) 用紫外光照射，以減少水中的活細菌。

65. 慶典時施放煙火，萬紫千紅的色光，非常壯觀。下列有關煙火色光的敘述，何者正確？（應選二項）
    (A) 這些色光是利用某些有機染料所造成
    (B) 這些色光是由氖、氬等氣體所造成
    (C) 亮麗白光是因鎂片燃燒所造成
    (D) 這些色光是由某些金屬鹽所造成。

66. 下列那一組物質是屬於同素異形體的關係？（應選二項）
    (A) 石墨與鑽石　　　　　　(B) 水與重水
    (C) 白磷與赤磷　　　　　　(D) 一氧化碳與二氧化碳
    (E) 鈾 238 與鈾 235。

67. 1998 年的諾貝爾醫學獎頒給了美國的三位科學家，主要因為他們發現，一氧化氮（NO），是一種在循環系統中扮演非常重要的傳遞信息的分子。這簡單小小的分子與 1998 年上市且造成轟動的「威而鋼」也有關。以下有關 NO 分子一般性質的敘述，那幾項是不正確的？（應選二項）
    (A) 液態 NO 是常見的一種冷凍劑
    (B) 常見的一種空氣污染物　　(C) 具有放射性的一種分子
    (D) 打雷時候空氣中的一種產物　　(E) 是一種還原劑。

68. 圖 9 中的電路，係由一個電池與兩個燈泡組成，其中甲燈泡的電阻是 2 歐姆，乙燈泡的電阻是 3 歐姆，則下列敘述何者正確？
（應選二項）

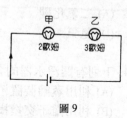
圖 9

(A) 通過甲燈泡的電流等於通過乙燈泡的電流

(B) 通過甲燈泡的電流大於通過乙燈泡的電流

(C) 跨過甲燈泡的電位差等於跨過乙燈泡的電位差

(D) 跨過甲燈泡的電位差大於跨過乙燈泡的電位差

(E) 跨過甲燈泡的電位差小於跨過乙燈泡的電位差

69-70 題為題組

下列敘述與能量守恒定律和動量守恒定律有關：

(A) 自高度 h_0 處落下的石頭，在高度 h 處的速度 v 符合公式 $v^2 = 2g(h_0 - h)$（g 為重力加速度）

(B) 步槍射擊時，在子彈向前射出後，槍身會後退

(C) 將燒熱的鐵塊放入冷水中，鐵塊溫度降低時，水的溫度會昇高

(D) 行進中的車子因煞車而靜止後，其煞車裝置會發熱

(E) 沿一直線以相同速率運動的輕、重兩球，若碰撞後黏在一起，則此黏合體必沿重球原來的運動方向前進。

69. 上列敘述中那些比較適合作為能量守恆定律的例證？
（應選三項）

(A) A   (B) B   (C) C   (D) D   (E) E

70. 上列敘述中那些比較適合作為動量守恆定律的例證？
（應選二項）

(A) A   (B) B   (C) C   (D) D   (E) E

參、題群題

說明：第 71 至 79 題。答案應標示在答案卡之「選擇題（第二部分）」。每題完全答對得 2 分，未完全答對則不給分，答錯不倒扣。

<u>71-73 題為題組</u>

圖 10 為橫貫南美大陸的兩側海底地形剖面示意圖（垂直與水平方向不依同一比例尺繪製）：

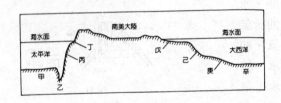

圖 10

71. 圖 10 中乙處是屬於那一種海底地形？(單選)

(A) 大陸棚　　　　(B) 大陸坡　　　　(C) 大陸緣積

(D) 深海平原　　　(E) 海溝　　　　　(F) 中洋脊。

72. 圖 10 中乙處海底地形的主要成因為何？（單選）

(A) 地層下陷　　　(B) 海浪侵蝕　　　(C) 岩漿侵入

(D) 深源地震　　　(E) 板塊隱沒。

73. 圖 10 中甲至辛的海底地形分區中，最能代表深海平原分區的為那幾處？（應選二項）

(A) 甲　　(B) 乙　　(C) 丙　　(D) 丁　　(E) 戊

(F) 己　　(G) 庚　　(H) 辛

74. 當我們看到三顆恆星的顏色分別是紅色、黃色與藍色。則此三顆恆星的表面溫度由高至低排列順序為何？（單選）

(A) 紅、黃、藍　　(B) 紅、藍、黃　　(C) 黃、紅、藍

(D) 黃、藍、紅　　(E) 藍、紅、黃　　(F) 藍、黃、紅。

75. 圖 11 中的 X，Y，Z 三井因深度不同分別生產天然氣（簡稱氣）、石油（簡稱油）和鹽水（簡稱水），試問油、氣和水三者在儲油層中從上至下的垂直排列順序為下列何者？（單選）

(A) 油、氣、水

(B) 氣、油、水

(C) 水、油、氣

(D) 水、氣、油

(E) 氣、水、油

(F) 油、水、氣。

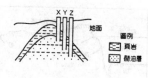

圖 11

76. 下列為孟德爾遺傳法則中基因型與表現型之間關係的敘述，何者正確？（應選三項）

(A) 異型合子可表現顯性性狀　　(B) 異形合子可表現隱性性狀

(C) 異型合子可表現中間型性狀　(D) 同型合子可表現顯性性狀

(E) 同型合子可表現隱性性狀　　(F) 對偶基因只表現顯性性狀

(G) 對偶基因只表現隱性性狀。

77. 下列那些現象沒有化學反應的進行？（應選四項）

(A) 鐵的生鏽　　　　　　　(B) 霧的生成

(C) 太陽能熱水器的作用　　(D) 螢火蟲的發光

(E) 水煤氣的製造　　　　　(F) 冰箱中冷媒的作用

(G) 植物的呼吸作用　　　　(H) 霓虹燈的發光。

78. 已知離地面愈高時大氣壓力愈小，溫度也愈低。現有一氣球由地面向上緩慢升起，試問大氣壓力與溫度變化對此氣球體積的影響為何？（應選二項）

   (A) 大氣壓力減小有助於使氣球體積增大

   (B) 大氣壓力減小有助於使氣球體積變小

   (C) 大氣壓力減小對氣球體積沒有影響

   (D) 溫度降低有助於使氣球體積增大

   (E) 溫度降低有助於使氣球體積變小

   (F) 溫度降低對氣球體積沒有影響。

79. 張三在實驗室的真空裝置中，使離地高度相同的乒乓球與小鉛球由靜止狀態同時落下後，比較兩球在各個時刻的速度、加速度，及所受地球重力。若兩球的體積相同，試問可能發生的情形為何？（從表二中選三項）

表二

速度方面	(A) 乒乓球比鉛球大	(B) 乒乓球比鉛球小	(C) 兩者相同
加速度方面	(D) 乒乓球比鉛球大	(E) 乒乓球比鉛球小	(F) 兩者相同
所受地球重力方面	(G) 乒乓球比鉛球大	(H) 乒乓球比鉛球小	(I) 兩者相同

88年度學科能力測驗自然科試題詳解

第一部分：選擇題

1. B

【解析】 淋巴結是淋巴的過濾器，可以過濾淋巴中的細菌或外來的有毒物質，以吞噬細菌及製造抗體和抗毒素，所以淋巴結有防禦的功能。

2. D

【解析】 核糖體為細胞中合成蛋白質的胞器，而胰臟細胞分泌的胰液中有許多酵素，酵素成份為蛋白質，故核糖體數量較多。

3. C

【解析】 紡垂絲將染色體拉至細胞的左右兩極。

4. D

【解析】 水份由根部運送至葉部，與毛細現象，蒸散作用產生的拉力，根壓有關。

5. D

【解析】 (A) 胸腔擴大，肺內的壓力下降

(B)(C) 吸氣時，橫隔肌、肋間肌收縮，肋骨上升。

6. A

【解析】 當運動神經衝動傳到肌纖維的細胞膜時，即發生離子改變和其他化學變化，促使肌凝、肌動蛋白滑動，而縮短2線間的距離，但肌凝、肌動蛋白並未因此縮短。

7. D

【解析】 光合作用將光能轉成化學能儲存於葡萄糖中。

8. **B**

【解析】 芒草是消長過程中的先驅者。

9. **C**

【解析】 雌龜產完卵之後即游回海洋。而龜爲卵生爬蟲類，行體內受精。

10. **B**

【解析】 光合作用的光反應是在葉綠體中的囊狀膜中進行。

11. **A**

【解析】 相同抗原，血液可互溶，抗原不同，血液會因抗體的作用而凝結。但其準確度不如 DNA 的比對。

12. **A**

【解析】 (B) 單子葉植物無形成層

　　　　 (C) 有機物在篩管中運輸耗能

　　　　 (D) 韌皮部剝除後，有機物無法正常運輸。

13. **B**

【解析】 (A) 自然環境包含理化因素及生物因素

　　　　 (C) 相反

　　　　 (D) 仍需他人處理食物問題。

14. **A**

【解析】 甲爲酸性－胃液，乙爲中性－唾液，丙爲鹼性－小腸液。

15. **A**

【解析】 砂岩、石灰岩具有高度孔隙率和滲透率，故形成重要的儲油層。

16. **C**

【解析】a. 紅柱石：低溫低壓之礦物

　　　　b. 藍晶石：高壓之礦物　　　　皆為 Al_2SiO_5 之同分異構物。

　　　　c. 矽線石：高溫之礦物

17. **B**

【解析】應為生存期限短。

18. **A**

【解析】摩擦力與運動方向相反，會減低風速，而科氏力又與風速成正比，因此科氏力也會減小，所以摩擦力使風速降低，科氏力隨之減小。

19. **C**

【解析】$M_甲 = 9 + 5 - 5\log d_甲\ ..... (1)$

　　　　$M_Z = 14 + 5 - 5\log d_Z\ ... (2)$

　　　　$(2) - (1)$

　　　　$M_Z - M_甲 = 5 - 5\ (\log d_Z - \log d_甲) = 5 - 5\ (\log \dfrac{d_Z}{d_甲})$

　　　　又 $M_甲 = M_Z \Rightarrow \log \dfrac{d_Z}{d_甲} = 1$　$\therefore d_Z = 10 d_甲$

20. **A**

【解析】氣壓梯度力是從高壓指向低壓；並且垂直等壓線，也沿等壓線法線方向。

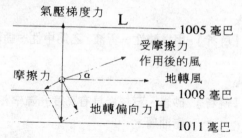

21. **E**

【解析】　圖示如下：同樣能量分布不同面積。

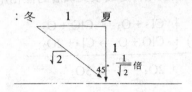

22. **A**

【解析】　赫伯定律 V＝Hod　V：星系離去的速度　d：星系的距離
H₀：赫伯常數，約每百萬秒差距 50～100 公里/sec 之間。

23. **E**

【解析】　1 秒差距＝3.26 光年。秒差距與光年皆為測量恆星距
離的單位 8:26＝24:X ⇒ X＝78 光年。

24. **B**

【解析】　臭氧 O_3 集中在地球大氣層中的平流層，可吸收波長較
短的紫外線。

25. **B**

【解析】　大量的紫外線穿透大氣層而抵達地面會造成 DNA 突變
的機會。

26. **D**

【解析】　(A) O_3 有股特殊的臭味

(B) O_3 與 O_2 為同素異形體，而同位素是指中子數不同
之原子，例如 ^{16}O，^{17}O，^{18}O

(C) 溫室效應是指 CO_2 等溫室效應氣體吸收地球的紅外輻射熱，使地球平均氣溫上升

(D) 氟氯碳化物是破壞臭氧層的催化劑。

$$+) \begin{cases} Cl \cdot + O_3 \rightarrow \cdot ClO + O_2 \\ \cdot ClO + O_3 \rightarrow Cl \cdot + 2O_2 \end{cases}$$
$$\overline{\hspace{5cm}}$$
$$2O_3 \xrightarrow{\ Cl \cdot\ } 3O_2$$

27. **C**

【解析】 電子質量 $= \dfrac{1}{1836}$ 質子質量，而中子略重於質子

(A) 氫離子即質子重

(B) 氫原子 = 1 個質子 + 1 個電子

(E) α粒子 = 氦原子核重。

質量	氫離子	氧原子	電 子	中 子	α 粒子
	1amu	1amu	$\dfrac{1}{1840}$ amu	1amu	4amu

28. **B**

【解析】 (A)純物質分元素與化合物，水爲化合物

(C)爲混合物

(D)因摻有鎳及鉻，故爲混合物。

29. **A**

【解析】 (A) 陰極射線爲電子流，其方向由陰極（負極）射向陽極（正極），而圖形之 +，－極接反了。

30. **D**

【解析】(A) 濃度大小影響其氧化力強弱。而製 H_2 應用稀硫酸

$$3Zn+4H_2SO_4(濃) \to 3ZnSO_4+S+4H_2O$$

$$Zn+H_2SO_4(稀) \to ZnSO_4+H_2$$

(B) 濃 H_2SO_4 具有脫水性。

(C) 電池之反應為氧化還原反應，而硫酸為鉛電池中之電池液。

31. **C**

【解析】(A) 聚醯胺　(B) 聚醯胺　(C) 聚醚　(D) 聚醯胺。

32. **D**

【解析】又稱為乙醯柳酸，為弱酸。

33. **B**

【解析】$PH=-\log[H^+]=-(\log3+\log10^{-5})=5-\log3=4.52$。

34. **C**

【解析】溫度由高至低排列：氣體(g)＞液體(l)＞固體(S)。

35. **D**

【解析】$2e^- + 2H_2O \to H_2 + 2OH^-$　　　$H_2O \to \dfrac{1}{2}O_2 + 2e^- + 2H^+$

H_2 之 mole $=1 \times \dfrac{1}{2}=0.5$　　O_2 之 mole $=1 \times \dfrac{1}{4}=0.25$

36. **B**

　　【解析】　設一大氣下，氣體體積爲 V，設改變高度後之氣體體積
　　　　　　　爲 X，則 $P_1 = 760 + 380 = 1140$　　$P_2 = 760 + 190 = 950$
　　　　　　　$1140 \cdot V = 950 \cdot X$，$X = 1.2V$

　　　　　　　$\dfrac{1.2V - V}{V} \times 100\% = 20\%$

37. **A**

　　【解析】　火車以等速度上斜坡，表火車受力 = 0。故平行斜坡方
　　　　　　　向合力 = 0
　　　　　　　又重力沿斜坡方向之分力及火車燃料燃燒產生的動力爲
　　　　　　　定值，故軌道對火車沿斜坡面所施的力應爲定力。

38. **A**

　　【解析】　略

39. **D**

　　【解析】　此爲斜拋運動，因棒球的初速度既上又向右。

40. **E**

　　【解析】　根據牛頓第三定律，作用力與反作用力量值相等。

41. **B**

　　【解析】　根據安培右手定則知，軟鐵棒內的磁力線由左向右，而
　　　　　　　磁力線方向即爲磁針上 N 極的指向。

42. **D**

【解析】 由法拉第感應定律知，當開關 T 打開使甲成斷路時，鐵棒內向右的磁場逐漸減小，因此線圈會產生一瞬間電流增強此磁場。

43. **D**

【解析】 因 V 不會變，所以抽掉空氣 D 會減小（$PV = nRT$）。

44. **C**

【解析】 熱由高溫流向低溫。所以三者溫度：$T_甲 > T_乙 > T_丙$

45. **C**

【解析】 光線由一介質進入另一介質時，所進行的方向會產生折射。

46. **A**

【解析】 (B)(C)(D)(E) 必須用波動理論解釋。

47. **C**

【解析】 $_2^4He + _{17}^{14}N \rightarrow _8^{17}O + _1^1P$ 由質量數，電荷量不滅可知。

61. **AC**

【解析】 (B) 乙區為潮間帶生物種類很多
　　　　(D) 人工魚礁宜放在乙區。

62. **AB**

【解析】 甲為葉綠體－光合作用產生 ATP

乙為粒線體－呼吸作用產生 ATP。

丙為高基氏體－含有特殊酵素系統，具有合成及儲存分泌物的可能。

丁為細胞核－細胞生命中樞。

戊為細胞膜－控制細胞內外物質的進入。

63. **AE**

【解析】 地面向外輻射的熱能會被大氣中的 CO_2 與 $H_2O(g)$ 吸收，具有保溫作用，容易產生增溫現象。

64. **BD**

【解析】 (A) 有機小分子揮發性高，不易分離乾淨。

(C) 活性碳可除去水中之臭味，但欲除去固體物質，須用過濾法。

65. **CD**

【解析】 (A) 有機染料之顏色為分子或離子本身之顏色，而非火焰之顏色

(B) Ne、Ar 等氣體充入低氣壓、高電壓之放電管中，通電可發出光

(C) Mg 帶燃燒放出白光

(D) IA 族，II 族金屬離子高溫燃燒，火焰大部份有顏色。

66. **AC**

【解析】 同素異形體－由同一元素組成而性質不同的單質

(B) 同位素　(D) 倍比定律　(E) 同位素。

67. **AC**

【解析】 (A)為冷卻劑而非冷凍劑　(C)不具放射性。

68. **AE**

【解析】 因串聯所以電流相等。又 $V=IR$，因乙之電阻大，故電位差比甲大。

69. **ACD**

【解析】 (A) 力學能守恆 mgh_0(位能)$=\dfrac{1}{2}mv^2$(動能)$+mgh$(位能)

$\therefore v^2=2g(h_0-h)$

(C) 鐵放熱，水吸熱

(D) 力學能$\Rightarrow$熱量。

70. **BE**

【解析】 (B)(E) 僅內力作用滿足動量守恆

71. **E**

【解析】 甲－洋底盆地　乙－海溝　丙－大陸坡　丁－大陸棚

戊－大陸棚　己－大陸坡　庚－大陸緣積　辛－洋底盆地。

72. **E**

【解析】 主因為太平洋板塊東南部份隱沒至南美洲板塊之下。

73. **AH**

【解析】 見 71 之解析。

74. **F**

【解析】 藍色恆星溫度高，能量多分布在波長較短的電磁波
紅色恆星溫度低，能量多分布在波長較長的電磁波
黃色居中。

75. **B**

【解析】 密度大在下，小在上。而天然氣密度＜油密度＜鹽水密
度。故從上至下順序為氣，油，水。

76. **ADE**

【解析】 (B) 異型合子會表現顯性性狀

(C) 中間型遺傳不符合孟德爾遺傳法則

(F) (G) 表現型視基因型而定。

77. **BCFH**

【解析】 有新物質產生即為化學變化。

78. **AE**

【解析】 $PV = nRT$　$P{\downarrow} \Rightarrow V{\uparrow}$　$T{\downarrow} \Rightarrow V{\downarrow}$。

79. **CFH**

【解析】 由 $V = \sqrt{2gh}$ ，在真空中，離地高度相同，末速相同，
加速度相同。而重力$=mg$，因體積相同，鉛球密度大，
故鉛球所受重力較大。

八十七年大學入學學科能力測驗試題
自然考科

壹、單一選擇題

說明：第 1 至 60 題，每題選出最適當的一個選項，標示在答案卡之「選擇題（第一部份）」。每題答對得 2 分，答錯不倒扣。

1. 有關溫室效應，下列那一項敘述是引起地球表面溫度逐漸升高的主要理由？
   (A) 大氣中的二氧化碳大量吸收陽光中能量較大的紫外線
   (B) 大氣中的二氧化碳大量吸收紅外線，減少地球表面的熱能散逸至太空中
   (C) 陽光中的紫外線破壞大氣中的臭氧層
   (D) 因臭氧層的破洞，陽光中的紫外線能直接照射在地球表面

2. 下列那一種物質作為肥料，比較能促使植物葉的發育？
   (A) 尿素　　　(B) 硫酸鉀　　　(C) 過磷酸鈣　　　(D) 磷酸二氫鈣

3. 下列那一類物質是豆腐中最主要的營養素？
   (A) 油脂　　　(B) 醣　　　(C) 蛋白質　　　(D) 維生素

4. 工業製氨的化學反應式可如下所示：

$$N_{2(g)} + 3H_{2(g)} \underset{\text{高溫、高壓}}{\overset{\text{催化劑}}{\rightleftharpoons}} 2NH_{3(g)}$$

   有一個此反應的系統達到平衡狀態時，下列那一項敘述是正確的？
   (A) 氮與氫不再反應成為氨
   (B) 反應式左側的分子總數等於右側的分子數
   (C) 氮、氫、氨的莫耳數比為 1：3：2
   (D) 氮與氫反應成為氨的速率等於氨分解為氮與氫的速率

5. 圖 1 是按元素特性而區分的週期表

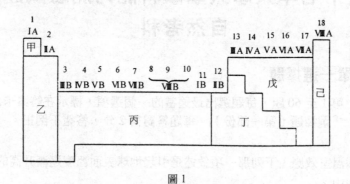

圖 1

許多的類金屬元素因性質介於金屬與非金屬之間，故可作爲半導體
電子材料，這些元素在週期表中都分布在何處？

(A) 乙丙區域之間　　(B) 丙丁區域之間　　(C) 丁戊區域之間
(D) 戊己區域之間　　(E) 乙丁區域之間

6. 圖 2 是一管徑均勻，一端開口，一端封閉的水銀壓力計。將 x, y 兩
種不同的理想氣體，分別注入壓力計中。在標準狀況時，測 x 氣體，
y 氣體個別的壓力，結果量得水銀高度差均爲 h 公分，則下列那一
項敘述正確？

(A) x 與 y 的壓力均爲 h cm 水銀柱（ cm-Hg ）
(B) x 氣體的壓力大於 y 氣體的壓力
(C) x 氣體的壓力小於 y 氣體的壓力
(D) 所測 x 與 y 的分子數目一定相同
(E) x 與 y 一定都是純物質

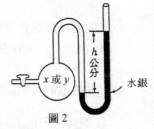

圖 2

7. 溫熱包（或稱懷爐）是一種可用來保暖、熱敷的裝備。它是將鐵粉、
碳粉、木屑、食鹽、和泡沸石粉末在眞空混合包裝而成。使用時，
將封口打開接觸空氣就會發熱。其中的化學反應主要是利用鐵粉在
催化條件下與空氣中的那一種物質反應而放熱？

(A) N_2　　　(B) O_2　　　(C) CO_2　　　(D) H_2O　　　(E) Ar

8. 將碳酸鈉晶體 0.572 克加熱除去結晶水，可得到 0.212 克的無水碳酸鈉粉末。碳酸鈉晶體的化學式為 $Na_2CO_3 \cdot xH_2O$，則 x 為下列何值？（原子量：$H = 1$，$C = 12$，$O = 16$，$Na = 23$）

(A) 2　　(B) 3　　(C) 8　　(D) 10　　(E) 12

9. 下列那一組化合物，在 $0°C$、1 大氣壓條件下，能共存於同一容器內而不發生變化？

(A) $H_{2(g)}$，$O_{2(g)}$，$N_{2(g)}$　　　　(B) $NO_{(g)}$，$NO_{2(g)}$，$O_{2(g)}$

(C) $CO_{(g)}$，$CO_{2(g)}$，$Ca(OH)_{2(aq)}$　(D) $AgNO_{3(aq)}$，$NaCl_{(aq)}$，$K_2CrO_{4(aq)}$

10. 利用廚房使用過的廢食油，加入強鹼共煮後可製造下列那一種用品？

(A) 面霜　　(B) 蠟燭　　(C) 機油　　(D) 肥皂　　(E) 瀝青

11. 甲、乙、丙三種衣料做纖維檢驗，得結果如下：

表一

	甲 衣 料	乙 衣 料	丙 衣 料
靠近火焰	稍爲縮小	無 變 化	尖端熔成小珠狀
燃燒的氣味	有 異 味	無 異 味	無 異 味
浸於 3 % NaOH	變 脆 弱	稍微膨脹	幾乎無變化
浸於 10 % H_2SO_4	幾乎無變化	變 脆 弱	無 變 化

下列那一項是檢驗甲、乙、丙衣料纖維最適合的結論？

(A) 甲爲棉；乙爲絲；丙爲耐綸

(B) 甲爲絲；乙爲棉；丙爲耐綸

(C) 甲爲耐綸；乙爲絲；丙爲棉

(D) 甲棉；乙爲耐綸；丙爲絲

12. 從 $^{238}_{92}U$ 蛻變爲 $^{206}_{82}Pb$ 是天然放射性蛻變系列之一，此系列總共經過幾個 α 衰變，幾個 β^- 衰變？（$\alpha = {}^4_2He$；β^- 即電子）

(A) 8α，$6\beta^-$　(B) 8α，$8\beta^-$　(C) 10α，$8\beta^-$　(D) 10α，$10\beta^-$

13. 下列 a−f 為測定無機鹽的莫耳溶解熱所需的步驟：
    a. 加此鹽於盛水的燒杯，攪拌使其完全溶解
    b. 計算莫耳溶解熱　　　c. 決定溫度的變化
    d. 測量水的溫度　　　　d. 記錄溶液的溫度
    f. 稱鹽的重量，計算其莫耳數
    下列那一項是正確的實驗順序？
    (A) f，d，a，e，c，b　　　(B) d，e，f，a，c，b
    (C) b，f，a，d，e，c　　　(D) f，a，d，e，c，b
    (E) a，d，e，c，f，b

14. 下列那一種物質，製備所需的原料可從空氣中獲得？
    (A) 鋁　　(B) 汽油　　(C) 聚乙烯　　(D) 水泥　　(E) 硝酸

15. 人們常用金剛石來割劃玻璃，主要是利用金剛石的什麼特性？
    (A) 解理發達　　　(B) 有稜有角　　　(C) 晶形完美
    (D) 硬度最大　　　(E) 具有條痕

16. 如果你在地表上撿到一塊可作為標本的花岡岩，仔細觀察後，可
    以導出下列那一個結論？
    (A) 既然它產自地表，那麼它一定是火山岩
    (B) 它的礦物組成，主要都是橄欖石及輝石
    (C) 其礦物結晶顆粒較粗大，所以它是一種深成岩
    (D) 看不到它的礦物結晶，幾乎都是玻璃質，所以它是岩漿迅速
        冷卻的產物
    (E) 它具有發達的葉理，明顯的破壞了礦物顆粒間的鑲嵌結構

17. 大理岩通常呈淡紅或乳白色，如果加以打磨，可做建材或碑石。
    下列有關大理岩的敘述，何者正確？
    (A) 它與石灰岩做比較，兩者在岩石組織上有所不同
    (B) 它主要由花岡岩變質而成
    (C) 它主要由石英礦物集合而成
    (D) 在亞洲只有雲南省大理一地產大理岩
    (E) 在變質成大理岩的過程中，曾經使石灰岩進入融熔狀態

18. 圖 3 是鮑氏反應系列，愈上方的礦物熔點愈高，則長石類的三種礦物從先到後的結晶順序如何？

橄欖石
輝石
角閃石
黑雲母　鈉長石
鉀長石
白雲母
石　英　　圖 3

鈣長石

(A) 鈉長石，鉀長石，鈣長石

(B) 鈉長石，鈣長石，鉀長石

(C) 鉀長石，鈉長石，鈣長石

(D) 鉀長石，鈣長石，鈉長石

(E) 鈣長石，鈉長石，鉀長石

19. 下列有關變質岩的敘述，何者錯誤？

(A) 板岩是一種具葉理的變質岩

(B) 大理岩是石灰岩變質而成

(C) 石英岩是一種不具葉理的變質岩

(D) 受到溫度壓力影響，所有的變質岩均具有葉理

(E) 蛇紋岩由橄欖岩變質而成

20. 研究不同地質時代的化石可以得到生物演化的訊息。對於馬的各部位化石分析中，那一部位的演化趨勢最能支持馬愈來愈適應草食性生活？

(A) 犬齒愈來愈發達　　　　(B) 臼齒愈來愈發達

(C) 四肢愈來愈高大　　　　(D) 頭顱愈來愈壯碩

(E) 足從五趾變成單趾

21. 下列是有關空氣的敘述，其中那一項不會在選項所敘述的地區或附近發生氣流的垂直上升運動？

(A) 氣流受到地形抬升

(B) 冷空氣吹過暖海面

(C) 空氣受地表溫度加溫

(D) 空氣向地面低壓中心聚集

(E) 空氣從地面高壓區向外輻散

22. 下列有關大氣內水汽（水蒸氣）的敘述，何者正確？
   (A) 它容易被大氣中的氧氣氧化，形成化合物
   (B) 它在空氣中的含量一向很固定
   (C) 在大氣的垂直分層中，水汽的分布以在對流層中最豐富
   (D) 在空氣的所有變動氣體中，它含量的變化最小
   (E) 空氣中的水汽增加，其他氣體的含量也相對的跟著增加

23. 下列有關氣壓隨高度變化的敘述，何者正確？
   (A) 氣壓隨高度之變化率為每 1 公里約升高 6.5 百帕（毫巴）
   (B) 氣壓隨高度之變化率為每 10 公尺約降低 1 百帕（毫巴）
   (C) 氣壓在垂直方向的變化比它在水平方向的變化小
   (D) 空氣愈緻密時，氣壓隨高度之遞減率愈小
   (E) 空氣愈稀薄時，氣壓隨高度之遞減率愈大

24-25 題為題組

　　經由紅外線的觀測，最近用赫伯太空望遠鏡發現在銀河中心有一顆可能是我們銀河中最亮的星稱為手槍星。此星的光度(L)，是太陽光度的一千萬（1×10^7）倍，天文學家估計手槍星的質量可能大到 200 個太陽質量。

24. 在太空中的赫伯望遠鏡，其鏡面直徑只有 2.4 公尺，為什麼能夠比地面上鏡面直徑（例如 10 公尺）較大的光學望遠鏡，率先發現這顆手槍星呢？
   (A) 在太空中觀測，可以避免大氣擾動與光散射所造成的干擾
   (B) 只有在太空中，才可以做紅外線的觀測
   (C) 在地球北半球地面上的望遠鏡，觀測不到銀河中心
   (D) 在太空中的望遠鏡，距離銀河中心比較近

25. 大偉、曉明、建國、小慧都知道太陽的壽命大約是 100 億年（ 1 × 10¹⁰ 年），下面是四人各別對手槍星大約壽命的看法。

大偉：因為手槍星的質量是太陽的 200 倍，所以壽命也應是太陽的 200 倍。

曉明：因為手槍星的質量是太陽的 200 倍，所以壽命約是太陽的 200 分之一。

建國：恆星的壽命與質量無關，所以手槍星的壽命和太陽相近，大約也是 100 億年。

小慧：恆星的質量愈大，其壽命愈短，所以手槍星的壽命遠短於太陽，約在三百萬年以下。

到底是誰的看法比較合理？

(A) 大偉　　　(B) 曉明　　　(C) 建國　　　(D) 小慧

26. 太陽表面溫度約為 6000K，主要發出可見光。人體溫度約為 310K，主要發出紅外線。宇宙間的溫度約為 3K，所發出的輻射稱為「 3K 背景輻射」。若要進行「 3K 背景輻射」的觀測，應該選擇下列那一個波段？

(A) γ 射線　　　　　(B) X 光　　　　　(C) 紫外線
(D) 可見光　　　　　(E) 無線電波

27. 根據都卜勒定律，我們觀測到的天體運動可以顯現光譜的藍移或紅移現象。由觀測知道遙遠的星系光譜都呈現紅移，則這些星系是如何運動的？

(A) 靜止不動　　　　　(B) 向我們接近
(C) 離我們遠去　　　　(D) 無常規可尋

28. 一個矽氧四面體的結構如圖 4 所示，此基本單位結合鎂、鐵可形成橄欖石礦物。試問此基本單位中矽與氧之個數比為何？

(A) 1：4　　　　　(B) 1：3
(C) 2：3　　　　　(D) 3：1
(E) 4：1

圖 4

29. 下列那一項證據最能支持海底擴張學說？
    (A) 南美洲和非洲的地層裏發現有相同的陸相化石
    (B) 大西洋之中洋脊兩側海洋地殼地磁倒轉紀錄呈對稱排列
    (C) 遙遙相對的非洲和南美洲海岸線，一凸一凹大致能夠契合
    (D) 世界各大洲的地層裏發現有相同地質時代的煤層

30. 下列那一物質不會影響澱粉酶的活動？
    (A) 鹽酸　　　　　(B) 冰塊　　　　　(C) 纖維素
    (D) 碳酸氫鈉　　　(E) 熱水

31. 下列細胞的代謝作用中，何者需要消耗能量？
    (A) 脂肪酸＋氧 → 二氧化碳＋水
    (B) 蛋白質＋水 → 胺基酸＋胺基酸＋……
    (C) 澱粉＋水 → 葡萄糖＋葡萄糖＋……
    (D) 二氧化碳＋水 → 葡萄糖＋氧
    (E) 脂肪＋水 → 脂肪酸＋甘油

32. 下列那一物質與植物光合作用的光反應無關？
    (A) O_2　　(B) CO_2　　(C) H_2O　　(D) ATP　　(E) NADPH

33. 下列有關運動神經將神經衝動傳導到肌纖維後所引起的變化，何者是錯誤的？
    (A) 肌絲縮短
    (B) 肌絲滑動
    (C) 肌纖維橫紋位置改變
    (D) 細胞膜內外離子的改變
    (E) 肌原纖維內的 Z 線間距縮短

34. 下列何者與腳踢到石頭會立即縮回的反射動作無關？
    (A) 大腦　　　　　(B) 脊髓　　　　　(C) 感覺神經元
    (D) 聯絡神經元　　(E) 運動神經元

35. 圖5為某一家族色盲遺傳的譜系圖，□表示正常男性，■表示色
盲男性，〇表示正常女性，則丁、戊所生的女孩辛，出現色盲的
機率為何？
    (A) 1／8
    (B) 1／4
    (C) 1／3
    (D) 1／2
    (E) 1

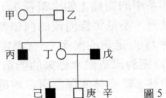
圖5

36. 血液在人體內循環時，能將代謝作用所產生的 CO_2 運走。
下列有關人體排出 CO_2 過程的敘述，那一項是正確的？
    (A) 代謝生成的 CO_2 藉主動運輸進入血液
    (B) 血液中有酵素催化 CO_2 與血紅素結合
    (C) 大部分的 CO_2 以碳酸氫根離子的形式在血液中運送
    (D) 大部分的 CO_2 以氣體狀態在血液中運送
    (E) 大部分的 CO_2 以與血紅素結合的方式在血液中運送

37. 圖6為人體血液循環中某物質的含量變化情形，若橫軸中之Ⅰ代
表肺泡微血管，Ⅲ代表組織微血管，則此物質最可能是什麼？
    (A) 尿素
    (B) 葡萄糖
    (C) 氧
    (D) 二氧化碳
    (E) 氮

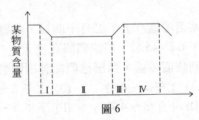
圖6

38. 把洋蔥切開後所見到的鱗片狀構造（如圖7）是什麼器官？
    (A) 根
    (B) 莖
    (C) 葉
    (D) 果實

圖7

39-41 題為題組

　　紅樹林是熱帶和亞熱帶河口沼澤特有的生態系，能生活在這個生態系中的物種（如水筆仔），必須能忍受潮汐帶來的鹽度變化。此外，不是每條河流的河口都能生長紅樹林，它還需要下列的條件：(甲)足夠的淤泥、(乙)豐富的營養鹽、(丙)水中有充分的溶氧、(丁)隨海流或潮水漂來的胎苗、(戊)少受人為干預，才可能形成紅樹林。紅樹林能保護河口地帶，降低因洪水沖刷而導致的泥土流失。另外，由於沼澤生態系的物質循環快速，基礎生產量高，近海生物都須仰賴紅樹林的養育。可惜我們的紅樹林正在急速消失之中，所殘存的面積也都很小。目前國人常到關渡等地區觀察紅樹林。如果你想詳細觀察紅樹林，建議最好選在乾潮時間，以便觀察沼澤地上的豐富生物相。

根據此短文，回答 39-41 題。

39. 台灣中部的大肚溪口多為礫石及砂岸，雖在砂灘上看到了水筆仔的胎苗，但卻沒有紅樹林，其主要原因可能缺少上述短文中所列的那一個條件？
  (A) 甲　　　(B) 乙　　　(C) 丙　　　(D) 丁　　　(E) 戊

40. 某沼澤區今天（二月十四日，農曆一月十八日）的乾潮時間是上午 6 時 45 分。同學們將在後天（二月十六日，農曆一月二十日）到該沼澤區，那麼他們能詳細觀察紅樹林的時間為何？
  (A) 上午 5～6 時　　(B) 上午 8～9 時　　(C) 中午 12～1 時
  (D) 下午 3～4 時　　(E) 下午 5～6 時

41. 下列那一問題在這篇短文找不到相關的資訊？
  (A) 在何處較易找到紅樹林
  (B) 紅樹林的面積那麼小，我們為什麼還要保護它
  (C) 魚蝦貝類與禽鳥類為什麼常在河口地帶棲息
  (D) 細胞如何調節以適應海水鹽度的變化
  (E) 水筆仔的枯枝敗葉落滿了泥灘，髒兮兮的，有什麼用

42. 下列那一生態系的主要生產者為浮游植物？

　　(A) 溪流　　(B) 潮間帶　　(C) 遠洋區　　(D) 沼澤　　(E) 江河

43. 如圖 8 所示，薊頭漏斗倒放於燒杯中，漏斗底部包有半透膜，內有未知濃度的蔗糖溶液。燒杯中有 10％的蔗糖溶液。經過一段時間後，漏斗內溶液的水位發生變化，則下列推測何者最合理？

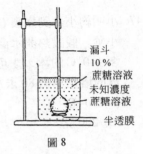

圖 8

　　(A) 主動運輸使漏斗的水位改變

　　(B) 漏斗內蔗糖溶液濃度若大於 10％，則水位上升

　　(C) 漏斗內的水位變化和蔗糖溶液的濃度無關

　　(D) 蔗糖分子通過半透膜進出漏斗，使水位改變

　　(E) 水和蔗糖分子皆通過半透膜進出漏斗，使水位改變

44. 某人將質量為 2 公斤的手提箱由地面等速提至高度為 0.5 公尺後，沿水平面緩慢行走 10 公尺。設行走時手提箱維持在離地 0.5 公尺的高度，則此人對手提箱總共作了多少焦耳的功？

　　(A) 0　　　(B) 1　　　(C) 9.8　　　(D) 196　　　(E) 205.8

45. 圖 9 係描述汽車在一直線上運動的速度與時間圖，則汽車在 6 秒內，總共行走的距離為多少公尺？

　　(A) 6

　　(B) 12

　　(C) 18

　　(D) 24

　　(E) 36

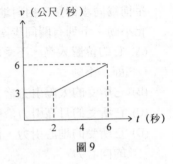

圖 9

46. 在某場棒球對抗賽中，味全龍的投手黃平洋將球以每秒 40 公尺的水平速度投進本壘，被兄弟象的李居明以每秒 60 公尺的速度反向擊出。假設棒球質量為 0.15 公斤，而球與球棒接觸時間為 0.02 秒，問李居明在這段時間內平均出力多少？
    (A) 15.3 牛頓　　　　(B) 76.5 牛頓　　　　(C) 150.0 牛頓
    (D) 375.0 牛頓　　　　(E) 750.0 牛頓

47. 小明約小華到家裏看灌籃高手影集，其間小明端了一杯熱開水給小華。假設熱開水溫度為 90°C，質量為 240 克，則小華須加入多少 0°C 的冰，才可使開水溫度降為 40°C？（不計熱的散失，冰的熔化熱為 80 卡/克）
    (A) 50 克　　　　(B) 100 克　　　　(C) 150 克
    (D) 200 克　　　　(E) 300 克

48. 近視眼須配戴何種眼鏡校正？其理由為何？
    (A) 凹透鏡，因為它能發散光線
    (B) 凸透鏡，因為它能發散光線
    (C) 凹透鏡，因為它能會聚光線
    (D) 凸透鏡，因為它能會聚光線

49. 洲際通訊衛星繞地球赤道運轉，其週期與地球自轉相同，此種衛星稱為同步衛星。相對地，由地面看此衛星好像是懸在高空中靜止不動。下列有關同步衛星的敘述，何者正確？
    (A) 它的位置太高，不受地心引力的作用，所以它能懸在高空中靜止不動
    (B) 它所受的太陽引力恰等於地球對它的引力
    (C) 它所受的月亮引力恰等於地球對它的引力
    (D) 它所受的地心引力，恰等於它繞地球作等速率圓周運動所需的向心力

50. 開喜婆婆站在平面鏡前 1.5 公尺處，手持照相機，欲將自己在鏡中的像拍照清楚，則照相機應對多少公尺遠處對焦？
    (A) 1/3　　　　(B) 2/3　　　　(C) 3/2
    (D) 3　　　　　(E) 無窮遠

51. 如圖 10 所示，一磁場均勻且方向垂直紙面向下，則帶負電的質點在此磁場中作等速率圓周運動時，其速度 $\vec{v}$ 與所受磁力 $\vec{F}$ 的關係為何？

    (A)　　　　　　　(B)　　　　　　　(C)　　　　　　　(D)

    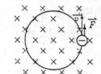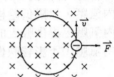

    圖 10

52. 金屬彈簧下掛重物如圖 11，使得每圈彈簧間距為 0.1 公分。假設有電流自彈簧上端流向彈簧下端，則下列每圈彈簧間距變化的敘述，何者正確？
    (A) 電流不影響每圈彈簧間距
    (B) 由於電流中的電荷相斥，使得每圈彈簧間距伸長
    (C) 由於電流中的電荷相吸，使得每圈彈簧間距縮短
    (D) 由於電流的磁效應，使得每圈彈簧間距伸長
    (E) 由於電流的磁效應，使得每圈彈簧間距縮短

    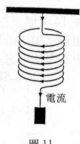

    圖 11

53. 如圖 12 所示,映像管中陰極射線從燈絲 F 出發,經加速電壓 V_P 加速後,受兩金屬板 A、B 間靜電場的偏折而射向螢光幕 S。則映像管內的氣壓應如何調整,才能達到較佳的映像效果?

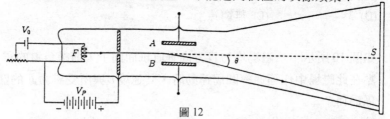

圖 12

(A) 增高管內氣壓,提供較多的空氣分子,以增多陰極射線的粒子數
(B) 減低管內氣壓,以降低陰極射線與空氣分子的碰撞機會
(C) 增高管內氣壓,提供較大的壓力,以增強陰極射線的能量
(D) 調整管內氣壓,不影響映像管的映像效果

54. 圖 13 的變壓器使用時,若輸入的交流電為 60 赫、120 伏特,則輸出的交流電為何?
(A) 100 赫、120 伏特
(B) 36 赫、120 伏特
(C) 60 赫、200 伏特
(D) 60 赫、72 伏特
(E) 60 赫、120 伏特

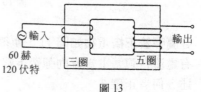

圖 13

55. 圖 14 中甲、乙、丙三組電路各有三個燈泡編號為 1、2、3。三組電路中,所使用的電池與燈泡都相同,則甲、乙、丙三組電路中電池使用壽命的順序為何?

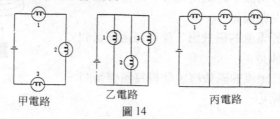

圖 14

(A) 甲>乙>丙   (B) 甲>丙>乙   (C) 乙>甲>丙
(D) 丙>乙>甲   (E) 乙>丙>甲

56. 圖 15 為調幅（AM）與調頻（FM）廣播的電磁波，下列有關此兩種
　　電磁波的特性，何者正確？
　　(A) 調幅用的電磁波傳播較快
　　(B) 調頻用的電磁波傳播較快
　　(C) 調幅用的電磁波容易受介質影響，改變其振幅
　　(D) 調頻用的電磁波容易受介質影響，改變其頻率
　　(E) 調幅用的電磁波容易受介質影響，改變其頻率

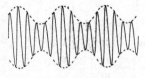 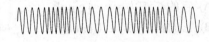

調幅(AM)波　　　　　　　調頻(FM)波

圖 15

57. 彈撥琵琶同一弦時，如果手指按壓在圖 16 中
　　的甲處或乙處，所發出的聲音有何不同？
　　(A) 手指按壓在甲處所發出的聲音，傳播較快
　　(B) 手指按壓在乙處所發出的聲音，傳播較快
　　(C) 手指按壓在甲處所發出的聲音，音調較高
　　(D) 手指按壓在乙處所發出的聲音，音調較高

圖 16

58. 在寒冷的冬天，以手接觸金屬器材常覺得較同溫度的木質器材冰
　　冷，其主要原因為何？
　　(A) 金屬熱傳導係數較木材大
　　(B) 金屬熱傳導係數較木材小
　　(C) 金屬比熱較木材大
　　(D) 金屬比熱較木材小
　　(E) 金屬含的熱量較木材小

59. 冬天湖水結冰從表面開始,其原因為何?(冰的密度為 0.92 g/cm³)

(A) 水的溫度越低,密度越小

(B) 水的溫度越低,密度越大

(C) 水溫降至 4 ℃ 時密度最小,溫度再下降,密度越來越大

(D) 水溫降至 4 ℃ 時密度最大,溫度再下降,密度不變

(E) 水溫降至 4 ℃ 時密度最大,溫度再下降,密度越來越小

60. 圖 17 為一向右傳播的繩波在某一時刻繩子各點的位置圖,經過 1/2 週期後,乙點的位置將移至何處?

(A) 它的正下方 $y = -4$ cm 處

(B) 它的正下方 $y = 0$ cm 處

(C) 它的正下方 $y = -2$ cm 處

(D) 丁點處

(E) 戊點處

圖 17

貳、多重選擇題

說明: 第 61 至 63 題,答案應標示在答案卡之「選擇題(第二部份)」。
每題答對得 2 分,答錯不倒扣,未答者不給分。只錯一個可獲 1 分,錯兩個或兩個以上不給分。

61. 「推動生物演化的主要原因,是天然環境對生存競爭中生物個體所施予的選擇作用」是達爾文演化論的中心思想。下列那兩項是此說中與演化有關的要點?(應選二項)

(A) 體細胞突變產生新品系 　　(B) 族群內的遺傳變異

(C) 天擇創造新的性狀 　　(D) 物種內的生存競爭

(E) 環境影響性狀的表現

62. 下列那些氣體在實驗室製備,可用向上排空氣法收集?

(原子量:H=1,C=12,N=14,O=16,S=32,Cl=35.5)(應選三項)

(A) 氫 　　(B) 氯 　　(C) 氧 　　(D) 氮

(E) 氨 　　(F) 氯化氫 　　(G) 二氧化硫 　　(H) 一氧化碳

63. 下列有關小蘇打性質的敘述，何者<u>不正確</u>？（應選二項）

　　(A) 不溶於水　　　　　　　　(B) 與鹽酸作用產生二氧化碳

　　(C) 水溶液呈弱酸性　　　　　(D) 受強熱時可產生二氧化碳

　　(E) 常用作麵包的發粉　　　　(F) 學名叫作碳酸氫鈉

　　(G) 分子式為 $NaHCO_3$

參、題群題

說明：第 64 至 68 題，答案應標示在答案卡之「選擇題（第二部份）」。
　　　每題完全答對給 2 分，未完全答對則不給分，答錯不倒扣。

64. 下列為元素甲、乙、丙、丁、戊的原子核中所含的質子數 (p) 與
　　中子數 (n)，試問那兩者是同位素？（應選二項）

　　(A) 甲：6p，6n　　　　　　　(B) 乙：7p，7n

　　(C) 丙：8p，8n　　　　　　　(D) 丁：6p，7n

　　(E) 戊：9p，10n

65. 地球科學常研究水圈、大氣圈、岩石圈、生物圈各系統間的交互
　　作用。「土壤較適合種植蔬果，而地衣、菌類等生物會產生有機
　　酸，加速岩石分解，促進土壤的發育。」這一段話主要在討論下
　　列那兩個系統彼此互相影響？

　　(A) 水圈　　　　(B) 大氣圈　　　　(C) 岩石圈　　　　(D) 生物圈

66. 岩漿依 SiO_2 含量、黏滯度、噴發型式與形成的火山外貌等加以分
　　類（見表二）。現已知一岩漿的 SiO_2 含量多，那麼它的黏滯度（A
　　或 B，二選一），噴發型式（C 或 D，二選一）和火山外貌（E 或
　　F，二選一）如何？

表二

SiO_2 含量	黏　滯　度	噴發型式	火山外貌
多	(A) 高	(C) 寧靜式	(E) 低平狀
寡	(B) 低	(D) 爆炸式	(F) 錐　狀

67. 圖 18 爲果蠅的 4 對染色體模式圖。那
    一對代表性染色體？（A-D 選一項）
    又，果蠅的白眼基因位於那條染色體
    上？（E-H 選一項）

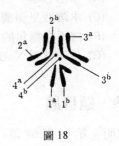

圖 18

染 色 體 對	染 色 體
(A) 1^a 與 1^b	(E) 1^a
(B) 2^a 與 2^b	(F) 2^a
(C) 3^a 與 3^b	(G) 3^a
(D) 4^a 與 4^b	(H) 4^a

68. 複製羊桃莉（Dolly）出現之後，引發相當多的爭論。複製羊在
    整個複製過程中，完全不需雄羊的精子。科學家將一隻羊的乳腺
    細胞核移植到另一隻羊的去核卵子中，經特殊處理使卵分裂，最
    後產生出桃莉。

    試問科學家產生桃莉的方法屬於下列何種生殖方式？（A-B 選
    一項）
    上述複製羊桃莉的生殖方式有何特點？（C-E 選一項）

生 殖 方 式	特　　　　　　　　　點
(A) 無性生殖 (B) 有性生殖	(C) 乳腺細胞的遺傳物質在卵細胞中發生基 因重組現象 (D) 將提供乳腺細胞核的羊之遺傳性狀完全 保留 (E) 桃莉和提供去核卵細胞的母羊有相同的 遺傳性狀

87年度學科能力測驗自然科試題詳解

壹、單一選擇題

1. B

【解析】近年，由於過度使用化石燃料（如煤、石油、天然氣），燃燒產生之 CO_2 增加。因二氧化碳會吸收紅外光，而減少地球表面熱能的散逸。這就是所謂的「溫室效應」，會導致地面氣溫的上升。

2. A

【解析】植物吸收了氮肥〔如尿素 $(NH_2)_2CO$〕，能使其葉充分發育。氮肥又叫葉肥。

3. C

4. D

【解析】(C) 正確答案為氮、氫、氨「反應」的莫耳數比為 1:3:2。

5. C

【解析】類金屬其性質介於金屬與非金屬之間，這些元素為 ⅢA 的 B，ⅣA 的 Si、Ge，ⅤA 的 As、Sb，ⅥA 的 Se、Te 等。

6. D

【解析】$P_x = P_y = h \, cm \, Hg + P_{大氣壓力}$

x、y 兩者壓力相同，其 x、y 分子數亦相同（因同溫、同體積下，$P \propto n$）

(E) x、y 兩者可為純物質或混合物均有可能。

7. B

【解析】鐵粉可在氧中燃燒並放熱，而 N_2, CO_2, Ar 並無助燃性。

8. **D**

【解析】 $Na_2CO_3 \cdot x H_2O \longrightarrow Na_2CO_3 + x H_2O$

莫耳數比 = 係數比

$$Na_2CO_3 : H_2O = \frac{0.212}{106} : \frac{0.572 - 0.212}{18} = 1 : 10$$

$\therefore x = 10$

9. **A**

【解析】 (B) $2NO + O_2 \longrightarrow 2NO_2$

(C) $CO_2 + Ca(OH)_2 \longrightarrow CaCO_3 + H_2O$

(D) $AgNO_3 + NaCl \longrightarrow AgCl_{(s)}\downarrow + NaNO_3$

10. **D**

【解析】 油脂在氫氧化鈉或氫氧化鉀等鹼性溶液中加熱,則發生水解反應,生成長鏈脂肪酸的鹼金屬鹽(即肥皂)和甘油,稱為皂化。

11. **B**

【解析】

種類	本　　質	性　　　　　質
絲	動物性蛋白質	遇熱會捲曲而變形,燃燒後會發生微氨臭
棉	植物性纖維	燃燒後成黑碳,不產生臭味氣體
耐綸	人工合成聚醯胺	比棉、絲更為強韌,富彈性,抗化學性、腐蝕性比天然纖維強

12. **A**

【解析】 $^{238}_{92}U \longrightarrow {}^{206}_{82}Pb + 8\ {}^{4}_{2}\alpha + 6\ {}^{0}_{-1}\beta$

13. **A**

14. **E**

$$4NH_3 + 5O_2 \xrightarrow{\ Pt-Ph\ } 4NO + 6H_2O$$

【解析】 $2NO + O_2 \longrightarrow 2NO_2$

$3NO_2 + H_2O \longrightarrow 2HNO_3 + NO$

15. **D**

【解析】 金鋼石的硬度爲 10，爲各種礦物中最高的，而玻璃的硬度約爲 6，所以用金鋼石可以在玻璃上刻劃出裂痕而將其切開。（附註：硬度 — 指礦物抵抗磨損的能力）

16. **C**

【解析】 花岡岩生成於地下深處，屬於火成岩中的酸性深成岩類，由於在地下之岩漿冷卻很慢，各種之礦物結晶可充分發育，所以顆粒較粗大，其成分以石英、正長石、斜長石爲主。花岡岩是最常見之深成岩，爲大陸地殼的主要成分，其所以能見於地表乃是因地殼隆起而將其抬升，而出現於地表者不一定是火山岩，如沈積岩亦可因隆起而出現於地表。

17. **A**

【解析】 大理岩爲變質岩類，是石灰岩在受到高溫及高壓之影響後，改變了原來的礦物成分或岩石組織，主要成分爲方解石（指變質的石灰岩）。大理岩在亞洲之產地不只是在雲南大理一地，台灣之花蓮亦是重要產地。此外在變質成大理岩之過程中，石灰岩並未進入融熔狀態。

18.**E**

【解析】 礦物的熔點愈高，即表示若欲達到融熔狀態需要極高之
溫度，亦表示其愈不易達到融熔之狀態。但相對地一旦
溫度低於熔點，即開始結晶。所以熔點愈高者最先結晶，
熔點愈低者，則須待溫度降至甚低時方能結晶，亦即結
晶的順序是由熔點高者（鈣長石）開始，熔點較低者
（鈉長石、鉀長石）較後。

19.**D**

【解析】 葉理是岩石中原有或新生成的片狀礦物（如雲母），再
平行排列之結果。但岩石中若片狀礦物甚少，則葉理必
不發達，故變質岩不一定均具有葉理。

20.**B**

【解析】 草食性動物因需對所食之草類進行反芻、磨碎，所以臼
齒較為發達。故馬匹有發達之臼齒是其適應草食性生活
之證明。

21.**E**

【解析】 氣流若遇高山或陡坡攔阻，可能受抬升而垂直上升；冷
空氣吹過暖海面時，暖空氣會因冷空氣之切入而被迫抬
升；空氣受地表溫度加溫時，可能因體積膨脹變輕而垂
直上升；空氣向低壓中心聚集時，會因輻合而垂直上升；
空氣從高壓區向外輻散時，會產生大規模之沈降運動。

22.**C**

【解析】 水汽在空氣中含量的變化是最大的，例如在溫度較高之
森林地區或海洋之上，水汽含量可高達 4％ 左右，而在
較寒冷之地或沙漠中，則其含量可能低到趨於零。而水
汽因蒸發進入大氣後，會因冷凝而形成雲，或形成降水
回到地面，所以其含量在大氣的垂直分層中，以在最下
層之對流層中最豐富。此外，水汽之含量若增加時，其
他氣體之含量也會因而相對的減少。

23. **B**

【解析】 大氣壓力隨高度之變化率為每 10 公尺約降低 1 百帕（毫巴 mb），且在垂直方向之變化遠大於其在水平方向之變化。此外在空氣稀薄之高空中，氣壓隨高度之遞減率也愈小。

24. **A**

【解析】 地面的大氣擾動與散射的干擾，對天文觀測之影響甚大，而赫伯望遠鏡是在太空中觀測，所以較易得到清晰的影象。

25. **D**

【解析】 質量愈大之星球，產生之重力愈大，必須有愈大之膨脹壓力來平衡，中心溫度必須愈高，所發出之光度也愈大，其所消耗之能量亦愈大，所以能維持之壽命愈短。

26. **E**

【解析】 由史蒂芬–波茲曼定律：$E \propto T^4$，故星體表面溫度愈高，發出的電磁波頻率愈高；宇宙背景輻射的溫度 3K 極低，故發出的是頻率極低，波長甚長的無線電波。

27. **C**

【解析】 由都卜勒定律：當波源與觀測者相對遠離時，有波長變長（光譜向紅光區偏移，稱為紅移）的現象。

28. **A**

【解析】

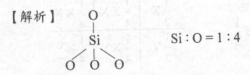

$Si : O = 1 : 4$

29. **B**

【解析】 地球的磁場可以在岩層中留下記錄，地磁倒轉的記錄，是海底擴張學說中最有力的證據，一九六六年起，科學家陸續在中洋脊兩側之海洋地殼中，發現了地磁倒轉呈對稱排列的圖案。

30. **C**

【解析】 澱粉和纖維素皆爲醣類聚合物同性質的物質互不影響。

31. **D**

【解析】 (A) 氧化反應，釋放能量。
(B)(C)(E) 分解反應，釋放能量。
(D) 光合作用需光能。

32. **B**

【解析】 光反應：葉綠素吸收太陽能產生化學能，此能量使葉綠素分子激發出電子，再經介質的傳遞產生 ATP 部分化學能使水分解產生 O_2 和 NADPH。

33. **A**

【解析】 肌絲不縮短，只是粗肌絲和細肌絲互相滑動。

34. **A**

【解析】 反射即大腦不參與的神經活動。

35. **D**

【解析】 丁：$X\bar{X}$
戊：$\bar{X}Y$
女孩中是色盲$\dfrac{1}{2}$

	$\dfrac{1}{2}X$	$\dfrac{1}{2}\bar{X}$
$\dfrac{1}{2}\bar{X}$	$\dfrac{1}{4}X\bar{X}$	$\dfrac{1}{4}\bar{X}\bar{X}$
$\dfrac{1}{2}Y$	$\dfrac{1}{4}XY$	$\dfrac{1}{4}\bar{X}Y$

36. **C**

　　【解析】　$CO_2 + H_2O \rightarrow H_2CO_3 \rightarrow H^+ + \underline{HCO_3^-}$

　　　　　　　　　　　　　　　　　　　在血液中傳送

37. **D**

　　【解析】　CO_2 在肺泡會被排出體外。

　　　　　　CO_2 在組織中會產生。因細胞不斷行呼吸作用。

38. **C**

　　【解析】　洋蔥為鱗狀葉。

39. **A**

40. **B**

　　【解析】　因月球繞地公轉，故潮汐的時間會較前一天延後約 50

　　　　　　分鐘，兩天後會延後 100 分鐘，6 時 45 分 + 100 分 =

　　　　　　8 時 25 分。

41. **D**

　　【解析】　在甲乙丙丁戊的敘述中並未提到(D)的問題。

42. **C**

　　【解析】　(A) 岸邊的植物。　　　(B) 大型藻類。

　　　　　　(D) 紅樹林或鹹草。　　(E) 岸邊的植物。

43. **B**

　　【解析】　只有水分子能通過半透膜。

44. **C**

　　【解析】　$W = F \times h = m \cdot g \cdot h = 2 \cdot 9 \cdot 8 \times \dfrac{1}{2} = 9.8\ J$

45. **D**

　　【解析】　位移 = 曲線下面積

　　　　　　　　$= 2 \cdot 3 + \dfrac{1}{2}(3+6) \cdot 4 = 24\ m$

46. **E**

【解析】 $F = m_a = m \cdot \dfrac{\Delta v}{\Delta t} = 0.15 \cdot \dfrac{(40+60)}{0.02} = 750 \text{ nt}$

47. **B**

【解析】 $240 \cdot 1 \times (90-40) = m \cdot 80 + m \times 40 \times 1$

$\therefore m = 100 \text{ g}$

48. **A**

【解析】 因為近視眼為成像在視網膜之前。

49. **D**

50. **D**

【解析】 對像對焦　　$\therefore$ 3公尺

51. **C**

【解析】 $\vec{F} = q\vec{v} \times \vec{B}$　　q：正電荷

心　姆　四

52. **E**

【解析】 兩載同向電流之導線會互相吸引。

53. **B**

【解析】 以真空管效果最好，減少與空氣分子碰撞的機會。

54. **C**

【解析】 $\dfrac{\varepsilon_1}{\varepsilon_2} = \dfrac{N_1}{N_2} \Rightarrow \dfrac{120}{\varepsilon_2} = \dfrac{3}{5} \Rightarrow \varepsilon_2 = 200 \text{ V}$

頻率不變

55. **B**

【解析】 $P = \dfrac{v^2}{R} \propto \dfrac{1}{R}$　設燈泡電阻 R

甲$_R = 3R$；乙$_R = \dfrac{R}{3}$；丙$_R = R$（2和3不亮）

$P_甲 < P_丙 < P_乙$　　∴壽命：甲＞丙＞乙

56. **C**

【解析】 不管什麼波，皆以光速傳波，調幅的振幅易改變，所以受介質影響。

57. **D**

【解析】 $f = \dfrac{n\upsilon}{2\ell} \propto \dfrac{1}{\ell}$　（υ-相同 ∵同一介質）

58. **A**

【解析】 金屬熱傳導和傳導係數成正比。

59. **E**

【解析】 水在 $4\,^{\circ}C$ 時，體積最小，密度最大。

60. **A**

【解析】 波上的介質不隨波前進，僅上下振動。

貳、多重選擇題

61. **BD**

【解析】 (A) 體細胞發生突變產生的變異不能遺傳，與演化無關。

(C) 天擇不能創造新的性狀，只能就已有性狀，加以選擇、淘汰。

(E) 環境不能影響或改變基因，也不能創造新的遺傳性狀，僅可在一定的條件下改變它所表現的性狀。

62. **BFG**

【解析】 選分子量＞28.8且會溶於水之氣體，如 (B) Cl_2 (F) HCl (G) SO_2；而 (A) H_2 (C) O_2 (D) N_2 (H) CO 不溶於水，可用排水集氣法；而 (E) NH_3 分子量 ＜28.8且會溶於水，可用向上排氣法收集。

63. **AC**

【解析】 (A) 應為可溶於水。(C) 應呈弱鹼性。

64. **AD**

【解析】 同位素表原子序相同而質量數不同的原子，亦即原子核中質子數相同而中子數不同。

65. **CD**

【解析】 岩石、土壤屬岩石圈，地衣、菌類屬生物圈。

66. **ADF**

【解析】 SiO_2 含量大者，岩漿黏滯度高，流動不易，易於火山頸內固化，可積蓄大量氣體，使岩漿內部之壓力增強，而產生爆炸式之噴發，在空中形成巨大之花柳葉狀之火雲，大量之火山灰或碎屑自空中落下後，再和黏稠之岩漿混雜堆積成高陡之錐狀火山。

67. **AE**

68. **AD**

八十六年大學入學學科能力測驗試題
自然考科

壹、單一選擇題

說明：第 1 至 56 題，每題選出最適當的一個選項，標示在答案卡之「選擇題（第一部分）」。每題答對得 2 分，答錯不倒扣。

1. 某日新聞播報一則消息：「今日清晨三點二十分發生有感地震，震央位於花蓮東方外海，深度約 50 公里，地震強度 5.2。嘉義地區受到波及，震毀房屋一間。」下列有關地震的敘述何者正確？
   (A) 目前的科技無法估算出震源的深度
   (B) 地震強度應改為地震規模
   (C) 發生在花蓮東方外海的地震不可能震毀嘉義的房屋
   (D) 有感地震是指地震儀能夠偵測到，而人不能感知的地震
   (E) 台灣地區所發生的地震震央都在花蓮外海

2. 一個發光體的亮度與它的表面積成正比，將這個觀念應用到右邊之赫羅圖中，可知甲星的直徑大約是乙星直徑的幾倍？
   (A) 0.01 倍
   (B) 0.1 倍
   (C) 10 倍
   (D) 100 倍
   (E) 10000 倍

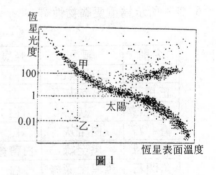

圖 1

3. 東京的晝夜溫差比台北大，主要原因為何？
   (A) 台北比較靠近赤道，比東京接收較多的陽光，所以晝夜溫差較小
   (B) 台北所在的緯度比較低，晝夜長短相差較小，導致晝夜溫差較小
   (C) 台灣島面積比日本本州島小，導致台北晝夜溫差比東京小
   (D) 東京面積比台北大，散熱較快，所以晝夜溫差較大

4. 下列對「大陸棚」的敘述，何者正確？大陸棚是
   (A) 接連在海岸之外，坡度最平緩的海底
   (B) 大陸邊緣上，坡度最大的地方
   (C) 最接近洋底盆地的地方
   (D) 連接在大陸坡的外邊，坡度又趨平緩的地方

5. 下面那一項是表示一般河流在出海口附近的流況剖面圖？

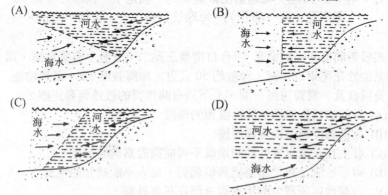

6. 表一所示為重要礦物性質

表一

名稱	顏色	條痕	解理	密度（克／立方公分）
石　英	白或黑色	白	無	2.65 ～ 2.66
正長石	肉紅或灰色	白	良	2.54 ～ 2.62
鈣長石	灰	白	良	2.62 ～ 2.76
霞　石	白帶灰	白	可	2.55 ～ 2.65
黑雲母	黑至綠	白帶綠	優	2.8 ～ 3.2
角閃石	淺黑至深綠	白	良	2.9 ～ 3.3
輝　石	黑	白帶綠	良	3.2 ～ 3.4
橄欖石	橄欖綠	深綠白	劣	3.27 ～ 4.27

表一中合乎（甲）具有白色條紋；（乙）具有良好解理；（丙）顏色中不含綠色；（丁）密度高於 2.62 克／立方公分，四個條件的礦物為何？

(A) 石英　　(B) 角閃石　　(C) 鈣長石　　(D) 輝石　　(E) 橄欖石

7. 伽利略號太空船在 1996 年飛抵木星進行探
   測，傳回許多木星及其衛星的清晰影像，
   其中一幅衛星的影像如圖 2 所示。圖中標
   示的甲、乙、丙分別表示三個地形，它們
   發生的先後順序（由老到新）為何？
   (A) 甲乙丙
   (B) 丙乙甲
   (C) 乙甲丙
   (D) 乙丙甲　　　　　　　　　　圖 2

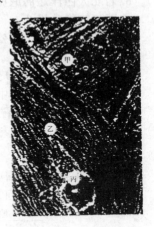

8-9 題為題組

　　北大西洋之中洋脊兩側海洋地殼之地
　　磁紀錄如圖 3。依照圖 3 下面之比例
　　尺，海洋地殼之地磁倒轉紀錄，及地
　　質年代表（表二）回答 8-9 題：

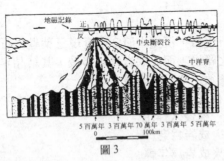

圖 3

表二

開始時間	期間	地質時代		生物界特徵
-2	7	新生代	第四紀	人類　象獅
-65	63		第三紀	菊石類　大型爬蟲類　貨幣蟲
-136	71	中生代	白堊紀	
-190	54		侏羅紀	鱗木　幼蕨類
-225	35		三疊紀	
-280	55	古生代	二疊紀	
-345	65		石炭紀	肺魚
-395	50		泥盆紀	珊瑚
-440	45		志留紀	三葉蟲　筆石類
-500	60		奧陶紀	
-570	70		寒武紀	
		前寒武紀		最古老化石約30餘億年前

（開始時間及期間的單位皆為百萬年）

8. 若北大西洋之海底擴張速率爲等速，則此處海底擴張之速率每百萬年約幾公里？
   (A) 10 公里　(B) 20 公里　(C) 50 公里　(D) 100 公里　(E) 200 公里

9. 北大西洋寬約 6000 公里，已知北大西洋之中洋脊位於北大西洋中央部位，北大西洋中最老的海洋地殼的地質時代大約爲何？
   (A) 第三紀　(B) 侏羅紀　(C) 石炭紀　(D) 奧陶紀　(E) 寒武紀

10-11 題爲題組

開鑿水井遇到之地層如圖 4，請參考前述之地質年代表（表二）及開鑿水井之結果，回答 10-11 題：

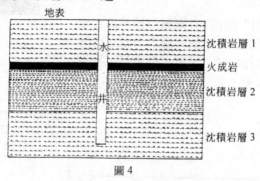

圖 4

10. 在沉積岩層 1 中發現菊石化石，沉積岩層 2 中發現三葉蟲化石，沉積岩層 3 爲不含化石之礫岩，而火成岩經定年後，其結晶年代約爲 5 百萬年，下列五個敘述中何者錯誤？
    (A) 沉積岩層 1 之主要岩石可能是石灰岩
    (B) 火成岩的形成可能是一種侵入作用
    (C) 沉積岩層 2 之年代較火成岩爲老
    (D) 沉積岩層 1 之年代較火成岩爲年輕
    (E) 沉積岩層 3 可能是主要的含水層

11. 若該火成岩之礦物成分主要爲石英、正長石及少量白雲母，最可能之火成岩種類爲何？
    (A) 玄武岩　(B) 輝長岩　(C) 橄欖岩　(D) 花崗岩　(E) 玻基輝橄

12-13 題為題組

　　人類對於礦物資源的利用由來甚久，早期的人類即知道從礦物中提煉出金屬，製成銅鐵器具。隨著人類生活水準提升，人類仰賴能源礦產更甚，寶石礦物亦愈顯珍貴。然而人類使用地球資源的同時，也面臨了一新的問題。燃燒煤、石油所產生的 CO_2 氣體，將可能導致全球溫度上升。大量使用氟氯碳化合物，將可能造成平流層中 O_3 的減少。工廠排放的硫氧化合物是導致酸雨的主要元凶之一，進而可能導致土壤、地下水的性質改變。核能污染將對土地造成長期的威脅。我們只有一個地球，人類使用地球資源時，必須要慎思。回答 12-13 題：

12. 人類使用地球資源時，<u>不會</u>影響到地球的那一部分？
　　(A) 生物圈　　(B) 岩石圈　　(C) 大氣圈　　(D) 水圈　　(E) 軟流圈

13. 燃燒煤、石油可能導致全球溫度改變的主要原因為何？
　　(A) CO_2 增加，大量吸收太陽輻射
　　(B) CO_2 增加，大量吸收地球輻射
　　(C) O_3 增加，大量吸收太陽輻射
　　(D) O_3 增加，大量吸收地球輻射

14. 細胞的外形頗多變化，下列四種不同的動植物細胞中，何者為動物細胞？

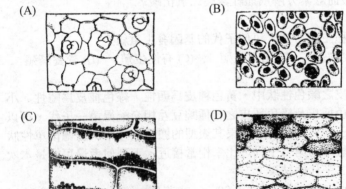

15. 圖5的甲、乙、丙是三種不同濃度
的蔗糖溶液。將2％的蔗糖溶液置
於用半透性膜做成的袋子中，綁緊
後再分別置於甲、乙、丙三種蔗糖
溶液中，一段時間後，觀察其情形
如圖5所示。試推測甲、乙、丙溶
液濃度的高低順序爲何？

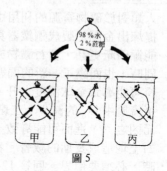

(A) 甲＞乙＞丙   (B) 甲＞丙＞乙
(C) 乙＞甲＞丙   (D) 乙＞丙＞甲
(E) 丙＞甲＞乙

圖5

16. 下列物質與該物質在生物體內流動的方向（或通路），何者正確？
(A) 光合作用合成的醣類：葉 → 導管 → 根 → 貯藏
(B) 含氮代謝物質：腎 → 膀胱 → 輸尿管 → 體外
(C) 二氧化碳：組織 → 血管 → 肺泡 → 大氣
(D) 肺循環中的血液：右心室 → 肺靜脈 → 肺動脈

17. 下列反應何者主要在組織微血管中發生？
(A) 血紅素與氧結合成氧合血紅素
(B) 氧合血紅素分解成血紅素與氧
(C) 碳酸分解成水和二氧化碳
(D) 碳酸血紅素分解成血紅素與二氧化碳

18. 下列何種生殖方式，可使子代的基因發生重組？
(A) 分裂生殖   (B) 出芽生殖   (C) 有性生殖   (D) 營養繁殖

19. 豌豆種皮之顏色性狀中，黃色種皮爲顯性，綠色種皮爲隱性。小
華以黃色種皮及綠色種皮之純種豌豆互相交配得第一子代，再以
其第一子代彼此交配，結果其表型的顯隱性比率與孟德爾單性狀
交配實驗中的第二子代之比率相當接近。下列何者最可能是本次
實驗第二子代的結果？
(A) 黃色：綠色＝ 2.96：1.00   (B) 黃色：綠色＝ 1.00：0.99
(C) 黃色：綠色＝ 1.00：3.01   (D) 黃色：綠色＝ 4.01：0.01

20-21 題為題組

　圖 6 中甲～戊所指為腎元及其附近的五個
部位，回答 20-21 題：

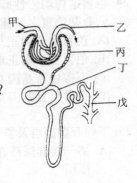

20. 大部分的水、離子及脂肪酸、葡萄糖、胺
　基酸在那一部位中被重新吸收再送回血液？
　(A) 甲　　　(B) 乙　　　(C) 丙
　(D) 丁　　　(E) 戊

21. 從圖 6 各部位抽取液體，那一部位不應含
　有蛋白質及葡萄糖？
　(A) 甲　　　(B) 乙　　　(C) 丙　　　　　圖 6
　(D) 丁　　　(E) 戊

22-23 題為題組

　鐮刀型貧血症是由一對對偶基因發生
突變，而產生變異型血紅素所造成的
一群症狀。正常人血紅素以 HbA 表
示，變異型血紅素則以 Hbs 表示。
Hbs 分子仍可攜帶氧，但當它將氧釋
出至體內其他細胞後，會與紅血球中
的其他分子結合，並堆積為長型、堅
固之棒狀，使紅血球彎曲成鐮刀型。
基因型 I^AI^A 與 I^AI^S 的個體具有完全
正常的功能，而 I^SI^S 的個體則表現出
嚴重之貧血症狀。回答 22-23 題：

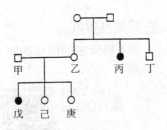

○：表型正常女性
□：表型正常男性
●：鐮刀型貧血症患者

圖 7

22. 圖 7 為某家族之鐮刀型貧血症之譜系圖，個體丁絕不可能的基因
　型為何？
　(A) I^AI^A　　　(B) I^AI^S　　　(C) I^SI^S　　　(D) 無法判斷

23. 參考圖 7，個體甲與個體乙可能的基因型分別為何？
　(A) 甲：I^AI^S，乙：I^AI^A　　　(B) 甲：I^AI^S，乙：I^AI^S
　(C) 甲：I^AI^S，乙：I^SI^S　　　(D) 甲：I^AI^A，乙：I^SI^S

24. 色盲遺傳屬於性聯遺傳,且其基因爲隱性,位於 X 染色體上,下
列有關色盲之敘述何者合理?
(A) 色盲女子與正常男子結婚,其女孩皆爲色盲
(B) 色盲女子與正常男子結婚,其男孩皆爲色盲
(C) 不帶色盲基因女子與色盲男子結婚,其男孩皆爲色盲
(D) 不帶色盲基因女子與色盲男子結婚,其女孩皆爲色盲

25. 下列有關族群及群落的敘述,何者正確?
(A) 某一族群保持在機動的平衡狀態,這種穩定不變化的情形稱爲
極相
(B) 某地區某一族群的出生率提高,其他因素不變則可增加該族群
的密度
(C) 某一地區之負荷量,指此地區的物種數維持一個恆定的數目
(D) 新生地的群落若隨時間而改變,則通常群落會趨向單純

26-27 題爲題組

圖 8 爲葉子的橫切面圖。圖 9 爲保衛細胞開合的模式圖。回答 26-27
題:

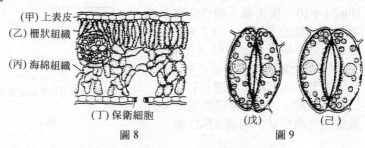

(甲) 上表皮
(乙) 柵狀組織
(丙) 海綿組織
(丁) 保衛細胞
圖 8

(戊)　　(己)
圖 9

26. 位於下表皮的氣孔所逸出的氧<u>不是</u>由那一部位產生?
(A) 甲　　　(B) 乙　　　(C) 丙　　　(D) 丁

27. 保衛細胞與氣孔的開合有關。圖 9 中(戊)轉變爲(己),試問
保衛細胞發生了什麼變化?
(A) 細胞吸水,氣孔關閉　　　(B) 細胞失水,氣孔張開
(C) 細胞吸水,氣孔張開　　　(D) 細胞失水,氣孔關閉

28-29 題為題組

圖 10 為小腸後半段的絨毛模式圖，
回答 28-29 題：

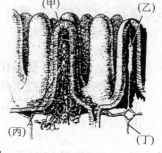

圖 10

28. 下列何種物質可在丁部位發現？
    (A) 脂肪　　　　　(B) 胺基酸
    (C) 雙醣　　　　　(D) 葡萄糖

29. 下列有關小腸絨毛結構及功能的敘述，
    何者正確？
    (A) 甲為乳糜管，它是輸送葡萄糖的通路
    (B) 乙為微血管，它是輸送胺基酸的通路
    (C) 丙為絨毛表皮細胞，它的面積愈大吸收能力愈大
    (D) 丁為靜脈，它將進入乙的養分送入肝臟

30. 圖 11 為一個 500 毫升的燒杯，其中裝有蒸餾
    水，試問下列何者是蒸餾水體積正確的讀數？
    (A) 370 毫升
    (B) 385 毫升
    (C) 400 毫升
    (D) 400.00 毫升

圖 11

31. 下列有關元素週期性質及週期表的敘述，何者正確？
    (A) 現在的週期表是依各元素原子量從小到大的順序排列
    (B) 就導電性，元素大體上可分為金屬、類金屬及非金屬三大類
    (C) 週期表左下方的元素是在水中呈酸性的非金屬
    (D) 類金屬的化學性質介於金屬及非金屬之間，所以列在週期表中
        央，統稱 B 族

32. 鐵是工業上最重要的金屬之一，其提煉法是在高爐裡將含氧之鐵
    礦以焦碳還原，在生鐵、熟鐵及鋼三種物質中，其含碳量之多寡
    順序，何者正確？
    (A) 生鐵>鋼>熟鐵　　　　　(B) 鋼>生鐵>熟鐵
    (C) 鋼>熟鐵>生鐵　　　　　(D) 熟鐵>生鐵>鋼

33. 裝有下列氣體的同體積、同壓力的五種氣球,以蠟燭將其燒破,何者的爆炸力會最大?
    (A) 氫氣
    (B) 氫氣與氦氣(體積比 2：1)之混合氣體
    (C) 氧氣與氦氣(體積比 2：1)之混合氣體
    (D) 氫氣與氧氣(體積比 2：1)之混合氣體
    (E) 氧氣

34. 將 pH 0.0 的鹽酸溶液 1mL 與 pH 13.0 的氫氧化鈉溶液 10mL 混合後,溶液的 pH 值為何?
    (A) 13　　　(B) 7.0　　　(C) 6.5　　　(D) 1.0

35. 表三是一些元素的原子序及原子量:

表三

元素	H	O	Na	Cl	Cu
原子序	1	8	11	17	39
原子量	1.01	16.0	23.0	35.5	63.5

在等質量的氫氣、水、食鹽、銅中,何者具有最多的電子?
    (A) 氫氣　　　(B) 水　　　(C) 食鹽　　　(D) 銅

36. 下列有關鹼金屬及其化合物通性的敘述,何者正確?
    (A) 鹼金屬可溶於水,並釋出氧氣
    (B) 鹼金屬在水中使溶液呈鹼性,並釋出氫氣
    (C) 鹼金屬氧化物在水中使溶液呈酸性,並釋出氧氣
    (D) 鹼金屬氫氧化物在水中使溶液呈鹼性,並釋出氫氣

37. 碳在地球表面的循環與生態平衡關係密切,相關的重要含碳物質如有機質、碳酸鹽(CO_3^{2-})、一氧化碳、二氧化碳、天然氣(主要含甲烷)、石油(主要含碳氫化合物)、石墨、煤等,下列有關碳之氧化還原性質的敘述,何者正確?
    (A) 石墨主要由甲碗還原而成
    (B) 二氧化碳在水中氧化就形成碳酸鹽
    (C) 二氧化碳中的碳具有碳的最高氧化態
    (D) 植物行光合作用是將二氧化碳還原成碳及氧

38. 過量的紫外光照射人體會造成傷害，大氣中的臭氧可濾除紫外光，保護生物圈，下列有關臭氧的敘述，何者最合理？
    (A) 汽車的廢氣可產生臭氧，所以可彌補大氣中損失的臭氧
    (B) 臭氧將紫外光反射回太空，所以會減弱了照射到地表的紫外光
    (C) 臭氧可因吸收紫外光而分解，所以會減弱了照射到地表的紫外光
    (D) 臭氧與氧氣是同一物質的不同能量態，氧氣吸收紫外光而變成高能量態的臭氧

39-40 題為題組

　　水與煤在高溫下反應，可以得到水煤氣，

　　其反應式為：$C_{(s)} + H_2O_{(g)} \xrightarrow{1500\ ℃} CO_{(g)} + H_{2(g)}$，回答 39-40 題：

39. 下列何者是水煤氣？
    (A) 從水中收集的氫氣　　　　　(B) 從水中收集的一氧化碳
    (C) 氫氣與一氧化碳的混合物氣　(D) 一氧化碳與水蒸氣的混合氣

40. 在 STP 時，12 公克的煤，至多可以產生多少公升的水煤氣？（所需的原子量 C = 12.0， H = 1.01， O = 16.0 ）
    (A) 11.2　　(B) 22.4　　(C) 44.8　　(D) 67.2

41-43 題為題組

　　一隻老鷹爪擭獵物，以 10 公尺／秒的水平等速度飛行，飛行之中獵物突然脫落。回答 41-43 題：

41. 老鷹受地球引力的反作用力為何？
    (A) 空氣對老鷹的浮力　　　　(B) 獵物對老鷹的引力
    (C) 老鷹拍動翅膀的上昇力　　(D) 老鷹對地球的引力

42. 如果忽略空氣阻力，下列何圖最可能代表地面上靜止觀察者所看到的獵物運動軌跡？（假設老鷹是由左向右飛行，O 點為獵物脫落之處）

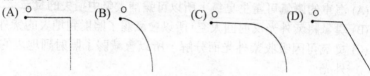

43. 如果忽略空氣阻力，下列何圖代表獵物的「力學能」隨著獵物在垂直方向下降時距離的變化關係？

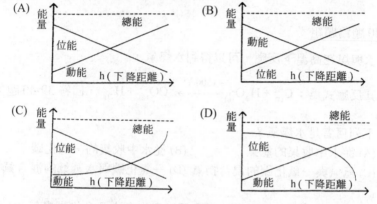

44. 一座容積為 224 立方公尺的冷藏庫，內部溫度為 − 23 ℃，壓力為一大氣壓。當冷藏庫內未存放物品時，它約含有多少空氣分子？假設為理想氣體。

$$理想氣體常數 R = \begin{cases} 0.08208 & \text{公升-大氣壓 / 莫耳-度} \\ 8.317 & \text{焦耳 / 莫耳-度} \\ 1.987 & \text{卡 / 莫耳-度} \end{cases}$$

(A) 1.1 莫耳   (B) 22.4 莫耳   (C) 224 莫耳
(D) 2240 莫耳   (E) 11000 莫耳

45. 小華將等質量的 70 ℃熱水和 0 ℃的冰塊在絕熱的保溫杯中混合，則混合後的溫度為何？（水的比熱為 1 卡 / 公克-度，冰的熔化熱為 80 卡 / 公克）

(A) 0 ℃   (B) 5 ℃   (C) 35 ℃   (D) 70 ℃

46. 兩個並排而且深度相同的水池，一個
裝水，另一個未裝水，在兩池的中央
各豎立著一支長度相同而且比池深略
長的標桿，陽光斜照會將標桿投影在
池底。則下列敘述何者正確？

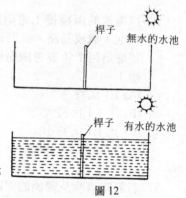
圖 12

(A) 裝水池中桿影較長
(B) 兩池中的桿影長度相同
(C) 未裝水的池中桿影較長
(D) 裝水池中的桿影是否較長，視陽光
斜照的角度而定

47. 某弦樂器的一弦，其振動時的琴音基頻為 440Hz。今以手指頭壓
該琴弦的某一位置而奏出頻率為 528Hz 的琴音，則下列敘述何者
正確？
(A) 琴音 528Hz 的波長較 440Hz 的波長為長
(B) 手指壓住時振動的弦長變為原長的 440 / 528
(C) 528Hz 的聲速較 440Hz 的聲速為大
(D) 528Hz 的聲速較 440Hz 的聲速為小

48. 一個密度均勻的星球，分裂為 8 個密度不變，質量相等的星球。
則每個星球表面的重力加速度變為原來的多少倍？
(A) 1 / 8　　(B) 1 / 2　　(C) 2　　(D) 8

49. 下列有關等速圓周運動的敘述，何者正確？
(A) 向心力持續作功，使之保持運動狀態
(B) 向心力產生向心加速度，使運動方向改變
(C) 如果向心力突然消失，物體將沿徑向，向外射出
(D) 等速圓周運動的速度是保持不變的

50-52 題為題組

圖 13 所示為一鋅銅電池，鋅片與銅片的厚度皆為 0.1 公分，大小
皆為 4 平方公分。已知此電池的電動勢為 1.1 伏特。根據此電池
回答下列 50-52 題：

50. 將電池的兩極接上電阻為 3.0 歐姆的
    燈泡，構成通路。此時兩電極的電位
    差應為何？（要考慮鹽橋和溶液的電
    阻）
    (A) 1.1 伏特
    (B) 比 1.1 伏特大
    (C) 比 1.1 伏特小
    (D) 有時比 1.1 伏特小，有時比較大

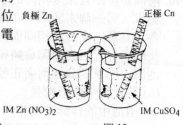

圖 13

51. 若忽略溶液及鹽橋的電阻，燈泡所消耗的電功率應為幾瓦特？
    (A) 3.3　　(B) 1.2　　(C) 1.1　　(D) 0.40　　(E) 0.36

52. 若鋅、銅兩金屬片的面積增加為 8 平方公分，厚度增加為 0.2 公
    分，此電池的電動勢將為幾伏特？
    (A) 0.28　　(B) 0.55　　(C) 1.1　　(D) 2.2　　(E) 4.4

53. 通電流的導線在磁場中會受到力的作用。設電流為 $\vec{I}$，磁場為 $\vec{B}$，
    作用力為 $\vec{F}$。$\vec{B}$ 與 $\vec{F}$ 互相垂直。下列各圖所表示的情形，那一種
    是可能真正發生的情形？

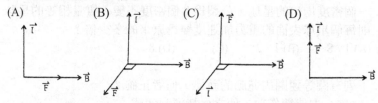

54. 冰箱與冷氣機的構造均含有壓縮器、凝結器、膨脹閥、汽化器四
    部分，另外還須用到冷媒。其中冰箱用以冷卻食物的構造部分為
    何？
    (A) 壓縮器　　(B) 凝結器　　(C) 膨脹閥　　(D) 汽化器

55. 彩色電視機中的電子槍，它們射出來的電子束可在電視螢幕上，
    分別產生三種色光。這三種色光是下列的那一項？
    (A) 紅、黃、綠　　　(B) 黃、藍、綠　　　(C) 紅、綠、藍
    (D) 紅、黃、藍　　　(E) 紅、橙、紫

56. 下面有關各種形態的能量相互轉換的敘述中，那一項是<u>錯誤</u>的？
    (A) 家庭瓦斯爐將化學能轉換成熱能
    (B) 水力發電機將力學能轉換成電能
    (C) 飛機噴射引擎將電能轉換成力學能
    (D) 光合作用將光能轉換成化學能
    (E) 太陽電池將光能轉換成電能

貳、多重選擇題

說明：第 57 至 60 題，每題的五個選項各自獨立。選出正確選項，標
　　　示在答案卡之「選擇題（第一部分）」。每題答對得 2 分，答
　　　錯不倒扣，未答者不給分。只錯一個可獲 1 分，錯兩個或兩個
　　　以上不給分。

57. 下列選項中，那兩種現象同時牽扯到太陽、月亮與地球的相對位
    置？
    (A) 一年四季的變遷　　　　　(B) 月相盈虧的變化
    (C) 晝夜交替的情形　　　　　(D) 中午時刻的太陽仰角變化
    (E) 潮汐的變化

58. 如果颱風來臨時正逢大潮，海水漲得特別高，河口區海水倒灌嚴
    重造成災害，試判斷當天的農曆日期與月相。（ A-C 選一項，
    D-E 選一項）

農曆日期	月　相
(A) 十五前後	(D) 滿月
(B) 初七、初八	(E) 弦月
(C) 初一前後	

59. 表四為動物或植物細胞可能有的構造，那兩種構造是植物細胞所
    獨有？

表四

細胞構造	細胞壁	粒線體	高基氏體	大液泡	中心體
選　項	(A)	(B)	(C)	(D)	(E)

60. 就下列的化學鍵及分子間作用力中，選出乾冰具有那兩種？
    (A) 離子鍵　　(B) 共價鍵　　(C) 金屬鍵　　(D) 凡得瓦力　　(E) 氫鍵

參、題群題

說明：第 61 至 66 題。答案應標示在答案卡之「選擇題(第二部分)」。
　　　每題完全答對得 2 分，未完全答對則不給分，答錯不倒扣。

61-62 題為題組

　　圖 14 為 1985 年 5 月 24 日 8 時的地面天氣圖，依據此天氣圖回答
61-62 題：

61. 請問當時台北（ A-D 選一項）和蘭嶼（ E-H 選一項）分別吹什麼
　　風向的風？

台　北	蘭　嶼
(A) 南風	(E) 北風
(B) 西南風	(F) 西北風
(C) 東北風	(G) 東南風
(D) 東風	(H) 南風

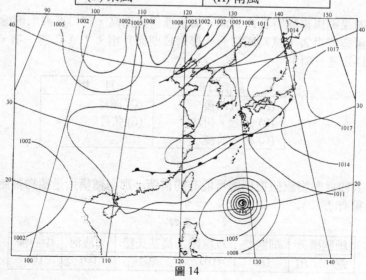

圖 14

62. 位在日本外海至大陸東南部的鋒面是何種鋒面？（甲，A-D 選一項）；這個鋒面在一天內會如何移動？（乙，E-G 選一項）

甲	乙
(A) 冷鋒	(E) 向東南方移動
(B) 暖鋒	(F) 向西北方移動
(C) 囚錮鋒	(G) 滯留在原處
(D) 滯留鋒	

63-66題為題組

小琪發現實驗室藥品架上有四個裝未知物質的容器，老師給他一張可能的清單如表五所示：

表五

A	B	C	D	E	F
H_2	O_2	空氣	CO	CO_2	NO_2
G	H	I	J	K	L
1M NaCl 水溶液	1M KmnO₄ 水溶液	1M NaOH 水溶液	1M HCl 水溶液	1M 醋酸 水溶液	蒸餾水

小琪將四個容器分別標上甲、乙、丙、丁，並作了一些實驗，結果彙整如下：

（實驗一）甲、乙是無色氣體

（實驗二）丙、丁是無色液體

（實驗三）用潤濕的石蕊試紙測試，乙及丁使藍石蕊試紙呈紅色，試甲及丙，則紅藍石蕊試紙均不變色

（實驗四）由密度測得甲的平均分子量是 28±1

（實驗五）燃燒的蠟燭置入充滿甲的瓶中，可繼續燃燒，置入充滿乙的瓶中，則立刻熄滅

（實驗六）燃燒的蠟燭立於盛水的燒杯中，使充滿甲的瓶倒蓋在燃燒的蠟燭上，並將瓶口沒入水中，可見瓶中水位升高，蠟燭熄滅時，水面就停止上升

（實驗七）將數滴 0.1M 硝酸銀滴入丙及丁中，可使丙立刻產生白色沉澱，丁則無可見的反應發生

所需的原子量：H = 1.01，C = 12.0，N = 14.0，O = 16.0，Na = 23.0，K = 39.1，Cl = 35.5，Mn = 54.9，根據以上的資料，甲、乙、丙、丁各為何？（以表五中之英文字母代號表示，將答案劃於答案卡上）

63. 甲 _____

64. 乙 _____

65. 丙 _____

66. 丁 _____

86年度學科能力測驗自然科試題詳解

第一部分：選擇題

1. B

【解析】 (A) 可以估算。

(B) 地震強度無小數，有小數的是地震規模。

(C) 可能震毀房屋。

(D) 人能感知的地震為有感地震，芮氏地震規模 2.5 以上許多人即能感知。

(E) 地震震央不一定都在花蓮外海。

2. D

【解析】 題目條件 $\begin{cases} 1.\ \text{甲、乙二星的表面溫度一致} \\ 2.\ \text{光度：甲為乙的 } 10^4 \text{ 倍} \\ 3.\ \text{亮度與表面積成正比} \end{cases}$

代入球體表面積公式 $4\pi R^2$ 得：R^2 倍 $= 10^4$ 倍，

$R = 100$ 倍。

3. B

【解析】 緯度愈低，晝夜時間相差愈小，其日射及地面輻射間的差異亦少，故晝夜溫差小。台北所在緯度較東京低，故晝夜溫差較小。

4. A

【解析】 (A) 大陸棚 $\begin{cases} ① \text{坡度：海岸外，坡度最平緩的海底} \\ \qquad (\text{坡度不超過 } \dfrac{1}{1000})。 \\ ② \text{深度：從海岸向外延伸至深約 200 公} \\ \qquad \text{尺的地方。} \end{cases}$

(B) 為大陸坡；(C) 為大陸緣積或海溝；(D) 為大陸緣積。

5. **A**

　【解析】一般河口流況，應如圖(A)，因河水帶起海水一起往外海
　　　　　流，所以底部海水（海水較重在河底流）源源補充。

6. **C**

　【解析】由題目表格中，使用「削去法」逐一尋找符合甲、乙、
　　　　　丙、丁四條件的礦物為(C)鈣長石。

7. **A**

　【解析】被切割的地層年紀老，甲被乙切割，乙形成後，受隕石
　　　　　撞擊，形成丙隕石坑。

8. **B**

　【解析】由圖量測得：海底五百萬年擴張 100 km，即擴張速率為
　　　　　(B) 100 km／五百萬年＝20 km／百萬年。

9. **B**

　【解析】*1.* 大西洋寬約 6000 km，中洋脊位於北大西洋中央，即
　　　　　　　以中洋脊為準，向兩側各擴張 3000 km。
　　　　　2. 承上題的擴張速率：20 km／百萬年，得最老地殼為
　　　　　　　150 百萬年前。
　　　　　3. 查地質年代表，知此時期即為「侏儸紀」。

10. **D**

　【解析】*1.* 沉積岩層 1（含菊石），約生成於 6500 萬年前。
　　　　　2. 火成岩：生成於 500 萬年前。
　　　　　　　沉積岩層 1 的年代，較火成岩古老，故知(D) 敘述有誤。

11. **D**

　　【解析】石英、正長石爲酸性火成岩中的主要成分，故應選擇(D)
　　　　　　花崗岩；此外 (A) 爲基性岩 (B) 爲基性岩 (C) 爲超基性岩
　　　　　　(E) 爲超基性岩。

12. **E**

　　【解析】人類利用的資源，因限於科技無法開採至 (E) 軟流圈，其
　　　　　　深度約 200 km 處。

13. **B**

　　【解析】全球工業化後，大量燃燒煤及石油，使大氣中 CO_2 增加，
　　　　　　吸收大量的地球長波輻射，致使溫室效應產生，故選 (B)。

14. **B**

　　【解析】(A) 葉的下表皮細胞。　　　(B) 蛙的紅血球。
　　　　　　(C) 植物的薄壁組織。　　　(D) 洋蔥表皮細胞。

15. **D**

　　【解析】甲袋脹大表示，甲溶液的糖濃度小於 2%，水濃度大於
　　　　　　98%，於是甲袋就吸收脹大；乙袋縮小表示乙溶液的糖
　　　　　　濃度大於 2%，水濃度小於 98%，於是乙袋就吐水縮小，
　　　　　　故知甲溶液糖濃度小於 2%，乙溶液糖濃度大於 2%，
　　　　　　丙溶液糖濃度等於 2%。

16. **C**

　　【解析】(A) 光合作用合成的醣類：葉→韌皮部→根→貯藏。
　　　　　　(B) 含氮代謝物質：腎→輸尿管→膀胱→體外。
　　　　　　(D) 肺循環中的血液：右心室→肺動脈→肺→肺靜脈。

17. **B**

【解析】(A) 血紅素與氧結合成氧合血紅素，在肺泡微血管發生。

(C) 碳酸分解成水和二氧化碳，在肺泡微血管發生。

(D) 碳酸血紅素分解成血紅素與二氧化碳，在肺泡微血管發生。

18. **C**

【解析】有性生殖因有減數分裂和受精作用，使子代發生基因重組，(A)(B)(D)屬無性生殖。

19. **A**

【解析】純種親代的交配所產生的第一子代（F_1）基因型 Aa，Aa×Aa 所產生的第二子代顯性：隱性＝3：1。

20. **D**

【解析】血液經腎小球過濾後，濾液中的有用物質如葡萄糖、胺基酸……皆在腎小管再吸收回來，其中甲：入球小動脈，乙：出球小動脈，丙：鮑氏囊，丁：腎小管，戊：集尿管。

21. **E**

【解析】蛋白質無法過濾到鮑氏囊，葡萄糖在腎小管皆百分之百吸收，故在集尿管不應有蛋白質和葡萄糖。

22. **C**

【解析】個體丁的基因型可能是 $I^A I^A$，也可能是 $I^A I^s$，絕不可能是 $I^s I^s$，因為其表型正常。

23. **B**

  【解析】甲乙表型正常,卻生出 I^SI^S 的小孩戊,故知其基因型必為 I^AI^S。

24. **B**

  【解析】(A) 色盲女子與正常男子結婚,男孩皆色盲,女孩皆正常。

$$XX \longrightarrow XY$$
$$\downarrow$$
$$\frac{1}{2}XX \quad , \quad \frac{1}{2}XY$$

  (C) (D) $XX \longrightarrow XY$,男孩女孩皆正常。

$$\downarrow$$
$$\frac{1}{2}XX \quad , \quad \frac{1}{2}XY$$

25. **B**

  【解析】(A) 穩定不變的群落才叫極相。

  (C) 某一地區之負荷量,指此地區的族群維持一個恆定的數目。

  (D) 趨向複雜。

26. **A**

  【解析】葉的上下表皮皆無葉綠體,不產生氧氣。

27. **C**

  【解析】保衛細胞當 CO_2 濃度降低時,滲透壓變大而吸水脹大,導致氣孔張開。

28. **A**

【解析】丁為淋巴管，故可發現脂肪。

29. **C**

【解析】甲為微血管，乙為乳糜管，丙為絨毛表皮細胞。

30. **A**

【解析】水平線在 350 mL～400 mL 的一半以下。

31. **B**

【解析】(A) 週期表是依原子序從小到大排列。

(B) 金屬為導體，類金屬為半導體，非金屬為絕緣體。

(C) 週期表左下方元素（ⅠA、ⅡA）可與水反應生成氫氣而且溶液呈鹼性。

(D) 類金屬如：B、Si、Ge……介乎金屬與非金屬之間，但並非 B 族。

32. **A**

【解析】生鐵含碳量最多，鋼中最小。

33. **D**

【解析】$2H_{2(g)} + O_{2(g)} \rightarrow 2H_2O_{(g)}$ $\Delta H < 0$ 爆炸力最大。

34. **B**

【解析】pH＝0.0 的鹽酸 [HCl]＝1M 1mL   當量點完全

pH＝13.0 的氫氧化鈉 [NaOH]＝0.1M 10mL   中和

故 pH＝7.0

35. **A**

【解析】

同質量 $W_{(g)}$	氫氣	水	食鹽	銅
電子莫耳數	$\dfrac{W}{2} \times 2$	$\dfrac{W}{18} \times 10$	$\dfrac{W}{58.5} \times 28$	$\dfrac{W}{63.5} \times 29$
	（最多）			

36. **B**

【解析】 $IA_{(s)} + H_2O \rightarrow IA^+ + OH^- + \dfrac{1}{2} H_{2(g)}$

37. **C**

【解析】 CO_2 碳氧化數 $= 4$　為最高氧化態

(B) $CO_2 + H_2O \rightarrow H_2CO_3$ 不是氧化還原反應

38. **C**

【解析】臭氧層中之臭氧可吸收紫外光，減弱照射到地球表面的紫外光，保護生物圈。

39. **C**

【解析】水煤氣為 $H_{2(g)}$ 和 $CO_{(g)}$　莫耳數比 $= 1:1$ 之混合氣體

40. **C**

【解析】S.T.P 下 12g 煤完全反應可生成 H_2 和 $CO_{(g)}$ 各 1 莫耳

$V_T = 22.4 + 22.4 = 44.8$（升）

41. **D**

【解析】 $\vec{F}_{12} = -\vec{F}_{21}$

42. **B**

【解析】獵物具有老鷹之慣性初速　$\therefore$ 行水平拋射

43. **A**

【解析】$E = E_k + U$　本題應是 $U\downarrow$，$E_k\uparrow$，E一定，

且 $U\downarrow = mgh\uparrow$　$U\propto h$

44. **E**

【解析】$PU = nRT \Rightarrow 1\cdot(224\times 10^3) = h(0.08208)(250)$

$n = 10916.179$

45. **A**

【解析】設熱水及冰塊質量 $= M$

若 70℃熱水 $\longrightarrow$ 0℃水　$H_{放熱} = M\times 1\times 70 = 70M$

0℃冰 $\longrightarrow$ 0℃水　$H_{吸熱} = 80\times M = 80M$

∴ 熱水完全變成 0℃水也無法將冰完全熔化

∴ 混合溫度 $= 0℃$

46. **C**

【解析】

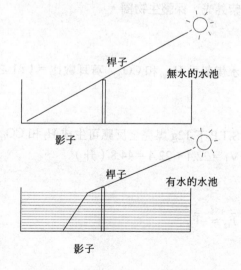

47. **B**

【解析】(A) $\nu = f\lambda$　　ν 一定，$f\uparrow$，$\lambda\downarrow$

(B) $\ell = n\cdot\dfrac{\lambda}{2}$　　$\therefore \lambda = \dfrac{2\ell}{n}$

$$f = \frac{\nu}{\lambda} = \frac{n\nu}{2\ell} \propto \frac{1}{\ell} \qquad \frac{440}{528} = \frac{\ell}{\ell_{\text{基}}} \qquad \therefore \ell = \frac{440}{528}\ell_{\text{基}}$$

(C) (D) 聲速不變

48. **B**

【解析】$M = V\cdot D \propto V \propto R^3$　　$\therefore M$ 變 $\dfrac{1}{8}$，R 變 $\dfrac{1}{2}$

$$g_{\text{表面}} = \frac{GM}{R^2} \propto \frac{M}{R^2} \propto \frac{\dfrac{1}{8}}{\left(\dfrac{1}{2}\right)^2} = \frac{1}{2}$$

49. **B**

【解析】(A) 向心力不作功。　　(C) 沿切線方向。
　　　　(D) 速度的方向一直改變。

50. **C**

【解析】因為有內電阻，電位差 $= \varepsilon - i\mathrm{r}$
　　　　所以比 $1.1\mathrm{V}$ 小。

51. **D**

【解析】$P = \dfrac{\varepsilon^2}{R} = \dfrac{(1.1)^2}{3} = 0.403$

52. **C**

【解析】電池的電動勢由金屬的種類和電解液的種類決定，與金屬的表面積和質量無關。

53. **C**

【解析】$\vec{F} = \ell \vec{I} \times \vec{B}$

　　心　　姆　四

54. **D**

【解析】冷煤從液態汽化成氣態須吸收冷凍庫中食物的熱量而造成食物冷卻。

55. **C**

【解析】

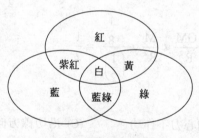

光的三原色關係圖

56. **C**

【解析】(C) 化學能 → 熱能 → 力學能

57. **BE**

【解析】(A) 一年四季：因「地球」環繞「太陽」運轉，造成四季陽光照射量不同之故。

　　　(B) 月相盈虧：因「地球」、「太陽」、「月球」相對位置而生的現象。

　　　(C) 晝夜交替：因「太陽」光線照射「地球」所引起的晝夜變化。

(D) 中午時刻的太陽仰角：「陽光」入射至「地球表面」
的入射角度。

(E) 潮汐變化：因「日」、「月」對「地球」的引潮力而
生的海水週期性的運動現象。

故僅 (B) (E) 同時牽扯到「日」「地」「月」。

58. **AD**

【解析】「日」「地」「月」成一直線時引潮力最大，逢大潮，
此時海水易倒灌，此時為農曆十五前後，月相則為滿月，
故選(A)(D)。

59. **AD**

【解析】粒線體、高基式體動植物皆有。
中心體高等植物沒有，但低等植物及所有動物皆有。

60. **BD**

【解析】乾冰 $CO_{2(s)}$ 原子間共價鍵結分子間凡得瓦力結合

61. **CE**

【解析】圖中為低壓中心，北半球的人背風而立，低壓在左手方
向，當時台北應吹(C)東北風，蘭嶼吹(E)北風。

註：大考中心公布的標準答案為 DE，但 CE 較合理。

62. **DG**

【解析】圖中所示 ▲●▲●▲ 為 (D) 滯留鋒，滯留鋒因冷暖
空氣勢力相等，使鋒面 (G) 滯留在原地。

63.－66.

【解析】甲：**C**　　　乙：**E**　　　丙：**G**　　　丁：**K**

空氣　　　　CO_2　　　1M NaCl　　　1M 醋酸

甲：(1) 平均分子量 $28\pm1 \Rightarrow$ 空氣(C) 或 CO (D)

　　　　故甲為空氣(C)

　　　(2) 蠟燭在甲瓶中可繼續燃燒 $\Rightarrow$ 含 $O_{2(s)}$

乙：(1) 無色氣體　　　　　　　　　　　　　　　}　故乙為 CO_2 (E)
　　　(2) 藍色石蕊試紙變成紅色（酸性）

　　　　$CO_2 + H_2O \rightarrow H_2CO_3$ 呈酸性

　　　　（NO_2 (F) 為紅棕色氣體不能選）

丙：(1) 丙液不使紅藍石蕊試紙變色

　　　(2) 滴入 $0.1M\ AgNO_3$ 產生白色沉澱

　　　　不能選 HCl (丁) 酸性，故丙為 1M NaCl (G)

丁：(1) 丁使藍色石蕊試紙變成紅色（酸性）

　　　(2) 滴入 $0.1M\ AgNO_3$ 丁無可見反應（不能選 HCl (丁)）

　　　　故丁為 $1M\ CH_3COOH$

八十五年大學入學學科能力測驗試題
自然考科

壹、單一選擇題

說明：第 1 至 48 題，每題選出最適當的一個選項，標示在答案卡之
「選擇題（第一部分）」。每題答對得 2 分，答錯不倒扣。

1－3 題為題組

圖 1 為北半球某地，某日早上 8 點的地面天氣圖。參考圖 1，回答
1－3 題。

1. 等壓線上標示的數字，其單位為何？
   (A) 標準大氣壓（atm）
   (B) 毫巴（mb）或百帕（hPa）
   (C) 千巴（kb）
   (D) 公厘汞柱（mmHg）

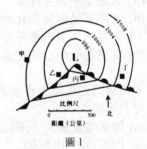
圖 1

2. 在天氣圖上的甲、乙、丙、丁四地，
   何處氣壓最高？
   (A) 甲　　(B) 乙　　(C) 丙　　(D) 丁

3. 在天氣圖上的甲、乙、丙、丁四地，何處氣溫最高？
   (A) 甲　　(B) 乙　　(C) 丙　　(D) 丁

4. 赤壁之戰發生於建安 13 年農曆十月末，時序已進入冬天。受西伯
   利亞高壓影響，中國大陸大部分地區均吹東北風或北風，但移動氣
   團抵達華中地區已經或多或少變性，且在浙江杭州
   附近形成一個分裂的小高壓。試依北半球高壓區風
   向作順時鐘方向旋轉的原理（圖 2），推論赤壁（今
   湖北嘉魚縣）應位於此分裂小高壓的那一角落（或
   象限），才使得孔明借到東風或東南風？
   (A) 右上角（Ⅰ象限）　　　(B) 左上角（Ⅱ象限）
   (C) 左下角（Ⅲ象限）　　　(D) 右下角（Ⅳ象限）

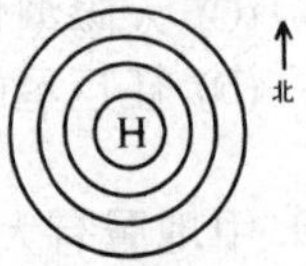

圖2

5. 利用距離地球 600 公里高空環繞地球軌道上的赫伯望遠鏡進行太空
　 觀測，下列那一項敘述是錯誤的？
　 (A) 因不停的環繞地球，故可以持續進行觀測
　 (B) 在太空中，可以紫外線波段進行天文觀測
　 (C) 能降低大氣擾動影響或散射光所造成的干擾
　 (D) 可獲得遠比地面上觀測較清晰的影像

6 − 8 題為題組
　 將恆星的光度對表面溫度作圖，稱為赫羅圖，如圖 3 所示。參考
　 圖 3，回答 6 − 8 題。

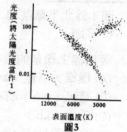
圖3

6. 從左上到右下的帶狀區中的恆星，稱為
　 主序星，下面的敘述，何者是錯誤的？
　 (A) 太陽是一顆主序星
　 (B) 主序星是恆星演化的末期階段
　 (C) 恆星的一生大部分都在主序帶上度過
　 (D) 主序星的中心正在進行氫融合反應

7. 下列有關主序帶上質量最大星體的敘述，
　 何者正確？
　 (A) 因其質量最大，所以壽命最長
　 (B) 因其位於主序帶右下方，可知其溫度最低
　 (C) 因其密度最大，所以半徑最小
　 (D) 因其位於主序帶左上方，可知其光度最大

8. 在赫羅圖中的恆星可以分為主序星、白矮星與紅巨星，下列敘述何
　 者正確？
　 (A) 白矮星的體積比主序星大
　 (B) 紅巨星的光度比主序星小
　 (C) 太陽型恆星在演化末期會成為一顆紅巨星
　 (D) 紅巨星的中心正在進行氫融合反應

9. 甲地層有大量三葉蟲化石，乙地層有許多菊石化石，丙地層有許多
　 貨幣蟲類化石，按地層生成之先後排列，其次序應為：
　 (A) 甲乙丙　　　(B) 甲丙乙　　　(C) 丙乙甲　　　(D) 乙丙甲

10. 某岩漿冷卻時，隨溫度的降低依序有甲、乙、丙、丁四種礦物分別結晶析出，由此可推知：
(A) 該四種礦物熔點相同
(B) 甲礦物熔點最高
(C) 丁礦物熔點最高
(D) 該岩漿是酸性

11. 花崗岩是構成下列何者的主要物質？
(A) 大陸地殼
(B) 海底山
(C) 中洋脊
(D) 洋底盆地

12. 圖4為台灣附近海流流況，考慮季風對海流的影響，指出此圖是台灣何時之海流流況？
(A) 春季
(B) 夏季
(C) 秋季
(D) 冬季

圖4

13. 如果你要在一個空氣污染（包括二氧化碳與二氧化硫）相當嚴重的城市建立一座紀念碑，下列何者是最<u>不適宜</u>作為建材的岩石？
(A) 花崗岩
(B) 安山岩
(C) 砂岩
(D) 大理岩

14. 用海砂作建材時，為減少鋼筋之腐蝕，應除去海砂中的什麼物質？
(A) 石英顆粒
(B) 貝殼碎屑
(C) 鹽份
(D) 長石顆粒

15. 由地震波的研究，可以推知在地球內部存在 P 波與 S 波的波速都降低的低速帶，你認為造成低速帶的主要原因為何？
(A) 此區域有大量二氧化碳存在
(B) 此區域發生部分熔融作用形成一些岩漿
(C) 此區域有很多空隙存在
(D) 此區域有大量黏土礦物存在

16. 如果砂岩中含有大量長石，其地質意義爲何？
    (A) 此地區受到快速侵蝕、短距離搬運及快速沈積
    (B) 此砂岩係經長時間的河流搬運沈積、固化後形成
    (C) 形成的環境爲富含有機質的深海
    (D) 長石抗風化能力強，所以砂岩中多含有大量長石

17. 下列有關酵素的敘述，何者正確？
    (A) 蛋白質就是酵素
    (B) 酵素須在細胞內才有催化活性
    (C) 動植物細胞內相類似的酵素催化相類似的生化反應
    (D) 澱粉酸也可分解纖維素

18. 下列有關自然環境與生物的敘述，何者正確？
    (A) 就生物生存的重要程度而言，自然環境中的理化因素比生物因
        素重要
    (B) 微生物可將動植物的遺體或殘留物分解
    (C) 藻類在水中才能進行光合作用
    (D) 太陽光除了供給植物光合作用外，對植物的生長、發育及開花
        等均沒有影響

19. 在下列四種生物組織的顯微切片圖中，何者最有可能支持：「生
    物體的基本構造單位是細胞。」？
    (A) 肌肉組織　　　　　　　　(B) 神經組織

    (C) 葉表皮組織　　　　　　　(D) 腦組織

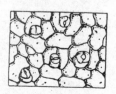 

20. 圖 5 爲骨骼肌的肌原纖維構造圖，參考
　　圖示，下列有關骨骼肌之肌纖維收縮動
　　作的敘述，何者錯誤？
　　(A) 肌凝蛋白的長度變短
　　(B) 兩個相對的肌動蛋白間的距離變短
　　(C) 兩條 Z 線間的距離變短
　　(D) 明帶的長度變短

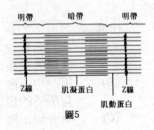

21. 「兔有黃脂或白脂的遺傳性狀，但黃脂兔只有在吃到富含黃色素
　　（如胡蘿蔔）的飼料時，始在體內形成黃脂，否則就不形成黃脂，
　　而與白脂兔無異」。依據上面的敘述，下列推論何者正確？
　　(A) 黃脂兔具有可合成黃脂色素的酵素
　　(B) 白脂兔具有可合成白脂色素的酵素
　　(C) 黃脂兔具有可分解黃脂色素的酵素
　　(D) 白脂兔具有可分解黃脂色素的酵素

22. 「某地區的水鹿慢慢的繁殖，愈來愈多，食物愈來愈少，於是有
　　些水鹿離去。留下來的水鹿也因食物不夠變得虛弱，易受次級消
　　費者所捕食，水鹿的族群就慢慢地變小。隨著水鹿族群的變小，
　　綠草恢復生長，於是鄰近地區的水鹿又來到此地，原有的水鹿因
　　綠草的增加而大量繁殖。」依據上面的敘述，下列有關水鹿族群
　　的敘述，何者錯誤？
　　(A) 特定地區（某地區）是定義族群的必要條件
　　(B) 族群的大小是受到移入、移出、死亡及繁殖的影響
　　(C) 食物的不足是使族群變小的主要原因
　　(D) 捕食因素是控制族群大小的主要因素

23 － 25 題爲題組

　　回答第 23 － 25 題時，從表一的說明中，選出正確答案的情況代碼
　　（A，B，C，D，E）。

表一

代碼	情　況
(A)	第一句正確，第二句正確，且第二句能正確解釋第一句所述的現象
(B)	第一句正確，第二句正確，惟第二句不能正確解釋第一句所述的現象
(C)	第一句正確，第二句錯誤
(D)	第一句錯誤，第二句正確
(E)	第一句錯誤，第二句錯誤

第一句	第二句
23. 當動脈血液流經腎元的腎小球時，血液中的水分及鈉離子、鉀離子、脂肪酸、葡萄糖會進入腎小管	鮑氏囊中小動脈內的液體壓力大於鮑氏囊內血管間隙的壓力
24. 血紅素不能夠與二氧化碳結合，而達成運輸的目的	二氧化碳由各組織輸送至肺的過程，係以氣體的方式來進行
25. 與在地球時的情形相比較，太空人初進入太空中，發現其臉部膨脹，而腿則稍微變細	在地球上，因地球引力的關係，人直立時，其下肢的血液較頭部的血液不容易回流至心臟

26. 下列有關擴散和滲透的敘述，何者正確？
　　(A) 植物才有滲透壓
　　(B) 只有活細胞才有擴散作用
　　(C) 細胞膜的存在使細胞有主動運輸的功能
　　(D) 任何物質在細胞內外的濃度若有差異，均可發生滲透作用

27. 下列有關生殖的敘述，何者正確？
　　(A) 生物的生殖作用必有減數分裂發生
　　(B) 開花植物卵核的受精作用在胚珠內進行
　　(C) 種子萌發時，胚中的子葉發育成幼葉，而胚軸則發育成幼根
　　(D) 有性生殖所產生的新個體，其遺傳性狀與親代者完全相同

28. 下列有關使用複式顯微鏡觀察細胞的敘述,何者正確?
    (A) 在弱光處,宜使用凸面反光鏡來採光
    (B) 接物鏡較短者為低倍鏡,較長者為高倍鏡
    (C) 使用高倍鏡觀察時,不需要明亮的光線也可清晰的看見細胞
    (D) 欲在高倍鏡下觀察不同深度的構造,應使用粗調節輪

29. 下列有關空氣污染的敘述,何者正確?
    (A) 逆溫現象是冷空氣覆蓋在較暖空氣層上,使大氣中的污染物不能發散而造成嚴重的空氣污染
    (B) 汽車排放的廢氣中不含「含氮化合物」
    (C) 空氣中過多的一氧化碳,因吸收太陽光中的紅外線而產生溫室效應
    (D) 燃煤工廠所排放的廢氣中,因含有「含硫化合物」而造成酸雨

30. 在常溫常壓下,某酸性水溶液甲,其 pH 值為 5。取甲液 1 毫升,加水稀釋到 1 升為乙液,則乙液的 pH 值應為何?
    (A) 8   (B) 7   (C) 6   (D) 5   (E) 4

31. 已知含有 C、H、O 的甲乙兩種純物質,其分子量相同,但在 40／76 大氣壓時的沸點甲為 − 37.8 ℃、乙為 + 63.5 ℃,則下列那一項敘述錯誤?
    (A) 一大氣壓時的沸點,甲比乙高
    (B) 升高溫度,甲乙的蒸氣壓都升高
    (C) 分子間的作用力,乙比甲大
    (D) 因為乙有氫鍵的存在,所以在 40／76 大氣壓時,乙的沸點要比甲高

32. 下列有關金屬的敘述,何者錯誤?
    (A) 地殼中存量最多的金屬為鋁
    (B) 導電性最好的金屬為銀
    (C) 延展性最好的金屬為金
    (D) 所有的金屬都非常堅硬,其熔點都在 800 ℃以上
    (E) 金屬的氧化物溶於水後,其水溶液大都呈鹼性,但有少數的金屬氧化物溶於水後,其水溶液呈酸性

33. 在一個體積可固定的汽缸內,充入一
種氣體,以研究氣體體積不變時壓力
與溫度的關係。今在固定體積做實驗
時,得其關係如圖 6 中的丙線。如移
動活塞將體積壓小並固定後,再做同
樣的實驗,則圖中那一條線可以表示
其結果?(假設此氣體為理想氣體)

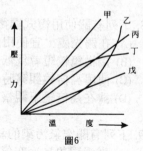
圖6

(A) 丙　　(B) 甲　　(C) 戊　　(D) 乙　　(E) 丁

34. 兩個玻璃球相連,分別充滿氮氣與氦氣,其體積與壓力各如圖 7
所示。維持一定溫度,將兩球中間的開關打開,過一陣子後,大
球內的壓力是多少大氣壓?

(A) 1

(B) 1.5

(C) 2

(D) 2.5

(E) 3

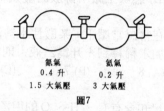

氮氣　　　氦氣
0.4 升　　0.2 升
1.5 大氣壓　3 大氣壓
圖7

35 – 36 題為題組

汽車常裝有安全氣囊,當強烈碰撞時,瞬間引起下列反應,所產生
的氣體,快速充滿氣囊,可以達到保護車內人員安全的目的。

　　　$NaN_3 \rightarrow Na + N_2$(注意:此方程式尚未平衡)

回答 35 – 36 題。

35. 已知 Na 與 N 的原子量分別是 23 與 14 。若氣囊中置 65 克的
NaN_3,則其莫耳數有多少?

(A) 6.5　　(B) 3.7　　(C) 2.3　　(D) 1.4　　(E) 1

36. 承第 35 題,若 65 克的 NaN_3 完全分解,在 1atm , 25 ℃時,氣
囊會膨脹至約多大的體積?(以理想氣體計)

(A) 15 升　　(B) 20 升　　(C) 25 升　　(D) 30 升　　(E) 35 升

37. 下列化學式中,何者含有氧化數和 $K_2Cr_2O_7$ 中的 Cr 氧化數相同的
元素?

(A) Cl_2O_7　　(B) Cr_2O_3　　(C) SO_2　　(D) K_2MnO_4

38. 將等莫耳的鋰、鈉、鉀分別切成細片，然後各與水作用。如以所
　　放出的氣體體積（Ｖ），對經過的時間（ｔ）的關係作圖。下列
　　的五個圖中，何者正確？

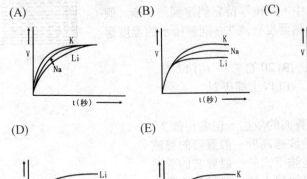

(A)　　　　　　　　(B)　　　　　　　　(C)

(D)　　　　　　　　(E)

39. 物質甲與乙在溶劑中的溶解度和溫度的關係
　　如圖8。現有甲和乙的未飽和溶液各一，若
　　要達到飽和溶液可利用下列什麼方法？
　　(A) 分別使甲與乙的溫度升高
　　(B) 分別使甲與乙的溫度下降
　　(C) 使甲的溫度下降，乙的溫度升高
　　(D) 使甲的溫度升高，乙的溫度下降

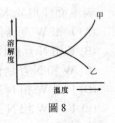

圖8

40. 下列各種物理現象中，那一種是不能夠以幾何光學的理論來解釋
　　的？
　　(A) 針孔成像　　　　　　(B) 烈日下的樹影
　　(C) 肥皂泡薄膜的五顏六色　(D) 面鏡成像
　　(E) 月食

41. 設 a、b 為相同材質的兩個金屬球，b 球的質量是 a 球的兩倍。 a 球溫度是 29 ℃，b 球溫度是 17 ℃，槽中水溫是 21 ℃。現在將兩個金屬球都放入水中，然後等待它們達到熱平衡。假如在過程中熱量沒有流失，則最後水的溫度應該是幾度？

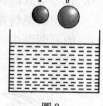

圖 9

   (A) 29 ℃   (B) 20 ℃   (C) 17 ℃
   (D) 21 ℃   (E) 以上都不對

42. 下列關於超聲波的敘述，何者正確？
   (A) 超聲波是波速高於一般聲音的聲波
   (B) 超聲波是強度高於一般聲音的聲波
   (C) 超聲波是振幅大於一般聲音的聲波
   (D) 超聲波是頻率高於一般聲音的聲波
   (E) 超聲波是能量高於一般聲音的聲波

43. 如圖 10 所示，有人施力 F 於一放置在桌面上的木塊。設 W 代表木塊所受之地球引力，N 代表桌面作用於木塊之力。下列敘述何者正確？

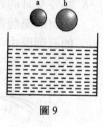

圖 10

   (A) F 和 W 互為作用力和反作用力
   (B) F 和 N 互為作用力和反作用力
   (C) W 和 N 互為作用力和反作用力
   (D) F、 W 和 N 三者同時互為作用力和反作用力
   (E) F、 W 和 N 三者中沒有任何作用力和反作用力的關係

44. 一光線從水中入射到水與空氣的界面上。已知此光線由水中進入空氣的臨界角為 48.5º，下列敘述何者正確？
   (A) 如果入射角大於 48.5º，光線不會全部反射回水中
   (B) 如果入射角大於 48.5º，光線不會折射進入空氣中
   (C) 如果入射角大於 48.5º，光線會部分折射進入空氣中
   (D) 如果入射角小於 48.5º，光線會全部反射回水中
   (E) 如果入射角小於 48.5º，光線會全部折射進入空氣中

45. 兩物體 A、B 發生迎面碰撞，碰撞後 A 和 B 都朝 A 原來移動的
　　方向運動。下列推論何者正確？
　　(A) 碰撞前 A 的動量的大小一定比 B 大
　　(B) 碰撞前 A 的動能一定比 B 大
　　(C) 碰撞前 A 的速率一定比 B 大
　　(D) A 的質量一定比 B 大
　　(E) A 的密度一定比 B 大

46. 下列關於電場特性的敘述，何者錯誤？
　　(A) 電場是向量場
　　(B) 電場中的帶電粒子必定沿電力線運動
　　(C) 電場的觀念和定義，與重力場相似
　　(D) 電場的任何兩條電力線在中途必定不能相交
　　(E) 電場的電力線不一定是直線

47. 下列那一種物理現象是科學家認為光波是橫波的理由？
　　(A) 光的干涉現象　　　(B) 光的偏振現象　　　(C) 光的折射現象
　　(D) 光的繞射現象　　　(E) 光的全反射現象

48. 根據物理史，下列關於電子、中子和原子核三者被發現的先後順
　　序，何者正確？
　　(A) 電子、中子、原子核　　(B) 中子、電子、原子核
　　(C) 電子、原子核、中子　　(D) 原子核、電子、中子
　　(E) 原子核、中子、電子

貳、多重選擇題

說明：第 49 至 57 題，每題的五個選項各自獨立。選出正確選項，標
　　　示在答案卡之「選擇題（第一部分）」。每題答對得 2 分，答
　　　錯不倒扣，未答者不給分。只錯一個可獲 1 分，錯兩個或兩個
　　　以上不給分。

49. 下列有關動植物細胞構造與功能的敘述，何者正確？（應選二項）
    (A) 除細胞膜、細胞核外，動物細胞尚有高基氏體，而植物細胞則有中心粒
    (B) 細胞質內的核糖體是動植物細胞合成蛋白質的場所
    (C) 動物細胞內沒有液泡，所以沒有貯存物質的功能
    (D) 動植物細胞的活動受其細胞核所控制
    (E) DNA 就是染色體

50. 下列有關植物運輸作用的敘述，何者正確？（應選二項）
    (A) 木質部是導管與篩管所組成
    (B) 木質部輸送水的過程中，導管與導管之間各自獨立，彼此之間不互相流通
    (C) 莖木質部的輸送作用是毛細管的現象
    (D) 在沒有蒸散作用時，根所吸收的水仍然可以靠根壓輸送到葉部
    (E) 韌皮部的輸送作用不受蒸散作用所控制

51. 下列有關生物遺傳的敘述，何者正確？（應選二項）
    (A) 孟德爾使用豌豆為實驗材料，其主要原因之一是豌豆係異花授粉，易獲得純種品系的植物
    (B) 以基因型 Rr 為例，r 為 R 的對偶基因
    (C) 男子的色盲是直接由父親遺傳而來
    (D) 每一種遺傳的性狀皆由單一個特定的基因所決定
    (E) 紫茉莉的花色是屬於中間型遺傳的結果

52. 在兩隻 100 mL 注射筒內裝入相同的混合氣體 80 mL，此混合氣體含有已達到平衡的 NO_2（紅棕色）和 N_2O_4（無色）兩種氣體，裝置如圖 11。下列那些有關此平衡系的敘述是正確的？（應選三項）
    (A) 兩筒內 NO_2 的莫耳數一樣多
    (B) 壓下槓桿五秒鐘後，右筒內的顏色加深
    (C) 壓下槓桿五秒鐘後，兩筒內的顏色不變
    (D) 壓下槓桿五秒鐘後，再將槓桿拉回原位，經過一段時間後，兩筒內的顏色一樣
    (E) 此平衡系的反應式，其係數總和為 3

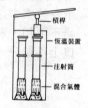

圖 11

53. 將一密閉的化學反應裝置在天平秤量，如
　　圖 12。當在 $CuSO_4$ 溶液中注入氫氧化鈉
　　溶液之後，下列那些敘述是正確的？（應
　　選二項）

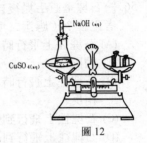

　　(A) 會有沉澱產生，質量增加
　　(B) 沉澱物為 $Cu(OH)_2$
　　(C) 有氣體產生，質量減少
　　(D) 此實驗可用於說明化學反應的質量守恆
　　　　圖 12
　　(E) 本反應的平衡方程式為
　　　　$2CuSO_4 + 2NaOH \rightleftharpoons 2Cu(OH)_2 + SO_3 + Na_2SO_4 + H_2O$

54. 將一塊米粒大小的金屬鈉放置於一乾燥的濾紙上，置於一倒置的
　　漏斗下，再輕放於一含有酚酞的水溶液表面如圖 13，則下列那些
　　敘述正確？（應選三項）

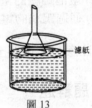

　　(A) 濾紙吸水，水和鈉起反應，產生氣體
　　(B) 完全反應後，水溶液仍呈無色
　　(C) 酚酞是用來減慢鈉和水的反應
　　(D) 在漏斗頂可以用火點燃
　　(E) 本實驗是一種氧化還原反應
　　　　圖 13

55. 下列為化學實驗室裡的各種操作。試指出那些是<u>絕對禁止</u>的？
　　（應選二項）

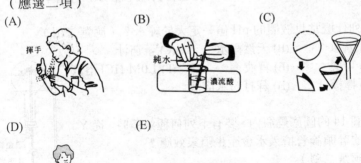

(A)　　　　　　　(B)　　　　　　　(C)

(D)　　　　　　　(E)

56. 一石塊垂直上拋後自由落下，如果不計空氣阻力，則下列敘述何者正確？（應選二項）
　　(A) 石塊往上飛行時和向下掉落時的加速度都是一樣大小，且方向相同
　　(B) 石塊往上飛行時和向下掉落時的加速度都是一樣大小，但方向相反
　　(C) 石塊往上飛行到最高點時，其速度和加速度皆爲零
　　(D) 石塊往上飛行到最高點時，其速度和加速度皆不爲零
　　(E) 石塊往上飛行到最高點時，其速度爲零，但加速度不爲零

57. 一盞家用檯燈，本來用的是 60 瓦特的鎢絲燈泡，換成 100 瓦特的鎢絲燈泡後，就變得比較亮了，其主要原因爲何？（應選二項）
　　(A) 燈泡中的電壓升高了　　(B) 燈泡鎢絲的電阻變大了
　　(C) 燈泡鎢絲的電阻變小了　　(D) 通過鎢絲的電流變大了
　　(E) 通過鎢絲的電流變小了

※ 請注意：第 58 題至第 80 題，未安排試題。請從第 81 題繼續作答。

參、題群題

說明：第 81 至 88 題，答案應標示在答案卡之「選擇題（第二部分）」。
　　　每題完全答對給 2 分，未完全答對則不給分，答錯不倒扣。

81. 下列什麼常見液體的 pH 值一定大於純水？（應選二項）
　　(A) 氨水　　　　(B) 天然雨水　　　　(C) 蕃茄汁
　　(D) 可樂　　　　(E) 胃液　　　　　　(F) 1.0M HCl 溶液
　　(G) 檸檬汁　　　(H) 蘇打粉水溶液

82. 在圖 14 的圓底燒瓶內，裝有下列何種氣體時，從 Y 處的乳頭滴管擠入水會產生噴泉效應？
　　（應選二項）
　　(A) N_2　　　　(B) O_2　　　　　(C) CO_2
　　(D) CH_4　　　(E) HCl　　　　　(F) NH_3
　　(G) He

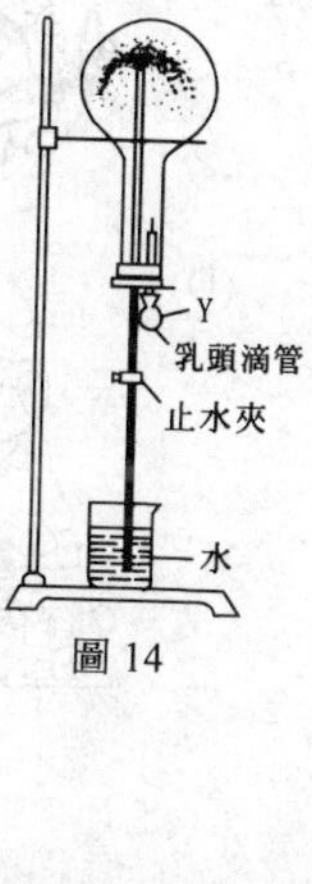

圖 14

83. 表二中有關電流、電壓、電量的單位，何者正確？

表二

電流	電壓	電量
(A) 安培	(E) 安培	(I) 安培
(B) 瓦特	(F) 瓦特	(J) 瓦特
(C) 庫侖	(G) 庫侖	(K) 庫侖
(D) 伏特	(H) 伏特	(L) 伏特

（每行各選一項，共應選三項）

84. 有一電磁感應實驗裝置（如圖15所示），假設開關S原來是關上的，第二線圈中有穩定的電流，第一線圈中沒有電流。現在我們突然打開S，使電流停止，隔一段時間後我們再關上S，使恢復為穩定電流，則在以上各種操作情形下，電流計G中所顯示的電流情形為何？

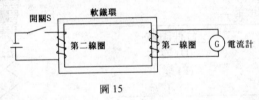

圖 15

表三

S打開的瞬間	S打開一段時間後	S再關上的瞬間
(A) 有電流	(C) 有電流	(E) 有電流
(B) 沒電流	(D) 沒電流	(F) 沒電流

（每行各選一項，共應選三項）

85. 已知鈉（Na）的原子序是11，質量數是23，則一個中性的鈉原子中的中子數和電子數應該是多少？

表四

中子數	電子數
(A) 11	(E) 11
(B) 12	(F) 12
(C) 23	(G) 23
(D) 34	(H) 34

（每行各選一項，共應選二項）

86. 如圖 16 所示之電路，如果我們加大 R_1 的電阻，則通過燈泡 B_1 的電流、通過 R_1 的電流、燈泡 B_2 的亮度會發生怎樣的變化？

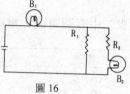
圖 16

表五

B_1 之電流	R_1 的電流	B_2 的亮度
(A) 不變	(D) 不變	(G) 不變
(B) 變得較大	(E) 變得較大	(H) 變得較亮
(C) 變得較小	(F) 變得較小	(I) 變得較暗

（每行各選一項，共應選三項）

87. 如圖 17 所示之浮力實驗裝置，降低升降台，使銅塊由水中脫離，則彈簧秤和台秤的讀數會發生什麼變化？

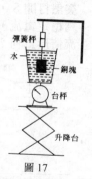

表六

彈簧秤讀數	台秤讀數
(A) 變大	(D) 變大
(B) 變小	(E) 變小
(C) 不變	(F) 不變

（每行各選一項，共應選二項）

圖 17

88. 如圖 18 所示，某人在一固定高度的平台上進行水平拋射物體的實驗。假如不考慮空氣阻力的影響，則下列敘述何者正確？（應選二項）

(A) 水平速度加大時，物體落地的時間變長
(B) 水平速度加大時，物體落地的時間變短
(C) 水平速度改變時，物體落地的時間不變
(D) 物體質量加大時，物體落地的時間變長
(E) 物體質量加大時，物體落地的時間變短
(F) 物體質量改變時，物體落地的時間不變

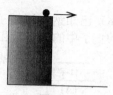
圖 18

85年度學科能力測驗自然科試題詳解

壹、單一選擇題

1. B
　【解析】　氣壓之統計標示，通常用的單位有兩種，1 atm（1 大氣
　　　　　壓）= 760 mmHg = 1013.2 mb 或百帕（hpa），此圖上所
　　　　　標示者之數值在 1000 左右，故其單位當是毫巴（mb）或
　　　　　百帕（hpa）。

2. D
　【解析】　天氣圖上之丁地位於 1004 及 1008 兩等壓線間，高於甲
　　　　　地之 1004，乙地、丙地（1000–996 之間）故其氣壓為四
　　　　　地中之最高。

3. C
　【解析】　丙地正位於暖鋒之後方，為暖氣團的區域，故當是氣溫
　　　　　最高之地。

4. (B) C
　【解析】　高氣壓（反氣旋）之風向作順時鐘方向
　　　　　旋轉，故在第二及第三象限皆可能出現
　　　　　東風或東南風。
　　　　　（大考中心的標準答案為 C 但 B、C 都合理）

北半球
反氣旋
順時鐘
向外旋轉
高
壓差方向⋯⋯⋯

5. A
　【解析】　赫伯望遠鏡可以任何波段的電磁波進行天文觀測，因係
　　　　　在高空，遠在大氣層之上，故可降低大氣擾動影響及散
　　　　　射光之干擾，獲得較地面觀測較清晰之影像，但會受地
　　　　　球的影響，故在向地球的方向，無法進行持續觀測。

6. B
　【解析】　主序星是恆星演化在青壯年時期的階段。

7. **D**

【解析】(A) 質量大的恆星燃料消耗量更大，壽命較短。

(B) 位於主序帶左上方，溫度高。

(C) 密度大，質量亦大，半徑不一定小。

(D) 正解。

8. **C**

【解析】(A) 比主序星小

(B) 不一定

(C) 太陽型恆星在漫長之演化過程中，所蓄之能量逐漸減少，演化至末期即成為一顆紅巨星，最後形成白矮星。

(D) 主序星才是進行氫融合反應。

9. **A**

【解析】化石存在於沈積岩層中，愈先生成之地層其年代愈久遠，其地層內所含之化石亦是愈古老。三葉蟲出現最早（寒武紀時最盛），但滅種之時間亦是最早（約自二疊紀以來便滅絕），故其所在之地層亦是最先生成者。依此出現順序類推，其次是菊石化石所在之地層（出現於泥盆紀），最新之地層則是貨幣蟲化石所在之地層。

10. **B**

【解析】岩漿冷卻時，最先結晶析出者是在最高溫時才熔解者，故以甲礦物之熔點最高。

11. **A**

【解析】花崗岩屬火成岩中之深成岩類，可能是發育在地殼相當深的地方，後來受到侵蝕才暴露出來，且通常是局限地發生在大陸地區，當是構成大陸地殼之主要物質。

12. **D**

【解析】黑潮之主支流皆應由南向北流動，但此時台灣海峽竟出現由北向南之逆向洋流，當是由於強勁之冬季東北季風所形成之季風洋流。

13. **D**

　　【解析】CO_2 及 SO_2 之空氣污染爲酸性反應，最易使鹼性之岩石

　　　　　受風化腐蝕，故此地最不適宜之建材岩石是大理石，因

　　　　　其主要成分 $CaCO_3$ 會與 H^+ 反應而分解：

　　　　　$$CaCO_3 + 2H^+ \rightarrow Ca^{2+} + H_2O + CO_2 \uparrow$$

14. **C**

　　【解析】海砂中之鹽分對鋼筋具有強大之腐蝕性，故首應將其除

　　　　　去，減少腐蝕。

15. **B**

　　【解析】地震波中之 P 波、S 波在液體中之傳導速度較慢，所以

　　　　　其波速降低之低速帶當是因部分熔融作用形成之岩漿

　　　　　所造成者。

16. **A**

　　【解析】砂岩中含有大量長石者稱爲長石砂岩，長石經長時間之

　　　　　風化、侵蝕作用，或長距離的搬運，極易崩解形成黏

　　　　　土，故選 (A)。

17. **C**

　　【解析】(A) 酵素的成分是蛋白質，但是蛋白質不一定是酵素，

　　　　　　　如蛋白質也可能是激素。

　　　　　(B) 離開生物體的酵素照樣有催化的作用，但催化速率

　　　　　　　可能有變化。

　　　　　(D) 酵素的作用具有專一性。

18. **B**

　　【解析】(A) 生物生存，主要靠生物因素形成的食物網。

　　　　　(C) 有些藻類寄生，或生存於陸地如地衣。

　　　　　(D) 太陽光會影響植物的光敏素，促進生長、發育及開花。

19. **C**

【解析】A、B、D三種切片中細胞數目少且只有一種細胞，而 (C) 葉表皮組織的切片中具有二種細胞及數目多。

20. **A**

【解析】(A)肌肉收縮時，肌絲（肌凝蛋白和肌動蛋白）互相滑動而不收縮，同時明帶縮短暗帶（就是肌凝蛋白的長度）不變，二線互相靠攏，肌小節變短。

21. **D**

【解析】兔子脂肪的顏色由基因控制

(1) 黃脂兔　　吃胡蘿蔔→黃脂肪
　　　　　　　吃白蘿蔔→白脂肪

(2) 白脂兔　　吃胡蘿蔔→白脂肪
　　　　　　　吃白蘿蔔→白脂肪

(3) 白脂兔體內含有分解色素的酵素。

22. **D**

【解析】(A) 所謂族群就是生活在同一時間及同一空間的所有同種生物，故特定地區是族群的必要條件。

(D) 控制族群大小的主要因素是生物潛能，如出生率、遷入及食物多、空間大。

23. **A**

【解析】(A) 血液在腎小球時受到血壓差時，血液中的小分子物質就過濾到鮑氏囊。

24. **E**

【解析】(E) 血紅素可與 CO_2 結合，CO_2 由各組織輸送至肺的過程主要以 H^+ 及 HCO_3^- 的方式。

25. **A**

【解析】(A) 太空人在無重的環境下，下肢的血液很容易回到心臟。

26. **C**

【解析】(A) 只要分子間產生濃度差就會擴散，水分子通過半透膜的擴散叫滲透。

(B) 活細胞或無生物間也有擴散作用。

(C) 主動運輸是種耗能的生理作用，靠膜內的攜帶體進行。

27 **B**

【解析】(A) 無性生殖缺減數分裂。

(B) 開花植物在胚珠內進行雙重受精。

(C) 種子萌發時，胚芽發育成莖和幼葉，胚根發育成幼根。

(D) 有性生殖，親子間有遺傳變異。

28. **B**

【解析】(A) 弱光時使用凹面鏡反光鏡來採光。

(C) 高倍觀察時視野較暗，需較強的光度才能看清楚。

(D) 高倍鏡視野的調節用細調節輪。

29. **D**

【解析】(A) 逆溫現象是暖空氣覆蓋在冷空氣之上。

(B) 汽車排放的廢氣含有含氮化合物。

(C) 引起「溫室效應」的為二氧化碳。

30. **B**

【解析】解 $PH = 5$ 〔H^+〕$= 10^{-5}$

稀釋後 $PH = -\log〔10^{-5} \cdot 10^{-3} + 10^{-7}〕≒7$

31. **A**

【解析】C_2H_5OH（乙醇）和 CH_3OCH_3（甲醚）分子量相同，但乙醇有氫鍵所以沸點應較高，且分子間之作用力亦較大。

32. **D**

【解析】並非所有金屬都很堅硬，如汞在常溫時為液態。

33. **B**

【解析】$PV = nRT$，T 固定，n 不變 V↓，P↑。

34. **C**

【解析】$1.5 \times \dfrac{0.4}{0.4 + 0.2} + 3 \times \dfrac{0.2}{0.4 + 0.2} = 2^{atm}$

35. **E**

【解析】$NaN_3 = 23 + 3 \times 14 = 65$，$n = \dfrac{w}{分子量} = \dfrac{65}{65} = 1\ mole$

36. **E**

【解析】$NaN_3 \rightarrow Na + \dfrac{3}{2} N_2$

$1 \times V = \dfrac{3}{2} \times 0.082 (25 + 273)$　∴$V \fallingdotseq 35$

37. **D**

【解析】$K_2Cr_2O_7$ 中的 Cr 為 +6

(A) Cl 為 + 7　　　　(B) Cr 為 + 3

(C) S 為 + 4　　　　(D) Mn 為 + 6

38. **A**

【解析】 $2Li + H_2O \rightarrow Li_2O + H_2$

$2K + H_2O \rightarrow K_2O + H_2$

$2Na + H_2O \rightarrow Na_2O + H_2$

最後應產生一樣多氣體，但因為活性 $Li<Na<K$，故

最初反應速率快慢不同，故選 (A)

39. **C**

【解析】甲溶劑在溫度下降可降低其溶解度，使物質達飽和。

40. **C**

【解析】(A) (B) (E) 均係光的直線前進性質

(D) 面鏡成像皆屬於幾何光學

但 (C) 為光的色散性質，為物理光學。

41. **D**

【解析】令 a 質量 m，b 質量 2m，水質量 $m_水$，最後溫度 T，

金屬球比熱 s

則 $m \times s \times (29-T) = 2m \times s \times (T-17)$

$\therefore T = 21℃$

42. **D**

43. **E**

【解析】$N = W + F$

$\therefore N$ 與 W 或 N 與 F 均無作用力與反作用力之關係。

44. **B**

【解析】若入射角超過臨界角則產生全反射，光線將不產生折射而

全反射回水中，若未超過臨界角則部份反射部份折射。

45. **A**

　【解析】∵碰撞後尚有 A 運動方向之動量

　　　　　∴原 A 之動量大於 B 之動量。

46. **B**

　【解析】(B)電力線之切線為帶電粒子受力方向，並不是運動方向。

47. **B**

　【解析】(B)光波之電場與磁場之時變方向與運動方向保持垂直，故視光波為橫波。

48. **C**

　【解析】先後順序為電子 → 原子核 → 中子（從外圍至內部）。

49. **BD**

　【解析】(A) 動植物細胞皆有高基氏體，而高等植物缺中心粒

　　　　　(C) 動物細胞的液泡較小

　　　　　(E) 染色體＝DNA＋蛋白質

50. **CE**

　【解析】(A) 木質部＝導管＋假導管＋木質纖維

　　　　　(B) 導管與導管間連成連續的細管

　　　　　(D) 根壓所產生的膨壓力量有限，無法送到葉部

51. **BE**

　【解析】(A) 豌豆是自花授粉

　　　　　(C) 男子的色盲是直接由母親遺傳而來

　　　　　(D) 每一種遺傳的性狀是由成對的基因來控制

52. **ABDE**

【解析】$2NO_2 \rightleftarrows N_2O_4$

(B)、(C) 壓下後雖然平衡向右，但體積變小，$\therefore$〔NO_2〕變大顏色加深

53. **BD**

【解析】(A) (C) 應為質量守恆

(E) 反應式：$CuSO_{4(s)} + 2NaOH_{(aq)} \longrightarrow$

$Na^{2+}_{(aq)} + SO_4^{2-}_{(aq)} + Cu(OH)_{2(s)}$

54. **ADE**

【解析】(A) 反應式 $2Na + H_2O \rightleftarrows NaOH + \dfrac{1}{2}H_{2(g)}$

(B)呈紅色 (C)指示劑 (D)有 H_2 產生可點火測試

55. **BD**

【解析】(B) 應將濃硫酸倒入水中

56. **AE**

【解析】在飛行過程中加速度皆為 g 向下，而在最高點時 $V = 0$

57. **CD**

【解析】$R = \dfrac{V^2}{P}$　　　V一定，P↑，R↓，I↑

81. **AH**

【解析】PH 要大於純水應選鹼性。

82. **EF**

【解析】應選會大量且迅速溶解於水中之氣體。

83. AHK

【解析】電流的單位為安培　　　電壓的單位為伏特

電量的單位為庫侖

84. ADE

【解析】感應電流的產生係有磁通量變化時才有 ($\varepsilon_{感} = -\dfrac{N}{\Delta t} \Delta \phi$)

∴ 在開關切換瞬間，造成有$\Delta \phi$∴ $\varepsilon_{感} \Rightarrow I_{感}$

85. BE

【解析】原子序 = 電子數 = 質子數

質量數 = 質子數 + 中子數

電子數 = 11　　　　中子數 = 23 − 11 = 12

86. CFH

【解析】加大 R_1 之電阻，則總電阻↑

∴故總電流變小，B_1 變暗，又 R_1↑

∴過 R_1 之電流減少，相對流經 R_2 及 B_2 之電流變大

∴B_2 較亮

87. AE

【解析】原 ⇒ 台秤 = 水重 + 銅塊所受浮力

彈簧秤 = 銅塊重 − 銅塊所受浮力

後 ⇒ 台秤 = 水重

彈簧秤 = 銅塊重　　　故選 AE。

88. CF

【解析】水平速度加大僅會使落地水平距離變大

落地時間僅和 g 值有關，與質量無關。

($h = \dfrac{1}{2} gt^2$　∴$t = \sqrt{\dfrac{2h}{g}}$)

八十四年大學入學學科能力測驗試題
自然考科

壹、單壹選擇題
說明：

1-2 題爲題組

圖1爲一「池塘生態系」的示意圖，試依據圖示回答第1-2題。

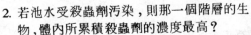

1. 在這個池塘生態系中，那一個階層生物的「所有個體總質量」最大？
   (A) 浮游生物　　(B) 肉食性小動物
   (C) 食小魚的魚類　(D) 細菌和黴菌。

2. 若池水受殺蟲劑污染，則那一個階層的生物，體內所累積殺蟲劑的濃度最高？
   (A) 浮游生物　(B) 肉食性小動物　(C) 食小魚的魚類　(D) 細菌和黴菌。

3. 人類大量砍伐林木，破壞地球上的熱帶雨林，將導致下列那些後果？
   甲：破壞大氣層中的臭氧層，引起生物基因突變
   乙：使全球氧、碳等元素的循環速率減緩
   丙：許多生物絕種，生物的種類減少
   丁：湖泊酸化，水生生態系破壞
   (A) 乙、丁　(B) 甲、丙、丁　(C) 乙、丙　(D) 甲、乙、丙、丁。

4. 陳先生的血型是A型，陳太太的血型是B型，他們的子女有可能會出現下列那些血型？
   (A) A、B　(B) A、B、AB　(C) A、B、O　(D) A、B、AB、O
   (E) 兒子爲A型或O型，女兒爲B型或O型。

5. 下列有關食物化學消化過程的敍述，何者正確？
   (A) 澱粉最先在胃中消化　　(B) 脂肪最先在小腸中消化
   (C) 蛋白質最先在口腔中消化　(D) 澱粉最先在小腸中消化。

6. 下列四圖中，人體消化器官的位置，正確者爲何？

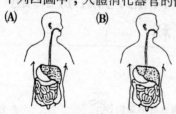

(A)　　　　　(B)　　　　　(C)　　　　　(D)

7. 圖2是人體血液循環路線示意圖，連線表示血管，箭頭表示血流方向。圖中那一段血管的血壓最高？
   (A) 甲　(B) 乙　(C) 丙　(D) 丁。

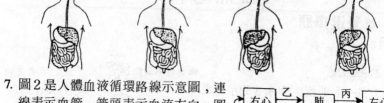

圖2

8-9圖爲題組

圖3是某一家族色盲遺傳的譜系圖：□表示正常男性，■表示色盲男性，○表示正常女性。

8. 若以B表示X染色體上帶有正常基因，b表示X染色體上帶有色盲基因，則甲的基因型爲何？
   (A) BB　(B) Bb　(C) bb
   (D) BB 或 Bb 均可能。

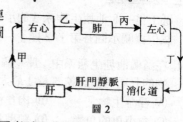

9. 丙和丁的孩子中，出現色盲的情形爲何？
   (A) 男女孩出現色盲的機率均是二分之一
   (B) 男孩皆色盲，女孩出現色盲的機率是二分之一
   (C) 男孩出現色盲的機率是二分之一，女孩視覺正常
   (D) 男孩皆爲色盲，女孩視覺正常。

圖3

10. 近年來台灣某些地區雨水的 pH 值偏低，稱爲「酸雨」。下列有關「酸雨」的敍述何者正確？
   (A) 酸雨主要是大氣中硫的氧化物溶解於雨水中所致
   (B) 酸雨主要是大氣中的 CO_2 溶解於雨水中形成碳酸所致
   (C) 酸雨主要是和工廠排放廢氣有關，與汽機車排放廢氣無關
   (D) 酸雨對人類和其他動物的危害比較大，對植物沒有影響。

11. 六個大小相同的馬鈴薯去皮之後，
分別置入不同濃度的糖水中，數小
時後取出秤其重量。增減的重量與
蔗糖溶液濃度的關係如圖4。根據
圖判斷，馬鈴薯細胞內溶質的百分
濃度與下列何者最為接近？

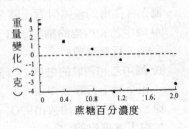

(A) 0　(B) 0.8　(C) 1.0　(D) 1.2
(E) 2.0

12. 下列各圖中，箭頭表示神經衝動的傳導方向，那一個是正確的反射
弧示意圖？

(A)
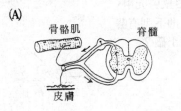

(B)
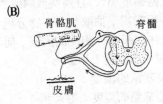

(C)
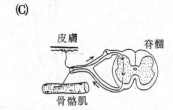

(D)
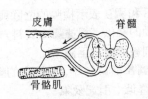

13. 圖5為人體主要內分泌腺的位置圖，小明
的叔叔經醫生診斷，患有糖尿病，此病與
圖中那一個腺體的分泌異常有關？

(A) 甲　　(B) 乙　　(C) 丙　　(D) 丁

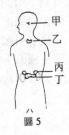

圖5

14. 圖6是某種植物葉的橫切面圖。下列有
關光合作用的敘述何者正確？

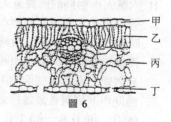
圖6

(A) 圖中乙和丙處的細胞，白天行光反應，
晚上行暗反應

(B) 圖中乙和丙處的細胞，白天行光合作
用，晚上行呼吸作用

(C) 植物行光合作用放出的O_2是來自經
由丁處吸收的CO_2

(D) 植物葉內與光合作用有關的色素，大多含在乙丙兩層細胞中

15. 圖7是一個腎元的構造示意圖，假設科學家用
三支微細玻璃管，分別從被麻醉的白鼠腎元甲、
乙、丙三處，抽取其內容物分析，則下列有關
腎元中化學成分濃度的比較，何者正確？

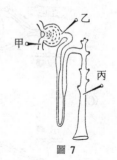

(A) 尿素的濃度：甲＞丙

(B) 胺基酸的濃度：乙＞丙

(C) 葡萄糖的濃度：甲＜丙

(D) 脂肪酸的濃度：乙＜丙

圖7

16. 圖8和圖9表示橫膈的位置與呼吸
運動的關係。根據圖中資料判斷，
下列敘述何者正確？

(A) 圖8 橫膈上升，胸腔內的壓力
降低，引起吸氣

(B) 圖9 橫膈下降，胸腔內的壓力
升高，引起吸氣

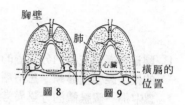
圖8　圖9

(C) 圖8 橫膈上升，胸腔內的壓力
升高，引起呼氣

(D) 圖9 橫膈下降，胸腔內的壓力
降低，引起呼氣

17. 下列各種沉積岩，何者是最好的油母岩？
    (A) 石英砂岩　(B) 黑色頁岩　(C) 角礫岩　(D) 鹽岩

18. 具有多量石英礦物成分的是那一類火成岩？
    (A) 酸性　(B) 中性　(C) 基性　(D) 超基性

19. 圖10裏的三種矽酸鋁異形礦物中，那一種
    可指示高壓的地質環境？
    (A) 紅柱石　(B) 藍晶石　(C) 矽線石

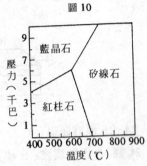
圖10

20. 圖11顯示甲、乙二地地層柱中的
    化石構成。其中甲地的地層柱產有
    A_1至C_2五種化石，其生存期限各不
    相同，如圖中所示。乙地地層柱由
    於產有A_1、B_2、C_1三種化石構成的
    化石群集，故推論「乙地能對比到
    甲地地層柱的中段」，在圖11中以
    點狀區域表示。試問，乙地化石群
    集中，那一種化石可以不出現，但
    還能維持上述兩地地層對比的結論？
    (A) A_1　　(B) B_2　　(C) C_1

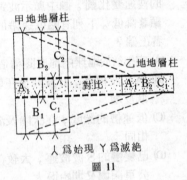
圖11

21. 一般而言，海洋底地形的那一分區，其坡度最大？
    (A) 大陸棚　(B) 大陸坡　(C) 大陸緣積　(D) 深海平原

22-23 題為題組

22. 圖12為洋底擴張示意圖，其中 $\overline{AD}$ 及 $\overline{CF}$ 為中洋脊，試問 $\overline{CD}$ 段稱
    為什麼？
    (A) 全部的破裂帶　　　　　(B) 左移斷層
    (C) 右移斷層　　　　　　　(D) 轉形斷層

23. 承上題，在下列那一段上地震活動較頻繁？

(A) BC   (B) CD   (C) DE

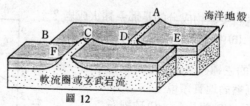

圖 12

24-25 題為題組

24. 圖13為地震波（S波）在地下不同深度
的波速變化圖。圖中顯示波速在低速帶
顯著降低。下列有關低速帶的敘述，何
者正確？

(A) 它相當於地球內部層圈構造的過渡帶

(B) 與S波相反，P波波速在低速帶內不
減反增

(C) 低速帶的深度，在大陸及海洋地區均
相同

(D) 已變慢的S波波速，大致在地下225
公里深處又開始增大

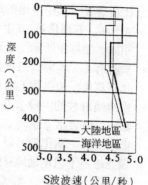

S波波速（公里/秒）
圖 13

25. 實際觀測發現，S波無法通過外地核，如圖14所示。由此可推斷外
地核的物質是什麼狀態？

(A) 固態   (B) 液態   (C) 氣態

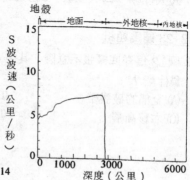

圖 14

26-28 題爲題組

表一顯示某地大氣平均溫度與氣壓的垂直分布情形，試回答下列第26-28題：

表一

高度（公里）	溫度（℃）	氣壓（毫巴）
0	15.0	1013.30
4	－11.0	616.60
8	－36.9	356.50
12	－56.5	194.00
16	－56.5	103.50
20	－56.5	55.29
25	－51.6	25.49
30	－46.6	12.00

26. 距離地面30公里以內，該地氣溫的垂直分布可用下列那一曲線表示？

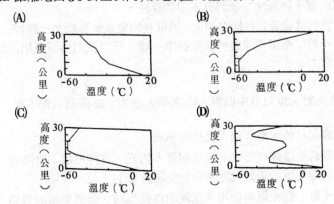

(A)　(B)　(C)　(D)

27. 該地的對流層頂位置約在那一高度？

 (A) 12 公里 (B) 16 公里 (C) 20 公里 (D) 25 公里

28. 在靜力平衡的假設下，氣壓是每單位面積空氣柱的重量。試問在該地離地30公里以內的空氣占該地上空所有空氣的百分比爲多少？

 (A) 99 % (B) 80 % (C) 70 % (D) 50 %

29. 圖 15 是飽和水汽壓曲線圖。圖中空氣
在甲處所含的水汽尚未達到飽和狀態。
這未飽和的空氣,可經由下列什麼方
式達到露點?
(A) 降低溫度達到約 20℃ 的露點
(B) 增加水汽壓達到約 20℃ 的露點
(C) 降低溫度達到約 12℃ 的露點
(D) 增加水汽壓達到約 12℃ 的露點

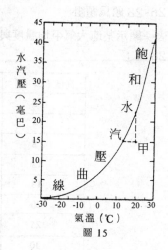

圖 15

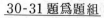 30-31 題為題組

張三和李四相約在七夕觀看織女星。張
三使用的是一個 16 cm 口徑的望遠鏡,
李四使用的是一個 8 cm 口徑的望遠鏡。
不過,他們都用相同倍率的目鏡。

30. 關於「解析力」的說法,他們有不同的看法:
張三:「我的望遠鏡口徑比你的大,所以我的望遠鏡解析力比較好。」
李四:「不對,兩個望遠鏡的目鏡倍率一樣,所以我們應該有相同的
解析力。」
誰說的對?
(A) 只有張三對　(B) 只有李四對　(C) 兩個人都對　(D) 兩個人都不對

31. 對於測量織女星的距離,兩人意見也不同:
張三:「我的望遠鏡口徑大,能收到更多的光,看得更遠,所以我
測到織女星的距離比你測到的距離遠。」
李四:「不對,測距離與使用望遠鏡的口徑無關,而與使用的目鏡
倍率有關;目鏡倍率愈大,測到織女星的距離就愈遠。」
誰說的對?
(A) 只有張三對　(B) 只有李四對　(C) 兩個人都對　(D) 兩個人都不對

32. 恆星的視亮度與下列那一項沒有直接關聯？
(A) 恆星的表面積大小　　(B) 恆星的化學組成
(C) 恆星的表面溫度　　　(D) 恆星與地球的距離

33. 我們利用赫伯定律來推求遙遠星系與我們的距離時，一般先從測量下列該星系的那一個物理量著手？
(A) 質量　(B) 發光度　(C) 半徑大小　(D) 光譜線偏移量

34. 野外地質樣品採集時，取回了三種岩石X、Y、Z。測得岩石密度是X＞Z＞Y；矽含量是Z＞X＞Y；在水中溶解度是Y最大。下列岩種判定，何者可能性最大？（花崗岩主成分為二氧化矽及鋁矽酸鹽，玄武岩主成分為鎂鐵矽酸鹽，蒸發岩主成分為氯化鈉或硫酸鈣）
(A) X是花崗岩，Y是玄武岩，Z是蒸發岩
(B) Z是花崗岩，X是玄武岩，Y是蒸發岩
(C) X是花崗岩，Z是玄武岩，Y是蒸發岩
(D) Z是花崗岩，Y是玄武岩，X是蒸發岩

35. 下列有關水的電解之敍述何者正確？
(A)水的電解是放熱反應　(B)電解水時，氫從陽極（正極）釋出　(C)電解水是把電能轉變成化學能　(D)電解大量的水所產生的電能，可以供用戶使用，只是功率不及火力發電

36. 下面是常見金屬失去電子的相對難易順序，水的位置在錳和鋅之間。下列有關氧化還原反應的敍述何者正確？

　　易--難
　　K　Na　Ca　Mg　Al　Mn　Zn　Fe　Pb　Cu　Hg　Ag

(A) 鋁放到氯化鋅水溶液及鎂放到硫酸鋅水溶液，均由外界提供能量才會反應
(B) 銅還原碳酸鈣及鎂還原硝酸鐵的反應，均須由外界提供能量
(C) 鈉放到硫酸鎂的水溶液中時，鈉會氧化而溶解，鎂會析出
(D) 氯化鈉可使鐵加速氧化生鏽，會使海砂屋的鋼筋易腐蝕

37. 如果重新設定溫標，使水在一大氣壓下的沸點刻度為 0 ，冰點刻度為 100 ，則下列敘述何者正確？
(A)水的冰點不是 32 °F　(B)水的冰點仍然是 273 K　(C)水的沸點是 173 K　(D)用此溫標，高山上水的沸點新刻度會成為負值

38. 某氣體質量為 0.537 克，在壓力為 760 毫米水銀柱，溫度為 27 ℃ 時，測得體積為 300 公撮（mL）。此氣體的分子式可能為何？
(A) NO　(B) NO₂　(C) CO　(D) CO₂

39. 哈柏法合成氨的平衡反應，其方程式如下：$3H_{2(g)} + N_{2(g)} \leftrightarrows 2NH_{3(g)}$ 下列敘述何者正確？
(A)當上述反應達到平衡時，氨的生成速率與氨的分解速率均趨近於零
(B)在定溫定壓下平衡時，氫、氮、氨的體積比是 3：1：2
(C) 3 克的氫與 1 克的氮正好完全反應，生成 2 克的氨
(D)反應系統的壓力加大時，可促進氨的合成

40. SiH_4 的沸點比 CH_4 高，其主要原因為何？
(A) SiH_4 分子間的凡得瓦力比 CH_4 強
(B) SiH_4 與 CH_4 的幾何構造不同，SiH_4 是極性分子，CH_4 是非極性分子
(C) SiH_4 分子內的共價鍵比 CH_4 強
(D) SiH_4 分子間會產生氫鍵，CH_4 則不會

41. 用圖 16 的裝置進行酸鹼滴定實驗，測定 NaOH 的含量時，下列何者會降低實驗的準確度？
(A)滴定前，從滴定管尖端除去氣泡或欲滴下的酸液
(B)將標準酸液濃度稀釋成一半
(C)在 NaOH 溶液中加入蒸餾水
(D)將 NaOH 溶液留置桌上，隔數日後再滴定

標準酸液

NaOH 溶液

圖 16

42. 根據清潔劑去污的原理，用下列何種溶劑來清潔廚房抽油煙機的油脂 效果最佳？
(A)汽油　(B)酒精　(C)清水　(D)酸醋

43. 甲，乙，丙，丁四種實驗，那幾種實驗的結果組合後可以決定電子質量？

　　甲：拉塞福的 α 粒子散射實驗　　乙：湯木生的陰極射線實驗

　　丙：侖琴的 X 射線實驗　　　　丁：米立坎的油滴實驗

　　(A) 甲、乙、丙、丁　(B) 甲、乙、丙　(C) 乙、丁　(D) 丁、丙

44. 根據下面表二化學鍵能（千焦耳／莫耳）的值，甲烷（CH_4）的莫耳燃燒熱（千焦耳／莫耳）爲若干？

表二

化　學　鍵	O＝O	C‑H	O‑H	C＝O
鍵　能 （千焦耳／莫耳）	497	414	463	803

　　(A) 379　　(B) 808　　(C) 1656　　(D) 2532

45. 如圖17所示，小明手持米尺，使米尺下端零點位於小華拇指與食指之間。小華一看到小明鬆手，就立即抓握米尺，結果米尺落下20公分。若重力加速度爲10米／秒² ，則小華的反應時間約爲多少秒？

　　(A) 0.02

　　(B) 0.2

　　(C) 2

　　(D) 20

圖 17

46. 一塊小石頭被斜向拋到空中，然後落地。對此過程之敍述，以下何者正確？

　　(A) 石塊在最高點時，<u>位能</u>最大

　　(B) 石塊上升時，<u>力學能</u>持續增加

　　(C) 石塊在落地瞬間，<u>力學能</u>最大

　　(D) 石塊落地時，<u>加速度</u>最大

47. 爲了使飲水盤內的水能常保不缺，小英將一裝滿
水的玻璃瓶倒立在飲水盤中，如圖18。關於此一
設計，下列敘述何者正確？

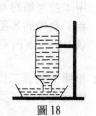

圖18

(A) 在瓶內，水面上方的空間是眞空狀態

(B) 在瓶內，水面上方的空間，其壓力略小於大
氣壓力

(C) 這是不可能存水的，瓶內的水柱高於盤面，
水很快就漏光了

48. 以攝氏27度的空氣把汽車輪胎充氣至2大氣壓，長途行駛之後，輪
胎內氣壓變爲2.5大氣壓。若體積不變，輪胎內的空氣溫度約爲攝
氏多少度？

(A) 34　　(B) 68　　(C) 102　　(D) 375

49. 將玻璃透鏡置於空氣中，若光線通過鏡心，則下列路徑何者正確？

(A)　　　　　(B)　　　　　(C)　　　　　(D)

50. 土星與太陽的距離約是地球與太陽距離的10倍，其半徑亦約爲地球
半徑的10倍，土星所接受的日光能約是地球的多少倍？

(A) 1/10000　　(B) 1/10　　(C) 1　　(D) 10　　(E) 10000

51. 三個人在操場上談話，小英的聲音又尖又高，小強的聲音宏亮大聲，
小雯說話又快又急。這些聲音在空氣中散播開來，何者傳得最快？

(A) 小英的聲音傳得最快　　　(B) 小強的聲音傳得最快

(C) 小雯的聲音傳得最快　　　(D) 三人的聲音傳得一樣快

52. 鋼琴中央C的頻率為262 Hz;若以此為「ㄉㄡ」,則「ㄌㄚ」的頻率為 440 Hz,下列敘述何者正確?
    (A)「ㄌㄚ」的波長較「ㄉㄡ」為短
    (B) 一樣的琴弦,張力相同時,發出「ㄉㄡ」的弦要比發出「ㄌㄚ」的弦為短
    (C) 原本發出「ㄉㄡ」的琴弦,若彈得快一點,可以使琴音頻率增高
    (D) 高八度的「ㄉㄡ」頻率是 880 Hz

53. 下列有關空氣中聲波的敘述何者正確?
    (A) 超聲波的波速超快
    (B) 頻率愈高的聲波,聲音強度愈強
    (C) 波峰與波谷之間的距離稱為波長
    (D) 振幅愈大,聲音強度愈強

54. 廚房裡有電鍋(110 V,1000 W)、電燈(110 V,100 W)、電視(110 V,200 W)。如果把三個電器並聯,而且同時使用,則下列敘述何者錯誤?
    (A) 需要電源電壓為(110＋110＋110)伏特
    (B) 總消耗功率為(1000＋100＋200)瓦特
    (C) 總供應電流為(1000/110)＋(100/110)＋(200/110)安培
    (D) 三個電器同時使用的總電阻,比任何單獨使用時的電阻要小

55. 下列有關幾位科學家重要研究發現的敘述,何者錯誤?
    (A) 發現一連串銅片與鋅片夾潮濕硬紙板,可以產生長時間穩定電流的是伏打
    (B) 發現直導線通電流時會使附近磁針偏轉的是庫侖
    (C) 發現一般金屬導線兩端電壓與通過電流成正比關係的是歐姆
    (D) 發現磁場的變動會產生電流的是法拉第

56.「打開汽水瓶蓋,先有少許氣體逸出,接著又有大量氣泡從汽水中冒出,因此汽水溫度略爲下降」。上述現象詮釋下列事實中的那一項? (A) 水變爲水蒸氣時,吸收熱量 (B) 該氣體的溶解度與壓力有關;壓力愈大,溶得愈多 (C) 水在低壓之下,沸點下降 (D) 該氣體是二氧化碳

57. 電廠所發的電,先用變壓器把電壓升高,輸送到遠方;送到用戶附近時,再用變壓器把電壓降低,然後才送給各用戶。有關變壓器調節電壓的原理,下列敍述何項錯誤? (A) 爲了便於改變電壓,輸出及輸入的電流爲交流電 (B) 電流有磁效應 (C) 磁通量的變化產生感應電動勢 (D) 變壓器將電壓降低時,因電壓下降會損失許多電能

58. 下列有關原子構造的敍述,何者正確? 甲:原子的質量均勻分布於整個原子之中 乙:原子的質量絕大部分集中在原子核 丙:電子和質子的數目一定相等 丁:質子和中子的數目一定相等 (A) 甲丙 (B) 甲丁 (C) 乙丙 (D) 乙丁

59. 如果以原子爲組成物質的單元,則直徑爲0.1毫米的一粒細砂含有的原子數目約爲多少?(選最接近的數量級) (A) 10^6 (B) 10^9 (C) 10^{13} (D) 10^{17}

60. 核電廠以鈾235爲燃料,以慢中子促使其分裂,利用這種核分裂反應所釋出的能量來發電。有關反應事件的敍述,何項錯誤? (A) 原子經過核分裂反應,反應前後的原子種類改變了 (B) 有的反應生成物,帶有很強的輻射性 (C) 比起煤或石油來,核燃料只以很少的質量就可產生很大的能量 (D) 這種反應生成物的輻射性,經過低溫冷凍處理即可清除

請注意:

第61題至第80題,未安排試題。請從第81題繼續作答。

貳：題群題

說明：第81至87題。答案標示在答案卡之「選擇題（第二部分）」。
　　　每題完全答對得2分，若有兩個正確選項，只答對一個不給分，
　　　答錯不倒扣。

81. 控例人類捲舌性狀的基因是那一類物質？
　　它是存在於右側細胞示意圖（圖19）中的
　　那一構造內？
　　（由A-D與E-J中各選一個）
　　(A)醣類　(B)核酸　(C)脂肪酸　(D)蛋白質
　　(E)甲　(F)乙　(G)丙　(H)丁　(I)戊　(J)己

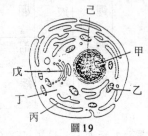

圖19

82. 下面共有七個參數，若要以最簡單的計算來得亞佛加厥常數，應使
　　用那兩個參數？
　　(A) 氣體常數　　　　R = 0.082 大氣壓・升/莫耳・K
　　(B) 氣體莫耳體積　　V = 22.4 升（STP）
　　(C) 電子電荷　　　　e = 1.60 × 10⁻¹⁹ 庫侖
　　(D) 電子質量　　　　m_e = 9.1 × 10⁻³¹ 公斤
　　(E) 重力常數　　　　G = 6.67 × 10⁻¹¹ 牛頓・公尺²/公斤²
　　(F) 法拉第常數　　　F = 96500 庫侖
　　(G) 浦朗克常數　　　h = 6.62 × 10⁻³⁴ 焦耳・秒

83-87 題為題組

假定以小寫的英文字母不依字母順序，分別代表部分週期表中的二十六
個元素，例如 s、o、f、t 分別代表氫、鋰、鈉、鉀；l、a、z、
y 分別代表氦、氖、氬、氪如表三。試根據下面的提示，填好表後，在
答案卡上的 83-87 題劃記，例如88題，鈉是 f ，就在答案卡上的F劃
記。

IA	IIA	IIIA	IVA	VA	VIA	VIIA	VIIIA
氫 s							氦 l
鋰 o	鈹	硼	碳	氮	氧	氟	氖 a
鈉 f	鎂	鋁	矽	磷	硫	氯	氬 z
鉀 t	鈣	鎵	鍺	砷	硒	溴	氪 y

提示 1. 元素 c、e、f、g、k、m、x、z 屬於同一週期

提示 2. 元素 d、i、n、p、r、t、w、y 屬於同一週期

提示 3. 元素 a、j、l、m、q、s、u、y、z 的中文名字均含 " 气 "

提示 4. 元素 b、d、e、h、n、k、x 的中文名字均含 " 石 "

提示 5. 含元素 b 的一族，在上表中有兩個金屬元素，其右邊的一族含元素 e、h、i

提示 6. 地殼中存量最豐的幾種元素含量多寡的順序是 u ＞ e ＞ g

提示 7. 元素 c、v、w 屬於全是金屬的一族

提示 8. u、x 與 s 形成的化合物分別是 s_2u 及 xs_3

提示 9. 可以有最大氧化數的一族元素含 m、p、q

提示 10. 常溫下液體的元素是 p

提示 11. 元素 c、f、o、t、w 的氧化物，其水溶液均呈強鹼性

提示 12. 元素 b、e、i、n 是類金屬

83. 矽 _____   84. 氮 _____   85. 鎵 _____

86. 溴 _____   87. 硫 _____   88. 鈉 _____

84年度學科能力測驗自然科試題詳解

壹、單一選擇題

1. A

【解析】池塘生態系中，浮游生物是食物鏈的基層，故最大。

2. C

【解析】越高階層的消費者，含殺蟲劑濃度越高。

3. C

【解析】生產者減少，光合作用效率降低，CO_2 累積，熱帶雨林的生物絕種或減少。

4. D

【解析】$Ai \times Bi \rightarrow Ai$　Bi　AB　ii

∴A、B、AB、O四種血型皆可能出現。

5. B

【解析】澱粉最先在口腔中消化；蛋白質最先在胃中消化。

6. C

【解析】肝在腹腔右上方，胃在腹腔左上方；闌尾在腹腔右下方。

7. D

【解析】由左心出發之主動脈血壓最高。

8. B

【解析】1° 丙之兒子為色盲，故丙之染色體型式為Bb。

2° 丙之父親正常，故推測甲之染色體型式為Bb。

9. **A**

【解析】丙×丁

$$BbXbY \rightarrow Bb \quad bb \quad B \quad bY$$

正　色　正　色
常　盲　常　盲
♀　♀　♂　♂

故男女孩出現色盲的機率爲½。

10. **A**

【解析】(B) 主要是硫的氧化物溶於水中形成硫酸所致。

(C) 和汽機車排放廢氣有關。

(D) 酸雨會影響植被的分布。

11. **C**

【解析】由圖 4 判斷可知馬鈴薯之等張溶液濃度約爲 1.0 。

（重量變化爲 0 之濃度即爲等張溶液濃度）

12. **C**

【解析】神經衝動由皮膚（受器）傳入，經背根神經節進入脊髓然後傳出至骨骼肌（動器）產生反應。

13. **D**

【解析】糖尿病與胰島腺之分泌異常有關。

14. **D**

【解析】(A) 光反應、暗反應爲光合作用之二步驟，並非白天、夜晚所行不同之反應。

(B) 白天有光時行光合作用，也行呼吸作用。

(C) 光合作用所放出的 O_2 是 H_2O 分解得到的。

15. **B**

【解析】(A) 尿素濃度甲＜丙

(C) 葡萄糖濃度甲＞丙　　腎小管再吸收養分

(D) 脂肪酸的濃度乙＞丙

16. **C**

【解析】橫膈上升，胸腔壓力變大，引起呼氣。

橫膈下降，胸腔壓力變小，引起吸氣。

17. **B**

【解析】黑色頁岩含有大量的有機物，是最好的油母岩。

18. **A**

【解析】含石英成分多是酸性火成岩。

19. **B**

【解析】矽酸鋁的礦物常見於地表之沈積岩中；經由變質營力之熱與壓力的作用，而常出現三種不同的礦物：

(1) 紅柱石：代表低溫、低壓之環境。

(2) 藍晶石：代表高壓之環境。 (3) 矽線石：代表高溫之環境。

20. **A**

【解析】A_1 出現的地質年代時間很長，有 B_2 出現，可斷定不可能形成於下段，有 C_1 出現，可斷定不可能出現於上段，故 A_1 即使不出現，亦可維持原有的結論。

21. **B**

【解析】大陸棚：指連接在海岸之外，坡度最平緩的海底，每公里的深度增加不過 1～2 公尺。

大陸坡：是大陸邊緣上，坡度最大之處，平均斜度約 4°，相當於每公里的深度增加 70 公尺。

大陸緣積：連接於大陸坡之外邊，坡度又轉平緩，平均斜度小於 1°，每公里相差 4～8 公尺。

深海平原：洋底盆地最平坦之處，周緣常為大陸緣積或海底山丘包圍。

22. **D**

【解析】圖 12 中，$\overline{AD}$，$\overline{CF}$爲中洋脊，兩中洋脊之間的$\overline{CD}$岩層爲轉形斷層。

23. **B**

【解析】因爲CD段轉形斷層前後兩側移動方向相反，故地震活動頻繁；而BC段均向左，DE段均向右；方向一致所以少有地震。

24. **D**

【解析】(A) 低速帶相當於地球內部之軟流圈。

(B) S 波（橫波）與 P 波（縱波）在低速帶時波速均減。

(C) 由圖可知，低速帶在大陸及海洋地區之深度不同。

(D) 由圖得知，S 波在約225 公里深處開始增大。

25. **B**

【解析】因爲 S 波爲橫波，無法通過液體，所以推論外地核爲液態。

26. **C**

【解析】由表一所提供之數據可得氣溫垂直分布圖如(C)。

27. **A**

【解析】對流層之內，溫度隨高度增加而下降，故對流層頂位置約在12 km 處。

28. **A**

【解析】30 公里處的氣壓 12mb 只有地面氣壓 1013.3mb 的

$\dfrac{12}{1013} \fallingdotseq 1$ %，故選 (A)。

29. **C**

【解析】降低溫度可使未飽和空氣達到露點。

30. **A**

【解析】口徑越大，解析力越好。

31. **D**

【解析】觀念：口徑大可以看得更遠，但是測到的距離是一定的，與口徑大小以及目鏡倍率無關。

32. **B**

【解析】(A) 與表面積（$4\pi r^2$）成正比。

(B) 與化學組成無直接關係。

(C) 由史蒂芬–波茲曼定律可知：與表面溫度的 4 次方成正比。

(D) 與距離的平方成反比。

33. **D**

【解析】赫伯定律：$V = H_0 d$，其中 V：星系離去之速；H_0：比例常數；d 星系之距離。而赫伯當年就是利用光譜量測許多星系的運動速度，而推出其定律；故如果我們現在要求星系距離的話，首先就要測光譜偏移量。

34. **B**

【解析】Y 的溶解度最大 $\Rightarrow$ Y 是蒸發岩。

Z 的矽含量最大 $\Rightarrow$ Z 是花崗岩。

所以 X 是玄武岩（密度最大）。

35. **C**

【解析】(A) 水的電解是吸熱反應。

(B) 電解水時，陽極釋出的是 O_2。

(D) 電解水是把電能轉為化學能，並未產生電能。

36. **D**

【解析】(A) 自發反應不需外界提供能量。

(B) 鎂還原硝酸鐵不需外界提供能量。

(C) 鎂不會析出。

37. **B**

【解析】(A)(B)(C)對絕對溫標而言，冰點仍是 273 K，沸點 373 K。
(D) 高山上水的沸點對新刻度而言爲正值。

38. **D**

【解析】$PV = nRT$ ，$\dfrac{760}{760} \cdot 0.3 = \dfrac{0.537}{M} \cdot 0.082\,(27 + 273)$

$M = 44.034$

(A) $NO = 30$　(B) $NO_2 = 46$　(C) $CO = 28$　(D) $CO_2 = 44$

選(D)。

39. **D**

【解析】(A) 達平衡時，氨的生成速度與分解速度相等,並非趨近於零。
(B) 平衡時，體積比並不等於平衡方式之係數比。

(C) $\left.\begin{array}{l} 3\,g\ H_2 爲 \dfrac{3}{2} 莫耳 \\[2mm] 1\,g\ N_2 爲 \dfrac{1}{28} 莫耳 \end{array}\right\}$ 不可能正好生成 $2\,g\ NH_3 \dfrac{2}{17}$ 莫耳

40. **A**

【解析】分子間凡得瓦力越強，沸點越高。

41. **D**

【解析】(A)(B)(C)三步驟均不會降低實驗的準確度。

42. **A**

【解析】利用 " 同類互溶 " 之原理，油脂溶於汽油效果最佳。

43. **C**

【解析】$\left|\begin{array}{l} 湯木生之陰極射線實驗 \Rightarrow 測出電子之荷質比 \\ 米立坎之油滴實驗 \Rightarrow 測出電子之帶電量 \end{array}\right.$

由此二實驗結果組合後可決定電子質量。

44. B

【解析】$CH_4 + 2 O_2 \rightarrow CO_2 + 2 H_2O$

CH_4 之鍵能　$4 \times 414 = 1656$

O_2 之鍵能　497

CO_2 之鍵能　$2 \times 803 = 1606$

H_2O 之鍵能　$2 \times 463 = 926$

反應熱$\triangle H = 2 \times 926 + 1606 - 2 \times 497 - 1656 = 808$

45. B

【解析】$S = V_0 t + \dfrac{1}{2} at^2$　　$0.2 = \dfrac{1}{2} \times 10 \times t^2$

$t = 0.2$　sec

46. A

【解析】(B)(C)石塊上升 or 落地瞬間力學能不變。

(D)加速度均為 g 並無改變。

47. B

【解析】(A) 除非玻璃瓶高達 1033.6 cm,否則水面上方不可能是真空狀態。

(C) 水不會漏光。

48. C

【解析】$PV = nRT$　　$P \propto T$

$\dfrac{2}{2.5} = \dfrac{27 + 273}{x + 273}$　　$x = 102℃$

49. C

【解析】光線由空氣進入玻璃會偏向法線;由玻璃進入空氣會偏離法線。

50. **C**

【解析】日光能 $\propto \dfrac{\text{表面積}}{(\text{距離})^2} = \dfrac{4\pi r^2}{d^2}$ (r：星球半徑　d：與太陽的距離)

∴ $\dfrac{\text{土星接受之日光能}}{\text{地球接受之日光能}} = (\dfrac{10^2}{1})(\dfrac{1}{10^2}) = \dfrac{1}{1}$

51. **D**

【解析】同樣以空氣為介質，波速相同。

52. **A**

【解析】(A) $v = f\lambda$

　　　　　　一定　　成反比

　　　　(B) ㄅ的弦短，音調高。

　　　　(C) 彈速不影響頻率。

53. **D**

【解析】(A) 空氣中聲速相同（同溫之下）。

　　　　(B) 頻率與聲音強度無關。

　　　　(C) 波峯與波谷之間的距離稱為振幅。

54. **A**

【解析】(A) 需要電源電壓為 110V。

55. **B**

【解析】(B) 必歐－沙伐定律（Biot-Sawart Law）：在 $\triangle \vec{\ell}$ 之一小段導線上通有 I 之電流，則在導線附近一點 P 所造成之磁場　$\triangle \vec{B} = \dfrac{\mu_0 I}{4\pi} \times \dfrac{\triangle \ell \, \sin\theta}{r}$

56. **B**

【解析】此現象無法詮釋水是否吸收熱量而變為水蒸氣或是水之沸點下降，更無法確知該逸出氣體之種類。

57. **D**

【解析】變壓器降低電壓，並不會損失許多電能。

58. **C**

【解析】㈠ 原子質量絕大部分集中在原子核，並非均勻分佈。

㈠ 質子數目不一定與中子相同。

59. **D**

【解析】$\dfrac{細砂直徑\ 0.1\,mm = 10^{-4}\,m}{原子直徑\ 1\,A° \doteqdot 10^{-10}\,m} \doteqdot 10^6$　∴體積比 10^{18}

60. **D**

【解析】輻射性並非經低溫冷凍即可清除。

貳、題群題

81. **B J**

【解析】基因存在於細胞之細胞核之中。

82. **C F**

【解析】法拉第常數＝－莫耳電子之電量

故亞佛加厥常數＝$\dfrac{法拉第常數}{電子電荷}$

83. 矽 e　　84. 氮 j　　85. 鎵 r　　86. 溴 p　　87. 硫 k

心得筆記欄

八十三年大學入學學科能力測驗試題
自然考科

說明：本試題全部為單一選擇題，共 69 題。每題的選項有 2 至 5 個不等，從其中選出一個最適當者標示在答案卡上。每題答對得 2 分，總共 138 分，答錯不倒扣。

1. 小明用顯微鏡觀察植物表皮細胞的構造，試問下列敍述中，哪一項是正確的？
   (A) 觀察細胞時，加亞甲藍液，主要在使核糖體更清楚　(B) 植物的表皮細胞具有葉綠體，因此葉子呈綠色　(C) 加碘液可使表皮細胞之葉綠體更易於觀察　(D) 在低倍鏡下所看到的細胞數目比在高倍鏡下多。

2. 一對夫婦有三個親生子女，血型分別為 A 型、B 型、O 型。就血型的基因而言，這一對夫婦的基因型應為下列何者？
   (A) $I^A I^A \times I^B I^B$　(B) $I^A I^A \times I^B i$　(C) $I^A i \times I^A I^A$　(D) $I^A i \times I^B i$。

3. 紫茉莉的花色是中間型遺傳，RR 為紅花，rr 為白花，而 Rr 為粉紅花。若一白花紫茉莉與一粉紅花紫茉莉雜交，則其子代的基因型應為何？
   (A) 基因型全部為 Rr　(B) 基因型全部為 rr　(C) 基因型為 Rr，rr
   (D) 基因型為 RR，Rr，rr。

4. 在下列過程中，何者需要經過減數分裂？
   (A) 受精卵進行分裂發育成胚　(B) 花的雄蕊產生花粉粒　(C) 綠豆種子萌發長出胚根　(D) 表皮細胞進行分裂產生新細胞。

5. 圖 1 為某一種雙子葉植物莖的橫切面圖，請問葉部行光合作用所需的水，由何處運送至葉？
   (A) 甲
   (B) 乙
   (C) 丙
   (D) 丁

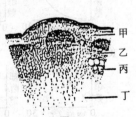

圖 1

6. 一個穩定的群落，其最大的特徵為何？㈲有明顯的消長現象㈡消長已停止㈢生物種類少，食物網簡單㈣生物種類多，食物網複雜。
   (A) 甲、丙　(B) 甲、丁　(C) 乙、丙　(D) 乙、丁。

7. 脊髓可分為灰質和白質兩部分，灰質內有較多的神經細胞體，白質內有較多的神經纖維，突觸是指兩個神經元相會之處。試問哪一部分的突觸比較多？
   (A) 灰質　(B) 白質　(C) 灰質和白質的突觸一樣多　(D) 不一定，因部位不同而異。

8. 圖2為一生態系的食物網，若水受到重金屬污染，則下列四類生物的體內，何者所含的重金屬可能最多？
   (A) 水草　(B) 昆蟲　(C) 魚　(D) 蟹。

圖2

9. 圖3為白鼠心臟示意圖，圖中的探針（甲、乙、丙、丁）遇到血中的藥物時，儀器的指針均會偏移。小明在白鼠腹部注射藥物若干毫升後，觀察指針的反應，並依反應的先後順序紀錄，下列何者正確？
   (A) 甲→乙→丙→丁　(B) 甲→丁→乙→丙
   (C) 乙→丙→甲→丁　(D) 丁→乙→丙→甲。

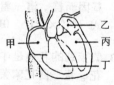

圖3

10. 小華將牛奶貯存於不同溫度中12小時，以研究牛奶中細菌的數量與溫度的關係，結果如表一。試問可用下列何圖表示二者的關係？

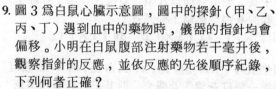

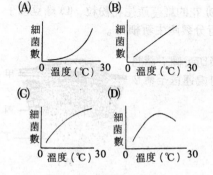

表一

溫度 (℃)	12小時後細菌含量 （個／毫升）
4	4,000
7	9,000
10	18,000
13	38,000
16	453,000
22	8,800,000
28	55,300,000

11. 下列有關沈積岩的敍述，何者正確？
(A) 經由沈積作用變成沈積岩的岩石原先都是沈積岩　(B) 沈積物經過造山運動，再熔融後始成為沈積岩　(C) 火成岩經過風化分解後立即成為沈積岩　(D) 沈積物經過成岩作用才固結成沈積岩。

12. 圖4為岩石組織示意圖，其中甲圖顯示礦物顆粒彼此緊密鑲嵌；乙圖顯示磨圓顆粒的空隙處為膠結狀充填，由此可推論甲、乙各為哪一類岩石？
(A) 甲為變質岩，乙為沈積岩
(B) 甲為火成岩，乙為沈積岩
(C) 甲為沈積岩，乙為火成岩
(D) 甲為火成岩，乙為變質岩。

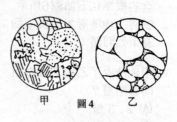

甲　圖4　乙

圖5是台灣某區域夏季空氣污染濃度的等值線圖。試回答下列問題：

13. 主要污染源位在哪一區？
(A) 甲　(B) 乙　(C) 丙　(D) 丁。

14. 由圖5污染的擴散與分布狀態來看，此時的風向為何？
(A) 東北風　(B) 西北風
(C) 東南風　(D) 西南風。

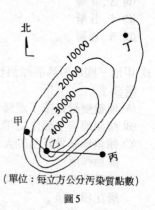

（單位：每立方公分污染質點數）
圖5

15. 從甲站經乙站到丙站，沿線污染濃度的變化情形可用下列哪一曲線表示？

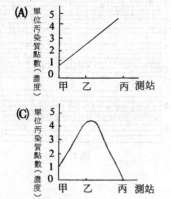

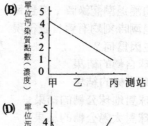

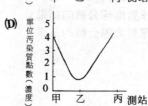

16－17 題為題組

相隔有一段距離的甲乙二
地，其地層剖面及各層所
含的標準化石如圖6所示。
試將二地地層對比後，回
答下列問題：

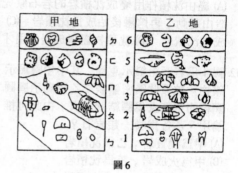
圖6

16. 甲地缺少了乙地地層剖面
的哪兩層？
(A) 2，3 層
(B) 3，4 層
(C) 4，5 層
(D) 5，6 層。

17. 甲地一些地層具有傾斜現象，下列有關地層傾斜現象的敘述，何者
錯誤？
(A) 地殼變動造成了地層傾斜
(B) 傾斜地層主要位於甲地地層剖面的下半部
(C) 傾斜地層曾經受到大規模的
侵蝕作用
(D) 地殼變動發生的時間在"ㄈ"
層沈積之後。

18. 圖7是甲、乙、丙三地連續十
一日的漲退潮記錄圖，導致每
日漲退潮時刻均有逐日延後現
象的主因為何？
(A) 地球自轉的結果
(B) 月球自轉的結果
(C) 月球對地球公轉的結果
(D) 地球對太陽公轉的結果。

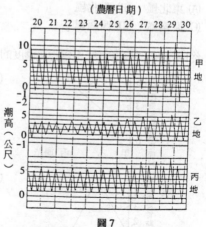
圖7

19－20題為題組

　　某次地震甲、乙、丙三測站收到P波
及S波，其震央距離對時間的關係如
圖8，其中某一測站的地震記錄如圖9。
參考圖8及圖9回答下列問題：

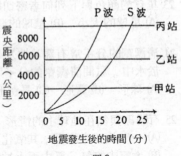

圖8

19. 最快到達的是哪一種地震波？
　　(A) P波
　　(B) S波
　　(C) 表面波。

20. 下列有關地震波的敘述，何者
　　正確？
　　(A) 利用P波與S波到達甲、乙、
　　　　丙三測站之時間間隔，無法
　　　　定位震央
　　(B) P波與S波的速度大約每秒
　　　　都達數百公里以上
　　(C) P波與S波均以等速進行
　　(D) 傳播距離越遠，則P波與S
　　　　波抵達測站的時間差就越大。

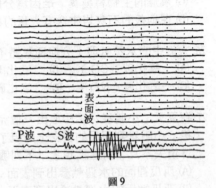

圖9

21. 下列有關星球距地球遠近的敘述，何者正確？
　　(A) 牛郎星距天頂較遠，故比織女星遠
　　(B) 牛郎星距北斗七星較遠，故比織女星遠
　　(C) 在農曆七月七日牛郎星與織女星會一樣遠，因它們已相會而互相靠近
　　(D) 屬於同一星座的星星，不一定都一樣遠。

22. 星球所發出電磁波總量稱為光度，而在地球上收到星球的能量稱為亮
　　度。下列敘述何者正確？
　　(A) 星球的亮度一樣，它們距地球就一樣遠
　　(B) 星球的亮度一樣，它們的顏色會一樣
　　(C) 星球的亮度不一樣，它們的光度就不一樣
　　(D) 星球的亮度不一樣，它們的光度有可能會一樣。

23. 星球的顏色與下列何者密切相關？
   (A) 星球的大小　(B) 星球的溫度　(C) 星球的亮度　(D) 星球的遠近。

24. 清潔劑的分子常有親油性及親水性兩種官能基團，所以可將油污溶解
   於水中。試問清潔劑的分子通常是何種形狀？
   (A) 球形　(B) 環形　(C) 長鏈形　(D) 立方體形。

25. 有關碳與氮在地球上的情形，下列哪一個敘述正確？
   (A) 一氧化碳中的碳，其氧化數在碳的化合物中最高
   (B) 大氣中的氮，經由雨水被帶入生物圈中
   (C) 腐爛的生物會發臭，是因為分解釋出大量的一氧化碳
   (D) 在地殼的石灰岩中含有大量的碳酸鈣。

26. 大氣中的水蒸氣與下列何種氣體不會產生酸性物質？
   (A) 一氧化碳（CO）　(B) 二氧化碳（CO_2）
   (C) 一氧化氮（NO）　(D) 二氧化硫（SO_2）。

27. 在夏天，小明從冰箱中取出一個完整的小玉西瓜，置於桌上。五分鐘
   後，小明看到西瓜的表皮上出現了小水珠。在空氣中放置稍久後，水
   珠消失不見。對這種現象，下列哪一個解釋最合適？
   (A) 西瓜裡面的水遇熱滲出到表面，久置後被西瓜吸收回去
   (B) 西瓜裡面的水遇熱滲出到表面，久置後汽化擴散於空氣中
   (C) 空氣中的水蒸氣遇冷凝結到西瓜表面，久置後被西瓜吸收滲入西
   　　瓜內
   (D) 空氣中的水蒸氣遇冷凝結到西瓜表面，久置後汽化擴散於空氣中。

28. 下列哪一種物質在室溫與水接觸時，比較不會發生意外？
   (A) 鉀　(B) 濃硫酸　(C) 鋁明礬　(D) 五氧化二磷。

29. 下面有關元素及原子的概念，哪一項敘述是正確的？
   (A) 純物質甲受熱分解產生純物質乙及氣體丙，則物質甲不可能是
   　　元素
   (B) 具有物質特性之最小單元是原子
   (C) 由兩種相同元素組成的多種化合物，性質必定相同
   (D) 乾淨的空氣是純化合物。

30. 食品業製造奶粉時，下列何種技術最適合於加速水分的蒸發，以使奶粉乾燥？
    (A) 瞬間高溫　(B) 高溫加壓　(C) 加熱通風　(D) 真空蒸發。

31. 某金屬 2.0 克，與氧完全反應，產生氧化物 2.8 克，試問該金屬的克當量約為多少？（氧的原子量＝16.0）
    (A) 10　(B) 20　(C) 40　(D) 60　(E) 80。

32. 下列哪一種化學反應不是氧化還原反應？
    (A) 由水蒸氣及紅熱的焦煤製造水煤氣（主要成分含一氧化碳及氫）
    (B) 鋅片溶於稀硫酸放出氫
    (C) 碳酸鈣溶於鹽酸放出二氧化碳
    (D) 由氮及氫以哈柏法製氨。

33. 下列哪一組的化合物，其組成<u>不能</u>以倍比定律說明？
    (A) 氧及臭氧　　　　(B) 一氧化碳及二氧化碳
    (C) 水及過氧化氫　　(D) 一氧化二氮及二氧化氮。

34. 實驗式為 C_4H_6 的 1.3- 丁二烯 1 莫耳完全燃燒，可得二氧化碳及水蒸氣總共多少莫耳？
    (A) 4　(B) 5　(C) 6　(D) 7　(E) 10。

35. 甲、乙兩鐵球同時由相同高度釋出，甲球 100 克以水平射出，乙球 200 克垂直自由下墜，兩球均落到同一水平地面，若不計空氣阻力，下列敘述何者正確？(參考圖10)
    (A) 甲球經過的路徑較長，比較慢著地
    (B) 甲球運動的速率較快，比較先著地
    (C) 乙球比甲球受的重力大，故乙球先著地
    (D) 兩球都以相同的加速度下墜，故同時著地。

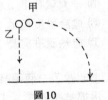
圖10

36. 要判斷物體所受的合力為零，依下列哪一項來判斷才是正確的？
    (A) 物體的質心以等速度運動或保持靜止不動
    (B) 物體的質心運動需要力，故若所受的合力為零，必靜止
    (C) 物體的質心以等速率運動
    (D) 物體的質心以等加速度運動。

37. 鋼球 1 公斤、鋁球 0.2 公斤, 兩球發生正向相撞, 下列敘述何者正確?
　(A) 鋁球受到撞擊力的量值是鋼球的五倍
　(B) 鋁球動量改變量的量值是鋼球的五倍
　(C) 鋁球速度改變量的量值是鋼球的五倍
　(D) 鋁球動能改變量的量值是鋼球的五倍。

38. 陽光經過三稜鏡後, 呈彩色的光帶, 稱為色散現象。與此有關的敘
　述, 下列何者是錯的?
　(A) 三稜鏡對各色光的折射率不同
　(B) 各色光進入三稜鏡時, 波長發生改變
　(C) 各色光進入三稜鏡時, 頻率發生改變
　(D) 各色光進入三稜鏡時, 傳播速率發生改變。

39. 以下有關波動現象的一般特性, 哪一項是錯的?
　(A) 可傳遞能量和動量
　(B) 有干涉及繞射的現象
　(C) 遇不同介質, 有反射及折射現象
　(D) 傳遞波動的介質, 會隨著波傳播出去。

40. 溫度代表冷熱的程度, 以下有關溫度的敘述, 何者錯誤?
　(A) 一大氣壓下, 冰及水共處達熱平衡的溫度為 0℃
　(B) 一大氣壓下, 水沸騰的溫度為 100℃
　(C) 愈冷溫度愈低, 可以低到－100℃、－1000℃等
　(D) 愈熱溫度愈高, 可以高到 100℃、 1000℃等。

41. 小明做了一個保溫設計:「把要保溫的東西放入小塑膠桶中加蓋, 再
　用棉被覆蓋住。」關於此一設計, 下列哪一項評語正確?
　(A) 此設計對於「冰」等冷凍的東西無效, 蓋棉被反而熔得更快
　(B) 加棉被會使溫度上昇, 故只適用於想使物體溫度提升的情況
　(C) 不管要保溫的東西比室溫冷或熱, 棉被可使溫度的變化減小
　(D) 蓋不蓋棉被都一樣, 因為只要塑膠桶一加蓋, 熱量就傳不出來。

42. 物理學上有「能量守恆」的原理，我們也常聽到「能源危機」的議題，下列哪一種觀念才是正確的？
   (A)「能量守恆」只有在特殊情況下才成立，一般來說，能量愈用愈少，總有用完之時，故有「能源危機」
   (B)「能量守恆」表示總能量不會減少，故能量是用不完的。所以「能源危機」只是勸人節省的口號而已
   (C) 能量在使用中相互轉換，其總值會減少，故有「能源危機」
   (D)「能量守恆」總是成立的，但是被用來發電、行車的汽油與煤，用過之後變成廢氣和熱能，不易再使用，故有「能源危機」。

43. 顯微鏡的物鏡與目鏡均為凸透鏡，且物鏡的焦距遠短於目鏡，其目的為何？
   (A) 由物鏡產生放大的實像，可落於目鏡的焦距內
   (B) 由物鏡產生放大的虛像，可落於目鏡的焦距內
   (C) 由物鏡產生縮小的虛像，可落於目鏡的焦距內
   (D) 由物鏡產生縮小的實像，可落於目鏡的焦距內。

<u>44－45 題為題組</u>

44. 圖 11 為人體手臂骨骼肌的作用方式示意圖。在正常的情況下，有關二頭肌和三頭肌的描述，何者正確？
   (A) 二頭肌收縮時，三頭肌一定會收縮
   (B) 二頭肌放鬆時，三頭肌一定會放鬆
   (C) 二頭肌收縮時，三頭肌一定會放鬆
   (D) 二頭肌之收縮與三頭肌無關。

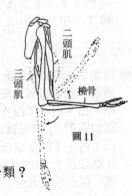

圖11

45. 二頭肌對橈骨的作用，屬於槓桿作用中的哪一類？
   (A) 抗力點在中間　　(B) 施力點在中間
   (C) 支點在中間。

46. 圖 12 是橫紋肌微細構造示意圖。當肌肉收縮後，下列哪個區域既不變寬，也不變窄？
   (A) 甲　(B) 乙　(C) 丙　(D) 丁。

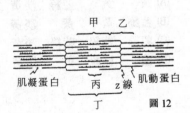

圖12

47. 圖 13 為光合作用速率與溫度、CO_2 濃度的關係圖，根據圖中資料來判斷，下列敘述何者是由圖中資料可獲得之結論？

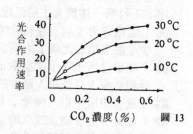

圖 13

(A) 溫度愈高，光合作用速率愈快，故光合作用速率與溫度成正比

(B) CO_2 濃度愈高，光合作用速率愈快，故光合作用速率與濃度成正比

(C) CO_2 濃度在 0.4 ％以下時，光合作用速率隨 CO_2 濃度的增加而升高

(D) 溫度 40℃，CO_2 濃度為 0.6 ％時，光合作用速率約為 50。

48. 小明的紅血球在不同濃度的蔗糖液中，浸泡半小時之後的結果如圖 14。依照血球外形的變化判斷蔗糖液的濃度，由高而低排列，何者正確？

(A) 甲＞乙＞丙＞丁

(B) 丙＞乙＞丁＞甲

(C) 丙＞丁＞甲＞乙

(D) 丁＞甲＞乙＞丙

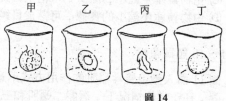

圖 14

49. 取池水，滴加溴化麝香草酚藍（BTB）溶液少許，吹氣使變成淡黃色後，倒入甲、乙、丙、丁四支大試管中，分別裝置如圖 15。照光數小時之後，則甲、乙、丙、丁四支試管內的溶液依序各呈什麼顏色？（BTB 溶液是一種酸鹼指示劑，在酸性呈黃色，在鹼性呈藍色）

(A) 黃　　黃　　藍綠　淡黃

(B) 藍綠　黃　　黃　　淡黃

(C) 藍綠　藍綠　藍綠　淡黃

(D) 藍　　藍綠　黃　　淡黃

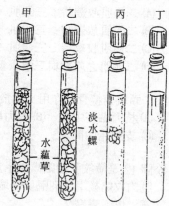

圖 15

50. 由圖16所提示的資料可推測
　　下列哪一項**不合理**？

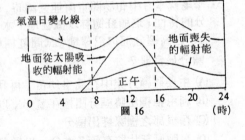

氣溫日變化線
地面從太陽吸收的輻射能
地面喪失的輻射能
正午
圖16 （時）

　　(A) 地面溫度高，則喪失的輻
　　　　射能多
　　(B) 地面都在白天吸收太陽輻
　　　　射能
　　(C) 正午吸收輻射能最多，故
　　　　氣溫最高
　　(D) 當吸熱與放熱平衡時，氣溫不是最高就是最低。

　　圖17為亞洲東側某月份的平均氣壓
　　分佈圖。試回答下列問題：

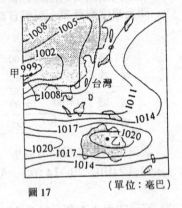

甲　台灣　乙
圖17 （單位：毫巴）

51. 下列有關甲、乙二地天氣的敍述，
　　何者正確？
　　(A) 乙地為低壓中心，該處由於有上
　　　　升氣流，故天氣晴朗
　　(B) 甲地為低壓中心，該處由於有下
　　　　降氣流，故天氣晴朗
　　(C) 乙地為高壓中心，該處由於有下
　　　　降氣流，故天氣晴朗
　　(D) 甲地為高壓中心，該處由於有上
　　　　升氣流，故天氣晴朗。

52. 此月份台灣地區的平均風向大致為何？
　　(A) 北風　(B) 東北風　(C) 西南風　(D) 東風。

53－57題為綜合型題組

　　某河口附近如圖18所示，由於受潮水影響，
　　河水一旦混入海水，則依二者混合比例之不
　　同，其鹽度就會不同。在高低潮線之間為藻
　　類、蟹類、紅樹林等多種生物的棲息地。

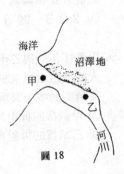

海洋
沼澤地
甲
乙
河川
圖18

53. 李總統本月中旬訪問東南亞三國時,相當推崇印尼利用紅樹林吸收鹽分的特性,培植紅樹林以減輕地下水的鹽分。紅樹林一般生長在如圖18之高鹽分河口沼澤地。試問紅樹林中的水筆仔以下列何種方式服鹽分最合理?

(A) 主要將鹽分集中在胎生幼苗,再利用幼苗脫落排走鹽分

(B) 利用拒鹽法將鹽分阻擋在莖部,以防止鹽分進入葉部

(C) 藉根部之鹽腺排出鹽分

(D) 藉肥厚葉片貯存較多水分,以稀釋聚集的鹽分。

54. 海水的漲潮及退潮是影響鹽度的重大因素,表二為某日該河甲處的時間及鹽度記錄表(記錄日期的前數日皆為晴天):

表 二

時　間	00:00	02:00	04:00	06:00	08:00	10:00	12:00
鹽　度	2.13%	2.58%	3.06%	3.38%	3.01%	2.62%	2.16%

時　間	14:00	16:00	18:00	20:00	22:00	24:00
鹽　度	2.52%	2.99%	3.35%	3.06%	2.51%	2.08%

該河甲處何時漲到高潮?

(A) 12:00　(B) 14:00　(C) 16:00　(D) 18:00 。

55. 若已知海水的鹽度為3.3%,河水的鹽度為0.3%,而在河中乙處所採取的水樣,經鹽度分析結果為1.5%。試問在乙處,其海水與淡水的混合比例如何?

(A) 2比3　(B) 3比2　(C) 3比4　(D) 4比3 。

56. 用燒杯在甲與乙兩處各取得300公撮的水試樣,發現以一定的入射角入射於這兩杯水試樣的光線,有不同的折射角。假設鹽水的折射率隨其鹽度的增加而增大。則下列的敘述何者正確?

(A) 甲試樣的折射角比較大

(B) 乙試樣的折射角比較大。

57. 一條漁船由河口向內陸緩慢行駛,則漁船的吃水深度會怎樣?爲什麼?
　(A) 愈來愈小,因爲河水的密度愈來愈小
　(B) 愈來愈小,因爲河水的密度愈來愈大
　(C) 愈來愈大,因爲河水的密度愈來愈小
　(D) 愈來愈大,因爲河水的密度愈來愈大
　(E) 吃水深度不變,因爲船上的東西不變。

58. 甲氣體 1 升,剛好能與乙氣體 3 升化合,以產生丙氣體 2 升。若甲氣體的分子式爲 A_3(即三原子分子),則乙氣體的分子式可能是下列的哪一個?
　(A) AB　(B) AB_2　(C) A_2B　(D) A_2B_2。

<u>59－62 題爲題組</u>

　道耳吞分壓定律的示範實驗(測量空氣中的 CO_2 分壓),其操作步驟如下:

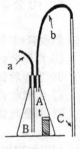

圖 19

㈠ 將玻璃管 A 與 B 兩支插入橡皮塞後,將短橡皮管 a 套在玻璃管 B 上,長橡皮管 b 一頭接玻璃管 A,另一頭接長玻璃管 C,如圖 19。

㈡ 一支小試管 t 中盛 5 公撮的 10% 氫氧化鈉水溶液,溶液的表層滴有 3 滴機油,將此試管直立在錐形瓶中。

㈢ 塞緊錐形瓶。

㈣ 將玻璃管 C 的開口置入裝有水的燒杯中,如圖20,當管內外水柱面齊平時,用管夾子夾緊橡皮管 a。

㈤ 將小試管 t 傾倒,使氫氧化鈉溶液流布於瓶底,觀察玻璃管 C 內水柱高度的變化。

59. 步驟㈡中,在小試管 t 的氫氧化鈉溶液的表層上,加機油的目的爲何?
　(A) 暫時防止氫氧化鈉溶液蒸發
　(B) 暫時防止氫氧化鈉溶液接觸空氣
　(C) 作爲氫氧化鈉溶液與空氣的界面劑
　(D) 作爲反應催化劑。

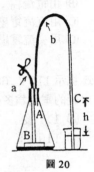

圖 20

60. 步驟(丁)的主要目的爲何？
   (A) 使錐形瓶內的壓力暫時維持不變
   (B) 使錐形瓶內的氫氧化鈉溶液不再繼續蒸發逸失
   (C) 傾倒試管 t 時溶液不致於流出瓶外
   (D) 使燒杯中的水不致於倒灌進入瓶內。

61. 當玻璃管 C 中的水柱不再上升時，記錄管內外水面差爲 h 公分。已知汞的比重是水的 13.6 倍，則空氣中 CO_2 的分壓是多少 cm-Hg？
   (A) h＋13.6　(B) h－13.6　(C) h×13.6　(D) h／13.6。

62. 氫氧化鈉溶液換成下列何者，本實驗仍可達到相同的目的？
   (A) 汞
   (B) 5 公撮的 10％鹽酸
   (C) 10 公撮的 10％石灰水
   (D) 一支燃燒的蠟燭。

63. 聽收音機時，轉動旋鈕來選台，其目的是什麼？
   (A) 調變收音機的振幅使與電台載波振幅相同
   (B) 調變收音機振盪頻率使與電台載波的頻率相同
   (C) 調變收音機的振盪頻率使與被載的聲頻相同
   (D) 調整收音機的振幅使與被載聲波振幅相同。

64. 利用三用電表來檢測標示 110V　100W 電燈泡的好壞，下列敍述何者正確？
   (A) 用電阻檔，測燈泡的電阻
   (B) 用電流檔，測燈泡的電流
   (C) 用直流電壓檔，測燈泡的電壓
   (D) 用交流電壓檔，測燈泡的電壓。

65. 標示 110V　60W 的燈泡按規格使用，若連續使用 10 小時，總共消耗的電能爲多少？
   (A) 1.1 度
   (B) 0.6 度
   (C) 1100 度
   (D) 600 度。

66. 使用家庭電器時，其外殼需接地，理由爲何？
    (A) 保證電器正負兩極維持恒定電壓
    (B) 若不接地，不能構成廻路，電流無法流通
    (C) 萬一漏電時，可將外漏之電流導地，以免人體觸電
    (D) 電器過熱時，可將多餘熱量導入地面，以策安全。

67. 若兩條平行導線通有同方向的電流，則下列何者正確？
    (A) 兩導線因各帶負電荷，故有相互排斥的作用力
    (B) 兩導線均未帶電，故無任何作用力
    (C) 兩導線具有相互吸引的磁力
    (D) 兩導線具有相互排斥的磁力。

68. β 粒子由南朝北沿水平方向等速前進，射入
    一垂直向下的均勻磁場（圖21所示）。則進
    入磁場後，β 粒子將向何方偏轉？
    (A) 東
    (B) 西
    (C) 隨磁場方向垂直向下
    (D) 不受影響，繼續依原來方向前進。

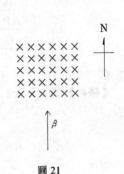

圖 21

69. 關於核能發電，下列敍述何者正確？
    (A) 核反應時損失之質量轉化成能量用以發電
    (B) 收集原子核放射之電荷用以發電
    (C) 核反應時，原子外圍之電子全體釋出，收集後用以發電
    (D) 收集原子核中之中子動能加以發電。

83年度學科能力測驗自然科試題詳解

1. **D**

   【解析】(A) 亞甲藍液主要目的是染細胞核。

   (B) 植物各器官的表皮細胞皆透明缺葉綠體。

   (C) 碘液可代替亞甲藍液染細胞核。

2. **D**

   【解析】血型

外表型	基因型
A 型	$I^A I^A, I^A i$
B 型	$I^B I^B, I^B i$
AB 型	$I^A I^B$
O 型	ii

   因子女中有 O 型,故親代基因型必是 $I^A i \times I^B i$

3. **C**

   【解析】
   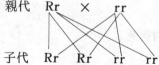
   親代　Rr　×　rr

   子代　Rr　Rr　rr　rr

4. **B**

   【解析】(A) 受精卵 $\xrightarrow{\text{有絲分裂}}$ 胚

   (B) 雄蕊花粉母細胞 $\xrightarrow{\text{減數分裂}}$ 4 個花粉粒

   (C) 種子 $\xrightarrow{\text{有絲分裂}}$ 萌芽

   (D) 表皮細胞 $\xrightarrow{\text{有絲分裂}}$ 新細胞

5. **C**

   【解析】莖內水分的運輸靠木質部,甲是韌皮部,乙是形成層,丙是木質部,丁是髓。

6. **D**

【解析】一個穩定的群落，其食物網愈複雜，生物種類愈多，生物之間的關聯愈多，調節作用愈多，因而群落愈穩定。

7. **A**

【解析】灰質內主要是聯絡神經元，且數量多，故有較多的突觸。

8. **C**

【解析】當食物鏈的生產者受重金屬污染時，則愈後端者，重金屬累積量愈多。

9. **B**

【解析】腹部注射藥物後，經大靜脈流入右心房→右心室→肺→左心房→左心室。甲——右心房，丁——右心室，乙——左心房，丙——左心室。

10. **A**

【解析】利用表一的數括畫成曲線圖時，正確答案是A圖。

11. **D**

【解析】地表岩石（火成岩、變質岩、沈積岩皆是）經風化作用後，產生碎屑沙泥，再經風力、水流、冰河之搬運帶至低濕地區堆積（特別是海中），形成沈積物（Sediments）。起初甚為疏鬆，但因長時期上方壓力之不斷增加，將空隙內之水分擠出，或有其他物質流進空隙將沈積物膠結(稱為成岩作用)，便逐漸變為堅固之沈積岩。

12. **B**

【解析】熱熔岩漿在地殼相當深處，經緩慢冷卻作用所結晶形成之火成岩，通常晶粒粗大，且產生相互鈎結鑲嵌（Interlock）之現象。乙圖中磨圓顆粒顯示曾經長途搬運使尖角盡失；而空隙處為膠結狀充填，是高壓下擠壓之結果，皆為沈積作用之明證。

13. **B**

【解析】由污染濃度等值線圖之分佈研判，重度污染區是位於西南部
（污染質點數高達 40000 個／cm³）。愈向東北污染情況愈
輕微，故主要污染源位於乙區。

14. **D**

【解析】等值線之分布在西南部最密集，表示濃度變化最大（意即無
向西南擴散之跡象），而等值線之分布愈向東北部愈稀疏，
表示濃度變化甚緩（意即有向東北擴散之明顯跡象）。因污
染範圍向東北方延伸，故此時之風向當為西南風。

15. **C**

【解析】甲站正位於 10000 之等值線上，乙站正位於 40000 之等值
線上，丙站則在 10000 之等值線之外，故污染之嚴重程度當
是乙最高，甲次之，丙最輕微。由曲線圖之縱座標表污染度
研判，以 C 圖為正確。

16. **C**

【解析】由化石種類研判，甲、乙兩地化石種類相同之地層對比如
下：ㄅ—1、ㄆ—2、ㄇ—3、ㄈ—6
故甲地缺少 4、5 層。

17. **D**

【解析】傾斜排列之地層可由地殼變動引起；此地上層為水平排列岩
層；因缺少兩層地層，故可能受到侵蝕作用之影響；因ㄈ層
水平排列之沈積層在上方，表示發生時間較晚，地層較新，
故地殼變動當在其之前。

18. **C**

【解析】引潮力主要有兩種(1)地、月間之萬有引力，(2)地、月間之
離心力（因月繞地公轉所引起），地球近月球之一面因引
力＞離心力，故潮水上漲；地球背月球之另一面因離心力
＞引力，故潮水亦上漲。因此地球上同時有相對之兩處同
時呈漲潮現象，時距當為 12 小時。然而在地球自轉之同
時，月球亦繞地公轉，使其位置略後移，漲退潮之時間亦隨
之延後 25 分 24 秒。

19. **A**

【解析】P 波為主波，又名壓力波、縱波或推波，以最高速傳播，
故最先到達，S 波次之（又名搖波、橫波、扭波），表面
波為長波，速度最慢。

20. **D**

【解析】震央位置之測定是由 P、S 兩波到達之時差測定；P 波最
高速只能約達 30 Km/sec，S 波之速度僅為 P 波之$\frac{2}{3}$，
故 P、S 兩波運動的時差是隨距離而遞增。

21. **D**

【解析】人類為了辨識衆星之方便，把肉眼可見之恆星加以組合，
構成各種圖形，以神話中之人、物定為各星座之名。同一
星座中之各星在天空中似乎聚集成組，其實只是其在天球
投影上的巧合，實際上各星相距可達數百光年之遙。

22. **D**

【解析】同樣光度之星球，因距離地球不同，距離愈遠者亮度愈弱。
同樣亮度之星球，距離地球愈遠者，其所能發出之光度當
是愈強。星球之顏色是代表溫度之高低（藍＞白＞紅），
與亮度無關。

23. **B**

【解析】溫度不同，輻射的電磁波能量也不同，所以顏色會有差異。

24. **C**

【解析】清潔劑分子為親油性長鍵狀烴鍵加上極性親水部份。

25. **D**

【解析】(A) 碳的氧化數最高為$+4$，而CO中C的氧化數為$+2$。

　　　(B) 氮氣幾乎不溶於水，且生物不能直接使用氮氣。

26. **A**

【解析】(A) CO 不和水反應。

27. **D**

【解析】(D) 水蒸氣遇冷會凝結，久置後汽化擴散於空氣中。

28. **C**

【解析】(A)、(B)與水反應均會迅速放出大量的熱。

　　　(D) 會形成磷酸。

29. **A**

【解析】(B) 具有物質特性之最小單元為分子。

　　　(D) 空氣為混合物。

30. **D**

31. **B**

【解析】$\dfrac{2.0}{E}=\dfrac{2.8-2.0}{8}$　$E=20$

32. **C**

【解析】(C) 為酸鹼鹽反應。

33. **A**

【解析】(A) 倍比定律適用於化合物而非元素。

34. **D**

【解析】 $C_4H_6 + \dfrac{11}{2} O_2 \rightarrow 4CO_2 + 3H_2O$

35. **D**

【解析】(D) 甲、乙在鉛直面均受相同 g 值，且沿鉛直面初速均爲零，故應同時落地。

36. **A**

【解析】牛頓運動定律，物體受的合力爲零，必爲等速度或靜止。
(C) 若爲圓周運動，則受一向心力。

37. **C**

【解析】(A) 兩者受相同的撞擊力。

38. **C**

【解析】不同色光對稜鏡、折射率、波長、傳播速率均發生改變。

39. **D**

【解析】波的傳遞不包含介質。

40. **C**

【解析】溫度最低僅能達絕對零度 $-273.15℃$。

41. **C**

【解析】加棉被的用意在降低空氣對流，使溫度變化減小。

42. **D**

43. **A**
  【解析】 物鏡產生放大實像 a′
      使 a′ 落於目鏡焦距內

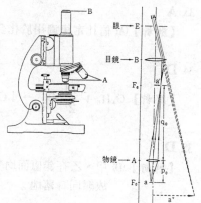

44. **B**
  【解析】 人體手臂二頭肌和三頭肌
      屬拮抗肌，故二頭肌收縮
      時，三頭肌就放鬆。

45. **B**

46. **A**
  【解析】 甲是暗帶，乙是明帶，丙是H區，丁是肌小節，當肌肉收
      縮時，暗帶不變，明帶縮短，H區消失，肌小節縮短。

47. **C**
  【解析】 光合作用速率的因子有光度、溫度及 CO_2 濃度，當光度一
      定時，CO_2 濃度在 0.4% 以下時，光合作用速率隨 CO_2
      濃度的增加而升高。

48. **B**
  【解析】 甲溶液是紅血球的低張溶液。丁溶液是紅血球的等張溶液。
      乙溶液是紅血球的高張溶液。丙溶液是紅血球的超高張溶液。
      則水濃度甲＞丁＞乙＞丙。

49. **D**
  【解析】 水蘊草行光合作用時吸收水中的 CO_2，使水由酸性變成中性，
      動物行呼吸作用產生 CO_2 使水變酸性。

50. **C**
　　【解析】氣溫之高低、升降是由輻射能之吸收（收入）及喪失（支出）
　　　　　二者所共同決定，收＞支時氣溫上升，支＞收時氣溫下降，
　　　　　收＝支時氣溫不升亦不降（此時可達最高溫或最低溫）。正
　　　　　午時吸收量達最高點，正午後吸收量雖漸減，但吸收量仍大
　　　　　於喪失量（收＞支），氣溫將會持續上升，故最高溫是出現
　　　　　於午後。

51. **C**
　　【解析】由等壓線之數值可知，乙地氣壓在 1020mb 以上為全區最高
　　　　　壓之地(高壓中心)，此地空氣密度較大（重量較重），故氣
　　　　　流大規模下降，因增溫使水汽蒸散而呈穩定晴朗之天氣型態。
　　　　　甲地氣壓為 999mb，為全區最低壓之地（低壓中心），氣流
　　　　　大規模上升，天氣反較不穩定。

52. **C**
　　【解析】地表之風是由高壓吹向低壓。澳洲（乙地）之下沈氣流將成
　　　　　氣流輻散區,強風向外吹出,吹越赤道後因地球自轉偏向力之
　　　　　影響（北半球右偏），將由南風偏為西南風吹越過台灣地區。

53. **D**
　　【解析】水筆仔藉肥厚葉片貯存較多水分，以稀釋聚集的鹽分。

54. **D**
　　【解析】甲地正位於河口，是海水、河水相混合之地。漲潮時海水向
　　　　　東湧進河裡，此時海水所占比例漸高，鹽度亦隨之升高，並
　　　　　於高潮時達最高點。反之退潮時，海水向西流回海洋，此時
　　　　　海水所占比例漸低，鹽度亦隨之降低，並於低潮時達最低點。

55. **A**

【解析】 設海水→xg　淡水→yg

$$1.5\% = \frac{3.3\% \, x + 0.3\% \, y}{x+y}$$

$$\Rightarrow 1.2\,y = 1.8\,x \qquad \frac{x}{y} = \frac{2}{3}$$

56. **A**

57. **C**

【解析】 根據亞基米德定律 $B = V \times D$　∵ $D\downarrow$　∴ $V\uparrow$

浮力＝物體排開液體體積×液體密度

58. **B**

【解析】 $A_3 + 3\,A_xB_y \rightarrow 2\,A_{\frac{3+3x}{2}}B_{\frac{3y}{2}}$

∴ $2\,|\,3+3x$　　∴ $x = 1, 3, 5, \cdots\cdots$

$2\,|\,3y$　　　∴ $y = 2, 4, \cdots\cdots$

59. **B**

60. **A**

61. **D**

【解析】 $\dfrac{D_汞}{D_水} = \dfrac{h}{h_x}$　　$\Rightarrow h_x = \dfrac{h}{13.6}$

62. **C**

【解析】 本實驗乃在使空氣中CO_2溶於水中，以減低氣體總壓，

故用石灰水亦可溶解CO_2。

63. **B**

【解析】 收音機的接收頻率與振盪頻率相同。

64. **A**
【解析】 燈泡若故障，電阻→∞

65. **B**
【解析】 $60 \times 10 \times \dfrac{1}{1000} = 0.6$ 千瓦－小時

66. **C**

67. **C**
【解析】 (A)(B) 導線載流，無電子堆積，不帶電。
(C)(D) 依安培右手定則，可知其相吸。

68. **B**
【解析】 依安培右手定則，知其向西偏轉。

69. **A**
【解析】 依 $E = mc^2$ 公式，核反應時損失之質量轉換成能量，
以熱能產生蒸氣推動發電機發電。

劉毅英文「98年學科能力測驗」15級分名單

姓名	學校班級	姓名	學校班級	姓名	學校班級	姓名	學校班級	姓名	學校班級
何冠廷	建國中學 302	林聖凰	北一女中三真	盧胤諾	中山女中三信	鄭旭峰	建國中學 325	曹舜皓	麗山高中 307
高儀庭	北一女中三孝	李瑋穎	薇閣中學三丁	陳禹志	建國中學 329	許軒睿	市立大同 301	趙愷文	大同高中 315
許誌珍	北一女中三勤	殷偉珊	景美女中三真	高慈宜	北一女中三射	莊雅茵	北一女中三射	李懿軒	建國中學 322
林儀芬	北一女中三和	劉傳靖	建國中學 329	梁筠	薇閣中學三丁	康育	延平高中 312	廖祥智	松山高中 312
袁輔君	成功高中 324	王捷	建國中學 329	張耘甄	薇閣中學三丁	黃美慈	中山女中三群	簡頎麒	建國中學 314
王文哲	成功高中 324	林庭羽	板橋中學 307	白旻樺	市立大同 305	張雅晴	師大附中 1164	鍾頎	北一女中三讓
曾心潔	北一女中三和	黃農茵	北一女中三真	賴冠百	建國中學 327	林群皓	延平中學 314	傅筠	台中女中 312
林洺安	北一女中三公	林後嶧	建國中學 315	林怡廷	北一女中三義	蕭鈺芳	松山高中 306	林志安	台中一中 324
黃筱勻	北一女中三誠	陳羅	建國中學 305	馮偉翔	建國中學 326	侯逸坤	建國中學 330	林鉦峻	台中一中 316
簡翔溢	北一女中三誠	韓羽唯	北一女中三恭	邱冠霖	師大附中 1173	洪庭妤	中山女中三博	蕭漢思	師大附中 1176
王瑋慈	北一女中三誠	沈柏妏	北一女中三愛	張薰文	松山高中 304	陳昱愷	建國中學 318	張希慈	北一女中三善
沈奕彤	北一女中三和	徐涵葳	中山女中三捷	黃彥璇	北一女中三忠	劉彥君	師大附中 1164	張宜欣	中山女中三公
張雅甄	北一女中三勤	蔡杰辰	建國中學 315	章品萱	北一女中三良	盧宇珞	師大附中 1164	邱冠霖	建國中學 318
王怡文	北一女中三誠	鄭惟之	成功高中 317	黃詩婷	中山女中三博	洪于涵	師大附中 1158	許紹倫	成功高中 324
許凱婷	華江高中 303	宋瑞祥	建國中學 330	林奎沂	北一女中三愛	林珈辰	北一女中三樂	陳佑維	師大附中 1167
丘清華	進修生	謝家惠	市立大同 312	張雅喬	北一女中三勤	潘筠	聖心女中三孝	高嘉駿	松山高中 308
謝明勳	師大附中 1170	黃孺雅	北一女中三讓	陳庭萱	薇閣中學三丁	鄭立群	建國中學 327	張靜婷	西松高中三誠
朱盈盈	北一女中三毅	陳韻婷	北一女中三恭	張亦鎮	和平高中 312	李品彥	建國中學 329	張至婷	北一女中三射
許書清	內湖高中 303	鄭皓宇	師大附中 1161	田顏禎	建國中學 310	王澤恩	內湖高中 305	何逸飛	台中一中 303
翁靖堯	內湖高中 303	郭哲妤	北一女中三毅	翁上雯	中山女中三捷	陳怡安	中山女中三仁	許力權	北一女中三良
張奕浩	師大附中 1172	郭晉廷	師大附中 1162	李承翰	成功高中 314	張恃玉	北一女中三讓	林芸安	北一女中三忠
鍾秉軒	建國中學 312	陳姿蓉	北一女中三毅	石知田	師大附中 1172	李宗叡	成功高中 318	曹曉琳	北一女中三忠
劉承彊	建國中學 311	林承熹	師大附中 1172	蘇柏淵	北一女中三數	陳翎含	松山高中 306	王衍皓	延平高中 311
吳季儒	進修生	顏傑青	建國中學 317	徐逸竹	北一女中三和	陳翎含	松山高中 309	簡喬	內湖高中 314
徐銘勾	北一女中三勤	盧宜謙	師大附中 1162	李苡萱	北一女中三恭	謝翔宇	辭修高中 301	李顯頁	北一女中三忠
陳柏玉	北一女中三愛	林欣諭	北一女中三讓	黃上瑋	建國中學 322	高偉豪	辭修高中 301	林嫻	師大附中 1165
阮思瑀	北一女中三勤	林芳瑜	北一女中三恭	徐智葳	建國中學 327	蔡佳珉	北一女中三真	朱君浩	建國中學 318
張正宜	成功高中 323	胡琇雯	北一女中三善	廖祥伶	辭修高中 301	張清堯	建國中學 312	劉介民	建國中學 318
陳俊樺	板橋中學 303	曾文昇	建國中學 317	匡小琪	政大附中 301	呂馥伊	北一女中三讓	林育正	新莊高中 303
蔡鎧任	建國中學 323	廖玢智	建國中學 310	林宛誼	延平中學 312	黃柏源	建國中學 318	李晏如	北一女中三射
蘇哲毅	建國中學 319	陳昱豪	成功高中 323	李育瑋	師大附中 1170	陳元泰	市立大同 314	陳瑞翔	建國中學 314
洪一軒	板橋中學 307	黃韻儒	北一女中三忠	江品慧	師大附中 1156	杜昆翰	建國中學 318	蘇冠霖	建國中學 318
梁珈宜	市立大同 306	高正陽	進修生	簡捷	北一女中三孝	于恩庭	北一女中三義	王雅琦	市立大同 310
歐宜欣	中山女中三禮	黃明靜	北一女中三孝	吳周駿	延平中學 308	廖苑辰	辭修高中 301	林建宇	建國中學 308
蔡旻珊	延平中學 301	陳利未	中山女中三禮	洪以青	延平中學進修生	林韋翰	建國中學 318	徐惠儀	桃園高中 317
劉盈盈	北一女中三愛	王奕云	大同高中 302	陳柏如	北一女中三御	周奕吟	北一女中三書	鑑家慧	景美女中三美
劉葳廷	建國中學 313	陳奕廷	建國中學 312	林浩存	建國中學 314	許書衡	東山高中三忠	陳昱州	延平高中 313
孫瑋駿	建國中學 330	陳欣	政大附中 122	唐子堯	建國中學 323	詹嘉偉	建國中學 323	陳柏備	宜蘭高中 313
宋佳陵	北一女中三莊	高至頤	中正高中 306	蘇俊瑋	松山高中 319	張游元	延平中學 312	張妤如	延平高中 312
范廷瑋	北一女中三愛	吳駿逸	師大附中 1161	高嘉吟	北一女中三毅	張哲偉	建國中學 320	徐乙玉	北一女中三良
劉晉豪	師大附中 1178	吳芳育	建國中學 322	葉芃筠	師大附中 1157	鄭晏羽	格致中學普三忠	金寧煊	建國中學 322
蔡明辰	成功高中 307	王映童	北一女中三數	盛博今	建國中學 322	林政華	建國中學 315	卓珈仔	北一女中三莊
卓朝葳	北一女中三讓	蕭力婷	北一女中三儉	曾以寧	北一女中三勤	吳思萱	衛理女中高三恩	劉欣瑜	北一女中三溫
江姵璇	北一女中三書	林琬芸	中山女中三慧	何中誠	建國中學 318	蘇柏勳	建國中學 303	李律恩	北一女中三恭
張祐崧	成功高中 323	魏禎瑩	師大附中 1160	魏大惟	建國中學 324	朱得誠	新莊高中 303	郭潤宗	師大附中 1173
林宸弘	建國中學 327	龔鼎安	師大附中 1173	陳政蓁	建國中學 320	葉家維	建國中學 320	陳書瀚	建國中學 314
劉任軒	建國中學 311	王斯瑋	成功高中 319	于志業	建國中學 325	蔡秉遠	建國中學 318	謝人傑	建國中學 323
				林聖翔	建國中學 325	李秉浩	建國中學 310		

劉毅英文家教班成績優異同學獎學金排行榜

姓 名	學 校	總金額	姓 名	學 校	總金額	姓 名	學 校	總金額	姓 名	學 校	總金額
賴宣佑	成淵高中	144550	董家琳	中和高中	29500	徐歆閔	福和國中	21900	楊紹紘	建國中學	17600
林采蓁	古亭國中	110600	簡 棻	自強國中	28300	董澤元	再興高中	21600	趙祥安	新店高中	17500
林妍君	薇閣高中	91150	洪嘉璜	北一女中	28150	呂亞庭	縣中山國中	21450	楊舒涵	中山女中	17350
王 千	中和高中	89900	吳書軒	成功高中	28000	許丞鞍	師大附中	21400	黃像倫	成功高中	17200
黃怡文	石牌國中	79850	蔡佳恩	建國中學	27800	陳思涵	成功高中	21200	黃誅期	建國中學	17100
方昱傑	溪周國中	79250	江品萱	海山高中	27800	陳柏彰	萬華國中	21100	鄭巧兒	北一女中	17000
陳泱頊	重慶國小	60800	陳 明	建國中學	27450	王鈺雯	國三重高中	21000	蔡承翰	成功高中	17000
洪湘艷	新莊國中	53700	楊博閎	華江高中	27450	張祐銘	延平高中	20950	曹欣怡	延平高中	16900
林 臻	北一女中	53300	呂咏霖	長安國中	27350	盧 安	成淵高中	20800	朱冠宇	建國中學	16900
呂芝螢	內湖高中	51450	王于綸	中山女中	27300	楊竣宇	新莊國中	20800	劉美廷	德音國小	16900
王思云	延平高中	51200	許彙魁	竹林高中	27150	蕭允祈	東山高中	20650	林承緯	延平國中部	16900
陳師凡	師大附中	50000	邱奕軒	內湖高中	27150	车庭辰	大理高中	20500	郭學豪	和平高中	16800
江旻儒	衛理國中部	50000	林祐瑋	耕莘護專	27050	林曜璇	麗山國中	20400	陳怡舜	市中正國中	16800
蔡翰林	康橋國中	50000	蔡佳吉	北一女中	27050	吳兆魁	建國中學	20400	周筱涵	南湖高中	16800
陳 曄	自 學	50000	詹笠坊	石牌國中	26700	蔡佳芸	和平高中	20300	劉應傑	西松高中	16700
朱庭萱	北一女中	48917	江少軒	銘傳國中	26650	韓宗叡	大同高中	20200	鄭竣陽	中和高中	16650
呂宗倫	南湖高中	47950	施宛妤	武崙國小	26500	王聖雄	金華國中	20100	莫雅晴	永和國中	16600
賴鈺錡	明倫高中	44650	黃棠翼	北一女中	26350	趙于萱	中正高中	20100	薛宜軒	北一女中	16500
張祐豪	埔墘國小	42900	施廷睿	莒光國小	26200	練冠霆	板橋高中	20000	徐子涵	新莊國中	16400
何欣容	蘭雅國中	41100	梁家豪	松山高中	26200	洪啓森	師大附中	20000	許志遙	百齡高中	16400
逢皓宇	建國中學	39834	陳昱勳	華江高中	26200	羅之勵	大直高中	19900	洪珊珊	景美女中	16300
林清心	新國國中	39500	王挺之	建國中學	26100	柯穎瑄	北一女中	19800	梁齡心	北政國中	16300
楊玄詳	建國中學	38800	江采軒	銘傳國中	26000	鄒昀叡	市中正國中	19700	馬像傑	成功高中	16300
鄭翔仁	師大附中	38450	張祐寧	建國中學	25900	蔡承儒	南山國中	19700	劉倢如	江翠國中	16300
陳冠宏	東海高中	37150	鍾佩蓁	中崙高中	25900	黃靖淳	師大附中	19650	許令揚	板橋高中	16300
陳琳涵	永春高中	36850	楊舒閎	板橋高中	25800	卓晉宇	華江高中	19600	吳秉叡	中山高中	16300
謝家綺	板橋高中	36600	劉 桐	北一女中	25400	饒哲宇	成功高中	19600	許晉魁	政大附中	16250
吳品賢	板橋高中	35750	黃馨儀	育成高中	25200	顏菽澤	華江高中	19500	趙家德	衛理女中	16100
許瑞云	中山女中	34450	朱煜錚	長安國中	25150	廖祥舜	永平高中	19300	鄭家宜	成淵高中	16100
柳堅鏢	景美國中	34300	吳佳輝	仁愛國中	24900	柯姝廷	北一女中	19300	郭 權	建國中學	16100
李祖荃	新店高中	34100	林弘灘	內湖高中	24050	蔡柏晏	北一女中	19300	林于傑	師大附中	16000
蘇子陽	林口國中	33800	王芊蓁	北一女中	23850	李欣儒	江翠國中	19300	呂侊蓁	南湖高中	15950
宋 安	東湖國中	33150	林俐吟	中山女中	23750	陳冠揚	南湖高中	19300	廖婕妤	景美女中	15950
趙啓鈞	松山高中	32950	高仲霆	百齡高中	23700	鄭瑋仁	師大附中	19100	謝宜紘	崇林國中	15900
丁哲沛	成功高中	32150	張仲豪	師大附中	23700	劉紹增	成功高中	19000	趙勻慈	新莊高中	15900
蔡佳伶	建國中學	31800	郭韋成	松山高中	23500	林悅婷	北一女中	19000	李姿瑩	板橋高中	15800
胡嘉杰	建國中學	31700	李佩宜	薇閣國中部	23400	位芷甄	北一女中	18850	潘柏維	和平高中	15800
吳思儀	延平高中	31500	劉家伶	育成高中	23400	陳 昕	中山女中	18700	林學典	格致高中	15800
袁妤馨	武陵高中	31450	林緯萱	中山女中	23300	許喬青	南山高中	18700	楊薇霖	重慶國小	15600
洪紫瑜	北一女中	31400	謝昀彤	建國中學	23167	何思緯	內湖高中	18600	翁鉦達	格致高中	15500
徐恩平	金華國中	31200	林羿慈	大直高中	22600	郭釋允	建國中學	18300	蔡欣儒	陽明高中	15500
高行澐	西松高中	30900	匡若瑜	青山國中	22500	陳怡霖	北一女中	18300	賴建元	大安高工	15500
許聯升	內湖高中	30900	徐浩芸	萬芳高中	22500	李念恩	建國中學	18050	呂胤慶	建國中學	15400
周芷儒	三重高中	30800	鄭豪文	大安高工	22200	廖珮琪	復興高中	17900	洪千雅	育成高中	15300
李芳瑩	辭修高中	30650	徐柏庭	延平高中	22200	王廷鐺	建國中學	17900	賴郁喬	景興國中	15300
黃詩芸	北一女中	30500	簡詳恩	桃園國中	22100	戴秀娟	新店高中	17900	賴沛恩	建國中學	15300
賴佳駿	海山國中	30100	蔡濟伍	松山高中	22000	王思傑	建國中學	17700	蔡佳妤	基隆女中	15200
鄭雅涵	北一女中	30100	陳盈穎	弘道國中	22000	蘇郁芬	中山女中	17600	郭蕙寧	大葉大學	15200
郭珥華	成功高中	29500	黃筱雅	北一女中	22000	李盼盼	中山女中	17600	劉裕心	中和高中	15050

※ 因版面有限，尚有領取高額獎學金同學，無法列出。

www.learnschool.com.tw

劉毅英文教育機構

學費最低・效果最佳

高 中 部：台北市許昌街17號6F（捷運M8出口對面・學勤補習班）TEL：（02）2389-5212
國 中 部：台北市重慶南路一段10號7F（火車站前・學林補習班）TEL：（02）2361-6101
台中總部：台中市三民路三段125號7F（世界健身中心樓上）TEL：（04）2221-8861

歷屆大學學測自然試題詳解

主　　編／張鎮麟

發　行　所／學習出版有限公司　　　☎ (02) 2704-5525

郵撥帳號／0512727-2 學習出版社帳戶

登　記　證／局版台業 2179 號

印　刷　所／裕強彩色印刷有限公司

台 北 門 市／台北市許昌街 10 號 2 F　　☎ (02) 2331-4060

台灣總經銷／紅螞蟻圖書有限公司　　　☎ (02) 2795-3656

美國總經銷／Evergreen Book Store　　☎ (818) 2813622

本公司網址　www.learnbook.com.tw

電子郵件　learnbook@learnbook.com.tw

售價：新台幣四百八十元正

2013 年 5 月 1 日二版三刷

ISBN 978-986-231-022-9